Management
de la sécurité
de l'information

DANS LA MÊME COLLECTION

Y. Constantinidis. – Expression des besoins pour le SI.
N° 67577, 4ᵉ édition, 2018, 360 pages.

F. Mattatia. – Le droit des données personnelles.
N° 14298, 2ᵉ édition, 2016, 234 pages.

C. Cartau, S. Devise, Y-M. Herniou. – Informatique de santé.
N° 13967, 2015, 218 pages.

SUR LE MÊME THÈME

L. Bloch. et al. – Sécurité informatique.
N° 111849, 5ᵉ édition, 2016, 622 pages.

A. Fernandez toro. – Sécurité opérationnelle.
N° 13963, 2ᵉ édition, 2016, 424 pages.

C. Pernet. – Sécurité et espionnage informatique.
N° 13965, 2014, 222 pages.

D. Mouton. – Sécurité de la dématérialisation.
N° 13418, 2012, 310 pages.

Retrouvez nos bundles (livres papier + e-book) et livres numériques sur
http://izibook.eyrolles.com

Alexandre Fernandez Toro

Management de la sécurité de l'information

Présentation générale de l'ISO 27001
et de ses normes associées

4e édition

EYROLLES

Éditions Eyrolles
61, bd Saint-Germain
75240 Paris Cedex 05
www.editions-eyrolles.com

Je dédie ce livre à tous mes collègues.

Par leurs qualités personnelles et professionnelles, ils m'infligent au quotidien
une leçon de modestie et me tirent chaque jour un peu plus vers le haut.

Préface

Presque 10 ans entre la première édition de cet ouvrage et celle-ci !

Que de chemin parcouru pour la norme ISO 27001. Même si je m'étais trompé, je pensais, à la sortie de l'ouvrage, que la norme ISO 27001 serait imposée aux fournisseurs en quelques années : il aura fallu attendre 10 ans pour que cela arrive ! Mais c'est désormais le cas, dans l'intérêt de tous.

J'observe et je m'implique dans la sécurité des systèmes d'information (SSI ou cyber-sécurité) depuis plus de 30 ans, de 1989 à 2018 à la tête de ma société de conseil et d'expertise en sécurité HSC, et désormais concentré sur la formation avec HS2. La norme ISO 27001 a été une révolution qui, devenue mature, doit encore être explicitée pour ne pas être dévoyée. Oui, l'ISO 2700 a permis à la SSI de sortir de sa bulle, à faire le lien entre la direction et la technique, mais elle est trop souvent détournée au profit d'une volonté de conformité sans sécurité. Ce n'est pas l'état d'esprit de la norme qui permet de mieux justifier, par une approche par les risques, les investissements indispensables à la protection du patrimoine informationnel des organisations.

Que les lecteurs de ce livre n'oublient pas qu'organiser sa sécurité de l'information conformément à l'ISO 27001, c'est mener à bien une cyber-sécurité opérationnelle et certainement ne pas faire croire à une fausse impression de sécurité. L'ISO 27001 implique un réel engagement de la direction vers une application d'une politique de sécurité dans la réalité.

L'ISO 27001 a innové en gérant pour la première fois la sécurité dans la durée, en appliquant à la sécurité des systèmes d'information l'amélioration continue issue des principes de la qualité.

Cette norme a été une bouffée d'oxygène dans un environnement de plus en plus sous pression : systèmes d'information à croissance et interconnexion exponentielles, sentiment d'insécurité générale due à un contexte géopolitique difficile, mondialisation des échanges et concurrence féroce, pression réglementaire, etc.

La série des normes ISO 27001 est là pour répondre et anticiper ces besoins pour la sécurité de l'information dans un cadre global.

La mise en œuvre de l'ISO 27001 est celle d'un processus : le système de management de la sécurité de l'information (SMSI). Cela n'est pas difficile, cependant, ce n'est pas la manière de faire initiale de la majorité des métiers, d'où le besoin de temps pour s'approprier une telle évolution et être capable de persévérer. Ce livre pratique est là pour que chacun puisse dès à présent maîtriser, mettre en œuvre concrètement et auditer son SMSI, et ainsi progresser en même temps que son employeur.

Il est rédigé par le francophone incontestablement le plus expérimenté dans le domaine, qui allie à sa compétence d'informaticien, à son expérience de RSSI, des qualités pédagogiques qui lui sont reconnues par les stagiaires qui l'ont suivi.

Alexandre Fernandez Toro possède le don de conter les histoires, d'illustrer nos formations de références culturelles et ainsi permettre aux stagiaires d'appréhender facilement les concepts les plus pointus.

Ce sont toutes ces qualités professionnelles et pédagogiques que vous retrouverez dans cet ouvrage. Un condensé d'expériences sur le terrain (mises en œuvre, audits) alliées à la richesse des échanges avec des centaines de stagiaires que nous avons eu le plaisir de préparer à la certification de compétences.

Bonne lecture.

Hervé Schauer, expert en cyber-sécurité et fondateur d'HSC et d'HS2.

Table des matières

Partie 2 – Normes de la série ISO 27000

Partie 3 – Mettre en œuvre un SMSI

Partie 4 – Audit des SMSI

Avant-propos

À l'heure où l'ensemble de l'activité économique migre vers le tout numérique, la sécurité des systèmes d'information est devenue un enjeu crucial.
Les solutions techniques et organisationnelles existent pour assurer la
sécurité, mais elles sont trop souvent déployées indépendamment les unes
des autres, sans aucune cohérence d'ensemble. Cela conduit à une sécurité
partielle et désorganisée.

La norme ISO 27001 est précisément l'outil qui manquait pour sécuriser le
système d'information de façon cohérente. Malheureusement, beaucoup
d'acteurs pensent encore que pour implémenter la norme, il suffit de rédiger
« de la procédure » et de procéder à une simple analyse des risques… ce
qui est tout à fait réducteur.

À qui s'adresse cet ouvrage ?

Ce livre s'adresse aux professionnels souhaitant comprendre la norme et
voulant savoir très concrètement comment mettre en place un système de
management de la sécurité de l'information (SMSI) conforme aux exigences
de l'ISO 27001. Par ailleurs, il permet à ceux qui souhaitent obtenir une
certification ISO 27001 de se préparer au mieux à cet audit, encore trop
souvent mal vécu.

Structure de l'ouvrage

La compréhension de l'univers de l'ISO 27001 constitue la base de cet
ouvrage. Notez que ce livre ne remplace pas les normes. Aussi, l'achat du
texte des normes ISO évoquées ici est-il indispensable à toute personne
souhaitant implémenter un SMSI.

Cet ouvrage est articulé en quatre parties.

La première présente les systèmes de management ainsi que les normes
ISO 27001 et ISO 27002, qui sont au cœur du sujet. La deuxième partie
présente les normes les plus intéressantes de la famille 27000. Dans la
troisième partie, il sera question d'implémenter un SMSI. Cet ouvrage finit,

dans une quatrième partie, par détailler le processus de certification et fournit une aide à la préparation de l'audit.

Dans cette nouvelle édition

Depuis la première édition de cet ouvrage, de nombreuses normes ont été publiées dans la série 27000. De plus en plus d'aspects de la sécurité des systèmes d'information sont ainsi normalisés par l'ISO.

Cette nouvelle édition fait ressortir les normes les plus remarquables et apporte un regard critique qui aidera l'implémenteur à choisir celles qui lui seront le plus utiles dans son projet.

Remerciements

Je tiens à remercier Pierre Manier, mon vieux maître, et Gérard Florin, mon professeur au CNAM. Je remercie aussi Hervé Schauer, référence incontournable de la sécurité des systèmes d'information, sans qui je n'aurais jamais pu écrire ce livre. Par sa personnalité visionnaire et percutante, il œuvre depuis près de 30 ans à rendre à la sécurité de l'information ses lettres de noblesse dans les entreprises de notre pays.

Les systèmes de management de la sécurité de l'information

La sécurité a été pendant longtemps le parent pauvre de l'informatique. Elle était surtout considérée comme une source de complications, n'apportant aucune fonctionnalité aux utilisateurs et ne générant aucun revenu pour l'entreprise.

Depuis, l'interconnexion massive des systèmes d'information et la migration de l'économie vers le numérique ont considérablement changé la donne.

Aujourd'hui, la sécurité est devenue un enjeu majeur. La demande chronique d'ingénieurs et de consultants en sécurité, ainsi que la difficulté à recruter des responsables sécurité des systèmes d'information (RSSI) expérimentés, en est la preuve. Cela a eu pour conséquence l'amélioration globale du niveau de sécurité, notamment d'un point de vue technique. On sait maintenant sécuriser des serveurs, on sait aussi protéger les routeurs et configurer en finesse les pare-feu. Quant aux applications, l'OWASP donne des règles très claires pour développer des applications sûres. Bref, il n'y a plus aucune excuse pour ne pas sécuriser son système d'information.

Pourtant, force est de constater que de nombreuses sociétés sont encore victimes d'actes de malveillance. Comment cela peut-il encore arriver avec les moyens techniques de protection et les compétences pour les mettre en place dont nous disposons ? La principale raison à cela est que les mesures de sécurité sont souvent déployées au jour le jour, sans prendre la peine de chercher où se trouvent vraiment les vulnérabilités, ni se préoccuper des besoins réels de l'entreprise en matière de sécurité. En fait, il manque trop souvent un chef d'orchestre qui fixe les objectifs, donne des priorités et coordonne les actions de sécurité.

Ce chef d'orchestre, c'est le *système de management de la sécurité de l'information* (SMSI). Cette première partie présente les principales propriétés d'un système de management. Les normes ISO 27001 et ISO 27002, qui se sont imposées comme références pour les SMSI, y sont ensuite décrites en détail. Enfin, cette partie s'achève par une clarification du rôle complémentaire de ces deux normes et de leur usage.

Les systèmes de management

Les systèmes de management de la sécurité de l'information (SMSI) sont avant tout des systèmes de management, c'est-à-dire qu'ils appliquent à la sécurité de l'information les recettes déjà éprouvées dans d'autres domaines, notamment la qualité. En ce sens, ils présentent exactement les mêmes caractéristiques que tous les autres systèmes de management. Ce premier chapitre rappelle les principes de base de ces systèmes et constitue une première approche des SMSI.

Qu'est-ce qu'un système de management ?

Le principe de système de management n'est pas nouveau. Il concerne historiquement le monde de la qualité, surtout dans le domaine des services et de l'industrie. Qui n'a jamais vu un papier à en-tête avec un petit logo « certifié ISO 9001 » ? Qui n'a jamais croisé une camionnette affichant fièrement un autocollant « Société certifiée ISO 9001 » ? La norme ISO 9001 précise les exigences auxquelles il faut répondre pour mettre en place un système de management de la qualité (SMQ).

Comment définir un système de management ? La norme ISO 9000 (à ne pas confondre avec l'ISO 9001 que nous venons d'évoquer) apporte une réponse à cette question en définissant les principes de la qualité. C'est ainsi que dans la rubrique intitulée « Système de management », il est dit qu'un système de management est un système permettant :

- d'établir une politique ;
- d'établir des objectifs ;
- d'atteindre ces objectifs.

La définition est tellement générique qu'il est difficile d'en comprendre clairement le sens. Une explication un peu plus empirique pourra nous éclairer.

Nous pouvons ainsi dire qu'un système de management est un ensemble de mesures organisationnelles et techniques visant à atteindre un objectif et, une fois celui-ci atteint, à s'y tenir, voire à le dépasser.

Principaux systèmes de management

Les systèmes de management ne se cantonnent pas uniquement à la qualité. Ils concernent des domaines très variés comme l'environnement, les services informatiques, la sécurité de l'information, la sécurité alimentaire ou encore la santé. Le tableau ci-après donne un aperçu non exhaustif des principaux référentiels de systèmes de management.

Tableau 1-1

Différents référentiels de systèmes de management

RÉFÉRENTIEL	DOMAINE
ISO 9001	Qualité
ISO 14001	Environnement
ISO 27001	Sécurité de l'information
ISO 20000-1	Services informatiques
ISO 22000	Sécurité alimentaire
ISO 45001 (OHSAS 18001)	Santé/Sécurité du personnel

Propriétés des systèmes de management

Continuons à nous intéresser aux systèmes de management en général, en faisant abstraction (pour le moment) de la sécurité de l'information. Parmi les nombreuses propriétés partagées par ces systèmes, quatre d'entre elles nous intéressent plus particulièrement.

Large spectre de métiers et de compétences

Quel que soit leur périmètre (du plus petit au plus ambitieux), les systèmes de management impliquent un nombre important de métiers et de compétences. Aussi, même si le périmètre ne couvre qu'une toute petite partie de l'activité de l'entreprise, il nécessite la participation de différents corps de métiers.

La R&D en question

Considérons une société implantée sur un seul site, développant et fabriquant des équipements électroménagers. Elle a mis en place un système de management dont le périmètre ne couvre que les activités de recherche et développement (R&D), ce qui est plutôt limité. Dans ces conditions, il paraît logique que seules les personnes travaillant dans le laboratoire de R&D soient concernées. Ce n'est pourtant pas le cas.

— Le service de R&D est hébergé dans les locaux de l'entreprise. Il consomme de l'eau, de l'électricité, de l'air conditionné et tout autre type de servitudes. Les personnes des services généraux sont donc concernées, même indirectement.

— Le service de R&D utilise les ressources informatiques qui sont mises à sa disposition : serveurs, réseau, postes de travail, etc. Les informaticiens sont donc aussi concernés par le système de management.

— Toutes ces personnes (informaticiens, techniciens des services généraux, chercheurs) sont des employés ou des sous-traitants de la société, il est donc logique que le service du personnel soit impliqué dans le système de management.

— Enfin, chaque fois que le service de R&D achète des biens ou des services, cela concerne également la comptabilité et les finances.

Par conséquent, la mise en place d'un système de management est nécessairement un projet transversal, couvrant de nombreux services de l'entreprise. Ne pas en tenir compte peut avoir de graves conséquences lors de sa mise en place.

Un projet fédérateur et mobilisateur

À l'approche transversale que nous venons d'évoquer s'ajoute une approche verticale. Concrètement, cela signifie qu'un système de management implique toute la hiérarchie de l'entreprise. Bien sûr, cela commence par les plus hauts responsables, qui sont à l'initiative du système et qui se doivent de montrer l'exemple. Les cadres et employés ont également leur part de responsabilité dans la mise en œuvre et l'exploitation de ces systèmes de management. Mais l'on oublie aussi trop facilement les personnes travaillant à l'accueil et les techniciens de surface, car ils interagissent également de près ou de loin avec le système.

Qui est impliqué ?

Généralement, les personnes concernées par les systèmes de management sont :

— les membres de la direction générale ;

— les principaux responsables des services concernés ;

— tous les cadres et employés directement impliqués dans les activités couvertes par le système de management ;

— tous les cadres ou employés indirectement impliqués par le système de management.

Importance de l'écrit

On ne peut pas concevoir un système de management sans passer par l'écrit. La formalisation des politiques et des procédures de l'entreprise est indispensable. Or, la transmission de la connaissance dans l'entreprise se fait encore très souvent par tradition orale (les anciens employés expliquant aux nouveaux les procédures en situation, par l'exemple). Les systèmes de management imposent de passer à la tradition écrite.

> **Tradition écrite**
>
> Les industriels en général, et le secteur aéronautique en particulier, ont la culture de la tradition écrite depuis longtemps. Les procédures sont écrites et les décisions sont prises lors de commissions, donnant lieu à des comptes rendus. J'ai même vu une entreprise réunir une commission pour décider du changement de place ou non d'une simple prise de courant. Il faut dire que la sensibilité de son activité le justifiait amplement.

> **Tradition orale**
>
> Les sociétés du secteur tertiaire, et notamment les start-up du numérique, ont la réputation de moins formaliser leurs procédures. La transmission de la connaissance se fait le plus souvent par tradition orale.

Naturellement, il ne faut pas exagérer cette division manichéenne entre un secteur industriel, qui serait le bon élève, et un secteur des services qui serait le cancre, dans la mesure où de nombreuses exceptions existent de part et d'autre.

Ce passage de la tradition orale à la tradition écrite est l'une des difficultés majeures dans la mise en place et l'exploitation d'un système de management. Il convient cependant de se garder de tout abus en matière d'écrit, car trop d'écrit tue l'écrit. Ce point fait l'objet d'un développement dans la seconde partie de l'ouvrage.

Auditabilité

Dans la mesure où l'entreprise qui a mis en place un système de management formalise ses procédures par écrit et consigne les principales décisions dans des comptes rendus, il devient possible à une personne extérieure (un auditeur, par exemple) de venir vérifier que ce qui est pratiqué correspond effectivement à ce qui a été spécifié par écrit.

La conséquence de cette propriété est que l'audit est indissociable des systèmes de management. On ne peut pas considérer l'un sans l'autre. Par conséquent, un système de management implique systématiquement la mise en place d'un processus d'audit.

Apports des systèmes de management

Les propriétés que nous venons de décrire donnent de bonnes raisons de penser que la mise en place et l'exploitation d'un système de management ne sont pas faciles à mener. Il faut commencer par fixer des politiques, formaliser les procédures par écrit et mener à bien des audits réguliers. Ces opérations sont loin d'être transparentes. Souvent lourdes à implémenter, leur coût humain et financier n'est pas négligeable. Dans ces conditions, il est légitime de se demander ce qui justifie un tel investissement. Quels apports concrets pouvons-nous en espérer ?

Premier apport : l'adoption de bonnes pratiques

Les systèmes de management se basent sur des guides de bonnes pratiques dans le domaine qui les concerne (qualité, sécurité, environnement, etc.). Ainsi, celui qui se lance dans la mise en place d'un système de management est quasiment obligé d'adopter ces bonnes pratiques.

Les bonnes questions à se poser

Un système de management en sécurité de l'information permettra d'adopter des mesures de sécurité appropriées aux besoins de l'entreprise, en posant les bonnes questions. Quels sont les éléments les plus sensibles de l'entreprise ? Où déployer en priorité les mesures de sécurité ? Comment cloisonner les réseaux ? Comment détecter les incidents ? Comment réagir rapidement aux intrusions ? Comment améliorer les processus ? Et ainsi de suite...

Deuxième apport : l'augmentation de la fiabilité

L'adoption de bonnes pratiques a pour conséquence directe, à court ou moyen terme, l'augmentation de la fiabilité. Ceci est principalement dû au fait que les systèmes de management imposent la mise en place de mécanismes d'amélioration continue favorisant la capitalisation sur les retours d'expérience.

Se protéger des intrusions

Considérons une entreprise qui, dans le cadre de son SMSI, a mis en place une procédure de réaction aux incidents de sécurité. Lorsqu'une tentative d'intrusion se produit sur le réseau, les équipes savent ce qu'elles ont à faire et agissent en conséquence pour limiter l'impact de cette attaque. Après coup, l'attaque est analysée et des actions préventives sont entreprises pour éviter qu'une telle agression puisse se reproduire. Sur la durée, cette organisation rend les attaques de plus en plus difficiles à réaliser.

Troisième apport : la confiance

Il est vrai que le fait d'adopter de bonnes pratiques entraîne (à court ou moyen terme) une augmentation de la fiabilité. Mais ceci n'apporte pas en soi d'avantage commercial particulier. Encore faut-il faire connaître cette amélioration. Pour cela, l'entreprise fait appel à des auditeurs indépendants qui certifieront qu'elle applique effectivement les référentiels qu'elle s'est engagée à adopter (ISO 9001, ISO 27001 ou autre). C'est parce que des auditeurs indépendants certifient que les pratiques sont conformes aux référentiels que les systèmes de management apportent la confiance aux parties prenantes.

Nous touchons enfin à la raison d'être des systèmes de management : ils fournissent la confiance envers les parties prenantes. Qu'entendons-nous par parties prenantes ? Il s'agit de toute personne, groupe ou instance, à laquelle l'entreprise doit rendre des comptes. Nous en avons répertorié huit.

1. **Les actionnaires :** en tant que propriétaires, ils sont directement concernés par les résultats de l'entreprise.
2. **Les autorités de tutelle :** les administrations doivent rendre des comptes à leurs autorités de tutelle, qui fixent leurs missions.
3. **Les clients :** ils sont la partie prenante par excellence, puisque l'entreprise ne peut vivre sans eux.
4. **Les fournisseurs :** même si la relation client-fournisseur place souvent ceux-ci en situation d'infériorité, l'entreprise a des responsabilités envers eux.
5. **Les partenaires :** les relations de partenariat sont devenues indispensables pour le développement de l'entreprise. Si les partenaires n'ont pas confiance, ils ne collaboreront pas.
6. **Les banques et les assurances :** l'entreprise ne peut pas vivre sans leur confiance.
7. **Le personnel :** son adhésion est capitale pour le bon fonctionnement de l'entreprise.
8. **L'opinion publique :** elle a un pouvoir de sanction très important, dont les conséquences peuvent se révéler désastreuses pour l'entreprise.

Vocabulaire : parties prenantes, *stakeholders*, *interested parties*, parties intéressées

La traduction usuelle de « partie prenante » en anglais est *stakeholder*, terme souvent employé tel quel en français. Par ailleurs, la norme ISO 27001, qui sera présentée dans la suite de cet ouvrage, parle surtout d'*interested parties*. C'est pour cela que l'on dit souvent « parties intéressées ». Il faut donc considérer les termes « parties prenantes », *stakeholders*, *interested parties* et « parties intéressées » comme ayant le même sens.

Sans la pression des parties prenantes, les systèmes de management n'existeraient pas. Ils sont mis en place à cause et pour les parties prenantes, parce qu'elles exigent qu'on leur fournisse de la confiance.

Pourquoi la confiance est-elle si importante ? Tout simplement parce que qui dit confiance dit business. Cette formule quelque peu commerciale est pourtant essentielle.

La confiance comme maître-mot

Considérons une entreprise qui souhaite rendre plus attractif son site web, devenu trop vieillot. Elle recherche une agence qui se chargera de proposer une nouvelle charte graphique, de développer les nouvelles pages et de les mettre en ligne. Après quelques recherches, l'entreprise trouve une agence. En tant que cliente, elle n'a aucune garantie de la qualité du service qui lui sera rendu par l'agence. D'un autre côté, rien ne garantit à l'agence que l'entreprise payera la facture en fin de prestation. Pourtant, le contrat est passé. Qu'est-ce qui fait que le contrat est signé ? C'est la confiance.

En fait, nous oublions trop souvent que la confiance est le vecteur qui permet toute relation entre un client et un fournisseur. Autant dire qu'il n'y aurait aucune activité économique sans la confiance.

Le modèle PDCA

Les systèmes de management fonctionnent selon un modèle en quatre temps appelé « PDCA », pour *Plan*, *Do*, *Check*, *Act*.

1. **Phase *Plan*** : dire ce que l'on va faire dans un domaine particulier (qualité, environnement, sécurité, etc.).
2. **Phase *Do*** : faire ce que l'on a dit dans ce domaine.
3. **Phase *Check*** : vérifier qu'il n'y a pas d'écart entre ce que l'on a dit et ce que l'on a fait.
4. **Phase *Act*** : entreprendre des actions correctives pour régler tout écart qui aurait été constaté précédemment.

Vocabulaire : *Plan, Do, Check, Act* (PDCA)

Les termes français pour nommer le modèle PDCA pourraient être « Planification », « Action », « Vérification » et « Correction ». Malheureusement, force est de constater que la terminologie française n'est pas du tout utilisée. Aussi, parlerons-nous dorénavant du modèle *Plan, Do, Check, Act* ou PDCA.

Ce modèle présente deux propriétés principales : il est cyclique et fractal.

- **Caractère cyclique** – C'est ce cycle *Plan*, *Do*, *Check*, *Act* qui permet d'atteindre les objectifs (de sécurité, de qualité, d'environnement ou autre) fixés par le management. En revanche, que se passe-t-il une fois que l'objectif a été atteint ? Un nouveau cycle doit être entrepris. Ce nouveau cycle permet à l'entreprise non seulement d'atteindre ses objectifs, mais aussi de s'y tenir dans la durée. Un système de management est donc un processus qui tourne indéfiniment. Ce point est trop souvent sous-estimé lors de la mise en place d'un SMSI.

- **Caractère fractal** – Une fractale est une figure géométrique qui garde les mêmes propriétés, quelle que soit l'échelle à laquelle on l'observe. Le principe est le même avec les systèmes de management : quelle que soit l'échelle à laquelle on l'observe, on doit retrouver le *modèle* Plan, Do, Check, Act.

SMSI observé à l'échelle globale

Considérons un système de management de la sécurité de l'information dans son ensemble. La mise en place d'un SMSI nécessite de produire un certain nombre de documents de politique et d'identifier les actions à entreprendre pour se prémunir contre les actes de malveillance. C'est la phase *Plan*. Ensuite, il faut mettre en œuvre les mesures de sécurité identifiées précédemment. C'est la phase *Do*. L'audit interne permettra de vérifier que ce qui est mis en place est conforme aux politiques et aux procédures. C'est la phase *Check*. Enfin, des actions corrigeront ces écarts. C'est la phase *Act*.

SMSI observé à l'échelle d'un processus

Changeons à présent d'échelle pour ne considérer que ce qui concerne le cloisonnement des réseaux de niveaux de sensibilité différents (c'est-à-dire les DMZ ou zones démilitarisées). La phase *Plan* implique qu'il faut une politique de flux réseau conduisant à l'élaboration d'une matrice de flux. La phase *Do* consistera à configurer les pare-feu et les routeurs afin de ne laisser passer que les protocoles nécessaires (TCP, UDP, ports, protocoles) entre les différents segments du réseau. La phase *Check* consistera à vérifier périodiquement que les règles des pare-feu et des routeurs correspondent bien à ce qui est spécifié dans la matrice de flux. Enfin, la phase *Act* reviendra à corriger tout écart entre les deux.

Ainsi, non seulement le modèle PDCA s'applique à l'échelle globale du système de management, mais on le retrouve également au niveau de chacun des processus du système.

Sécurité de l'information

Nous avons parlé jusqu'à présent de la partie SM (système de management) du SMSI. Parlons désormais de la partie SI (sécurité de l'information). La sécurité est au centre de cet ouvrage. Quel sens donnons-nous à ce mot ?

Commençons par préciser qu'il est question ici de *sécurité de l'information* au sens large du terme, c'est-à-dire que nous ne parlons pas seulement de *sécurité informatique*. Nous nous intéressons à l'information sous toutes ses formes, indépendamment de son support : logiciel, matériel, mais aussi humain, papier, savoir-faire, etc. Naturellement, en tant que support privilégié de l'information, l'informatique occupera une part importante, mais réduire le SMSI à son côté strictement informatique serait une erreur.

Sécurité ou sûreté ? On comprend souvent le mot *sécurité* comme la discipline consistant à se protéger contre les actes de malveillance. Pourtant, il n'est pas illégitime de comprendre ce mot comme l'ensemble des moyens déployés pour protéger les personnes contre les accidents. En effet, lorsque nous entrons dans une voiture, nous attachons notre ceinture de sécurité. Cette dernière ne nous protège pas contre les actes de malveillance, elle nous protège contre les accidents de la route. Dans ce cas, ne serait-il pas plus pertinent de parler plutôt de *sûreté* pour désigner la protection contre les actes de malveillance ? Après tout, nous parlons bien de sûreté de l'État pour se protéger contre l'espionnage ou le terrorisme. Certes, mais *sûreté* est aussi un terme à double sens. Prenons par exemple la sûreté de fonctionnement : il s'agit du mécanisme qui fait que, même lorsqu'un dispositif tombe en panne, il fonctionne toujours (serveurs DNS en *round-robin*, routeurs redondants avec un protocole HSRP, etc.). Alors quel terme faut-il choisir, puisque sûreté et sécurité sont tous les deux polysémiques ?

Pour lever cette équivoque entre sécurité et sûreté, nous choisirons le mot *sécurité* pour désigner tout ce qui peut avoir des conséquences (positives ou négatives) en matière de confidentialité, de disponibilité ou d'intégrité de l'information.

Nous avons vu précédemment que la norme traitant des SMSI est l'ISO 27001. Cette dernière insiste sur les notions de *confidentialité*, d'*intégrité* et de *disponibilité*. La norme ISO 27000 définit ces trois notions.

- **Confidentialité :** l'information ne doit pas être divulguée à toute personne, entité ou processus non autorisés. En clair, cela signifie que l'information n'est consultable que par ceux qui ont le droit d'y accéder (on dit aussi « besoin d'en connaître »).

- **Intégrité :** le caractère correct et complet des actifs doit être préservé. En clair, cela signifie que l'information ne peut être modifiée que par ceux qui en ont le droit.

- **Disponibilité :** l'information doit être rendue accessible et utilisable sur demande par une entité autorisée. Cela veut dire que l'information doit être disponible dans des conditions convenues à l'avance (soit 24 h/24, soit aux heures ouvrables, etc.).

Le principal objectif d'un SMSI est de faire en sorte de préserver ces trois propriétés (confidentialité, intégrité et disponibilité) pour les informations les plus sensibles de l'entreprise.

L'exemple d'une agence de voyages

Le SMSI d'une agence de voyages sur Internet pourra avoir trois missions principales.

– La *disponibilité* : en permettant à ses clients d'acheter un voyage à n'importe quelle heure du jour ou de la nuit.

– L'*intégrité* : en fournissant aux clients une information exacte sur les vols et en débitant exactement le prix convenu, ni plus, ni moins.

– La *confidentialité* : en protégeant les données personnelles de ses clients (compte bancaire, historique des achats, etc.) contre tout accès illicite.

Les trois notions présentées dans l'encadré précédent ne sont pas les seules. On parle aussi de *traçabilité*, d'*authentification*, d'*imputabilité*, de *non-répudiation*, et de bien d'autres mécanismes de sécurité. Le fait que ces principes ne soient pas au centre du SMSI ne signifie pas qu'ils ne soient pas importants. Ils seront déployés en fonction des besoins de sécurité de l'entreprise.

Mots de passe et autres chiffrements

Pour parvenir à ces objectifs de disponibilité, d'intégrité et de confidentialité, l'agence de voyages déploiera des mécanismes d'authentification par mot de passe utilisateur et certificat serveur, chiffrement des flux, signature, scellement, etc.

Historique des normes

Depuis 1995, plusieurs normes concernant directement ou indirectement les SMSI ont été publiées. C'est ainsi que l'on a vu apparaître successivement les normes BS 7799, BS 7799-2, ISO 17799, ISO 27001 et ISO 27002. Leurs nomenclatures sont souvent très proches, ce qui génère une certaine confusion. On remarque notamment la présence récurrente des radicaux 7799 et 2700x. Si on ajoute à ceci que certains de ces standards sont obsolètes, nous comprenons pourquoi souvent, encore aujourd'hui, les idées ne sont pas toujours très claires dans le domaine. Une brève revue historique permettra de clarifier les choses.

• **1995** – La BSI (*British Standards Institution*), qui est l'organisme de normalisation britannique (équivalent de l'AFNOR en France), publie la norme BS 7799. Il s'agit d'un document articulé autour de dix grands chapitres, énumérant les mesures qui peuvent être prises en matière de sécurité de l'information. C'est en fait un catalogue d'une centaine d'entrées. Notons qu'à aucun moment il n'est question de SMSI dans ce document.

- **1998** – La BSI ajoute une seconde partie à cette norme, et la nomme BS 7799-2. Le « -2 » ne signifie pas ici « version 2 », mais « deuxième partie ». Cet ajout précise les exigences auxquelles doit répondre un organisme pour mettre en place un SMSI.

- **2000** – La norme BS 7799 de 1995 connaît un tel succès dans le monde que l'ISO l'adopte officiellement sous la référence ISO 17799, en l'enrichissant de quelques mesures de sécurité supplémentaires. On remarque que le radical 7799 a été conservé pour ne pas dérouter les personnes qui s'étaient habituées à la BS 7799. Attention, il ne s'agit que de la première partie de la norme (BS 7799-1), et non de la BS 7799-2. L'ISO 17799 est donc un référentiel qui ne traite pas non plus la question des SMSI.

- **2002** – Parallèlement aux travaux de l'ISO, la BSI poursuit son travail sur la BS 7799-2 et en publie une deuxième version. C'est la BS 7799-2:2002.

- **Juin 2005** – L'ISO sort une nouvelle version de l'ISO 17799, légèrement remaniée et enrichie de nouvelles mesures de sécurité.

- **Octobre 2005** – L'ISO adopte enfin la BS 7799-2 sous la référence ISO 27001:2005. Il s'agit d'une adaptation de la norme britannique, modifiée pour se rapprocher le plus possible de l'ISO 9001 évoquée en début de chapitre. L'ISO 27001 spécifie donc les exigences auxquelles doit répondre un organisme pour mettre en place un SMSI.

- **2007** – Afin de rendre plus cohérentes les nomenclatures entre elles, l'ISO renomme l'ISO 17799 en ISO 27002.

- **Fin 2013** – l'ISO met à jour simultanément les normes ISO 27001 et ISO 27002.

Le tableau ci-après reprend cet historique.

Tableau 1-2

Historique des normes relatives aux SMSI

Année	Norme	Traite des SMSI	Remplace la norme
1995	BS 7799:1995	Non	
1998	BS 7799-2:1998	Oui	
2000	ISO 17799:2000	Non	BS 7799:1995
2002	BS 7799-2:2002	Oui	BS 7799-2:1998
2005	ISO 17799:2005	Non	ISO 17799:2000
2005	ISO 27001:2005	Oui	BS 7799-2:2002

2007	ISO 27002	Non	ISO 17799:2005
2013	ISO27001:2003	Oui	ISO 27001:2005
2013	ISO 27002:2013	Non	ISO 27702:2007

Ce qu'il faut retenir de cet historique est le fait qu'aujourd'hui, nous disposons de deux normes.

- L'**ISO 27001** qui spécifie des exigences pour les SMSI.
- L'**ISO 27002** qui recueille les bonnes pratiques en matière de sécurité de l'information, mais qui ne traite pas des SMSI.

Ces deux normes sont présentées en détail dans les deux chapitres suivants.

Vocabulaire : SMSI, ISMS, SGSI et SGSSI

Jusqu'à présent, nous avons cité à plusieurs reprises le sigle SMSI pour désigner les systèmes de management de la sécurité de l'information, mais il en existe d'autres.

ISMS *(Information Security Management System)* : c'est le terme anglais pour SMSI. Aussi, tous les documents anglo-saxons utilisent ce sigle. Il est même très fréquent de parler d'ISMS en français.

SGSI (Système de gestion de la sécurité de l'information) : ce sigle se retrouve dans certains documents d'origine canadienne. On remarquera que le mot management a été traduit par « gestion ».

SGSSI (Système de gestion de la sécurité des systèmes d'information) : ce sigle est essentiellement utilisé dans les documents rédigés par la DCSSI (Direction centrale de la sécurité des systèmes d'information), administration dépendant du Premier ministre, dont une des missions consiste à promouvoir la sécurité des SI.

Tous ces sigles désignent exactement la même chose.

Chapitre 2

La norme ISO 27001

L'ISO 27001 s'est imposée comme référence en matière de systèmes de management de la sécurité de l'information (SMSI). Il est donc indispensable d'avoir une vision très claire de cette norme avant même de se lancer dans l'implémentation d'un tel système. Ce chapitre a pour objectif de présenter les exigences formulées dans la norme ISO 27001. En revanche, il ne décrit pas comment les mettre en œuvre. Ce point fera l'objet de la deuxième partie de cet ouvrage.

Premier constat

La norme ISO 27001 est disponible sur le site de l'ISO et sur celui de différents organismes de certification nationaux (AFNOR, BSI, etc.). Ce document compte 23 pages et son prix avoisine les 100 €. Après un examen détaillé, on s'aperçoit que les trois premiers articles ne font que rappeler des notions de base. Ce n'est qu'à partir de l'article 4 que les exigences commencent vraiment à être spécifiées. Le dernier article se termine dès la page 10 et la norme se poursuit par une annexe (l'annexe A), qui occupe la moitié de la norme en volume. Une courte bibliographie conclut le document.

La partie utile de la norme est donc constituée des articles 4 à 10, occupant les pages 1 à 10, soit un volume de 10 pages seulement sur les 23 composant le document. Dans ces conditions, le rapport signal-bruit de l'ISO 27001 semble loin d'être excellent. Naturellement, cette première approche est volontairement caricaturale. Une lecture plus détaillée de la norme nous permettra de voir au-delà de cette première impression.

Objectifs généraux

Si le premier article de l'ISO 27001 ne précise aucune exigence particulière, sa lecture n'en reste pas moins intéressante, car il présente très clairement les objectifs de la norme ainsi que ses apports.

Il commence par préciser que la norme spécifie les exigences pour *mettre en place, exploiter* et *améliorer* un SMSI documenté. La plupart des chefs de projets chargés d'implémenter un SMSI se focalisent sur la mise en place du SMSI, et sous-estiment l'effort nécessaire à l'exploitation et à l'amélioration du système de management. C'est une erreur à éviter absolument puisque le jour de l'audit de certification, les auditeurs ne se borneront pas à vérifier la bonne mise en place du SMSI ; ils chercheront également à constater qu'il est correctement exploité et qu'il s'améliore dans le temps.

La norme spécifie, par ailleurs, que les exigences qui y sont formulées sont exprimées de façon générique, de telle sorte que tous les organismes peuvent la mettre en œuvre. S'il n'est pas rare de trouver des entreprises commerciales mettant en œuvre la norme, on croise également des administrations ainsi que des organisations non gouvernementales.

Vocabulaire : entreprise, organisme et société

Nous utiliserons souvent le terme « entreprise » pour désigner l'entité qui va mettre en place un SMSI. La norme préfère le terme « organisme », dans la mesure où les hôpitaux, les administrations publiques et les associations sont eux aussi concernés par les SMSI sans être pour autant des entreprises. Dans la suite de cet ouvrage, les termes « organisme », « entreprise » et « société » seront utilisés indistinctement et désigneront toute entité désirant mettre en place un SMSI.

La norme dit aussi qu'elle spécifie les exigences pour la mise en place de mesures adaptées aux besoins de l'organisation. Les dispositions prises pour la mise en œuvre doivent ainsi être adéquates et proportionnées. Ceci signifie que chaque cas est particulier. Une mesure de sécurité choisie pour un organisme ne sera pas déployée de la même façon, et avec la même profondeur, pour un autre.

Deux exemples : un fabricant de papier spécial et une agence de communication

Considérons une usine fabriquant du papier spécial, destiné à être intégré dans les billets de banque. Il est clair que, pour pénétrer dans cette usine, l'entreprise exigera des visiteurs qu'ils respectent certains processus :

- prendre rendez-vous plusieurs jours avant toute visite sur le site ;

- présenter une pièce d'identité, échangée contre un badge ;

— passer par un sas unipersonnel pour pénétrer dans les locaux;

— être accompagnés à tout moment par un membre du personnel.

Il en ira différemment d'une agence de communication qui se limitera simplement à leur demander de présenter une pièce d'identité.

Une même mesure de sécurité (contrôle d'accès aux locaux) peut ainsi être appliquée de façon très différente selon qu'il s'agit d'une usine de papier spécial ou d'une agence de communication. Il serait dangereux que l'usine de papier pour les billets de banque se contente de demander une simple pièce d'identité. Inversement, il serait absurde et coûteux d'appliquer des précautions excessives pour accéder à l'agence de communication.

Le fait que l'ISO 27001 implique la mise en place d'un SMSI oblige à déployer des mesures de sécurité appropriées, ayant pour but de protéger les actifs d'information. C'est cette protection qui apportera la confiance aux parties prenantes, telles que définies dans le chapitre 1.

Notons qu'une très ancienne version de la norme (à l'époque où elle s'appelait encore BS 7799-2) disait explicitement que la mise en place d'un SMSI doit permettre d'améliorer la compétitivité, le cash-flow, la profitabilité, la conformité avec la réglementation ainsi que l'image de marque.

Cette phrase avait l'avantage de révéler très explicitement l'objectif d'un SMSI. Qu'une précision aussi importante ait disparu lors du passage vers l'ISO a de quoi surprendre. On peut se demander pourquoi cette phrase a disparu. Un élément de réponse se trouve peut-être dans le fait que la norme BS 7799-2 émane d'un organisme britannique, la *British Standards Institution*, et que dans les cultures anglo-saxonnes, il n'est nullement gênant d'affirmer ouvertement comme finalité la volonté de gagner de l'argent.

Structure de la norme

Pour être conforme à l'ISO 27001, un SMSI doit impérativement répondre à toutes les exigences comprises entre les articles (ou chapitres) 4 et 10 de la norme, sans exception.

Vocabulaire : clause, chapitre ou article (de la norme)

Au sujet du contenu de la norme ISO 27001, nous utilisons de manière systématique dans cet ouvrage le terme « article ». Ce terme désigne les chapitres 4 à 10 de la norme. Certains disent aussi « clause ».

Structurellement, la norme est très lisible. Elle est rédigée comme une grande roue *Plan, Do, Check, Act*.

- **Plan** : les articles 4 à 7 spécifient toutes les fondations du SMSI qu'il faut mettre en place avant de l'exécuter : périmètre du SMSI, politique, objectifs de sécurité, appréciation des risques, répartition des responsabilités, gestion de la documentation, gestion des ressources, sensibilisation, communication, etc.
- **Do** : l'article 8 concentre toutes les exigences relatives à la phase *Do* du SMSI. Il s'agit en fait de mettre en œuvre les dispositions qui ont été décidées dans les articles précédents.
- **Check** : tout ce que l'on peut faire pour contrôler l'efficacité et la conformité du SMSI est centralisé dans l'article 9 de la norme. Les trois grands leviers de contrôle sont la mise en place d'indicateurs, la conduite régulière d'audits internes ainsi que la tenue de revues de direction.
- **Act** : tous les incidents, anomalies, non-conformités et opportunités d'améliorations sont tenus de donner lieu à des actions d'amélioration. C'est l'article 10 qui traite ce sujet et qui clôture la norme.

Les sections ci-dessous détaillent les exigences des articles 4 à 10 de la norme.

Article 4 : définir le contexte et le périmètre

La première étape de la phase *Plan* commence par la définition du contexte et du périmètre du SMSI. Ces points permettent de cadrer le SMSI, et c'est à partir d'eux que s'articulera tout le système de management.

- **Contexte de l'organisme** : la norme demande à décrire le contexte de l'organisme. Elle demande aussi à identifier les parties qui sont concernées par le SMSI (on dit aussi « parties prenantes ») ainsi que les exigences de ces dernières en matière de sécurité de l'information. En effet, c'est pour elles que le SMSI va être construit.
- **Périmètre du SMSI** : c'est le domaine d'application du SMSI. Il est important de bien le définir, car c'est au sein de celui-ci que vont porter les exigences de la norme. Le choix du périmètre est libre. C'est même un des grands « leviers de souveraineté » de l'implémenteur. Le but est d'inclure dans le périmètre toutes les activités dont les parties prenantes exigent de la confiance. Nous l'avons vu dans le chapitre 1, le périmètre peut ne couvrir qu'une toute petite partie des activités de l'entreprise sur un site particulier, comme il peut couvrir toutes les activités de tous les sites. C'est à l'implémenteur de choisir.

Article 5: responsabilités de la direction

Cet article se focalise sur les responsabilités du management dans le SMSI. Il commence par rappeler un certain nombre d'obligations que la direction se doit de respecter pour promouvoir le système de management et pour soutenir les équipes dans la gestion de la sécurité. La direction doit aussi savoir gérer les ressources nécessaires au bon fonctionnement du SMSI et promouvoir l'amélioration continue.

Un autre point important est la politique de sécurité. En effet, si la spécification du périmètre permet de savoir très clairement ce qui est à l'intérieur du SMSI comme à l'extérieur, elle ne précise pas le niveau de sécurité qui y sera pratiqué. C'est la politique de sécurité qui apporte cette précision. La norme ne donne aucune directive sur la manière de choisir la politique. Aussi l'entreprise n'a-t-elle aucun compte à rendre sur ses choix de politique.

Une entreprise peut donc être certifiée ISO 27001 sur un périmètre très réduit ou sur une politique très peu exigeante. Cela signifie-t-il pour autant que son niveau réel de sécurité correspond bien aux exigences de ses clients ? Certainement pas ! La certification ISO 27001 ne dispense pas les clients de faire preuve de discernement. Un client dont le fournisseur met en avant sa certification ISO 27001 pour se différencier de la concurrence est parfaitement en droit de lui demander sur quel périmètre et sur quelle politique porte cette certification.

> **Quand la certification ISO 27001 n'est plus un critère de différenciation**
>
> Un client envisage d'héberger une partie de sa plate-forme informatique au sein d'une société d'infogérance, car cette dernière affirme être certifiée ISO 27001. L'hébergement se fera sur un site en région parisienne. Le client demande à voir le périmètre du SMSI et s'aperçoit alors que le site de la région parisienne n'est pas couvert par le périmètre ! Le label ISO 27001 du fournisseur, tout certifié qu'il est, n'apporte aucun gage au client.

L'article 5 de la norme s'achève en précisant que la direction doit attribuer clairement les rôles et responsabilités en matière de sécurité. Il faudra donc certainement revoir les définitions de poste afin de s'assurer que chacun sait concrètement quel est son rôle dans le SMSI et dans la sécurité de l'information.

Article 6 : apprécier les risques et les opportunités

Le besoin d'apprécier les risques n'est pas nouveau car les entreprises sont depuis toujours exposées à des menaces. Des administrations, associations et universités du monde entier ont proposé pléthore de méthodes pour aider les organismes à apprécier les risques. La norme ISO 27001 spécifie qu'il est obligatoire d'adopter une méthode d'appréciation des risques, sans en imposer aucune en particulier.

Il est donc possible de choisir parmi les plus connues. Voici les principales méthodes connues en France.

Tableau 2-1

Méthodes d'appréciation des risques les plus courantes

Méthode	Origine	Organisme	Gratuit	Téléchargement
Ebios	France	ANSSI	Oui	www.ssi.gouv.fr
Mehari	France	Clusif	Oui	www.clusif.fr
ISO 27005	Internationale	ISO	Non	www.iso.org

Si la norme ISO 27001 n'impose aucune méthode en particulier, elle donne toutefois un certain nombre d'indications. Toute méthode ne respectant pas ces indications est considérée comme étant non conforme à la norme.

Le fait qu'aucune méthode en particulier ne soit exigée permet à l'ISO 27001 de s'implanter plus facilement dans les entreprises qui en appliquent déjà une. Ainsi, il suffira au responsable chargé de l'appréciation des risques de vérifier que la méthode qu'il a utilisée jusqu'alors est compatible avec les exigences de la norme. Par ailleurs, nul besoin d'adopter l'une des méthodes disponibles sur le marché. L'entreprise peut très bien inventer sa propre méthode maison, pour peu qu'elle respecte les indications de la norme. Cette démarche est très utile pour les entreprises qui n'ont jusqu'alors jamais procédé formellement à une analyse des risques.

La séquence suivante détaille les points incontournables imposés par la norme en matière d'appréciation des risques.

- **Critères d'acceptation des risques :** les plafonds au-delà desquels les risques ne sont plus acceptés doivent être clairement définis. Ces critères d'acceptation doivent être précis pour pouvoir être appliqués de façon homogène sur tous les risques du SMSI.

- **Répétitivité :** la norme insiste sur le fait que la méthode d'appréciation des risques doit conduire à des résultats cohérents et comparables, même si elle est réalisée à plusieurs reprises. En effet, bien que l'appréciation des risques ne relève pas des sciences exactes, il ne faut pas pour autant qu'elle conduise à des résultats disparates. Le but est de modéliser les risques de la façon la plus objective possible.

- **Identification des risques :** il s'agit ici d'identifier tous les risques portant sur le système d'information. Ces risques peuvent être de natures très variées (cyberattaques, intrusions physiques dans les locaux, détournements du système d'information par des employés, erreurs humaines, etc.).

- **Appréciation des conséquences de ces risques :** la norme demande que l'on apprécie les conséquences pour chaque risque identifié ci-dessus. En d'autres termes, il s'agit de formuler clairement les impacts. Ceci permettra de choisir un traitement du risque approprié.

- **Vraisemblance :** on ne traitera pas avec la même attention un risque qui a toutes les chances de se réaliser, et un risque ayant une probabilité d'occurrence extrêmement faible. C'est pour cela qu'il faut évaluer la vraisemblance de chaque risque.

- **Déterminer les niveaux de risques :** généralement, le calcul du niveau de risque prend la forme d'une fonction tenant compte des impacts et de la vraisemblance des menaces.

- **Priorisation des risques :** à ce stade, on connaît tous les risques, leurs impacts ainsi que leur probabilité d'occurrence. Il est donc possible de les prioriser. Cette priorisation a pour but d'agir rapidement sur les risques les plus élevés, et de remettre à plus tard ceux dont l'impact est moins important.

- **Traitement du risque :** dans sa version actuelle, la norme ISO 27001 ne spécifie pas quelles sont les différentes options de traitement du risque. Généralement, quatre traitements sont possibles : réduction, maintien, refus et partage. Le but est de sélectionner l'un de ces quatre éléments pour chacun des risques identifiés dans l'analyse.

L'annexe A de la norme ISO 27001

Avant de lire le point suivant, il convient de rappeler que l'ISO 27001 dispose d'une annexe (la fameuse annexe A) présentant une liste très précise de 114 mesures de sécurité pouvant être implémentées. Elles sont classées en 14 catégories principales et numérotées sur trois niveaux. En principe, tout ce qui peut être entrepris en matière de sécurité de l'information s'y trouve répertorié. Mais attention, l'annexe A n'est qu'une liste. Elle ne donne aucun conseil et ne propose aucun exemple qui aiderait à l'implémentation. En fait, l'annexe A reprend le titre de chaque mesure de sécurité figurant dans la norme ISO 27002, qui sera présentée dans le chapitre suivant.

- **Déclaration d'applicabilité (D*d*A) :** une fois que le traitement du risque est décidé, la norme oblige à considérer chacun des risques à traiter et à sélectionner dans l'annexe A la ou les mesure(s) de sécurité la ou les plus appropriée(s). En fait, il s'agit simplement de dresser un tableau récapitulatif, reprenant l'ensemble des 114 mesures de l'annexe A et de préciser pour chacune d'elles celles qui ont été retenues pour réduire les risques et celles qui ont été écartées. Cela revient à déclarer les mesures jugées applicables, d'où l'appellation officielle de ce tableau : « déclaration d'applicabilité », ou DdA.

Remarque : cas des mesures absentes de l'annexe A

Parfois, il peut arriver qu'aucune mesure répertoriée dans l'annexe A ne permette de réduire un risque identifié. Dans ce cas, et dans ce cas seulement, la norme autorise l'implémenteur à chercher la mesure qui convient dans un autre référentiel, voire de la spécifier lui-même.

- **Plan de traitement des risques :** nous venons de voir que la déclaration d'applicabilité (DdA) identifie les mesures de sécurité à déployer. En revanche, elle ne précise nullement comment les mettre en œuvre. Elle ne dit pas, non plus, dans quel ordre les traiter. Plusieurs cas de figure peuvent se présenter.

1. Certaines mesures de sécurité sélectionnées dans la DdA sont déjà en place depuis longtemps.

2. Certaines autres ne le sont que partiellement. Le plus souvent, il s'agit de mesures exploitées au quotidien, mais dont l'application n'est pas totalement conforme au modèle en quatre phases *Plan*, *Do*, *Check*, *Act*.

3. Certaines mesures doivent être intégralement déployées, mais leur mise en œuvre est assez simple.

4. D'autres mesures de sécurité nécessitent, en revanche, un long travail de préparation.

Il faut, par ailleurs, tenir compte des éventuelles relations de dépendance entre les différentes actions, le début de certaines nécessitant la réalisation préalable d'autres. Nous voyons ici que la génération du plan de traitement des risques relève plus de la gestion de projet que de la sécurité. La norme ne dit pas ce que doit contenir un plan de traitement des risques, mais il est logique qu'il comporte au moins les éléments suivants :

- la liste des actions à entreprendre ;
- les moyens nécessaires ;
- la définition des responsabilités et des priorités en matière de gestion des risques de sécurité de l'information.

- **Validation des risques résiduels :** la notion de risque résiduel n'est pas expliquée dans la norme. Il s'agit en fait du risque demeurant après la mise en application des mesures de sécurité. C'est au propriétaire des risques de valider les risques résiduels. Il faut entendre par propriétaire du risque la personne ayant autorité pour accepter ce risque au nom de l'entreprise. Les propriétaires des risques sont donc des personnes ayant un niveau de responsabilité élevé dans l'entreprise. En fait, il s'agit généralement de membres du comité de direction.

- **Validation du plan de traitement des risques :** tout comme les propriétaires des risques doivent valider les risques résiduels, ils doivent aussi valider le plan de traitement des risques.

L'article 6 de la norme s'achève en précisant que les objectifs du SMSI doivent être établis en tenant compte des exigences en matière de sécurité, de la politique de sécurité, ainsi que de l'appréciation des risques.

Article 7 : les « servitudes » du SMSI

Cet article aborde un certain nombre de sujets hétéroclites, mais absolument nécessaires pour le bon fonctionnement de tout système de management.

Compétence

La mise en place d'un SMSI entraîne le déploiement de nombreuses mesures de sécurité, couvrant des domaines très variés allant de la sécurité physique à la sécurité système et réseau, en passant par la sécurité organisationnelle, etc. Or, rien ne sert d'installer des outils de sécurité si le personnel ne sait pas s'en servir. Il est donc crucial de former le personnel pour qu'il puisse exploiter de façon satisfaisante tous les outils déployés dans le cadre du SMSI.

C'est traditionnellement le service des ressources humaines qui est chargé de programmer les formations nécessaires, en fonction des besoins exprimés par le personnel et les chefs de service.

La formation des employés

- Le SMSI a nécessité la mise en place d'un nouveau dispositif de vidéosurveillance : les agents de la sécurité devront être formés à ce nouvel outil.
- Un nouveau type de pare-feu est déployé pour cloisonner les réseaux : il convient de former les administrateurs, pour qu'ils sachent le configurer et lire ses journaux de façon pertinente.

Sensibilisation

La sensibilisation de tout un chacun, tout aussi nécessaire que la formation du personnel, consiste en premier lieu à expliquer les principes de base de la sécurité à tout le personnel, en recourant à des exemples très simples de la vie courante en entreprise. Il s'agit aussi de rappeler les engagements de l'organisme en matière de sécurité. Des conseils très concrets sont prodigués pour limiter autant que possible les incidents les plus classiques.

Quelques règles de base

Les points ci-dessous sont souvent abordés lors des séances de sensibilisation du personnel à la sécurité :

— ne pas écrire son mot de passe sur un Post-it ;
— respecter des règles de base pour choisir un mot de passe ;
— ne pas laisser un visiteur arpenter les locaux de l'entreprise sans être accompagné ;
— éviter les codes utilisateur et mots de passe collectifs permettant à plusieurs collaborateurs d'accéder à une application ;
— signaler sans délai tout événement qui semblerait suspect.

La sensibilisation du personnel prend souvent la forme d'une série de petites séances auxquelles assistent entre dix et vingt personnes. Elles durent tout au plus une demi-journée. Une autre approche consiste à réunir tout le personnel dans un amphithéâtre à l'occasion d'une grand-messe annuelle. Très souvent, c'est le RSSI, responsable de la sécurité du système d'information, ou le responsable sûreté qui est chargé de mener à bien cette tâche. D'autres moyens de sensibilisation peuvent être utilisés : messages diffusés à tout le personnel, petits films de sensibilisation, etc. Naturellement, cette activité de sensibilisation peut être externalisée.

Communication

Toute entreprise est amenée à communiquer régulièrement avec ses clients, avec les autorités de tutelle et avec toutes ses autres parties prenantes. Il en va de même pour les équipes internes qui doivent régulièrement communiquer avec les différents services, avec la direction générale, et toutes les autres parties prenantes avec lesquelles elles sont amenées à interagir. Il est évident que l'on ne va pas communiquer de la même façon avec un collègue, avec un membre d'une autre direction, avec la direction générale ou avec un client. C'est pour cela que des schémas de communication sont établis dans toutes les entreprises. Il est important d'intégrer la sécurité des systèmes d'information dans ce schéma de communication.

Documentation

Nous avons vu dans un chapitre précédent qu'un des points fondamentaux des systèmes de management est l'obligation de passer d'une culture de tradition orale à une culture de tradition écrite. Aussi, tous les processus du SMSI se doivent d'être documentés. Des documents de procédure doivent être établis, des politiques publiées, des règles claires doivent être communiquées à tous.

Attention, il ne s'agit pas ici de rédiger des centaines de pages. Il s'agit de générer des documents synthétiques disant clairement qui fait quoi, quand, en générant quelle preuve.

Si un certain nombre de documents sont incontournables dans tous les SMSI, il n'existe malheureusement aucune liste officielle des documents à produire dans un système de management. C'est bien normal, car chaque cas est particulier.

Article 8 : gérer le SMSI au quotidien

Si nous devions résumer en une seule ligne tout ce qui a été traité dans les sections précédentes, on pourrait dire que la phase *Plan* revient à mettre en place les fondations du SMSI et à spécifier toutes les règles ainsi que les mesures à mettre en œuvre. Maintenant que tout est spécifié, il s'agit de mettre en application. C'est le but de la phase *Do*. En effet, pour être conforme à l'ISO 27001, il ne suffit pas d'avancer des déclarations de bonnes intentions ; il faut en plus prouver que le SMSI fonctionne concrètement.

Cet aspect est souvent négligé par les personnes chargées d'implémenter un SMSI. Dans la pratique, cela implique de bien gérer les ressources nécessaires (humaines, organisationnelles, financières, matérielles et logicielles), mais aussi de produire, pour chacun des processus du système de management, les traces qui prouveront son bon fonctionnement à l'auditeur.

Il ne reste plus qu'à déployer les mesures de sécurité retenues dans la DdA, tel qu'il est précisé dans le plan de traitement des risques. Tout comme la phase précédente, cette étape est essentiellement du ressort d'un directeur de projet qui prendra soin de vérifier que les actions se déroulent comme convenu, et qui saura réagir aux difficultés qui ne manqueront pas de survenir.

Article 9 : phase *Check* du SMSI

Tout ce qui devait être mis en place pour construire le SMSI est maintenant opérationnel. Les mesures identifiées dans la DdA fonctionnent conformément au modèle *Plan*, *Do*, *Check*, *Act*. L'appréciation des risques a été faite. Les mesures de sécurité sont en place. Le personnel est compétent et sensibilisé à la sécurité, et les ressources sont bien gérées par le management.

Cela étant, quel chef de projet honnête peut-il se permettre d'affirmer (surtout au démarrage du SMSI) que tout fonctionne exactement comme prévu ? Il y aura fatalement des outils mal configurés, des procédures non appliquées, des mesures bien déployées mais qui s'avèreront à l'usage partiellement inefficaces, des personnes traînant des pieds pour appliquer les consignes, et bien d'autres contretemps inattendus.

C'est pourquoi la norme impose la mise en place de moyens de contrôle dont le but est de surveiller en permanence :

- l'efficacité du SMSI ;
- sa conformité par rapport aux spécifications.

Nous sommes donc clairement dans la phase *Check*. Trois familles d'outils permettent à l'implémenteur de contrôler le SMSI :

- les indicateurs ;
- les audits internes ;
- les revues de direction.

Les indicateurs

Ceux qui en ont l'expérience savent combien la mise en place d'indicateurs est un projet délicat. Heureusement, la norme ne précise pas quels indicateurs prévoir et n'en fixe pas de quantité minimale. L'implémenteur est donc libre de choisir ceux qui lui paraissent les plus appropriés. Il existe deux familles d'indicateurs.

- **Les indicateurs de performance :** ils permettent de savoir si les mesures de sécurité sont efficaces.

Nombre d'incidents de sécurité

Le nombre mensuel d'incidents de sécurité rapportés par les utilisateurs peut être considéré comme un indicateur de performance, dans la mesure où il permet d'estimer l'efficacité du processus de détection d'incident et d'évaluer la situation de l'entreprise vis-à-vis des attaques.

- **Les indicateurs de conformité :** ils permettent de savoir si le SMSI est conforme à ses spécifications.

Nombre de réunions du comité de sécurité

Si les procédures internes du SMSI spécifient que le comité de sécurité doit se réunir un certain nombre de fois dans le semestre, la fréquence de réunion de cette instance devient un indicateur de conformité.

S'il faut retenir un point sur ce sujet, c'est qu'il vaut mieux commencer avec le moins d'indicateurs possible, quitte à en ajouter plus tard si l'expérience en démontre le besoin. Il faut surtout éviter toute inflation d'indicateurs car ils asphyxieraient le SMSI par excès d'analyse. En effet, la production, la mise en forme et l'interprétation des indicateurs constituent un processus coûteux en temps. Il est donc nécessaire de se concentrer sur l'essentiel : une dizaine d'indicateurs suffisent amplement à démarrer un SMSI.

Les audits internes

Le but de l'audit consiste à vérifier la conformité et l'efficacité du système de management. Pour cela, l'auditeur étudie les documents pertinents (politiques, procédures, traces), observe les activités des employés et rencontre les responsables ainsi que les opérateurs. Il recoupe ensuite toutes les informations qu'il a obtenues pour constater soit l'écart, soit la conformité du SMSI par rapport aux points audités.

Il convient que l'audit ne soit pas effectué par des personnes ayant été impliquées dans la mise en œuvre ou l'exploitation du processus audité. Cette indépendance de l'auditeur par rapport à l'audité est indispensable pour garantir l'impartialité des constats. En effet, si quelqu'un audite son propre travail, il n'aura ni l'objectivité ni le recul suffisants pour être crédible. Cette indépendance est possible dans les grandes entreprises, qui disposent souvent d'un service d'audit, dépendant directement de la direction générale (il existe même des services d'audit rapportant directement au directoire). Ainsi, lorsqu'ils auditent des processus impliquant le service du personnel, la DSI ou toute autre direction métier, les auditeurs n'ont aucun lien hiérarchique avec les personnes qu'ils rencontrent.

Cette exigence d'indépendance est beaucoup plus difficile à atteindre dans les petites structures, notamment dans les PME, qui ont rarement un service d'audit. L'auditeur est souvent une personne effectuant des tâches métier et chargée de faire des audits pendant une partie de son temps. Naturellement, il ne peut pas auditer de processus impliquant des collègues de son propre service.

Dans tous les cas, cependant, qu'il s'agisse d'une PME ou d'une multinationale, la norme exige qu'une procédure d'audit soit spécifiée. La méthode d'audit doit être précisée ainsi que le programme des audits. Les rapports doivent être consignés car ils constituent la preuve que les audits se déroulent comme prévu. Nous verrons plus loin que ces rapports serviront aussi lors des revues de direction.

Le périmètre de l'audit peut couvrir l'ensemble du SMSI. On dit dans ce cas que le « champ d'audit » couvre tout le SMSI.

Vocabulaire : champ d'audit

Si, dans le langage courant, nous avons tendance à utiliser le mot « périmètre de l'audit », le terme officiel est « champ d'audit ». Nous utiliserons donc cette expression dorénavant.

Le plus souvent, le champ des audits internes est limité, soit à quelques exigences de l'ISO 27001, soit à quelques mesures de sécurité sur quelques processus du SMSI. On changera donc le champ d'un audit à l'autre pour parvenir à terme (généralement au bout de trois ans) à contrôler toutes les mesures de sécurité.

La revue de direction

Si les audits permettent de déceler un nombre important d'anomalies, ils ne garantissent pas l'adéquation du SMSI par rapport à son environnement. Pour cela, il faut prendre du recul. C'est la mission de la revue de direction.

La revue de direction est, en fait, une réunion au cours de laquelle les managers jettent un regard rétrospectif sur le SMSI. Ils passent en revue tous les événements notoires qui se sont déroulés pendant l'année. Cela leur permet d'avoir une vision globale de l'évolution du SMSI ainsi que de son contexte.

Si le but de la revue est avant tout d'améliorer l'efficacité du SMSI, elle permet aussi de tenir compte des changements survenus dans l'entreprise pour que le SMSI reste conforme aux exigences de l'ISO 27001.

Les points les plus importants généralement à l'ordre du jour de la revue sont les suivants :

- point sur les actions décidées lors de la dernière revue de direction ;
- évolution du contexte de l'entreprise ;
- synthèse des non-conformités survenues dans le courant de l'année ;
- synthèse des résultats des différents audits de l'année ;
- atteinte (ou non-atteinte) des objectifs de sécurité du SMSI ;
- éventuels retours des parties prenantes dans le domaine de la sécurité de l'information ;
- état d'avancement des actions consignées dans le plan de traitement des risques ;
- etc.

Forts de cette vue d'ensemble, les managers pourront fixer de nouvelles priorités et décider des moyens nécessaires (financiers, humains ou techniques) pour les mener à bien. Les décisions prises lors de ces revues doivent être consignées dans des comptes rendus.

Généralement, les revues de direction sont tenues une fois par an. Cependant, certains changements significatifs dans la vie de l'entreprise peuvent justifier une revue ponctuelle et sans délai du SMSI.

Fusion de deux entreprises

La fusion d'une entreprise déjà certifiée ISO 27001 avec une autre justifie de réviser sans tarder :

— le périmètre du SMSI, puisqu'il doit couvrir maintenant les activités des deux sociétés ;

— la politique de sécurité, car les priorités de l'entreprise issue de la fusion ne sont peut-être plus les mêmes qu'auparavant ;

— l'appréciation des risques, puisque l'élargissement du périmètre nécessite de faire un nouvel inventaire des actifs, une nouvelle liste de vulnérabilités, etc.

Article 10 : phase *Act* du SMSI, amélioration

Toutes les activités de contrôle réalisées lors de la phase *Check* (indicateurs, audits et revues de direction) sont susceptibles de mettre en lumière un certain nombre de dysfonctionnements. C'est le cas pour les SMSI récents, n'ayant pas encore acquis un niveau de maturité satisfaisant. Toutefois, c'est aussi vrai pour les SMSI plus anciens, comptant à leur actif plus d'un an d'exploitation. D'ailleurs, un SMSI ne générant aucun constat à la sortie de la phase *Check* serait très suspect. Les constats peuvent être de plusieurs ordres :

1. écarts entre le SMSI et les exigences de la norme ;

2. écarts entre les spécifications du SMSI et la pratique constatée ;

3. mesures de sécurité inefficaces ou insuffisamment performantes (les qualiticiens utilisent souvent l'euphémisme « opportunité d'amélioration » pour désigner cette situation).

4. risques oubliés (donc non pris en compte) lors de l'appréciation des risques ;

5. changements de contexte entraînant de nouveaux risques ;

6. problèmes récurrents.

La norme impose d'identifier systématiquement des actions correctives pour chacun de ces constats. Le but est d'agir d'abord sur les effets pour corriger l'écart, puis sur les causes pour éviter que l'écart ne se reproduise à nouveau.

Procédure de contrôle d'accès physique

Considérons une procédure de contrôle d'accès physique aux locaux stipulant qu'en zone rouge, seules les personnes portant un badge de couleur rouge ont le droit d'entrer. La présence en zone rouge d'une personne sans badge est donc un écart par rapport à la procédure.

Le premier volet de l'action corrective consistera à vérifier que la personne en question est bien autorisée à entrer en zone rouge. Si c'est le cas, on lui fera porter son badge. Dans le cas contraire, elle sera reconduite à l'extérieur. C'est l'action sur les effets.

Le second volet de l'action corrective consistera à lancer une campagne de sensibilisation du personnel en rappelant l'importance de ce point de la procédure, quitte à prévenir que toute récidive pourra entraîner des sanctions disciplinaires. On évite ainsi que l'écart ne se reproduise. C'est l'action sur les causes.

On peut aussi lancer des actions correctives lorsqu'on détecte une situation risquant d'entraîner un écart ou un incident si rien n'est fait. Il s'agit ici d'agir sur les causes avant même que l'écart ne se produise.

L'accès à une salle machines

La salle machines d'une société de distribution de consommables pour les stations-service est située au rez-de-chaussée. Une porte blindée avec contrôle par badge protège l'accès à la salle. Pourtant, la personne chargée de l'appréciation des risques ne s'est pas rendu compte qu'il suffit à une personne malveillante de briser la vitre de la salle machines depuis l'extérieur pour y pénétrer. Mais, à ce jour, aucune effraction n'a encore eu lieu.

L'action corrective consiste à protéger les fenêtres par des barreaux.

Au-delà de la correction, la norme parle d'amélioration. Le but de l'amélioration n'est pas de corriger ni d'éviter un écart, mais d'améliorer la performance d'un processus du SMSI.

Procédure d'intégration des nouveaux collaborateurs

La procédure d'intégration des nouveaux collaborateurs d'une société de courtage impose à tout nouvel arrivant de passer d'abord par la DRH pour présenter son extrait de casier judiciaire. Il passe ensuite aux services généraux pour obtenir un badge d'accès, puis demande à la DSI un accès au réseau. Ces trois étapes sont jugées coûteuses car elles impliquent à chaque fois trois services de l'entreprise.

L'action d'amélioration consiste à faire en sorte que ce soit la DRH, seule, qui reçoive l'extrait de casier judiciaire, déclenche la génération du badge et fasse le nécessaire pour qu'un compte lui soit ouvert. Cela n'augmente pas forcément la conformité du SMSI ou la sécurité du système d'information, mais cela contribue à simplifier le processus.

L'implémenteur doit vérifier qu'une fois appliquées, les actions correctives et/ou d'amélioration ont bien permis d'atteindre les objectifs fixés. Il informera ensuite toutes les parties concernées du résultat obtenu.

Nous voyons à quel point les actions correctives et d'amélioration sont essentielles dans le système de management. Ensemble, elles contribuent effectivement à rendre le SMSI plus fiable et plus efficace dans la durée. Cela renforce indirectement la sécurité du système d'information et, par transitivité, la confiance des parties prenantes.

Annexe A

Nous avons dit en début de chapitre que les exigences de l'ISO 27001 n'occupaient que 10 pages sur 23. Le reste de la norme (c'est-à-dire 10 pages) est occupé par l'annexe A. Si on regarde de près les rubriques de cette annexe, on se rend compte qu'il s'agit simplement de la reprise des titres des chapitres de la norme ISO 27002.

L'annexe A est donc une liste de 114 mesures de sécurité pouvant être implémentées. Elles sont classées en 14 catégories principales, et numérotées sur trois niveaux. En principe, tout ce qui peut être entrepris en matière de sécurité de l'information s'y trouve répertorié. Mais attention, l'annexe A n'est qu'une liste. Elle ne donne aucun conseil et ne propose aucun exemple qui aiderait à l'implémentation.

L'annexe A sert à constituer la déclaration d'applicabilité. Elle sert aussi à s'assurer que l'on n'a oublié aucune mesure de sécurité dans l'appréciation des risques. Elle sert enfin aux auditeurs à l'heure de la certification.

Le chapitre 3 détaille le contenu de la norme ISO 27002.

La norme ISO 27002

La norme ISO 27001 décrit les mesures nécessaires à la mise en place d'un SMSI. Si elle fixe l'objectif à atteindre, elle ne précise pourtant pas comment il convient de déployer ces mesures concrètement. L'implémenteur du SMSI a donc besoin d'un guide de bonnes pratiques pour les différentes actions qu'il va entreprendre.

L'ISO 27002 répond à ce besoin par toute une série de préconisations concrètes, abordant des aspects tant techniques qu'organisationnels.

Deux approches de la sécurité

Quel que soit le type d'entreprise, on retrouve toujours deux populations très distinctes dans le domaine de la sécurité : d'une part, les individus que l'on pourrait qualifier de « formalisateurs », d'autre part, les « techniciens » ou plus précisément les « experts techniques ». Sans pour autant être en conflit, ces deux populations divergent quant à leur conception de la sécurité : les uns proposent une approche fondée sur la réflexion au sujet de questions stratégiques, par opposition à l'approche plus technique des autres, qui recherchent plutôt des solutions concrètes.

Les formalisateurs

Avant d'agir, un formalisateur aura tendance à se poser les questions suivantes.

- Quel est, *in fine*, l'objectif de l'entreprise ?
- Quel est le cadre au sein duquel on peut agir ?
- Qui est responsable de quoi ?
- Qui va faire quoi ?

Parce qu'ils se posent ces questions, ils sont les plus prompts à rédiger les documents de politique.

Exemple de politique

Objet: l'objet de la présente politique est de se prémunir contre toutes les menaces, qu'elles soient internes ou externes, délibérées ou accidentelles, et de protéger les actifs d'information de la société ASPPERCU.

Responsabilités: il est de la responsabilité de l'ASPPERCU de s'assurer que l'information est protégée contre les accès non autorisés, que la confidentialité de l'information est préservée et qu'elle n'est pas dévoilée à des personnes non autorisées par le moyen d'actions délibérées ou involontaires.

Portée: tout le personnel de l'ASPPERCU est responsable de la mise en place de cette politique de sécurité et aura le soutien de la direction.

Les responsabilités sont réparties de la façon suivante:

— l'encadrement de l'ASPPERCU crée et réévalue la présente politique;

— le responsable sécurité met en place cette politique par le moyen des démarches et procédures applicables;

— tout le personnel ainsi que les prestataires suivent les procédures relatives à la sécurité;

— tout le personnel a la responsabilité de rapporter les incidents de sécurité ainsi que toute vulnérabilité identifiée;

— tout acte délibéré menaçant la sécurité des informations de l'ASPPERCU est sujet à des poursuites disciplinaires et/ou judiciaires.

Par ailleurs, les formalisateurs sont à l'aise pour modéliser les relations d'ordre ainsi que les dépendances entre les différents processus. Ils posent par écrit tout ce qu'il faut faire en formalisant les procédures. Ils ont souvent une propension à communiquer et sensibiliser leurs collègues sur les diverses questions relatives à la sécurité.

En contrepartie, s'ils sont prompts à formaliser les procédures, ils sont réticents à se plonger dans la technique.

Ils permettent donc évidemment une meilleure cohérence de la sécurité et garantissent qu'elle garde un objectif bien défini. Ils transcrivent par écrit la connaissance de l'entreprise et, en ce sens, contribuent grandement à la mise en place d'un SMSI. Leur présence active est indispensable.

Les techniciens

Aussi indispensables que soient la politique, l'organisation et la formalisation, elles seraient vaines si les outils techniques sur lesquels elles reposent n'étaient pas sécurisés. C'est ce que pensent à juste titre les techniciens qui, en tant qu'experts, porteront leur attention sur une série de questions importantes.

- Les applications gèrent-elles bien les sessions ?
- Les champs de saisie résistent-ils aux attaques d'injection SQL ou de *Cross Site Scripting* (XSS) ?
- Les services qui tournent sur les machines sont-ils à jour ?
- Les droits sur les fichiers sont-ils les bons ?
- Les listes de contrôles d'accès (ACL, *Access Control List*) sont-elles pertinentes ?
- Les règles des pare-feu sont-elles bien configurées ?
- Etc.

Problème d'application

Considérons une société dont la direction générale décide de mettre en ligne sur Internet une application qui, à l'origine, n'a pas été conçue pour cela. Voici les propos que risque de tenir l'ingénieur sécurité en s'adressant à son directeur (DSI) : «Soit, j'entends bien vos préoccupations en matière de politique de sécurité et de procédure de sauvegarde, mais mon problème à moi est ailleurs : la direction me demande de mettre en ligne sur Internet une application qui n'a pas été conçue pour cela. Alors voici les questions auxquelles il me faut une réponse : quelle ligne de mon fichier de configuration de mon relais inverse dois-je changer ? Dans quelle DMZ dois-je placer ce relais inverse ? Quels protocoles dois-je filtrer ? Quels ports dois-je laisser passer ? Sur quel pare-feu dois-je implémenter les règles de filtrage ? Et les réponses à ces questions, il me les faut maintenant, car la direction veut que ça soit en ligne dès la semaine prochaine ! »

On le voit, les experts techniques n'hésitent pas à plonger dans les problèmes techniques pour enquêter et trouver des solutions concrètes, alors qu'ils sont plus réticents à formaliser leur travail par écrit. Mais ce sont bien ces techniciens qui garantissent la sécurité technique des infrastructures. Là encore, leur présence est indispensable.

Une complémentarité nécessaire

Curieusement, l'appartenance à l'un ou l'autre groupe est indépendante du niveau hiérarchique dans l'entreprise. On trouve des directeurs généraux technophiles, qui exigeront des solutions très concrètes en se passant de tout formalisme. Inversement, il n'est pas rare de croiser des techniciens qui s'attardent à rédiger soigneusement leurs procédures d'exploitation.

Contrairement à une idée répandue, ces deux approches sont loin d'être contradictoires ; elles sont au contraire parfaitement complémentaires pour concilier cohérence et efficacité. Malheureusement, sans pour autant être en conflit, ces deux populations ont tendance à s'ignorer mutuellement.

La grande force de l'ISO a été de réunir autour de la table ces deux populations pour leur poser une même question : « Pour vous, qu'est-ce qui importe en matière de sécurité ? » Chacun a répondu selon son approche.

C'est ainsi que fut consignée une liste très complète de mesures de sécurité abordant aussi bien des points organisationnels que des considérations purement techniques. L'ISO 27002 est le résultat ordonné de cette mise en commun de connaissances.

Présentation de la norme

Elle est structurée sur trois niveaux :

- les chapitres (niveau 1) ;
- les objectifs de sécurité (niveau 2) ;
- les mesures de sécurité (niveau 3).

Les quatre premiers chapitres de l'ISO 27002 décrivent des généralités et rappellent quelques notions de base. C'est à partir du chapitre 5 que la norme devient intéressante.

Structure générale

La norme ISO 27002 peut être vue comme un dictionnaire comportant 114 entrées. Chacune de ces entrées décrit une mesure de sécurité.

> **Vocabulaire : mesure de sécurité**
>
> Le terme « mesure de sécurité » désigne le mécanisme que l'on met en place, ou l'action que l'on entreprend, pour assurer la sécurité dans un domaine particulier. Par exemple, les mots de passe sont une mesure de sécurité dont le but est de contrôler l'accès aux systèmes en identifiant et authentifiant les utilisateurs. Il ne s'agit donc pas ici de « mesurer » quelque chose, mais plutôt d'entreprendre une action pour parvenir à un niveau de sécurité.
>
> Le terme anglais pour « mesure de sécurité » est *security control* ou *control*. Cela explique l'anglicisme trop fréquent en français du terme « contrôle » utilisé à la place de « mesure de sécurité ». Dans cet ouvrage, nous utiliserons bien le terme de « mesure de sécurité ».

Chaque mesure de sécurité est décrite en quatre parties.

1. **Numéro de référence et intitulé de la mesure** – Cela permet de référencer la mesure sans la moindre équivoque.

2. **Mesure** – Brève description de la mesure. Le but est de dire clairement de quoi il s'agit. Généralement, cette description ne prend que trois ou quatre lignes.

3. **Préconisations de mise en œuvre** – Les préconisations sont développées et éventuellement accompagnées d'exemples pour les illustrer. Elles peuvent être très brèves tout comme occuper plus d'une page. Le but est d'être aussi concret que possible.

4. **Informations supplémentaires** – Précisions jugées utiles, mais non abordées dans les préconisations.

Exemple

Voici un extrait de l'ISO 27002. Il s'agit de la mesure 13.2.3 de la norme (citation extraite de l'ISO/CEI 27002, édition d'octobre 2013).

13.2.3 Messagerie électronique

<u>Mesure</u>

Il convient de protéger de manière appropriée l'information transitant par la messagerie électronique.

<u>Préconisations de mise en œuvre</u>

Pour la sécurité de l'information dans le cadre de la messagerie électronique, il convient de prendre en compte:

a) une protection des messages contre tout accès non autorisé, toute modification ou tout déni de service en corrélation avec le plan de classification adopté par l'organisation;

b) la qualité de l'adressage et du transport du message;

c) la disponibilité et la fiabilité du service;

d) les questions juridiques, comme les exigences en matière de signatures numériques;

e) l'obtention d'une autorisation avant d'utiliser des services externes publics comme une messagerie instantanée, un réseau social ou le partage de fichiers;

f) des niveaux plus élevés d'authentification permettant de contrôler l'accès depuis les réseaux accessibles au public.

<u>Informations supplémentaires</u>

Il existe de nombreux types de messagerie électronique, tels que les courriers électroniques, l'échange de données informatisé (EDI) et le réseautage social, qui jouent un rôle important dans les communications professionnelles.

Pour assurer une meilleure lisibilité, les 114 mesures de sécurité sont classées en 14 grands chapitres (de niveau 1) reprenant les principaux thèmes de la sécurité. Chacun des 14 chapitres est à son tour subdivisé en sous-chapitres (de niveau 2).

Sécurité des communications

La mesure 13.2.3 citée précédemment appartient au chapitre 13, relatif à la sécurité des communications. Ce chapitre est subdivisé en deux sous-chapitres:

13.1 Gestion de la sécurité des réseaux

13.2 Transfert de l'information

La mesure 13.2.3 est donc une des mesures de sécurité concernant le sous-chapitre 13.2 «Transfert de l'information».

En tête de chaque sous-chapitre, on trouve une rubrique «Objectif» qui décrit l'objectif général des mesures de sécurité regroupées dans ce sous-chapitre. C'est ce que l'on appelle l'objectif de sécurité, ou *control objective* et qui est, *in fine*, le but à atteindre.

> **Exemple**
>
> La norme ISO 27002 précise ce qui suit:
>
> 13.2 Transfert de l'information
>
> <u>Objectif:</u> maintenir la sécurité de l'information transférée au sein de l'organisation et vers une entité extérieure.
>
> Cela veut dire que les quatre mesures de sécurité comprises dans le sous-chapitre 13.2 auront pour objectif d'assurer la sécurité de l'information lors de son transfert.
>
> La mesure 13.2.3 que nous avons prise en exemple répond parfaitement à cet objectif.

Chapitres de l'ISO 27002

L'ISO 27002 est constituée de 14 chapitres importants (du 5 au 18) couvrant l'essentiel des domaines relatifs à la sécurité de l'information. La liste ci-dessous présente sommairement chacun de ces chapitres ainsi que les « objectifs » (sous-chapitres) qui les composent.

Chapitre 5 – Politique de sécurité

Toutes les questions concernant la rédaction de la politique de sécurité sont couvertes dans le chapitre 5. C'est le plus court de tous puisqu'il ne comporte que deux mesures de sécurité :

- la mesure 5.1.1, qui indique les différents points susceptibles d'être abordés dans une politique ;
- la mesure 5.1.2, qui précise que la politique doit être revue régulièrement.

Chapitre 6 – Organisation de la sécurité de l'information

Ce chapitre est divisé en deux « objectifs » bien distincts : tout d'abord les questions relatives à l'organisation interne à l'entreprise, puis celles concernant les tiers.

- **Organisation interne :** les mesures de sécurité décrites ici (6.1) abordent essentiellement la gouvernance de la sécurité, les relations avec les autorités, ainsi que la participation aux groupes spécialisés (forums professionnels permettant de partager l'expérience en matière de sécurité de l'information).
- **Appareils mobiles et télétravail :** étonnamment, les dispositions à prendre pour sécuriser le télétravail sont abordées juste après (6.2).

Chapitre 7 – Sécurité liée aux ressources humaines

Ce chapitre aborde toutes les questions relatives au personnel. Il est composé de trois « objectifs » à mettre en place chronologiquement, à savoir avant l'embauche, pendant la durée du contrat, et enfin au départ de l'employé(e).

- **Avant l'embauche :** l'accent est mis ici (7.1) sur la définition préalable des rôles et responsabilités de chacun en matière de sécurité. Il est précisé par ailleurs qu'il convient que les vérifications effectuées lors de la sélection du personnel soient appropriées, conformes à la réglementation et proportionnées par rapport à la sensibilité du poste en question.

- **Pendant la durée du contrat :** les mesures décrites dans cette partie (7.2) visent à informer le personnel sur ses responsabilités en matière de sécurité. Les sanctions disciplinaires y sont aussi traitées.

- **Au départ de l'employé(e) :** on aborde dans cette partie (7.3) les responsabilités en matière de sécurité qui restent en vigueur (ou qui ne restent pas en vigueur) à la fin du contrat.

Chapitre 8 – Gestion des biens

Trois objectifs de sécurité cadrent la gestion des biens.

- **Responsabilités relatives aux biens :** cette partie (8.1) couvre l'inventaire, la propriété et la définition de l'utilisation correcte des biens.

- **Classification des informations :** les mesures de la partie 8.2 concernent la classification des actifs, opération qui se révélera très utile lors de leur valorisation dans le cadre de l'appréciation des risques. Le marquage des informations ainsi que la manipulation des actifs y sont aussi abordés.

- **Manipulation des supports :** les sujets tels que la gestion des supports amovibles, les précautions à prendre lors de leur transport, et que faire en fin de vie, à l'occasion de leur destruction, sont détaillés en 8.3.

Chapitre 9 – Contrôle d'accès

Toutes les mesures se rapportant au contrôle d'accès sont réunies dans ce chapitre (hormis le contrôle d'accès physique, qui sera traité dans le chapitre 11.1).

- **Politique :** la mesure 9.1.1 donne des pistes pour formaliser la procédure de contrôle d'accès. Quant à la 9.1.2, elle aborde plus en détail la question de l'accès aux réseaux.

- **Utilisateurs :** les mesures décrites dans cette partie (9.2) traitent de l'enregistrement des utilisateurs, de la gestion des droits d'accès ainsi que des mots de passe.

- **Responsabilités des utilisateurs :** l'unique mesure de cette partie (9.3) insiste sur les bonnes pratiques que doivent respecter les utilisateurs en matière de mots de passe.

- **Contrôle d'accès au système d'information :** cette partie (9.4) réunit quelques mesures hétéroclites, abordant des sujets tels que les mots de passe, les procédures de connexion, ainsi que les précautions à prendre lors de l'utilisation de programmes utilitaires.

Chapitre 10 – Cryptographie

Tout ce qui s'applique à la cryptographie est précisé dans ce chapitre qui ne contient que deux mesures de sécurité. La politique d'utilisation des mesures de cryptographie est décrite en 10.1.1, et la façon de gérer les clés de chiffrement est abordée dans la mesure 10.1.2.

Chapitre 11 – Sécurité physique et environnementale

La sécurité physique s'applique essentiellement aux locaux et aux équipements qui s'y trouvent.

- **Sécurité des locaux :** cette section (11.1) traite de questions aussi variées que la définition des différentes zones de sécurité dans l'entreprise, des contrôles d'accès physique aux locaux, de la protection contre les menaces extérieures (qu'elles soient d'origine malveillante ou naturelle), ainsi que de la sécurité des zones de livraison.

- **Sécurité du matériel :** le but de ces mesures (11.2) est de protéger le matériel en le plaçant dans des lieux appropriés, avec des servitudes correctement calibrées (air conditionné, alimentation électrique, câblage normalisé, etc.). Les questions relatives à la maintenance du matériel sont également abordées. Des mesures couvrent aussi la question des matériels laissés sans surveillance ou des « bureaux propres » et du verrouillage des postes de travail.

Chapitre 12 – Sécurité liée à l'exploitation

Ce chapitre comporte de nombreuses mesures de sécurité, abordant des sujets très variés. C'est un des chapitres les plus importants de la norme ISO 27002.

- **Procédures et responsabilités liées à l'exploitation :** les bases de l'exploitation sont abordées ici (12.1). Cela commence par la formalisation des procédures d'exploitation. Ensuite, il convient de vérifier que tout changement tient compte de la sécurité. Enfin, des mesures de sécurité indiquent comment dimensionner le système d'information pour qu'il tienne la charge dans la durée.

- **Protection contre les codes malveillants :** l'objectif suivant ne fait l'objet que d'une seule mesure de sécurité (12.2.1). Il s'agit de protéger le système d'information contre les codes malveillants. C'est donc logiquement ici que l'on développe la question des antivirus et de toutes les autres mesures de protection contre le code malveillant.

- **Sauvegarde :** à leur tour, les sauvegardes ne font l'objet, elles aussi, que d'une seule mesure de sécurité (12.3.1). C'est pourtant une mesure essentielle. La question des sauvegardes s'est grandement complexifiée ces derniers temps avec la virtualisation, les réplications de bases de données, la multiplication des agents, les librairies virtuelles, etc. Il est d'autant plus important de bien clarifier les sauvegardes et de tester régulièrement leur restauration.

- **Journalisation et surveillance :** la journalisation (12.4) est de première importance dans la mesure où elle permet de tracer les actions et de comprendre les causes premières des incidents de sécurité. Aussi, la norme conseille-t-elle de bien identifier les actions à journaliser, de protéger les journaux, de porter une attention particulière aux actions des administrateurs. La synchronisation des horloges est aussi abordée puisqu'elle permet de fournir une référence unique de temps entre les différents journaux.

- **Maîtrise des logiciels d'exploitation :** une simple mesure de sécurité (12.5.1) décrit comment faire en sorte que l'installation de logiciels soit contrôlée.

- **Gestion des vulnérabilités techniques :** plus que jamais, la veille en vulnérabilités permet d'anticiper les attaques. Il convient donc d'effectuer une veille en vulnérabilité et d'entreprendre rapidement des actions préventives en cas d'alerte.

- **Audits :** la toute dernière mesure de sécurité du chapitre 12 (12.7.1) précise qu'il convient de contrôler les audits afin qu'ils ne perturbent pas le bon fonctionnement du système d'information.

Chapitre 13 – Sécurité des communications

Le chapitre traitant des communications est divisé en deux objectifs principaux.

- **Sécurité des réseaux :** les premières mesures de sécurité de ce chapitre (13.1) consistent à contrôler la sécurité des réseaux en sécurisant les services mis à la disposition des utilisateurs et en cloisonnant les réseaux par niveau de sensibilité.

- **Transfert d'informations :** les transferts d'informations sont ensuite abordés. En somme, des politiques de transfert doivent être mises en place. Tout échange avec un tiers doit être convenu en tenant compte des exigences de sécurité. Enfin, la messagerie électronique doit, elle aussi, faire l'objet de mesures de protection (13.2.3).

Chapitre 14 – Acquisition, développement et maintenance des systèmes d'information

Ce chapitre regroupe toutes les mesures de sécurité relatives au développement et à la maintenance des plates-formes et des applications.

- **Exigences de sécurité :** la seule mesure de sécurité de cette section (14.1.1) insiste sur l'importance de tenir compte des exigences de sécurité lors de l'acquisition ou de la conception d'un système d'information ou de l'un de ses éléments constitutifs. La protection des applications exposées à Internet et la protection des transactions sont aussi abordées dans cette section (14.1.2 et 14.1.3).

- **Développement et assistance technique :** le but des mesures de cette partie (14.2) est de faire en sorte de sécuriser les changements en mettant en place des procédures (14.2.2), en faisant des revues techniques (14.2.3). Tous ces changements doivent respecter les principes d'ingénierie de sécurité (14.2.5). Un focus particulier est fait sur les développements externalisés (14.2.7). Cette partie s'achève en traitant des tests de sécurité (14.2.8) et en précisant qu'il ne faut pas oublier de réaliser des tests de conformité (14.2.9).

- **Données de test :** la dernière partie (14.3) ne contient qu'une seule mesure de sécurité, mais elle est très importante. Elle traite de la protection des données de tests (14.3.1). Cette mesure de sécurité est une mesure clé à l'heure du règlement général pour la protection des données (RGPD).

Chapitre 15 – Relations avec les fournisseurs

Dans l'ancienne version de la norme, les relations avec les fournisseurs étaient ventilées sur plusieurs chapitres différents de la norme. Aujourd'hui, tout ce qui concerne les relations avec les fournisseurs a été rassemblé dans un chapitre dédié, composé de deux objectifs de sécurité.

- **Sécurité des relations avec les fournisseurs :** les exigences de sécurité doivent être explicitement formulées et acceptées par toutes les parties (15.1).

- **Gestion de la prestation de services :** le respect par les prestataires de services des exigences de sécurité doit être contrôlé par le moyen de revues d'audits ou d'indicateurs (15.2.1). Par ailleurs, la sécurité doit être prise en compte lorsque les fournisseurs effectuent des changements (15.2.2).

Chapitre 16 – Gestion des incidents liés à la sécurité de l'information

Toutes les mesures de sécurité liées à la gestion des incidents de sécurité sont réunies dans un seul objectif (16.1). Deux mesures donnent des conseils pour le signalement rapide des incidents et des failles de sécurité. D'autres mesures détaillent la réponse rapide aux incidents puis se concluent par la collecte des preuves permettant d'en comprendre les causes. Notons que la gestion des incidents de sécurité fait l'objet des normes ISO 27035-1 et 27035-2.

Chapitre 17 – Gestion du plan de continuité de l'activité

L'essentiel de ce chapitre traite de la continuité de l'activité. Les questions de redondance sont abordées dans un second temps.

- **Continuité de la sécurité de l'information :** le premier objectif de ce chapitre (17.1) réunit trois mesures de sécurité qui couvrent tous les aspects relatifs aux *plans de continuité d'activité* (PCA), depuis l'analyse d'impact jusqu'aux tests et aux revues du PCA.
- **Redondances :** le second objectif, qui ne comporte que la mesure de sécurité 17.2.1, aborde les questions de redondance afin d'assurer la disponibilité du service.

Chapitre 18 – Conformité

Le dernier chapitre aborde toutes les questions relatives à la conformité avec la réglementation et avec les procédures internes de l'entreprise. Il traite aussi des audits.

- **Réglementation :** cette partie (18.1) aborde des questions liées à la conformité avec la réglementation, telles que la veille réglementaire, la protection de la propriété intellectuelle (licences logicielles), l'utilisation licite des moyens de chiffrement, la protection des enregistrements contre toute falsification ou tout accès illicite.
- **Revues de la sécurité de l'information :** cette partie (18.2) insiste sur le fait qu'il convient de procéder à des revues indépendantes de la sécurité de l'information. Par ailleurs, il faut vérifier que les procédures et les traitements sont conformes aux politiques de sécurité établies. Cela passe naturellement par des audits.

Utilisation de la norme

La norme ISO 27002 est donc un référentiel de 88 pages comportant 114 mesures de sécurité. L'implémenteur d'un SMSI est-il tenu pour autant d'appliquer toutes les préconisations présentes dans cette norme ?

Comme le suggère le titre de la norme, « Code de bonnes pratiques pour la gestion de la sécurité de l'information », il ne s'agit que d'un *code de bonnes pratiques*, devant être considéré comme un ouvrage de référence, à consulter en cas de doute sur la mise en application d'une mesure de sécurité. La norme propose et l'implémenteur dispose, en fonction du contexte auquel il est confronté.

Chapitre 4

Comparaison et usages des deux normes

Nous avons étudié en détail les exigences de la norme ISO 27001 et découvert le très large spectre de bonnes pratiques en matière de sécurité de l'information proposées par l'ISO 27002. En revanche, ces normes peuvent-elles être déployées indépendamment l'une de l'autre ? Quelles sont les interactions entre les deux référentiels ? Quels sont les usages les plus courants de ces normes en entreprise ?

Quelques comparaisons

Les deux référentiels présentent quelques différences, tant sur la forme que sur le fond.

Sur la forme

S'agissant du volume tout d'abord, la norme ISO 27001 ne représente qu'une vingtaine de pages. Les exigences ne commencent qu'à l'article 4 pour se terminer à l'article 10, c'est-à-dire dix pages plus loin. Le reste du document est constitué d'annexes. De son côté, la norme ISO 27002 comporte plus de 90 pages et la partie la plus utile débute dès le chapitre 5 et se poursuit jusqu'à la fin du document.

Concernant les thèmes abordés, les deux normes présentent également de grandes différences, puisque l'ISO 27001 se focalise exclusivement sur les exigences nécessaires à la mise en place d'un SMSI, alors que l'ISO 27002 couvre un spectre bien plus large, comprenant des domaines aussi variés que la politique, l'organisation, les systèmes et réseaux, la sécurité physique, etc.

Remarquons, enfin, un point commun à ces deux normes : l'annexe A de l'ISO 27001 reprend sans exception chacun des 114 titres des mesures de sécurité développées dans l'ISO 27002, ainsi que leurs numéros. L'annexe A constituerait ainsi une sorte de lien entre l'ISO 27001 et l'ISO 27002.

Sur le fond

Nous venons de constater que les deux normes comporteraient une sorte de lien. Si on regarde attentivement les mesures de sécurité de l'annexe A et leur pendant dans l'ISO 27002, on constate que les formulations sont quasiment identiques. L'annexe A reprend mot à mot ce qui figure dans l'ISO 27002. Il y a toutefois une (et une seule) différence. Le verbe. En effet, les mesures de l'annexe A sont formulées à l'impératif, alors que l'expression utilisée dans l'ISO 2702 est « il convient de ».

Quid de la version anglaise ?

Le phénomène décrit ci-dessus est encore plus flagrant dans les versions anglaises des normes. En effet, le verbe utilisé dans l'annexe A de l'ISO 27001 est **shall**, alors que celui utilisé dans l'ISO 27002 est **should**.

Nous constatons que chaque mesure de sécurité de l'annexe A utilise le mot *shall*, qui traduit une obligation. Cela peut donc nous induire à penser que toutes les mesures de cette annexe doivent être systématiquement implémentées.

Pourtant, nous avons vu dans le chapitre décrivant l'ISO 27001 que l'implémenteur doit préparer une déclaration d'applicabilité (DdA) dans laquelle il précise les mesures de l'annexe A qu'il retient et celles qu'il écarte. Il existe donc une liberté de choix.

Que faut-il faire ? Sélectionner systématiquement toutes les mesures ou, au contraire, les choisir librement ? La clé de lecture pour résoudre cette apparente contradiction réside dans le sens que l'on donne au mot *shall* lorsqu'il est utilisé dans l'annexe A de l'ISO 27001. Dans ce contexte, il sous-entend plutôt *shall, if selected*, à savoir que l'obligation ne tient que si la mesure est sélectionnée.

En somme, l'implémenteur est évidemment libre de choisir les mesures de sécurité qui lui paraissent les plus pertinentes, mais dès lors qu'il les a sélectionnées, il prend l'engagement de les implémenter. En d'autres termes, un auditeur pourra opposer la DdA à un implémenteur s'il n'a pas mis en application une mesure sélectionnée dans la DdA.

Problème de temps

Si la mesure de sécurité A.12.4.4, qui stipule que les horloges des équipements les plus sensibles doivent être synchronisées, est sélectionnée dans la *DdA*, alors il faut impérativement mettre en place un serveur de temps.

Un auditeur constatant que les heures de plusieurs systèmes sensibles sont différentes pourra opposer la *DdA* à l'implémenteur pour émettre une non-conformité.

Naturellement, il n'y a aucune obligation d'appliquer les mesures qui ont été écartées dans la DdA, même si le libellé des mesures utilise le verbe *shall*. En revanche, il est impératif de motiver la raison de leur mise à l'écart.

Zone de livraison

Considérons une *DdA* qui a écarté la mesure de sécurité A.11.1.6, stipulant que l'accès aux zones de livraison doit être protégé. Une justification de cette mise à l'écart peut être : « il n'y a pas de zones de livraison dans l'entreprise ».

Cette justification étant bien fondée, l'implémenteur n'a aucune obligation de mettre en place cette mesure qui n'a pas lieu d'être.

Le tableau ci-après récapitule les principales différences entre les deux référentiels.

Tableau 4-1

Principales différences entre les deux normes

ISO 27001	ISO 27002
Traite des systèmes de management	Ne traite pas des systèmes de management
Modèle PDCA	Pas de modèle PDCA
Usage du verbe SHALL	Usage du verbe SHOULD
Application des articles 4 à 10 obligatoire	Aucune obligation
Possibilité de certification	Pas de certification possible

En lisant ce tableau, il apparaît clairement que parler de certification ISO 27002 n'a strictement aucun sens, puisque aucune obligation n'y est formulée. Il ne peut y avoir de certification qu'au regard de l'ISO 27001. Et si l'on croise encore des consultants proposant des services d'assistance à la certification ISO 27002, il semble évident que ces personnes ne maîtrisent pas les référentiels dont elles parlent.

Interaction entre les normes

Comme nous l'avons vu plus haut, l'annexe A constitue une sorte de lien entre les deux normes. Est-ce à dire qu'elles sont interdépendantes ? Pour répondre à cette question, nous allons voir si on peut les considérer individuellement, ou si elles ne peuvent être envisagées que l'une par rapport à l'autre.

L'ISO 27001 a-t-elle besoin de l'ISO 27002 ?

À aucun moment dans les articles 4 à 10, la norme ISO 27001 ne cite l'ISO 27002.

Ce n'est que dans l'annexe A que l'on pointe vers la norme ISO 27002. En fait, l'annexe A de l'ISO 27001 ne fait que reprendre les titres des mesures de sécurité de l'ISO 27002. Pour en comprendre le sens, il faut se référer à l'ISO 27002, dans laquelle elles sont détaillées. Cette dernière n'est donc indispensable que dans la mesure où elle apporte des précisions, mais en dehors de ce point, elle n'est pas nécessaire à l'ISO 27001.

En réponse à la question, il apparaît que rien n'oblige l'implémenteur d'un SMSI basé sur l'ISO 27001 à utiliser, de surcroît, l'ISO 27002, même si cette dernière peut se révéler très utile.

L'ISO 27002 a-t-elle besoin de l'ISO 27001 ?

Sur ce point, la situation est très claire. Les chapitres 5 à 18 de l'ISO 27002 ne citent pas une seule fois l'ISO 27001. Cette norme peut donc être utilisée tout à fait indépendamment de l'ISO 27001. Une personne souhaitant simplement adopter de bonnes pratiques dans un domaine particulier de la sécurité de l'information y trouvera des conseils très utiles, sans pour autant s'encombrer de toutes les contraintes relatives à un SMSI.

Malgré leur nomenclature ressemblante, les deux normes apparaissent donc très différentes.

Deux normes complémentaires

Les deux normes forment un tout.

- L'ISO 27001 décrit précisément l'objectif à atteindre.
- L'ISO 27002 donne des recettes de mise en œuvre pour y arriver.

En fait, l'annexe A fait fonction de lien entre les deux.

Usages de l'ISO 27001

Les motivations poussant les entreprises à adopter l'ISO 27001 sont très nombreuses et, curieusement, l'obtention de la certification n'est souvent pas la première. En fait, les SMSI apportent des réponses à des problèmes très variés. Les exemples développés ci-après présentent les principaux usages qui en sont faits à ce jour.

Adopter de bonnes pratiques

Les entreprises sont régulièrement soumises à des changements importants comme des fusions, acquisitions ou réorganisations. Ces changements entraînent la constitution d'un système d'information hétérogène, issu des anciens éléments d'architecture et applicatifs des différentes sociétés. Les entreprises confrontées à cette situation adoptent en général une stratégie en trois temps.

1. La priorité numéro un des DSI est, avant tout, de faire en sorte que ces différents systèmes d'information interagissent. Le but n'est pas tant de fusionner les différents SI que de les faire communiquer entre eux, alors qu'ils n'ont pas toujours été conçus dans cette optique. C'est ainsi que sont développées (souvent à la va-vite) des interfaces. Les anciens DSI appellent cela familièrement des « béquilles ». Le résultat est un SI composite, qui parvient tant bien que mal à produire un traitement cohérent.

> **Une amélioration progressive en marche**
>
> Cette situation est amenée à se régler progressivement dans le temps suite à la généralisation des services *web* et des protocoles d'authentification et d'autorisation tels que SAML et Oauth. Mais la généralisation de ce modèle prendra encore du temps. Il faudra donc gérer l'historique pendant encore longtemps.

2. Dans un second temps, les systèmes d'information sont reconstruits, soit partiellement, soit dans leur totalité. Ceci se traduit généralement par la refonte intégrale du réseau interne (réalisée souvent à l'occasion d'un déménagement), ou par le développement d'une application métier intégrée, fédérant les applications historiques. Dans cette phase, l'accent est surtout mis sur la technique, et non sur l'organisation.

3. Ce n'est que dans un troisième temps, lorsque les principales briques du SI sont enfin bien structurées, que la DSI se pose la question de l'organisation, des procédures et de la façon de travailler. Les SMSI répondent alors parfaitement à ces attentes en matière de sécurité de l'information.

Les entreprises confrontées à cette séquence ne sont donc pas forcément intéressées par une certification. Elles souhaitent avant tout adopter de bonnes pratiques sur une architecture et des applications cohérentes. La certification n'est perçue que comme un objectif secondaire, et seulement si elle n'entraîne pas de contraintes excessives. Autant dire que ces sociétés vont rarement jusqu'à ladite certification. Cette démarche présente un avantage et un inconvénient.

- **Avantage :** comme la certification n'est pas une fin en soi, l'entreprise n'est pas forcée de mettre en place toutes les procédures exigées dans l'ISO 27001. Elle pourra, par exemple, éviter de déployer un contrôle interne. Elle sera tentée de sortir du périmètre un certain nombre de points qui posent problème. Elle pourra décider arbitrairement de ne pas mettre en œuvre certaines mesures de sécurité. Elle ne sera pas forcée de prouver la cohérence entre la politique, le périmètre, l'appréciation des risques et les mesures de sécurité retenues dans la D*d*A. Cette absence totale de contraintes donne une grande marge de manœuvre et facilite donc le travail de mise en place. En outre, les sociétés adoptant cette approche n'ont pas de contraintes de délai. Si le projet de mise en place du SMSI prend un peu de retard, cela ne compromet rien.

- **Inconvénient :** l'absence de contraintes est à double tranchant. L'entreprise peut être tentée de faire trop d'entorses aux exigences de la norme, avec pour conséquence un SMSI n'assurant pas suffisamment de bonnes pratiques en matière de sécurité.

Un SMSI dans une PME

Une PME souhaite mettre en place un SMSI sans pour autant viser la certification ISO 27001. Elle définit une politique ainsi qu'un périmètre. Elle procède à une appréciation des risques qui confirme le besoin d'implémenter certaines mesures de sécurité. En revanche, la direction de la PME décide de ne pas appliquer l'article relatif à l'audit interne, car étant donné le petit nombre d'employés, il est difficile de trouver des auditeurs réellement indépendants par rapport aux audités.

Comment prouver, en l'absence d'audits, que les procédures sont conformes aux spécifications du SMSI ? Comment savoir si le SMSI est efficace ? Quel est l'intérêt, dans ce cas, de déployer un SMSI ?

Cette approche de l'ISO 27001 est la plus répandue en France. Mais attention, l'expérience montre que les SMSI mis en œuvre sans la sanction finale de la certification ont une tendance naturelle à l'entropie, ce qui les rend rapidement inefficaces.

Diminuer le coût lié aux audits

Certaines sociétés comme les entreprises d'infogérance, les prestataires de services de certification électronique (PSCE) ou encore les fabricants de cartes à puce, sont, de par leur activité, soumises à des audits très réguliers de la part de leurs clients. Ceci n'est pas sans poser des problèmes. En effet, un audit mobilise des ressources importantes.

- **Avant l'audit :** la personne devant accueillir les auditeurs doit vérifier que les procédures fonctionnent correctement et que la documentation est à jour. Elle doit aussi vérifier que le personnel applique bien les consignes et enfin, préparer la documentation pour le jour de l'audit.
- **Pendant l'audit :** il faut accueillir les auditeurs, réserver une salle, organiser les entretiens avec les différentes personnes concernées, s'occuper de l'intendance, réagir rapidement aux remarques de l'auditeur et rechercher les informations qu'il a demandées.
- **Après l'audit :** les responsables concernés par l'audit doivent se rencontrer pour discuter des actions à entreprendre suite aux conclusions de l'auditeur. Des actions correctives et préventives seront mises en place. Un travail de suivi est indispensable.

Tout le temps nécessaire à gérer l'audit est pris au détriment des autres tâches, directement productives. Subir un audit suppose donc un coût. Il peut être considéré comme marginal si l'entreprise ne subit qu'un ou deux audits par an. En revanche, si ceux-ci se multiplient (au moins un par mois), le coût lié aux audits peut finir par peser lourd dans les comptes de l'entreprise.

Cette situation est difficilement tenable pour les entreprises sujettes à des audits de la part de leurs nombreux clients. Plusieurs fois par an, l'audité doit prendre du temps pour expliquer exactement la même chose à des auditeurs différents, travaillant pour des clients différents.

> **Le cas d'un site d'infogérance**
>
> Un site d'infogérance héberge les plates-formes informatiques de 50 clients. Le site assure des services de base tels que l'alimentation électrique, la fourniture d'accès à Internet et un accès sécurisé aux locaux. Par ailleurs, elle fournit des services à valeur ajoutée tels que l'installation et la configuration des équipements système et réseau, la supervision mutualisée de tous les équipements du site, la sauvegarde, la détection d'incident, etc.
>
> Si la moitié des 50 clients décide de procéder à un audit annuel de sa plate-forme, cela signifie que l'hébergeur recevra au cours de l'année 25 auditeurs différents. Il devra expliquer 25 fois comment sont installés les systèmes, 25 fois comment sont faites les sauvegardes, autant de fois comment sont supervisés les équipements, et ainsi de suite. Comme un audit dure généralement entre un et cinq jours, cela signifie qu'un auditeur est présent dans les locaux un jour sur deux, tout au long de l'année. Cela représente une charge très lourde.

L'ISO 27001 contribue à régler ce problème, car l'entreprise sujette aux audits récurrents peut mettre en place un SMSI dont le périmètre couvre les activités et les services les plus souvent inspectés par les auditeurs. Un organisme de certification viendra vérifier la conformité du SMSI par rapport aux exigences de l'ISO 27001 et délivrera un certificat.

Par la suite, lorsque les auditeurs travaillant pour le compte des différents clients viendront inspecter l'entreprise, cette dernière leur montrera le certificat. Les auditeurs faisant confiance au certificat ne s'attarderont plus à réauditer ce qui entre dans le périmètre certifié. Ils pourront se focaliser uniquement sur les spécificités de leur client.

> **Site d'infogérance, suite**
>
> En reprenant l'exemple précédent, le site d'hébergement pourra se faire certifier ISO 27001 sur un périmètre couvrant les activités suivantes :
>
> — les services de base fournis aux clients, à savoir la protection des locaux, la sécurité incendie, l'électricité, l'accès Internet, la fiabilité de la climatisation ;
>
> — les services à valeur ajoutée, comme l'installation et l'administration système et réseau, la supervision mutualisée et les sauvegardes.
>
> Les 25 auditeurs ne seront plus obligés de passer en revue ces points puisqu'ils auront déjà été certifiés par un organisme indépendant. En revanche, ils se concentreront sur les spécificités de leur client n'entrant pas dans le périmètre du SMSI. Par exemple :
>
> — le serveur d'applications et le relais HTTP inverse, pour le client A ;
>
> — la base de données, pour le client B ;
>
> — le serveur de messagerie, pour le client C.

En fait, la certification ISO 27001 ne réduit pas le nombre des audits, car les clients souhaiteront toujours auditer leur prestataire. En revanche, elle raccourcit considérablement leur durée, en simplifiant le travail des auditeurs, qui se focaliseront désormais sur l'essentiel. Au lieu de s'étendre sur cinq jours en moyenne, ils ne dureront plus que deux jours. La certification représente donc une économie substantielle pour l'audité. D'autre part, la certification ISO 27001 du fournisseur est également profitable aux clients. En effet, les audits étant de plus courte durée, ils leur reviendront donc moins cher.

Donner confiance aux clients

La raison première pour laquelle la norme a été conçue est la confiance entre les parties prenantes. La certification ISO 27001 donne une image de sérieux en matière de sécurité des systèmes d'information. L'organisme certifié n'hésitera pas à s'en servir pour communiquer auprès de ses clients et prospects. Ces derniers auront alors le sentiment que leur fournisseur prend toutes les dispositions pour protéger les informations de ses clients. Pourtant, ce sentiment est plus ou moins bien fondé, et la certification ne dispense pas les parties prenantes de faire preuve de discernement. En effet, pour être réellement utiles au client, le périmètre du SMSI et la politique de sécurité du fournisseur doivent correspondre exactement à ses attentes, ce qui n'est pas nécessairement le cas.

Ajoutons enfin que la certification est souvent perçue par les fournisseurs de service comme un avantage concurrentiel.

Autres motivations

Si les trois motivations pour déployer un SMSI décrites précédemment sont les plus courantes, elles ne sont pas les seules. Il existe d'autres cas où l'ISO 27001 apporte un vrai plus à ceux qui l'adoptent.

- **Audit Sarbanes Oxley :** les entreprises soumises à des audits Sarbanes Oxley (on dit aussi SOX) ont la certitude que les auditeurs leur demanderont des comptes en matière de sécurité des systèmes d'information, en vertu du fameux article 404. Ils pourront poser les questions suivantes : l'entreprise dispose-t-elle d'une gouvernance de la sécurité ? A-t-elle procédé à une appréciation des risques, notamment pour les actifs relatifs aux données financières ? Des mesures de sécurité sont-elles déployées pour protéger les données financières ? Existe-t-il un contrôle interne opérationnel ? Tous ces points sont parfaitement couverts par l'ISO 27001. Aussi, une entreprise certifiée ISO 27001 est parfaitement en situation de répondre de façon satisfaisante aux questions d'un auditeur SOX.

> **De la théorie à la réalité**
>
> Malheureusement, ce n'est pas le cas dans la réalité. Dans la pratique, les cabinets de commissariat aux comptes, spécialistes des certifications SOX, ignorent la norme ISO 27001 en imposant leur référentiel propre. Il n'empêche que la norme ISO 27001 facilite tout de même l'audit.

- **Certification ISA 3402 :** initialement, il s'agissait d'une certification américaine visant essentiellement les prestataires de services des sociétés soumises à Sarbanes Oxley. Par conséquent, toute société non soumise à Sarbanes Oxley, mais fournissant des services à des sociétés qui y étaient sujettes, était concernée par cette certification. Aujourd'hui, cette certification s'est généralisée, bien au-delà de ce cadre initial. Il existe deux types de rapport ISAE 3402. Le rapport dit de « type 1 » couvre essentiellement la documentation relative à la sécurité, alors que le rapport dit de « type 2 » couvre les pratiques en matière de sécurité. L'objectif d'une certification ISAE 3402 est de vérifier la pertinence et la bonne application des mesures de sécurité. De nombreux prestataires de services soumis à l'ISAE 3402 considèrent que la mise en place d'un SMSI facilitera leur certification ISAE 3402. En effet, l'ISO 27001 couvre l'ensemble des points audités dans l'ISAE 3402.

- **Diminution de la prime d'assurance :** de même qu'une assurance automobile coûte moins cher si le véhicule est stationné dans un box, ou qu'une assurance contre le vol coûte moins cher si la porte de l'appartement est blindée, les entreprises certifiées attendent une réduction de leur prime d'assurance sur le SI. En effet, un certificat ISO 27001 prouve à l'assureur que des mesures appropriées ont été mises en place sur le SI en matière de sécurité. La probabilité et l'impact des sinistres sur le SI sont donc moindres, ce qui justifie une diminution de la prime d'assurance.

- **Conformité avec la réglementation :** l'État ayant pris conscience de l'importance première de la cybersécurité, il a mis en avant un certain nombre de textes et de lois imposant aux administrations ainsi qu'aux entreprises des contraintes de sécurité fortes. Le règlement général de sécurité (RGS), la politique de sécurité des systèmes d'information de l'État (PSSIE), la loi de programmation militaire (LPM) ou le règlement général pour la protection des données (RGPD) illustrent parfaitement cette prise de conscience. Tous ces politiques, lois et règlements ont un point commun : ils imposent d'adopter de bonnes pratiques en matière de sécurité. Aussi, les entités ayant entrepris une démarche ISO 27001 ont clairement une longueur d'avance.

- **Valorisation de la société :** tous les points qui viennent d'être évoqués entraînent très concrètement une augmentation de la confiance entre les parties prenantes. Cette confiance elle-même confère une valeur non négligeable à l'entreprise, au même titre que son fichier clients ou son image de marque. La certification ISO 27001 s'ajoute alors au capital incorporel de l'entreprise, et participe en conséquence à sa valorisation.

Usages de l'ISO 27002

La norme ISO 27002 est bien plus répandue en entreprise que l'ISO 27001. Cela est dû en partie au fait que la première a une origine plus ancienne que la seconde. Mais cela n'explique pas tout. En fait, le succès de cette norme tient à deux grandes raisons. Tout d'abord, l'ISO 27002 propose un classement normalisé des différents domaines de la sécurité de l'information. Ensuite, elle regorge de préconisations très utiles pour les personnes chargées de la sécurité. Par conséquent, deux utilisations principales se dégagent : celles motivées surtout par la nomenclature de la norme, et ensuite, celles plutôt concernées par les préconisations.

Tableaux de bord

La prise de conscience de la sécurité a poussé les entreprises à déployer des moyens pour sécuriser l'information. Mais, conjointement à ce travail, le besoin s'est fait sentir d'avoir une vision claire et synthétique du niveau d'efficacité de ces moyens. Les tableaux de bord en sécurité répondent à ce besoin. Ils sont en effet destinés à mettre en évidence l'état des lieux dans un certain nombre de domaines clés liés à la sécurité. Or, il se trouve que l'ISO 27001 identifie quatorze domaines clés (ceux compris entre les chapitres 5 et 18). Les responsables sécurité se sont donc naturellement tournés vers la norme en reprenant, telle quelle, sa nomenclature : (5) pour la politique de sécurité, (6) pour l'organisation, (8) pour la gestion des actifs, (7) pour la sécurité du personnel, (11) pour la sécurité physique, et ainsi de suite jusqu'au chapitre 18.

Concrètement, les tableaux de bord sécurité prennent souvent la forme de rosaces dont chaque branche représente l'un des chapitres de l'ISO 27002. Chacun des quatorze domaines se voit attribuer une note d'efficacité. Ce type de tableau donne, d'un seul coup d'œil, une image très claire de la situation en matière de sécurité. C'est pour cette raison que les tableaux de bord en sécurité sont un des usages les plus répandus de la norme ISO 27002.

Consolidation de tableaux de bord

La structure complexe de certaines sociétés rend difficile la génération de tableaux de bord sécurité. C'est le cas des groupes composés de nombreuses filiales, des multinationales ou des sociétés fédérales. Pourtant, ces entreprises ont besoin autant que les autres d'avoir une vision claire de leur sécurité.

Sur ce point, l'ISO 27002 apporte également une solution, en reprenant l'idée du tableau de bord présenté précédemment. La démarche du responsable sécurité groupe (RSSI) est souvent la suivante. Il commence par concevoir un questionnaire en tenant compte des objectifs de sécurité de l'entreprise. Il définit ensuite des règles de calcul pour traduire les réponses en notes, qui seront classées selon les 14 grands chapitres de l'ISO 27002. Il transmet alors le questionnaire aux RSSI de chaque entité du groupe, qui sont tenus d'y répondre. Il ne reste plus qu'à consolider les réponses pour se faire une idée précise de l'état de la sécurité dans le groupe.

Naturellement, cette démarche repose sur un processus déclaratif, c'est-à-dire que chaque entité répond librement, sans aucun contrôle. La fiabilité de l'image obtenue dépend donc de la bonne foi des réponses. C'est pour cette raison que, généralement, le responsable sécurité groupe complète cette campagne de questionnaires par des audits ponctuels sur des entités bien ciblées.

Sur la forme, le résultat obtenu est une série de rosaces superposées, mettant en évidence les différents niveaux de sécurité entre les différentes entités de l'entreprise. Cette approche est largement utilisée par les responsables sécurité des sociétés de type fédéral ou possédant de nombreux sites à l'international.

Consolidation d'audits

Qu'ils aient déployé un SMSI ou pas, les organismes font régulièrement appel à des cabinets d'experts pour réaliser des audits de sécurité. Ces audits sont de natures très variées.

- **Audits techniques de plates-formes :** ils consistent à étudier en détail la configuration des équipements système et réseau d'une plate-forme, afin d'en identifier les éventuelles vulnérabilités.
- **Audits applicatifs :** ils permettent de trouver les failles dans les applications, en inspectant plus particulièrement des domaines tels que l'authentification des utilisateurs, la confidentialité des données ou la gestion des sessions.
- **Audits organisationnels :** ils mettent en évidence les pratiques dans divers domaines, comme la gouvernance en sécurité, les procédures de mises en production, ou encore les procédures d'exploitation.
- **Tests d'intrusion :** leur but est de vérifier la résistance des applications face aux attaques. Pour ce faire, il est demandé aux auditeurs de procéder à des attaques en utilisant les mêmes outils que les pirates.

Cette diversité des prestations d'audit pose un problème au moment de la rédaction des rapports. Il est clair qu'un rapport d'audit organisationnel ne comportera pas les mêmes rubriques qu'un rapport de tests d'intrusion.

De plus, chaque cabinet d'expertise rédige ses audits selon un format qui lui est propre, avec des chapitres spécifiques et un style qui varie selon la culture de l'entreprise. Aussi, le RSSI travaillant avec plusieurs cabinets d'audit se retrouve avec des rapports de formats différents, difficilement consolidables.

Là aussi, l'ISO 27002 apporte une solution. Il est courant que les commanditaires des audits demandent qu'en fin de rapport figure un chapitre récapitulant les conclusions de l'audit selon les quatorze familles de mesures de sécurité définies dans l'ISO 27002. Cela favorise la consolidation des différents rapports et permet au commanditaire de constituer des tableaux de synthèse selon le format présenté précédemment.

Politiques de sécurité

La politique de sécurité est la pierre angulaire de la sécurité dans l'entreprise. Aujourd'hui, la plupart des sociétés en possèdent une, quelles que soient leurs pratiques. La politique prend la forme d'un document décrivant, avec plus ou moins de détails, les règles à suivre dans différents domaines de la sécurité. Dans certains organismes, les politiques de sécurité sont très courtes et renvoient à des documents plus spécifiques à un thème :

- politique d'utilisation des ordinateurs portables ;
- politique de sauvegarde ;

- politique de mots de passe ;
- etc.

Dans d'autres organismes, la politique de sécurité est un document d'une vingtaine de pages, donnant toutes les lignes directrices dans les différents domaines de la sécurité.

En tant que « Code de bonnes pratiques pour la gestion de la sécurité de l'information », l'ISO 27002 constitue une mine d'informations pour les responsables sécurité, qui trouvent en elle tout ce qu'il faut pour définir leur politique. D'ailleurs, le chapitre 5.1.1 de la norme présente en détail ce que peut contenir une telle politique.

De nombreuses politiques rédigées actuellement sont inspirées des préconisations de l'ISO 27002.

Exigences de sécurité

La dernière grande application de l'ISO 27002 est la rédaction d'exigences de sécurité dans le cadre de projets ou de prestations de services.

- **Projets :** pour les projets où la sécurité est prise en compte en amont, une appréciation des risques permet de constituer un cahier d'exigences de sécurité. Les préconisations de l'ISO 27002 apportent une aide précieuse aux ingénieurs responsables de la rédaction de ces cahiers d'exigences.

- **Prestations de services :** il est de plus en plus courant que les cahiers des charges des prestations de services comportent un recueil d'exigences de sécurité. Pour obtenir le marché, le fournisseur doit en effet satisfaire ces exigences. Aujourd'hui, ces cahiers des charges sont souvent construits sur la base des chapitres de l'ISO 27002, et les préconisations qui s'y trouvent sont largement utilisées pour décrire les différentes mesures de sécurité obligatoires. Il est courant de joindre à ce cahier des charges un questionnaire reprenant chacune des exigences. Le fournisseur doit alors préciser, pour chaque point, comment il entend répondre à ces exigences. La consolidation des réponses permettra enfin au client de reconnaître le prestataire répondant le mieux aux exigences.

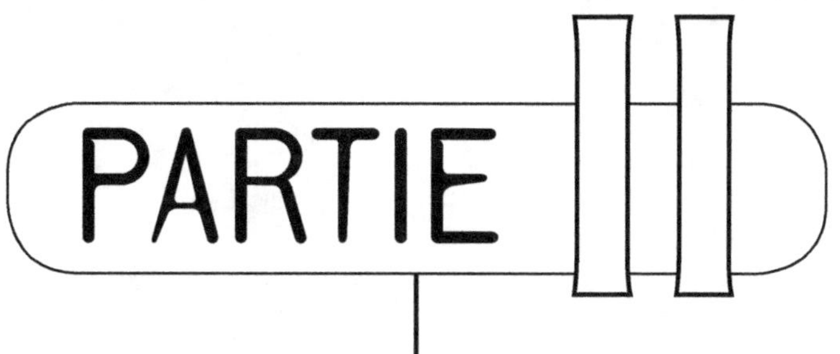

Normes de la série ISO 27000

Nous avons étudié dans la première partie de cet ouvrage les deux normes les plus importantes de la série ISO 27000. Pourtant, depuis la sortie de l'ISO 27001 en 2005, la famille 27000 n'a cessé de s'enrichir.

Aujourd'hui, nous disposons d'une palette de normes couvrant des domaines aussi variés que l'implémentation de la norme, l'appréciation des risques, les indicateurs en sécurité, la gestion des incidents, l'audit des mesures de sécurité ainsi que l'audit du SMSI, etc.

Ces normes sont d'une utilité très inégale et l'implémenteur d'un SMSI n'a pas forcément intérêt à toutes les étudier.

Cette seconde partie a donc pour but d'aider le lecteur à choisir les normes qui lui seront réellement utiles dans la construction de son SMSI. Ainsi, cette partie présente les principales normes de la série 27000, en tâchant d'évaluer, pour chacune d'elles, l'utilité qu'elle peut avoir pour le professionnel en sécurité des systèmes d'information.

La série des normes ISO 27000

Les normes de la famille 27000 sont nombreuses. Elles couvrent des domaines très divers, et leur importance ainsi que leur acceptation par les professionnels de la sécurité sont très variables. L'implémenteur, en découvrant cette diversité, peut se sentir un peu perdu.

Ce chapitre commence par présenter brièvement la famille des normes ISO 27000. Il identifie ensuite celles qui feront l'objet d'un chapitre à part entière dans cette seconde partie. Enfin, seront présentées quelques normes moins importantes pour l'implémenteur, mais qui méritent d'être évoquées.

Conseils généraux

Connaître toutes les normes de la famille ISO 27000 n'est pas indispensable. Aussi est-il préférable de se concentrer sur les plus importantes. Avant de présenter les normes, quelques conseils de lecture s'imposent.

Comment lire cette partie ?

Cette partie (comprenant les chapitres 5 à 15 de cet ouvrage) est conçue comme un dictionnaire. Elle est donc destinée à être consultée plutôt que lue séquentiellement. Le lecteur se posant des questions précises sur une norme en particulier pourra se contenter de lire le chapitre correspondant.

Implémentation et audit de SMSI

Le lecteur intéressé par l'implémentation ou par l'audit des SMSI peut passer directement à la lecture des troisième et quatrième parties de cet ouvrage (chapitre 16 et suivants). Il pourra toujours revenir sur cette partie à l'occasion de consultations ponctuelles.

Principales normes

Il faut être conscient que la famille des normes ISO 27000 est en constante évolution. De nouvelles normes sont à l'étude, certaines sont retirées avant même d'être publiées, tandis que d'autres sont mises à jour. Il ne se passe donc plus un semestre sans qu'un changement ne survienne. Le tableau ci-après récapitule les principales normes de la famille 27000. Sans être exhaustive, cette liste donne un état assez complet de la normalisation.

Tableau 5-1

Principales normes de la famille 27000

NORME	DOMAINE TRAITÉ
ISO 27000	Vue d'ensemble et vocabulaire
ISO 27001	Exigences pour les SMSI
ISO 27002	Mesures de sécurité
ISO 27003	Lignes directrices pour les SMSI
ISO 27004	Indicateurs
ISO 27005	Appréciation des risques
ISO 27006	Exigences pour les organismes certifiant des SMSI
ISO 27007	Audit des SMSI
ISO 27008	Revue des mesures de sécurité
ISO 27011	Mesures de sécurité pour le secteur des télécommunications
ISO 27014	Gouvernance de la sécurité de l'information
ISO 27017	Mesures de sécurité pour les services du *cloud*
ISO 27018	Mesures de sécurité pour protéger les données personnelles dans le *cloud*
ISO 27019	Mesures de sécurité pour les industriels de l'énergie
ISO 27021	Compétences nécessaires pour les professionnels des SMSI
ISO 27023	Tableau de comparaison des anciennes et nouvelles normes ISO 27001 et ISO 27002
ISO 27031	Continuité d'activité

ISO 27032	Lignes directrices pour la cybersécurité
ISO 27033	Sécurité réseau
ISO 27034	Sécurité des applications
ISO 27035	Gestion des incidents de sécurité
ISO 27037	Gestion des preuves numériques
ISO 27039	Dispositifs de détection et de prévention d'intrusion
ISO 27799	Gestion de la sécurité dans le secteur de la santé

Normes justifiant un chapitre dans cet ouvrage

Depuis 2005, la famille des normes ISO 27000 n'a cessé de s'enrichir. Il serait fastidieux et peu intéressant de présenter chacune de ces normes, d'autant plus que la famille s'agrandit chaque année. Il est donc préférable de ne développer que les plus utiles.

Pour sélectionner les normes à présenter, il suffit de répondre aux principales questions que se pose le chef de projet à l'heure d'implémenter un SMSI.

- Quelle norme pourrait m'aider à clarifier les exigences de l'ISO 27001 ? Réponse : ISO 27003.
- Quelle norme pourrait m'aider à définir les indicateurs ? Réponse : ISO 27004.
- Quelle démarche dois-je adopter pour apprécier les risques ? Réponse : ISO 27005.
- Comment auditer les SMSI ? Réponse : ISO 27007.
- Comment auditer les mesures de sécurité ? Réponse : ISO 27008.
- Quelles mesures de sécurité dois-je mettre en place si je suis client ou fournisseur de services *cloud* ? Réponse : ISO 27017.
- Quelles mesures de sécurité dois-je mettre en place si je fais héberger des données personnelles dans le *cloud* ? Réponse : ISO 27018.
- Comment gérer les incidents de sécurité ? Réponse : ISO 27035.
- Quelles précautions dois-je prendre si je dois collecter des preuves numériques dans le cadre d'une enquête ? Réponse : ISO 27037.
- Quels sont les écueils de la mise en place d'un dispositif de détection ou de prévention d'intrusion ? Réponse : ISO 27039.

En conséquence, chacune de ces normes sera présentée dans un chapitre spécifique. Toutefois, il faut être conscient que les normes sont de qualité et d'utilité très variables. L'existence d'une norme ne signifie pas pour autant que l'implémenteur trouvera automatiquement une réponse opérationnelle aux questions qu'il se pose. La lecture des chapitres suivants le montrera.

Normes ne justifiant pas un chapitre

Les normes présentées ci-après ne justifient pas la rédaction d'un chapitre à part entière. Il est néanmoins intéressant de les présenter brièvement.

ISO 27000

Le besoin de définir les termes essentiels de la sécurité dans le domaine des systèmes d'information remonte à une vingtaine d'années. Les référentiels sont multiples et l'ISO s'est penchée sur la question à plusieurs reprises. Par exemple, l'ISO 13335-3 donnait certaines définitions ; quant au vieux « Guide 73 », publié par l'ISO en 2002, il rappelait le vocabulaire de base relatif à la gestion des risques. D'autres organismes, comme le BSi, ont aussi publié des documents.

Comme ces référentiels sont antérieurs à l'ISO 27001, ils ne couvrent ni les notions, ni le vocabulaire nécessaires pour comprendre les SMSI. Or, le succès de l'ISO 27001 a mis en évidence le besoin de disposer de définitions claires dans le domaine. C'est pourquoi l'ISO 27000 a été publiée.

> **Les normes qualité**
>
> Nous savons que l'ISO 9001 est la principale norme en matière de systèmes de management de la qualité. Quant à la norme ISO 9000, elle présente le vocabulaire et les principes relatifs à la qualité. Par analogie, on peut dire que l'ISO 27000 est à l'ISO 27001 ce que l'ISO 9000 est à l'ISO 9001.

L'ISO 27000 aborde plusieurs sujets.

- **Terminologie générale :** la norme commence par donner des définitions. Les termes généraux relatifs à la sécurité de l'information sont rappelés, tels que *confidentialité, intégrité, disponibilité, authenticité,* etc. L'essentiel des définitions concerne toutefois le vocabulaire relatif aux risques : *appréciation des risques, analyse des risques, menace, vulnérabilité,* etc. On trouve enfin des définitions se rapportant aux SMSI : *procédure, enregistrement, déclaration d'applicabilité,* etc.
- **Explication des systèmes de management :** l'ISO 27001 présente ensuite les concepts des SMSI. Il commence par rappeler les principes de base des SMSI (approche fondée sur les risques, importance de l'engagement

de la direction, etc.), puis il développe la notion de processus (modèle de processus, approche *Plan*, *Do*, *Check*, *Act*, etc.), pour terminer en justifiant l'utilité d'implémenter des SMSI. Ce chapitre est clairement destiné à donner, en peu de pages, une vue d'ensemble des SMSI.

L'ISO 27000 est donc un outil pour présenter le vocabulaire nécessaire aux SMSI. Par ailleurs, elle donne une vision de synthèse sur les tenants et les aboutissants de l'ISO 27001. Sans l'afficher clairement, l'ISO 27000 est surtout une norme de promotion des SMSI.

ISO 27006

Les organismes chargés de contrôler les SMSI et de délivrer des certificats ISO 27001 suivent des procédures très précises pour conclure à la conformité ou à la non-conformité des SMSI audités.

Une question se pose : quelles règles ces organismes de certification sont-ils tenus de respecter ? C'est ce à quoi répond l'ISO 27006.

L'ISO 27006 est nettement moins connue du public que l'ISO 27001. Cela s'explique dans la mesure où elle est destinée aux organismes de certification, et non à ceux qui implémentent un SMSI. Il n'y a pas lieu ici de développer en détail la norme, qui n'est évoquée que parce qu'elle fait partie de la série ISO 27000. Néanmoins, la dernière partie de cet ouvrage y reviendra.

Nous savons que les organismes de certification délivrent les certificats. Ces organismes indépendants auditent les systèmes de management des sociétés (ou autres organismes) et n'accordent le certificat que si ces dernières sont parfaitement conformes aux exigences des référentiels. Dans le cas qui nous intéresse, il s'agit de l'ISO 27001, mais il peut aussi bien s'agir de l'ISO 14001, de l'ISO 9001, ou de tout autre référentiel.

L'organisme de certification a une grande responsabilité et ne doit accorder la certification que dans un cadre très strict, avec des critères et des règles bien précis. Ceci garantit l'homogénéité de la valeur des certificats partout dans le monde.

N'est pas certificateur qui veut. Par exemple, pour avoir le droit de certifier ISO 27001 des SMSI, les organismes de certification doivent se faire accréditer par une autorité qui est au-dessus d'eux, appelée autorité d'accréditation.

L'accréditation

En fait, il n'est pas absolument nécessaire d'être accrédité pour délivrer des certificats ISO 27001. En revanche, les certificats ISO 27001 délivrés par des organismes non accrédités ont très peu de valeur. Aussi, très rares sont les organismes non accrédités délivrant des certificats ISO 27001.

La norme ISO 27006 formule toutes les exigences que les organismes de certification doivent respecter s'ils veulent avoir le droit de délivrer à leurs clients des certificats ISO 27001. C'est donc par rapport à cette norme que les autorités d'accréditation vérifient que les organismes de certification ont bien les compétences et ont bien mis en place toutes les procédures nécessaires pour certifier correctement les SMSI.

Pour être plus précis, l'ISO 27006 est une reprise enrichie d'une autre norme, l'ISO 17021. Ce point sera développé plus loin dans cet ouvrage.

L'ISO 27006 oblige les organismes de certification à :

- avoir les procédures appropriées pour certifier les SMSI ;
- disposer de personnel compétent en matière de SMSI ;
- disposer d'auditeurs certifiés par rapport aux SMSI ;
- vérifier régulièrement que les auditeurs sont bien compétents en matière de sécurité de l'information ;
- mettre en place des mesures pour assurer la confidentialité des données relatives à leurs clients (les organismes souhaitant se faire certifier) ;
- mettre en place un protocole d'échange d'informations entre eux et le client ;
- respecter un barème bien précis pour qualifier la durée des audits ;
- respecter des critères bien précis pour sélectionner les sites à auditer en cas de certification multisite ;
- formaliser leur méthode d'audit ;
- formaliser leur modèle de rapports ;
- mettre en place un processus de traitement des réclamations ;
- mettre en place un processus de contrôle de l'usage de la marque de l'organisme certificateur par son client.

Par ailleurs, l'ISO 27006 impose diverses exigences sur le déroulement des différents types d'audits, qu'ils soient initiaux, de surveillance ou complémentaires.

Remarque

La dernière partie de cet ouvrage explique en détail les notions d'audit initial, d'audit de surveillance et d'audit complémentaire.

Comme l'ISO 27006 est destinée aux organismes certificateurs, on peut penser qu'elle ne concerne pas les entreprises qui veulent se faire certifier ISO 27001. Ce n'est pas si simple. En fait, l'ISO 27006 oblige l'organisme de certification à répercuter certaines exigences sur son client (celui qui veut se faire certifier ISO 27001). Ces exigences sont peu nombreuses, mais l'implémenteur d'un SMSI doit en tenir compte. Il s'agit essentiellement des deux points suivants :

- l'implémenteur d'un SMSI doit mettre en place un processus de gestion des réclamations de ses clients ;
- l'implémenteur doit faire un usage correct de la marque de l'organisme qui l'a certifié. Il s'agit là des logos « Certifié ISO 27001 » que le certifié affichera sur son site web, sur son papier à en-tête, ou collera sur les véhicules de sa flotte.

La dernière partie de cet ouvrage présentera en détail les règles et le fonctionnement de la certification.

ISO 27014

Cette norme est une des plus courtes de la série ISO 27000, puisqu'elle n'est composée que de 11 pages. Son principal message est très simple : la gouvernance doit faire en sorte que les objectifs et les stratégies de la sécurité de l'information s'alignent avec les objectifs et les stratégies de l'entreprise. Par ailleurs, la gouvernance doit s'assurer que l'approche en sécurité de l'information est effective et efficace.

La norme commence donc par donner quelques clés pour définir les objectifs ainsi que les résultats attendus. Elle précise ensuite quelques principes de base.

- Mettre en place la sécurité de l'information partout dans l'organisme.
- Adopter une approche fondée sur le risque.
- Donner des principes directeurs pour les investissements en matière de sécurité de l'information.
- S'assurer de la conformité avec les exigences internes et externes de l'entreprise.
- Promouvoir la sécurité des systèmes d'information.
- Contrôler la pertinence de l'approche sécurité qui a été adoptée.

Deux annexes terminent la norme en proposant un format de « statut de la sécurité de l'information ». Il s'agit en fait d'un tableau de synthèse dressant un portrait de la sécurité dans l'entreprise : état général, principales évolutions, état des éventuelles certifications, faits marquants de l'équipe sécurité, principales difficultés rencontrées, principaux progrès constatés, etc. La norme propose de communiquer cette fiche de « statut de la sécurité de l'information » aux parties prenantes intéressées.

ISO 27023

Il y a peu à dire sur cette norme, si ce n'est qu'elle met en relation les articles des anciennes normes ISO 27001 et ISO 27002 avec les articles des normes actuelles. En effet, la structure (et donc le plan) de ces deux normes a radicalement changé depuis 2013. Aussi, les chapitrages entre anciennes et nouvelles versions ne correspondent plus. Ceci peut encore poser problème aux anciens SMSI, construits sur la base de vieilles versions des normes ISO 27001 et ISO 27002.

Sur la forme, l'ISO 27023 est juste composée de deux tableaux de correspondance.

- Le premier met en relation les articles de l'ISO 27001:2013 avec les articles de l'ISO 27001:2005.

- Le second met en relation des articles de l'ISO 27002:2005 avec les articles de l'ISO 27002:2013.

Normes sectorielles

Le caractère généraliste des normes de la série 27000 est parfois perçu comme un inconvénient. Certains secteurs d'activité ont des particularités telles qu'ils ont souhaité développer leur propre référentiel ISO, toujours lié aux SMSI, mais plus spécifique à leur métier. C'est notamment le cas pour le secteur médical et les télécommunications.

- **ISO 27011 :** il s'agit d'un guide d'application des mesures de sécurité de l'ISO 27002, spécialisé pour les opérateurs de télécommunication. D'ailleurs, le titre de la norme est très explicite : « Lignes directrices du management de la sécurité de l'information pour les organismes de télécommunications sur la base de l'ISO 27002 ».

- **ISO 27799 :** cette norme reprend les principes de base de l'ISO 27001 et y ajoute des mesures de sécurité spécifiques au domaine médical. C'est donc un mélange d'ISO 27001 et d'ISO 27002, spécialisé dans le domaine de la médecine.

- **ISO 27019 :** cette norme (encore au stade de brouillon au moment de l'édition du présent ouvrage) est l'exemple type de norme sectorielle. Elle reprend systématiquement les mesures de sécurité de l'ISO 27002. Lorsqu'aucune adaptation au secteur de l'énergie n'est nécessaire, la norme se contentera de dire que la mesure de l'ISO 27002 s'applique telle quelle, sans aucune modification. Si, au contraire, des adaptations propres au métier de l'énergie obligent à apporter des précisions supplémentaires, elles seront consignées dans l'ISO 27019.

Il est question que d'autres secteurs professionnels proposent leur propre référentiel à l'ISO.

Chapitre 6

ISO 27003 aide à l'implémentation d'un SMSI

Les exigences de la norme ISO 27001 sont parfois très fermées, c'est-à-dire que certaines d'entre elles sont très précises dans la description de ce qui est attendu, laissant peu de marge d'interprétation. En revanche, de nombreux autres points de la norme restent quant à eux très ouverts, ouvrant la voie à des interprétations très variées. Ainsi, les implémenteurs se demandent souvent si ce qu'ils mettent en place est vraiment conforme aux attentes de la norme.

L'idéal serait de disposer d'un guide apportant des précisions partout où la norme reste floue. En fait, ce guide existe. Il s'agit de la norme ISO 27003 qui est présentée ci-dessous.

Un changement radical d'orientation

La toute première édition de la norme ISO 27003 date de 2010. À l'époque, son titre était « Lignes directrices pour la mise en œuvre d'un SMSI ». Il s'agissait donc d'un guide d'implémentation, censé aider le chef de projet à mettre en œuvre le SMSI. Pourtant, force est de constater que cette norme n'a pas connu le succès auquel on aurait pu s'attendre. En effet, l'expérience a montré que dans sa toute première version, l'ISO 27003 ne suffisait pas, à elle seule, à construire un SMSI.

Concrètement, la norme n'apportait que des réponses très partielles aux questions suivantes.

- Quel est le coût du projet ?
- Quelles sont les différentes étapes du projet ?

- Comment ordonnancer ces étapes ?
- Où sont les véritables écueils ?

Certes, elle aidait à comprendre certaines clauses équivoques de l'ISO 27001, telles que la politique, le périmètre ou la formation. Elle proposait aussi un ordonnancement des tâches, mais elle ne couvrait pas tous les aspects du projet d'implémentation, laissant sur leur faim les chefs de projet en quête d'une méthodologie.

Ce constat d'échec a conduit l'ISO à reprendre entièrement la norme en changeant radicalement d'orientation. La norme a donc été mise à jour en 2017. Le changement est si profond que son titre même a changé. On est passé de « Lignes directrices pour la mise en œuvre d'un SMSI » à « SMSI : Lignes directrices ».

Nous ne sommes plus en présence d'un texte nous proposant une démarche de mise en œuvre, mais en présence d'un texte apportant simplement des précisions pour chaque article de l'ISO 27001.

Sur la forme, l'ISO 27003 reprend la structure et le chapitrage de l'ISO 27001. Chaque chapitre est structuré de la façon suivante.

- **Activité requise :** on rappelle ici les exigences de la norme ISO 27001 pour l'article en question.
- **Explication :** cette section apporte des précisions sur ce qui est attendu par l'ISO 27001 sur l'article en question.
- **Recommandations de mise en place :** c'est ici que l'ISO 27003 détaille les points qui sont restés trop flous dans l'ISO 27001.
- **Autres informations :** si d'éventuelles informations complémentaires sont jugées nécessaires, c'est ici qu'elles sont consignées.

Présentation de la norme

Afin de donner une bonne compréhension de l'ISO 27003, ce chapitre se limite à présenter les articles relatifs aux fondations du SMSI : établissement du contexte, identification des parties intéressées, périmètre du SMSI, politique, etc.

L'ISO 27003 couvre l'ensemble des articles de la norme ISO 27001, sur la même logique que ceux qui sont présentés dans ce chapitre.

Contexte de l'organisation

La toute première exigence de l'ISO 27001 est celle qui oblige à décrire le contexte de l'organisation. Très peu de précisions sont apportées par la norme. C'est pourquoi l'ISO 27003 livre quelques réponses. Les aspects pouvant être pris en compte pour décrire le contexte sont :

- l'aspect social et culturel de l'organisme ;
- le contexte politique, légal, normatif, ainsi que la régulation ;
- l'aspect financier et la macroéconomie ;
- la technologie ;
- les éléments naturels ;
- la concurrence.

Par ailleurs, l'ISO 27003 propose de mettre ces aspects en perspective par rapport à différents problèmes externes et internes pouvant se poser. Les problèmes externes les plus courants sont :

- les problèmes liés à la sous-traitance ;
- les possibilités de désastres naturels ;
- la nature de la demande de services ;
- etc.

Quant aux problèmes internes les plus courants suggérés par la norme, ils sont les suivants :

- la culture de l''organisme voulant mettre en œuvre le SMSI ;
- les politiques internes ;
- la gouvernance, les rôles et les responsabilités ;
- l'environnement physique (locaux, installations) ;
- les audits précédents ;
- etc.

Comprendre les besoins des parties prenantes

La seconde grande exigence de l'ISO 27001 consiste à comprendre les besoins des parties prenantes. Ici aussi, l'implémenteur manque de pistes. Pour aider l'implémenteur dans l'identification des parties prenantes, l'ISO 27003 donne une liste d'exemples de parties prenantes externes et internes.

Les principales parties prenantes externes peuvent être :

- les organismes de régulation ;
- les actionnaires et les propriétaires de l'entreprise ;
- les fournisseurs ;
- les associations professionnelles ;
- les concurrents ;
- les clients business et les clients finaux ;
- les groupes d'activistes.

Pour ce qui est des parties prenantes internes, l'ISO 27003 propose la liste suivante :

- les décideurs de l'entreprise ;
- les propriétaires des processus ;
- les fonctions support (informatique, RH, etc.) ;
- les employés et utilisateurs ;
- les informaticiens.

Définition du périmètre du SMSI

La définition du périmètre a toujours été un sujet anxiogène pour les implémenteurs, car on se demande souvent quels sont les éléments à intégrer dans la description du périmètre. L'ISO 27001 ne donne aucune piste en la matière.

Sur le fond, l'ISO 27003 commence par préciser les éléments entrant en jeu dans la définition du périmètre. Les principaux éléments proposés sont :

- les problèmes internes ou externes décrits ci-dessus ;
- les parties prenantes ;
- la maturité des activités métier à être incluses dans le SMSI ;
- les services transverses ;
- les activités sous-traitées.

L'ISO 23003 aborde ensuite les questions de forme, en suggérant les focus à adopter pour décrire le périmètre du SMSI :

- le périmètre organisationnel, les limites ainsi que les interfaces ;
- le périmètre informatique, ses limites et ses interfaces ;
- les localisations physiques, leurs limites et leurs interfaces.

Décrire le domaine d'application en tenant compte de ces trois axes permet de répondre aux exigences de l'ISO 27001.

Leadership

En ce qui concerne les exigences relatives au « leadership », l'ISO 27003 n'apporte pas de précisions radicales. La norme évoque différentes méthodes que le management peut utiliser pour promouvoir le SMSI et s'assurer qu'il répond bien à ses objectifs. Mais pas de piste radicale.

Un des sujets donnant lieu à discussion chez les implémenteurs est la notion de ressources : qu'est-ce qu'on entend par ressources ? En effet, la norme dit que le management doit gérer les ressources du SMSI, mais elle ne définit pas cette notion de ressources. L'ISO 27003 nous apporte quelques pistes. Une ressource peut être :

- financière ;
- en personnel ;

- des locaux ou des installations ;
- des infrastructures techniques.

Sur ce point, la norme ne donne pas plus d'éléments que cela.

Par ailleurs, l'ISO 27003 précise que le management doit communiquer pour faire comprendre l'importance du SMSI. Il doit aussi surveiller le bon fonctionnement du SMSI en demandant des rapports et en les analysant. Le management doit soutenir les personnes portant le SMSI, ainsi que les personnes ayant un rôle en matière de sécurité de l'information.

Politique

Tout implémenteur se demande tôt ou tard quelles sont les rubriques à mettre dans une politique de sécurité. En effet, l'ISO 27001 ne dit quasiment rien sur le contenu. Certes, l'ISO 27002 en dit un peu plus, mais elle ne se focalise pas forcément sur les SMSI. Qu'est-ce qui est réellement attendu par la norme ISO 27001 en matière de politique ? Nous avons ici, enfin, quelques éléments de réponse.

L'ISO 27003 suggère de commencer par un bref rappel de la direction sur son engagement en matière de sécurité des SI. Ce rappel peut être spécifique au SMSI ou plus général. Ceci permet de montrer à tous l'engagement de la direction, ce qui contribue à responsabiliser tous les acteurs du système de management.

La norme ajoute qu'il est possible de structurer la politique sur plusieurs niveaux. Il peut ainsi y avoir une politique générale de haut niveau, et une, voire plusieurs, politiques de niveau plus précis. Dans ce cas, toutes les autres politiques du SMSI doivent être alignées sur la PSSI de haut niveau.

Bien que cela puisse paraître une banalité, la norme rappelle que la PSSI doit s'aligner sur la culture, le contexte et les enjeux de l'entreprise, tels qu'ils ont été précisés.

Il est possible d'intégrer dans la PSSI les objectifs à atteindre en matière de sécurité. Il peut s'agir d'objectifs très généraux.

La norme précise que la politique doit pouvoir être communiquée à toute partie prenante. Même les parties prenantes externes ayant besoin d'en connaître peuvent être destinataires de la PSSI.

Dans le cas où l'organisme a mis en œuvre un système de management intégré (SMI), la norme précise que la PSSI peut être intégrée dans la politique générale du SMI.

Notons que l'ISO 27003 dispose d'une annexe (l'annexe A) qui approfondit le sujet de la PSSI. L'annexe dit que la PSSI peut être constituée de plusieurs couches imbriquées, de niveaux de précision et de granularité complémentaires. En fait, l'annexe est très orientée management et n'apporte aucune idée précise pouvant être mise en application directement. Cette annexe n'apporte donc aucune aide concrète.

En conclusion, si la norme donne quelques précisions intéressantes sur la politique, on peut regretter l'absence totale d'exemples concrets pour illustrer le sujet.

Rôles et responsabilités

La répartition des rôles et des responsabilités est un point clé dans tout système de management. L'ISO 27003 rappelle les types de responsabilités que les collaborateurs peuvent être amenés à exercer.

- Coordination, exploitation, et amélioration du SMSI.
- Conseil en matière d'analyse et d'appréciation des risques.
- Conception de processus et de systèmes de sécurité de l'information.
- Mise en place des standards, de configurations et exploitation de mesures de sécurité.
- Gestion des incidents de sécurité.
- Conduite d'audits et de revues du SMSI.

La norme identifie ensuite les populations les plus susceptibles de remplir ces rôles et responsabilités. Voici les collaborateurs suggérés.

- Les propriétaires des informations.
- Les propriétaires des processus.
- Les propriétaires des actifs.
- Les propriétaires de risques.
- Les personnes chargées de la coordination de la sécurité de l'information.
- Les chefs de projet.
- L'encadrement intermédiaire.
- Les utilisateurs.

> **Vocabulaire**
>
> Notons que la notion de « propriétaire », qui revient si souvent dans les textes, est directement issue de la traduction littérale du terme anglais *owner*. Le *owner* n'est pas à proprement parler le propriétaire, mais plutôt la personne portant la responsabilité d'un domaine particulier. Par exemple, le « propriétaire du risque » (ou le *risk owner*) est la personne ayant l'autorité d'accepter ou de refuser un risque.

Sur ce point, tout comme pour les précédents, si la norme ISO 27003 donne des éléments de fond qui sont bien utiles, elle ne propose aucun modèle ni exemple concret de document.

Appréciation des risques

On reproche à l'ISO 27001, dans sa version de 2013, de ne pas être claire dans ses attentes en matière de processus d'appréciation des risques. Certains vont même jusqu'à dire qu'elle favorise des appréciations de complaisance, permettant de fermer les yeux sur les vrais risques, ce qui enlèverait de la valeur à la certification.

Il est vrai que, contrairement à la précédente version de la norme, l'ISO 27001 est moins directive en matière d'appréciation des risques, ce qui laisse beaucoup plus de liberté à l'implémenteur dans la réalisation de l'appréciation des risques.

Sur ce point, l'ISO 27003 apporte des éclaircissements intéressants. Elle précise que les risques peuvent porter soit sur le SMSI, soit sur la sécurité de l'information.

Voici les principaux risques pesant sur le bon fonctionnement du SMSI.

- Processus peu clairs.
- Collaborateurs peu informés des politiques et des enjeux du SMSI.
- Peu d'implication du management dans les processus du SMSI.
- Peu de documentation.
- Peu de culture du risque.

La norme évoque surtout les risques en matière de confidentialité, disponibilité et intégrité.

Identification des opportunités

Si les RSSI sont habitués à identifier les risques pesant sur le système d'information, ils n'ont pas le réflexe d'identifier les opportunités. Or, cette notion est une nouveauté de l'ISO 27001. L'ISO 27003 donne quelques précisions sur ce que l'on entend par « opportunités ». En somme, selon la norme, il y a plusieurs grandes catégories d'opportunités.

- La focalisation de l'activité de l'entreprise sur certains domaines porteurs (produits et services).
- L'établissement d'une stratégie marketing pour certaines zones géographiques.
- L'étendue des relations commerciales et des partenariats avec d'autres organisations.
- La clarification des interfaces, la réduction de la charge administrative, la simplification, voire la suppression de processus lourds.

La mise en place du SMSI n'est donc plus le fruit d'une démarche « négative » de protection contre les menaces, c'est aussi une opportunité pour contribuer à la prospérité de l'entreprise. Naturellement, d'autres types d'opportunités que celles exposées ci-dessus peuvent être identifiées. En somme, l'approche d'opportunité permet de vendre le SMSI autant comme l'occasion de progresser que comme une attitude exclusivement défensive.

Aller plus loin sur l'appréciation des risques

Après avoir abordé la notion de risques et opportunités, l'ISO 27003 enchaîne sur des aspects plus concrets de l'appréciation des risques. Elle précise notamment qu'il existe deux grandes approches possibles pour réaliser cette appréciation.

- **L'approche basée sur l'identification des actifs**: c'est l'approche la plus répandue dans le domaine de la sécurité de l'information. En fait, elle revient à mettre en application les principes de l'ISO 27005. Un chapitre de ce livre est exclusivement consacré à cette dernière. Le lecteur souhaitant approfondir le sujet est invité à s'y reporter.

- **L'approche basée sur les événements**: radicalement différente, cette approche est basée sur l'identification des événements pouvant provoquer des sinistres sur le système d'information. La norme ne nous donne malheureusement pas plus de détails.

L'ISO 27003 précise que deux approches sont compatibles avec la norme ISO 31000, qui est un cadre général pour réaliser des appréciations des risques.

L'ISO 27003 éclaircit aussi le sujet du traitement des risques. En effet, l'ISO 27001 se contente d'exiger que les risques soient traités, mais sans préciser ce qui est entendu par là. L'ISO 27003 suggère une série de traitements.

- **L'évitement**: il s'agit de se retirer de l'activité présentant le risque.

- **La modification du risque en changeant sa vraisemblance ou ses conséquences**: dans la pratique, cela revient à appliquer des mesures de sécurité pour réduire le risque à un niveau acceptable.

- **Le partage du risque**: généralement, on procède à ce partage en ayant recours à un sous-traitant. Ainsi, le sous-traitant prend une partie des responsabilités.

- **Le maintien du risque**: dans ce cas, on n'entreprend aucune mesure particulière pour réduire le risque. Ce traitement des risques est justifié dans certains cas.

- **L'augmentation du risque**: ce traitement est très surprenant. Il s'agit ici d'augmenter le risque pour explorer une opportunité de business.

Si les quatre premiers traitements sont très classiques, directement issus des approches ISO 27005 et ISO 31000, le dernier mérite un commentaire. En effet, fondamentalement, un RSSI n'est pas éduqué pour augmenter les risques. Il peut tout le moins le maintenir, mais il cherchera surtout à le réduire. L'augmentation du risque est certainement issue d'un principe très anglo-saxon qui se résumerait à la formule *business first*.

La norme aborde ensuite la sélection (ou non-sélection) des mesures de sécurité dans l'annexe A de l'ISO 27001, ainsi que la rédaction de la déclaration d'applicabilité (DdA). Elle suggère notamment d'y ajouter quelques colonnes.

- Description de la mesure de sécurité en question.
- Statut de mise en œuvre de la mesure de sécurité en question.
- Personne responsable de la mise en œuvre de la mesure de sécurité.

Un domaine laissé sans précision par l'ISO 27001 est le plan de traitement des risques. La norme ne laisse aucune piste à l'implémenteur pour le réaliser.

L'ISO 27003 apporte quelques précisions utiles. Elle conseille notamment de reprendre chaque risque figurant dans l'appréciation des risques, et de tenir compte du traitement qu'il a été décidé de lui appliquer. Pour chacun de ces risques, la norme conseille aussi d'identifier le risque résiduel visé et de prendre en considération les mesures de sécurité qui seront mises en œuvre pour atteindre ce risque résiduel visé. Sur la forme, l'ISO 27003 conseille de dresser un tableau de synthèse reprenant les éléments suivants :

- risque ;
- mesures de sécurité mises en place ;
- risque résiduel visé ;
- personnes responsables de la mise en œuvre des mesures de sécurité ;
- date cible de mise en œuvre ;
- état d'avancement de la mise en œuvre.

En somme, nous sommes ici dans le domaine de la gestion de projet. Il ne s'agit donc, ni plus ni moins, que de faire un plan de projet.

Objectifs de sécurité

Une des nouveautés de l'ISO 27001 dans sa version de 2013 est l'exigence de définir explicitement des objectifs de sécurité. Si une telle exigence répond à un besoin indiscutable, elle fait couler beaucoup d'encre. En effet, l'exigence de fixer des objectifs de sécurité est formulée après la définition du contexte de l'entreprise, l'identification des parties prenantes et de leurs attentes, après la définition du périmètre, après l'établissement de la PSSI, et après la réalisation de l'appréciation des risques. En somme, c'est tout à la fin que les objectifs de sécurité sont abordés, ce qui est très étonnant. Il aurait été beaucoup plus logique de fixer les objectifs de sécurité au tout début de la démarche du SMSI. Ce point est très déconcertant.

Pour aider à clarifier ce point, rappelons d'abord que l'ordre de rédaction des exigences de la norme ne préjuge en rien de l'ordre de mise en place desdites exigences. Aussi, rien n'interdit à l'implémenteur de fixer les objectifs de sécurité avant même de réaliser l'appréciation des risques.

L'ISO 27003 précise que les objectifs peuvent être inclus dans la PSSI. Ils peuvent aussi être formalisés ailleurs, dans un document connexe.

L'ISO 27003 apporte des éclaircissements intéressants sur les rapports entre les objectifs de sécurité et l'appréciation des risques.

- Les objectifs de sécurité sont une entrée pour l'appréciation des risques, c'est-à-dire que les risques doivent être appréciés en tenant compte des objectifs à atteindre. Donc, d'une certaine façon, les objectifs de sécurité comptent dans les critères d'acceptation des risques.

- En revanche, d'une année sur l'autre, une revue de l'appréciation des risques permet de savoir si les objectifs fixés sont toujours pertinents, ou s'il faut les revoir. En effet, l'univers des risques évolue constamment, ce qui entraîne par voie de conséquence une inflexion dans les objectifs.

Malgré beaucoup d'efforts pour essayer d'expliquer la pratique, l'ISO 27003 n'apporte pas beaucoup de précisions sur la forme. En somme, il convient que les objectifs soient exprimés de telle sorte que l'on puisse mesurer objectivement leur atteinte ou non-atteinte.

Conclusion

En conclusion, on peut saluer l'initiative de l'ISO, qui n'a pas hésité à reprendre entièrement la norme ISO 27003, constatant l'inutilité de sa toute première édition.

Bien qu'elle n'apporte toujours pas de remède miracle pour l'implémenteur, l'ISO 27003 donne de nombreuses précisions qui s'avèrent très utiles pour réaliser les choix fondamentaux dans le SMSI, et pour rédiger les différents documents exigés par l'ISO 27001.

Par ailleurs, l'ISO 27003 pourra aider pendant l'audit de certification, dans le cas où auditeur et audité peineraient à s'entendre sur l'interprétation de telle ou telle exigence.

Pour toutes ces raisons, l'ISO 27003 est certainement un document à acquérir.

ISO 27004 Indicateurs du SMSI

S'il fallait ne retenir qu'une seule chose dans l'ISO 27001, c'est que la norme impose l'amélioration continue. Cette amélioration est possible grâce à la démarche *Plan, Do, Check, Act*. Dans cette logique, la phase *Check* est une des plus importantes, puisqu'elle permet de s'assurer que les processus et les mesures de sécurité fonctionnent correctement. Nous avons vu dans un des chapitres précédents qu'une des trois grandes façons de contrôler le SMSI consiste à mettre en place des indicateurs. L'ISO s'est donc logiquement penchée sur la question en publiant la norme ISO 27004. Ce chapitre vise à présenter cette norme qui s'avère très intéressante.

L'essentiel de la norme

La toute première version de l'ISO 27004 était très théorique et il était relativement difficile d'en déduire des indicateurs concrets. En décembre 2016, l'ISO a considérablement repris la norme pour en faire un texte beaucoup plus opérationnel. L'ISO 27004 est un guide de bonnes pratiques. Cela signifie que l'application de son contenu est facultative, au même titre que les préconisations de l'ISO 27002. L'implémenteur peut donc sélectionner ce qui lui paraît le plus approprié au contexte, tout en écartant ce qui ne lui convient pas. Nonobstant, celui qui suivra les préconisations de l'ISO 27004 sera certain d'avoir un processus de gestion d'indicateurs parfaitement conforme à l'ISO 27001.

La norme est divisée en deux parties. La première donne les principes de base pour mettre en place les indicateurs. La seconde est celle des annexes. Elle est très concrète puisqu'elle propose une liste assez aboutie d'indicateurs couvrant plusieurs articles de l'ISO 27001 ainsi que plusieurs mesures de sécurité de l'annexe A. Nous allons passer en revue ces deux parties.

Articles de la norme

La norme commence par reprendre en détail les exigences de l'ISO 27001 en matière d'indicateurs. Elle précise ensuite qu'il est très important que les indicateurs donnent des résultats comparables et reproductibles.

- Le périmètre et le contexte du SMSI doivent être stables.

Remarque

Dans la pratique, ce point est très difficile à satisfaire, car le contexte de tout organisme est en perpétuelle évolution. Il en va de même pour le périmètre du SMSI, qu'il n'est pas rare de voir évoluer d'une année sur l'autre.

- Lorsqu'il est nécessaire de changer la formule d'un indicateur, il convient d'utiliser en parallèle l'ancienne formule pour pouvoir comparer les résultats avec l'occurrence précédente.
- Quand les indicateurs sont générés non pas par une formule, mais par une évaluation subjective, il convient de les contrôler attentivement.

La norme précise toutefois que certaines situations ne donnent pas nécessairement des résultats reproductibles. Dans ce cas, il ne faut pas être dogmatique et exiger obligatoirement des résultats reproductibles.

L'ISO 27004 nous explique que les indicateurs peuvent contribuer à quatre fonctions différentes.

- **La responsabilité :** les indicateurs permettent de mettre en évidence les processus absents ou non efficaces.
- **L'amélioration des performances du SMSI :** les indicateurs aident à mesurer clairement les améliorations apportées au SMSI.
- **La preuve de la satisfaction des exigences :** la mise en place d'indicateurs permet d'apporter la preuve de la satisfaction aux exigences normatives, contractuelles ou réglementaires.
- **L'aide à la décision :** comme ils mettent en évidence les éventuelles défaillances ou insuffisances des processus ou des mesures de sécurité, les indicateurs aident à prendre les décisions nécessaires pour corriger la situation.

La formalisation et la production des indicateurs sont des tâches difficiles. Aussi est-il illusoire de tout vouloir mesurer. Comme toute mesure a un coût, il est nécessaire de commencer par identifier fondamentalement ce que l'on veut mesurer. Ce n'est que dans un second temps que l'on pourra identifier plus précisément les mesures que l'on veut mettre en œuvre.

Que veut-on mesurer ? La norme précise de façon générique que ce qui peut faire l'objet de mesure, ce sont les systèmes, les processus ou les activités. Pour illustrer cet argument, l'ISO 27004 donne quelques domaines pouvant être mesurés.

- Le niveau de mise en œuvre des processus du SMSI.
- La gestion des incidents.
- La gestion des vulnérabilités.
- La gestion de la configuration.
- Le niveau de sensibilisation du personnel à la sécurité.
- Le niveau de formation.
- Le contrôle d'accès, le cloisonnement des réseaux, la gestion de journaux.
- L'audit.
- Le processus d'appréciation des risques.
- Les risques liés aux tiers.
- La continuité d'activité.
- L'état de la sécurité physique.
- La supervision des différents systèmes.

Le fait de mesurer permet de déterminer une valeur, un statut ou une tendance dans la performance ou l'efficacité. Dans la pratique, on peut souhaiter mesurer des éléments fondamentaux du SMSI, comme on peut vouloir connaître l'état des mesures de sécurité. Pour ce qui est des éléments du SMSI, l'ISO 27004 propose de mesurer les points suivants :

- la planification ;
- le leadership ;
- la gestion des risques ;
- la gestion des politiques ;
- la gestion des ressources ;
- la communication ;
- la revue de direction ;
- la documentation ;
- l'audit.

Par ailleurs, on peut aussi mesurer les mesures de sécurité. Cependant, comme il est impossible de mesurer unitairement chacune des 114 mesures de l'annexe A de l'ISO 27001, la norme recommande de regrouper ces dernières par grands groupes de mesures congruentes.

La gestion des indicateurs met à contribution de nombreuses personnes, dans des fonctions très diverses. Les principaux acteurs impliqués dans le processus des indicateurs sont au nombre de sept.

- **Le client :** il s'agit de la partie prenante demandeuse (et donc destinataire) de la mesure d'efficacité du SMSI ou du groupe de mesures de sécurité.
- **Le planificateur :** c'est la personne ou l'unité organisationnelle qui spécifie l'indicateur, en tenant compte des attentes des clients.
- **Le *reviewer* :** c'est la personne ou l'entité qui valide la pertinence de l'indicateur.

Note de traduction

L'auteur n'a pas trouvé de traduction française satisfaisante au terme *reviewer*, au sens entendu par la norme. Il a donc laissé le terme anglais, tel quel.

- **Le propriétaire de l'information :** c'est généralement la personne ou l'entité qui fournira les informations nécessaires pour générer les indicateurs.
- **Le collecteur de l'information :** comme son nom l'indique, c'est la personne ou l'entité chargée de collecter les informations en vue d'en tirer des indicateurs.
- **L'analyste :** c'est la personne ou l'entité responsable d'interpréter les indicateurs obtenus.
- **La personne chargée de communiquer :** comme son nom l'indique, sa fonction consiste à communiquer les résultats au client. Elle est aussi chargée d'interpréter et d'expliquer les indicateurs.

Deux questions fondamentales se posent maintenant.

- Est-ce que les processus et les mesures de sécurité sont vraiment en place ?
- Quand ils sont en place, est-ce qu'ils sont réellement efficaces ?

Pour répondre à ces deux questions, il faut procéder à deux types de mesures, de nature différente : les mesures de mise en œuvre et les mesures d'efficacité.

Note de traduction

Les termes anglais utilisés par l'ISO 27004 sont : *performance measures* et *effectiveness measures*. À la lecture de la norme, les traductions que l'auteur a estimé les plus pénitentes sont respectivement : « mesures de mise en œuvre » et « mesures d'efficacité ».

- **Les mesures de mise en œuvre :** elles mesurent le niveau de mise en œuvre des processus et des mesures de sécurité. Le but n'est donc pas de savoir si tel ou tel processus fonctionne correctement ou pas, mais plutôt de s'assurer de son déploiement effectif, sur toute l'étendue qui a été décidée.

Exemples

Si la politique de sécurité stipule qu'aucun utilisateur ne doit être administrateur de son poste de travail, la mesure de mise en œuvre de cette règle est le nombre de postes de travail dont l'utilisateur est administrateur local.

Il peut être intéressant, au début de la vie du SMSI de mesurer le taux d'assiduité des managers au comité de pilotage sécurité. Un taux élevé dénotera une mise en œuvre complète de l'implication du management envers le SMSI.

- **Les mesures d'efficacité :** elles permettent de savoir dans quelle mesure l'objet mesuré permet d'atteindre les objectifs de sécurité qui ont été fixés. C'est donc ici que l'on mesure si tel ou tel processus fonctionne correctement.

Le temps moyen de réaction

Un exemple significatif de mesure d'efficacité est le temps de réaction moyen d'application des correctifs de sécurité lorsqu'une vulnérabilité est rendue publique. Un temps restreint dénotera un processus efficace.

Par ailleurs, un bon pourcentage de réussite aux questionnaires remplis après chaque sensibilisation à la sécurité met en évidence un processus efficace.

Après ces précisions d'ordres divers, la norme présente le processus général de génération des indicateurs. Il s'agit d'un processus cyclique composé de six grandes étapes. Sans surprise, on trouve les étapes suivantes.

- **Identifier les besoins :** la norme recommande de commencer en se focalisant sur les attentes des parties prenantes et les orientations stratégiques de l'entreprise. Cela permettra d'identifier les besoins les plus importants.

- **Créer et maintenir les mesures :** maintenant que l'on connaît les besoins les plus importants, il est possible de spécifier les indicateurs et de les passer en revue périodiquement pour tenir compte des évolutions du SMSI et de son contexte. Les indicateurs doivent être documentés et le management doit être informé de leur existence et de leur suivi.

- **Établir les procédures :** la spécification des indicateurs ne suffit pas à les produire. Encore faut-il traduire ces spécifications en procédures opérationnelles, en configurant les différents outils nécessaires et en mettant en place les processus avec les différentes équipes concernées. C'est le but de cette étape.

- **Superviser et mesurer :** il est maintenant possible de générer les indicateurs conformément aux spécifications et aux procédures opérationnelles convenues.

- **Analyser les résultats :** les indicateurs doivent être analysés, interprétés et présentés par la personne identifiée dans la spécification de l'indicateur.

- **Évaluer la performance et l'efficacité du SMSI et de ses mesures de sécurité :** cette dernière étape consiste à prendre du recul et à se servir de l'ensemble des indicateurs générés pour avoir une vue d'ensemble sur l'efficacité du SMSI et de ses mesures de sécurité. Ceci permet de lancer des actions pertinentes pour améliorer le SMSI.

Un des derniers articles de la norme rappelle que le processus de génération d'indicateurs doit, lui-même, faire l'objet d'une revue périodique afin de s'assurer que ce qui est mesuré correspond bien aux attentes des parties prenantes. Pour cela, il sera nécessaire de prendre en compte les remarques formulées par les différentes parties prenantes concernées par les indicateurs. Cela conduira certainement à mettre à jour les méthodes de collecte ainsi qu'à réviser les procédures.

Pour terminer, la norme suggère d'archiver de façon appropriée les indicateurs et de bien formaliser quels sont les différents moyens pour communiquer ces indicateurs aux clients.

Annexes

Sur les 58 pages de la norme, 42 sont consacrées aux annexes. Cette seconde partie de la norme est donc très importante. Sur la forme, elle est composée de trois annexes, mais c'est clairement la seconde qui est la plus intéressante. En effet, celle-ci donne la spécification détaillée de 36 indicateurs permettant de mesurer de nombreux articles de la norme ainsi que certaines mesures de sécurité de l'annexe A.

Concrètement, cette annexe se présente comme une suite de fiches de spécification d'indicateur à la structure similaire.

- **Identifiant de la mesure :** il s'agit ici de donner un identifiant unique à l'indicateur pour pouvoir y faire référence sans équivoque.

- **Besoin d'information :** cette section consiste à décrire l'objectif poursuivi par l'indicateur. Ce peut être :
    - mesurer une tendance sur un sujet particulier ;
    - évaluer l'efficacité d'une mesure de sécurité ou d'un processus ;
    - donner un niveau de vulnérabilité ;
    - etc.

- **Mesure :** c'est ici que l'on spécifie l'indicateur, en décrivant les grands principes de son calcul.

- **Formule/notation :** on précise ici la formule exacte pour calculer l'indicateur ainsi que les critères de notation.

- **Cible à atteindre :** la valeur nominale dénotant une situation satisfaisante est précisée ici. Tout indicateur n'atteignant pas cette cible devra attirer l'attention des managers et entraînera certainement des actions correctives. Concrètement, ce peut être :

- une note minimale à atteindre ;

- un code couleur (vert ou orange) ;

- un pourcentage ;

- etc.

- **Preuve de mise en place :** ce sont les éléments permettant de produire les indicateurs et qui peuvent être contrôlés pour vérifier que les indicateurs ont été générés conformément aux spécifications.

- **Fréquence :** chaque indicateur est généré avec une fréquence qui lui est propre (mensuelle, trimestrielle, annuelle, etc.). C'est ici que l'on précise cette fréquence.

- **Responsabilités :** on précise ici le propriétaire de l'information, le collecteur des données ainsi que le client (c'est-à-dire le destinataire) de l'indicateur.

- **Source d'information :** c'est le processus ou le dispositif technique générant les informations nécessaires à la mesure. Ce peut être :

- les outils de supervision ;

- les consoles techniques (pare-feu, antivirus, par exemple) ;

- les journaux systèmes ou applicatifs ;

- l'inventaire des actifs ;

- les rapports divers (rapports d'audit, de vulnérabilité, d'état des patchs, etc) ;

- etc.

- **Format de restitution :** on précise ici le format dans lequel sera présenté l'indicateur en question.

Il est important de noter que même si un effort très important a été fourni par l'ISO pour proposer une liste assez complète d'indicateurs, cette dernière ne couvre pas toutes les exigences de la norme ni toutes les mesures de sécurité de l'annexe A.

Par ailleurs, la mise en place des 36 indicateurs proposés n'est pas réaliste. Il est généralement préférable de n'en sélectionner que quelques-uns, les plus importants, et de les affiner progressivement d'une année sur l'autre.

Conclusion

La version actuelle de l'ISO 27004 est très intéressante. Les lourdeurs de la précédente version ont été effacées pour se centrer sur le côté opérationnel. Sans être absolument indispensable pour mettre en place un SMSI, cette norme donne des pistes intéressantes en matière d'indicateurs, et dont l'implémenteur pourra s'inspirer dans son projet.

Chapitre 8

ISO 27005 Appréciation des risques

L'appréciation des risques est une étape clé dans l'implémentation du système de management de la sécurité de l'information. Si l'ISO 27001 donne quelques exigences en la matière, elle n'entre pas vraiment dans le détail. L'implémenteur d'un SMSI doit donc se tourner vers d'autres sources pour mener cette étape à bien.

Dans la partie implémentation de cet ouvrage, un chapitre explique dans le détail comment réaliser concrètement une appréciation des risques. Avant cela, il est intéressant d'étudier la norme ISO 27005, qui est devenue une référence en la matière.

La norme ISO 27005

La référence en matière de gestion des risques en sécurité de l'information est l'ISO 27005. Elle est très utilisée, surtout dans le domaine des SMSI. Aussi est-il important de la présenter.

Pourquoi cette norme ?

Les méthodes d'appréciation des risques sont nombreuses. On peut alors se demander pourquoi l'ISO a estimé nécessaire d'en publier une de plus. Plusieurs raisons peuvent l'expliquer.

- **Conformité à l'ISO 27001 :** l'ISO 27005 répond, point par point, à toutes les exigences de l'ISO 27001 en matière d'appréciation des risques. Elle a été dessinée expressément pour elle. Aussi un implémenteur qui utilisera l'ISO 27005 est-il certain d'avoir une démarche conforme à l'ISO 27001.

- **Nouveauté :** c'est la plus récente des normes d'appréciation des risques en matière de sécurité de l'information. Elle capitalise les retours d'expérience des autres méthodes et elle est restée suffisamment pragmatique pour être facilement applicable.

- **Consensus :** il y a un lien étroit entre la méthode d'appréciation des risques et l'organisme (voire le pays) qui l'a créée. Ainsi, les organismes du secteur public en France utilisent presque toujours EBIOS (l'influence de l'ANSSI, créatrice de la méthode, est claire). De leur côté, les entreprises proches du CLUSIF préfèrent Mehari, qui est issue de ce club. Étonnamment, le choix d'une méthode d'appréciation des risques est très souvent l'occasion de querelles de clocher, souvent irrationnelles. La présence de l'ISO 27005 va très certainement calmer les esprits. Le fait que la norme (comme toutes les normes ISO) soit le fruit d'un consensus international devrait, à terme, rendre caduques ces querelles.

- **Autosuffisance :** il faut noter que cette norme est autosuffisante, c'est-à-dire qu'on n'est pas obligé de développer un SMSI pour l'utiliser. N'importe quel organisme appelé à procéder à une appréciation des risques dans le domaine de la sécurité des systèmes d'information peut utiliser l'ISO 27005, indépendamment du fait qu'il ait implémenté ou non un SMSI.

Structure de la norme

Comme toutes les normes de ce type, l'ISO 27005 est structurée selon le modèle *Plan, Do, Check* et *Act*. Elle donne des recommandations et utilise donc le verbe *should*. Il n'y a aucune obligation de suivre toutes les étapes de la méthode. L'implémenteur est libre de prendre ce qui paraît le plus approprié pour son cas et d'écarter le reste.

Les articles les plus importants de la norme sont tous présentés de la même façon. On trouve systématiquement quatre sections.

- **Éléments en entrée :** on précise ici toutes les informations, documents ou autres éléments nécessaires à la réalisation du sujet traité par l'article en question.

- **Action :** l'essentiel de ce qu'il faut faire est synthétisé en une ou deux phrases.

- **Préconisations de mise en œuvre :** c'est ici que la norme détaille toutes les façons possibles de mettre en application le sujet dont il est question.

- **Éléments en sortie :** cette toute dernière section récapitule le résultat attendu.

Cette logique de présentation rend la norme extrêmement claire et lisible.

Détail de la norme

La séquence de la norme est présentée ci-dessous.

Début de la norme : notions préliminaires

Les six premiers chapitres de la norme sont très courts et n'abordent que des généralités. Le texte commence par préciser le périmètre de la norme (chapitre 1), rappelle quelques références normatives (chapitre 2), pose quelques définitions relatives à la question (chapitre 3), présente la structure générale de la norme (chapitre 4) puis rappelle l'intérêt d'avoir un processus de gestion des risques (chapitre 5). Le chapitre 6 présente, schéma à l'appui, toutes les étapes du processus de gestion des risques. Ce sont ces étapes qui feront l'objet des chapitres suivants.

Chapitre 7 : établissement du contexte

Le début de la démarche consiste à définir le périmètre et les limites de la gestion des risques. Naturellement, si l'appréciation des risques est faite dans le cadre d'un SMSI, c'est le périmètre du système de management qui s'applique.

Il faudra ensuite fixer les rôles et les responsabilités de chacun, désigner ceux qui réaliseront l'appréciation des risques, celui qui coordonnera le travail et celui qui validera les risques.

Il conviendra aussi de fixer les critères qui serviront de base à l'appréciation des risques, c'est-à-dire les critères d'évaluation, d'impact et d'acceptation du risque.

Chapitre 8 : appréciation des risques

Ce chapitre est de loin le plus important en volume et contient donc l'essentiel des grandes étapes de la démarche. Il commence par distinguer un certain nombre de notions. Il rappelle notamment que l'appréciation des risques est composée de l'identification des risques, de l'analyse des risques et de leur évaluation.

Vocabulaire

Appréciation, analyse, évaluation, identification, estimation du risque... toutes ces expressions sont littéralement très proches les unes des autres, mais elles ont un sens bien distinct. Cette proximité lexicale est une grande cause de confusion. Au lieu de définir théoriquement chacune de ces notions, il est plus utile de présenter les différentes étapes concrètes de la démarche.

Les différentes étapes de la démarche sont détaillées ci-après. Elles résument l'essentiel de ce qui est dit dans la norme.

- **Identification des actifs :** il s'agit là de faire l'inventaire de tous les actifs entrant dans le périmètre et de leur assigner un responsable (le terme utilisé dans la norme est « propriétaire »). C'est également l'occasion de leur donner une valeur. Le niveau de granularité des actifs peut être affiné. Ce point sera détaillé dans la troisième partie de cet ouvrage, dans le chapitre consacré aux aspects concrets de l'appréciation des risques.

Les actifs d'information

Pour mémoire, voici quelques exemples d'éléments pouvant être considérés comme des actifs d'information : les données du client, les documents, les serveurs, les logiciels, etc.

- **Identification des menaces :** ces dernières peuvent être d'origine accidentelle, provenir de l'intérieur ou de l'extérieur. Les entretiens avec les responsables des actifs ou l'étude des incidents passés peuvent aider à identifier les principales menaces. L'identification de ces menaces peut s'appuyer sur un référentiel de menaces types (cf. annexe C de la norme).

Problème d'accès

La principale menace pesant sur une salle machines en accès libre est l'entrée dans la salle d'une personne non habilitée.

- **Identification des mesures de sécurité existantes :** nombreuses sont les mesures de sécurité qui sont déjà en place au moment de l'appréciation des risques. En effet, les entreprises n'attendent pas de réaliser des appréciations des risques pour mettre en place les mesures de sécurité incontournables. L'ISO 27005 stipule qu'il faut faire l'inventaire des mesures de sécurité déjà déployées. Ceci peut être fait soit en prenant connaissance de la documentation, soit en s'entretenant avec les différents responsables des actifs, qui sont informés des mesures protégeant ces derniers, soit en procédant à des revues ou en analysant d'éventuels rapports d'audit. Par ailleurs, la norme précise qu'il est possible de tenir compte de mesures de sécurité non encore en place, mais dont le déploiement est toutefois programmé.

Intrusions physiques

Les entretiens avec le personnel des moyens généraux peuvent aider à mettre en évidence les mesures de sécurité contre les intrusions physiques dans les locaux. L'analyse des rapports d'audit peut souligner la présence de dispositifs de filtrage dans certains segments du réseau.

- **Identification des vulnérabilités :** il s'agit généralement de propriétés intrinsèques des biens qui font que ces derniers sont exposés à des menaces.

L'accès libre en question

Une salle machines en accès libre est vulnérable. La propriété intrinsèque de ce bien est que tout le monde peut y pénétrer. C'est d'ailleurs très pratique pour les personnes qui y travaillent, car elles peuvent très facilement y entrer et en ressortir. En revanche, cet accès libre est une vulnérabilité qui expose la salle machines à un certain nombre de menaces.

- **Identification des conséquences :** on introduit ici la notion de scénario d'incident, description d'une menace exploitant une vulnérabilité. Les conséquences de cet incident doivent être identifiées. Cela conduit à la création d'une liste d'incidents, avec leurs effets respectifs. Un scénario d'incidents peut affecter un ou plusieurs actifs.

L'accès en question bis

Voici un scénario possible, issu de l'exemple précédent de la salle machines : « une personne malveillante profite de ce qu'il n'y a aucun dispositif de contrôle à l'entrée de la salle machines pour y accéder et insérer un dispositif d'écoute entre le *switch* central et l'arrivée principale du réseau ».

- **Appréciation des conséquences :** il s'agit ici de quantifier autant que possible les conséquences des scénarios identifiés précédemment. Naturellement, la valorisation des conséquences est directement liée à la valeur des actifs concernés. Les conséquences seront beaucoup plus graves pour des actifs jugés très importants que pour des actifs dont la valeur est moindre.
- **Estimation de la vraisemblance des incidents :** une réflexion sur la vraisemblance de l'occurrence des scénarios doit être entreprise. L'estimation de la vraisemblance peut tenir compte du contexte, des incidents passés, des sources de menaces, mais aussi des mesures de sécurité déjà en place ainsi que de leur efficacité.

Dispositif de contrôle

La probabilité qu'une personne non autorisée entre dans la salle machines pour intégrer un dispositif d'écoute est basse si un dispositif contrôle l'accès à la salle (lecteur de badge, sas, caméra, etc.). La vraisemblance sera nettement plus haute si rien ne protège la salle machines.

- **Estimation du niveau de risque :** cette étape consiste à mettre en relation les conséquences des scénarios avec leur vraisemblance. Ceci aboutira à dresser une liste de tous les risques auxquels on assignera une valeur. C'est ce que l'on appelle les niveaux de risque.

- **Évaluation du risque :** pour faire suite aux étapes précédentes, on peut maintenant dresser une liste de risques valorisés et, surtout, classés par importance. C'est l'évaluation du risque.

Chapitres suivants : traitement, acceptation, communication, surveillance

- **Traitement du risque :** il a déjà été évoqué dans cet ouvrage. Les quatre traitements possibles sont :
  - <u>la réduction :</u> on applique les mesures de sécurité nécessaires pour réduire le risque ;
  - <u>le maintien :</u> dans ce choix de traitement de risque, on décide de ne rien faire pour le réduire. Cette option est essentiellement retenue quand le niveau de risque est extrêmement bas ou, à l'inverse, quand le coût de la réduction du risque est prohibitif par rapport au gain escompté. En somme, on sait que l'on court un risque, mais on ne fait rien pour le réduire ;
  - <u>le refus :</u> cette option consiste à supprimer l'actif sujet au risque, ou à éviter d'opérer un processus présentant un risque. Ce type de traitement est essentiellement sélectionné dans les cas où on ne peut sous aucun prétexte subir les conséquences du risque ;
  - <u>le partage :</u> quant au partage du risque, il consiste à sous-traiter l'activité présentant un risque (ou à contracter une assurance). Contrairement à ce que l'on peut penser, le risque n'est pas transféré vers le sous-traitant, mais il est partagé entre l'organisme et le sous-traitant.

- **Acceptation du risque :** les traitements du risque conduisent à l'identification et à l'estimation des risques résiduels, c'est-à-dire les risques subsistant après traitement (en général, après l'application de mesures de sécurité). La direction décide alors quels sont les risques qu'elle accepte, en motivant par écrit ses décisions. Les décisions seront pour l'essentiel guidées par les critères d'acceptation des risques, mais la direction peut parfaitement faire des exceptions en acceptant des risques sortant de ces critères prédéfinis.

- **Communication :** c'est un aspect très important de la démarche ISO 27005. Il s'agit de faire en sorte que toutes les parties impliquées dans l'appréciation des risques disposent des informations nécessaires pour décider. Par ailleurs, la communication donne à chacun conscience des risques.

- **Surveillance, revue, amélioration :** l'appréciation des risques est effectuée à un instant donné et conditionne les mesures de sécurité à déployer. Cependant, la gestion du risque n'est pas statique, c'est un processus à entretenir dans la durée. En effet, l'environnement de l'entreprise (et, par conséquent, celui du SMSI) change en permanence, faisant évoluer le contexte, les menaces, les vulnérabilités et donc les risques. Ainsi est-il nécessaire de surveiller et d'améliorer en permanence l'appréciation des risques.

Un point important à noter est le caractère itératif de la démarche. Il ne s'agit pas de jouer les étapes décrites en une seule fois (articles 7 à 10 de la norme). On peut parfaitement boucler à plusieurs niveaux.

- Si on considère que l'on n'a pas identifié, estimé ou évalué assez finement les risques, il est possible de boucler sur la première étape (l'établissement du contexte) avant d'en arriver au traitement du risque.
- Si la direction estime que les risques résiduels ne sont pas acceptables, il est possible de boucler vers une des étapes précédentes jusqu'à ce que le risque soit jugé acceptable.

Le but est de rester pragmatique. On ne peut pas tomber juste du premier coup.

Quant à la communication et à la surveillance/révision du risque (faisant l'objet des articles 10 et 11 de l'ISO 27005), ce sont des processus transverses à toutes les étapes de l'appréciation du risque, exécutés en tâche de fond du début jusqu'à la fin.

Les annexes de la norme

Les annexes de l'ISO 27005 sont au moins aussi intéressantes que les clauses. Elles fournissent des approfondissements et des exemples concrets que l'implémenteur pourra utiliser pour les adapter à son cas. Il y a six annexes référencées de A à F.

- **Annexe A : périmètre et limites.** Cette annexe est surtout utile pour les personnes réalisant l'appréciation des risques hors du cadre d'un SMSI. On y trouve de nombreuses précisions aidant à bien cerner puis définir le périmètre. Toutefois, cette annexe peut aussi intéresser les chefs de projet construisant un SMSI, car elle donne beaucoup de pistes pour aider à définir le périmètre. Curieusement, l'annexe A de l'ISO 27005 peut être très utile pour répondre aux exigences de l'article 4 de la norme ISO 27001, relatives à la description du contexte et à la définition du périmètre du SMSI.
- **Annexe B : identification et valorisation des actifs.** Cette annexe rappelle les différents niveaux de granularité possibles pour les actifs et en donne quelques exemples. Elle présente aussi certains critères pour valoriser ces actifs et pour apprécier les conséquences des incidents.
- **Annexe C : exemples de menaces.** Il s'agit de plusieurs tableaux, dont certains sont de toute évidence directement issus d'EBIOS (on reconnaît sur ce point l'influence de l'ANSSI). Ils donnent des exemples très clairs de menaces types.
- **Annexe D : vulnérabilités.** Cette annexe établit la liste des vulnérabilités les plus classiques pour chaque type d'actif. Par ailleurs, elle donne des conseils sur la façon d'évaluer ces vulnérabilités.

- **Annexe E: approches d'appréciation des risques.** Cette annexe propose plusieurs approches. La première est basée sur des matrices avec valeurs prédéfinies, la seconde classe les menaces et les mesures du risque. La dernière est fondée sur la mise en rapport de la valeur de l'actif avec la vraisemblance et les conséquences des risques.

- **Annexe F: contraintes pour la réduction des risques.** Cette annexe présente les différentes contraintes lors de la réduction du risque, qu'elles soient financières, opérationnelles, culturelles, éthiques, environnementales, légales, humaines, de temps, etc.

Les annexes de la norme ISO 27005 montrent un réel effort du normalisateur pour apporter au lecteur des réponses concrètes et précises. Cela mérite d'être signalé, car ce n'est pas le cas pour toutes les normes.

Chapitre 9

ISO 27007
Audit des SMSI

Si la norme ISO 27001 énonce les exigences pour mettre en place, exploiter et améliorer un système de management de la sécurité de l'information, elle ne dit pas comment vérifier que ce système est correctement déployé. Jusqu'à une époque récente, l'implémenteur n'avait aucun moyen de s'assurer que son SMSI était déployé dans les règles de l'art. Il était donc exposé aux auditeurs qui pouvaient lui notifier des non-conformités alors qu'il avait consciencieusement construit son SMSI.

La situation a changé depuis la publication de l'ISO 27007. Cette norme donne des lignes directrices très claires pour aider les auditeurs, qu'ils soient internes ou externes, à contrôler qu'un SMSI est correctement développé.

Les types d'audit

Tout système de management certifié est soumis périodiquement à deux types d'audit : les audits internes et les audits de certification.

Audits tierce partie

La terminologie officielle des audits de certification est «audits tierce partie». Ils sont réalisés par des auditeurs travaillant pour le compte d'organismes de certification indépendants.

Les SMSI n'échappent pas à cette règle. Aussi est-il important de bien réaliser les audits internes pour s'assurer que le SMSI est conforme à l'ISO 27001. D'ailleurs, un des articles de l'ISO 27001 présente les exigences applicables à l'audit interne. Malheureusement, cet article ne dit pas explicitement quels sont les points à contrôler. De plus, cet article n'aborde pas la question des audits de certification.

Nous verrons dans la quatrième et dernière partie de cet ouvrage qu'il existe une norme décrivant dans le détail toutes les opérations à réaliser pour auditer un système de management. Il s'agit de la norme ISO 19011. Conçue initialement pour aider à auditer les systèmes de management en qualité (ISO 9001) et en environnement (ISO 14001), elle a été revue récemment pour couvrir l'ensemble des systèmes de management.

L'ISO 19011 est largement utilisée par les auditeurs de certification. De son côté, l'implémenteur peut aussi s'en servir pour organiser ses audits internes. Cependant, cette norme, bien que très utile, est destinée à s'appliquer à tout type de système de management. Elle demeure donc trop générique. L'implémenteur aura parfois du mal à décliner les spécificités pour les SMSI.

Pour répondre à ce problème, l'ISO a publié la norme ISO 27007.

Présentation de la norme

Structure

Si l'ISO 27007 est un document relativement court (une quarantaine de pages), cette brièveté cache un texte assez intéressant.

La structure de la norme est importante. En effet, son chapitrage est calé sur celui de la norme ISO 19011. On retrouve donc exactement les mêmes articles dans ces deux normes. En fait, l'ISO 27007 est une ISO 19011 enrichie des spécificités propres aux SMSI.

Remarque

En utilisant un concept issu du domaine de la programmation orientée objet, on pourrait dire que l'ISO 27007 est une «surcharge» de l'ISO 19011.

Les articles de l'ISO 27007 sont donc quasiment tous vides. Par exemple, l'article décrivant la réunion d'ouverture de l'audit stipule uniquement les lignes directrices de l'ISO 19011. Cela signifie que l'implémenteur du SMSI, ou l'auditeur de certification, n'a qu'à se reporter à l'ISO 19011 pour savoir ce qu'il a à faire pour organiser la réunion d'ouverture.

Spécificités pour les SMSI

Compte tenu de ce qui vient d'être dit, présenter l'ISO 27007 revient à se focaliser uniquement sur les articles où la norme donne des spécificités propres aux SMSI.

Un point important dans la préparation des audits de SMSI consiste à identifier des exigences applicables dans le système de management. En effet, c'est la satisfaction de ces exigences que les auditeurs contrôleront. L'ISO 27007 nous précise que ces exigences peuvent être de plusieurs ordres :

- exigences de l'ISO 27001 ;
- niveau de performance de l'audit dans le fonctionnement du SMSI (probablement sur la base des mesures et des indicateurs) ;
- risques et opportunités identifiées par l'implémenteur ;
- risques en sécurité de l'information.

Généralement, les audits sont planifiés sur une durée de trois ans. Certains processus et certains sites seront audités la première année. D'autres le seront la seconde, et, enfin, d'autres le seront à la fin du cycle. L'ISO 27007 donne des précisions sur les facteurs déterminant l'établissement du programme d'audit. Les facteurs proposés sont les suivants :

- l'importance du SMSI, en tenant compte du nombre de personnes impliquées, du nombre de systèmes d'information concernés et du nombre de sites inclus dans le SMSI ;
- la complexité du SMSI ;
- l'importance des risques encourus ;
- l'importance des risques et des opportunités, tels que définis par l'implémenteur.

Les objectifs de chaque audit doivent être clairement exprimés. Ici aussi, l'ISO 27007 apporte quelques précisions. Les objectifs sont souvent une combinaison de trois points.

- Évaluer que le SMSI identifie et couvre les exigences de sécurité de l'information.
- Évaluer l'efficacité des processus de maintenance et d'amélioration du SMSI.
- Déterminer l'étendue de la conformité des mesures de sécurité mises en place par rapport aux exigences et aux procédures du SMSI.

Lors de l'audit, les auditeurs feront des constats. Ces constats seront systématiquement confrontés à des critères pour définir si le système est conforme ou non conforme. C'est ce que l'on appelle les critères d'audit. Ces critères d'audit peuvent être :

- la PSSI, les objectifs de sécurité, les politiques et procédures adoptées par l'audité ;
- les exigences légales et contractuelles applicables ;
- les critères d'acceptation du risque adoptés par l'audité ;
- les mesures de sécurité identifiées dans la déclaration d'applicabilité (DdA) ;

- les exigences de sécurité provenant des clients.

Dans la pratique, les audits sont réalisés par une équipe d'auditeurs présentant des compétences complémentaires. L'ensemble des compétences doit couvrir deux aspects importants.

- La connaissance suffisante de la gestion des risques en sécurité de l'information, afin de pouvoir évaluer les méthodes mises en œuvre par l'audité.

- Les connaissances en sécurité de l'information et en management de la sécurité de l'information, afin d'évaluer la sélection des mesures de sécurité, leur mise en œuvre et leur effectivité dans le SMSI.

Pour définir les compétences individuelles nécessaires pour réaliser l'audit, l'ISO 27007 conseille de tenir compte :

- de la complexité du SMSI ;
- de l'activité professionnelle couverte par le SMSI ;
- des technologies de l'information utilisées chez l'audité ;
- de l'étendue de la sous-traitance ;
- des standards, exigences légales et autres réglementations applicables.

La principale activité des auditeurs consiste à collecter des informations. Cette collecte peut prendre quatre formes.

- La revue des informations disponibles. Ceci inclut notamment la lecture des journaux système.

- La visite des locaux où l'on traite l'information. Il s'agit généralement des *data centers* hébergeant les infrastructures informatiques.

- L'observation des processus du SMSI et des mesures de sécurité.

- L'utilisation d'outils d'audit.

Hormis les points détaillés ci-dessus, l'ISO 27007 ne fait que se reporter à l'ISO 19011.

Pour en savoir plus sur les audits de SMSI

Le lecteur intéressé par le déroulement des audits de SMSI est invité à se reporter à la quatrième partie de cet ouvrage, exclusivement consacrée à ce sujet. Un chapitre est d'ailleurs consacré à la norme ISO 19011.

Annexe

Une seule annexe complète la norme. Il s'agit d'un tableau reprenant l'ISO 27001 clause par clause, et précisant, pour chacune d'elles, la liste des preuves à obtenir pour vérifier la conformité. Suit une description très détaillée des points à contrôler et des critères destinés à qualifier la conformité par rapport à la norme.

Cette annexe a l'avantage d'être assez complète, c'est-à-dire qu'elle couvre la norme ISO 27001. Un auditeur interne (tout comme un auditeur externe) se laissant guider par ce document, du début jusqu'à la fin, aura la certitude d'avoir contrôlé l'intégralité des aspects système de management du SMSI.

> **ISO 27007 vs ISO 27008**
> Rappelons que l'ISO 27007 ne traite que les aspects purement système de management. Le contrôle des mesures de sécurité n'est pas évoqué dans la norme. C'est l'ISO 27008 qui aborde cette question

Outre le fait qu'elle couvre les articles de l'ISO 27001, l'annexe éclaircit des points qui sont restés assez flous jusqu'à maintenant. Par exemple, un article de l'ISO 27001 dit que l'organisme implémentant un SMSI doit fournir des ressources nécessaires pour exploiter ce dernier. L'audit de cet article a toujours posé des problèmes. En effet, comment prouver que la direction fournit les ressources nécessaires au SMSI ? Certains pensent qu'il suffit de présenter un organigramme montrant que les responsabilités sont bien réparties en matière de sécurité. D'autres estiment que les fiches de poste sont plus pertinentes, car elles montrent que le personnel a des engagements très précis en matière de sécurité. Enfin, d'autres tiennent à voir le budget, or ce même budget est souvent ventilé sur un nombre important de postes : moyens généraux, formation, systèmes d'information, etc. La lisibilité du budget alloué au SMSI est donc très souvent difficile. En somme, l'audit de la clause imposant la mise à disposition de ressources pour exploiter le SMSI est réalisé de façon très différente d'un auditeur à l'autre. Cette situation n'est pas du tout pratique pour les implémenteurs, car ils ne savent pas comment se préparer à l'audit.

L'annexe de l'ISO 27007 donne des pistes sur ce point. Ainsi, un auditeur ne pourra pas reprocher à un audité d'avoir préparé l'audit en se servant des éléments de l'annexe A de ISO 27007.

Conclusion

En spécifiant un cadre complet et assez clair pour les audits de SMSI, cette norme sera très utile aux implémenteurs qui y trouveront toutes les informations nécessaires pour réaliser les audits internes.

La norme sera aussi très utile aux auditeurs de certification dans la mesure où elle peut contribuer à standardiser les pratiques d'audit. Les preuves demandées seront proches, d'un auditeur à l'autre et d'un organisme de certification à l'autre.

Cette norme contribue à la reproductibilité des audits, ce qui est un point très positif.

Chapitre 10

ISO 27008
Revue des mesures de sécurité

Nous avons vu que la norme ISO 27002 donne une liste détaillée de 114 mesures de sécurité. Ces dernières intéressent, bien sûr, les entreprises impliquées dans l'implémentation d'un SMSI mais, plus largement, elles concernent aussi toute entreprise protégeant son système d'information.

Or, se contenter de mettre en place des mesures de sécurité ne sert à rien si un dispositif de contrôle ne permet pas de s'assurer de leur efficacité.

L'objet de l'ISO 27008 est précisément de décrire le processus destiné à contrôler l'efficacité des mesures de sécurité.

Petit préambule

L'ISO 27008 répond à une situation classique : lorsqu'une entreprise met en place des mesures de sécurité, il se peut que ces dernières cessent d'être efficaces au bout d'un certain temps. En effet, comme les systèmes d'information sont en perpétuelle évolution, il peut arriver que certaines mesures de sécurité ne soient plus adaptées à la nouvelle situation.

Sécurité et évolution du système

Considérons une société disposant d'un accès à Internet unique et centralisé, protégé par un pare-feu. Si cette société ajoute un second accès Internet sur une de ses filiales, le pare-feu du premier accès ne suffira plus à protéger, à lui seul, le réseau interne. Cette évolution du système rendra inopérante la mesure de sécurité qui consistait à protéger l'accès par un pare-feu unique.

Par ailleurs, même si les évolutions du SI sont mineures, de nouvelles vulnérabilités peuvent survenir, rendant inefficaces certaines des mesures de sécurité.

> **Vulnérabilité**
>
> La publication d'une nouvelle vulnérabilité (ainsi que de son code d'exploitation), laquelle permettrait d'obtenir une session administrateur sans authentification sur les serveurs Windows, rendrait insuffisants les correctifs de sécurité déjà appliqués sur les serveurs.

Il y a donc clairement un besoin de passer en revue régulièrement l'efficacité des mesures de sécurité. La norme propose une démarche complète pour cela. C'est ce qu'elle appelle le « processus de revue des mesures de sécurité ».

Un point qui saute aux yeux, à la lecture de l'ISO 27008, c'est l'absence du mot « audit ». À aucun instant ce mot n'apparaît. La norme lui préfère le terme « revue ». Pourtant, les personnes chargées de mener à bien la « revue » des mesures de sécurité sont appelées « auditeurs ». Les « revues » sont donc bien des « audits ». On peut se demander pourquoi la norme a fait ce choix terminologique, mais elle ne donne aucune explication. Cette position est peut-être due au fait que dans le monde de l'ISO 27001, lorsque l'on parle d'audit, on se réfère souvent à l'audit interne du système de management. Cette distinction entre « audit » et « revue » éviterait ainsi les confusions.

En tout cas, bien que la norme ne fasse pas officiellement référence à l'audit des mesures de sécurité, il est clair qu'elle en traite ici.

Présentation de la norme

Contexte

L'ISO 27008 commence par rappeler le besoin de lancer un processus de revue des mesures de sécurité. Elle présente aussi les apports de ce processus, qui sont nombreux. Il permet notamment de :

- comprendre les impacts potentiels des vulnérabilités et des menaces ;
- identifier les problèmes potentiels de sécurité ;
- prioriser les actions de sécurisation ;
- vérifier que les actions déjà décidées pour sécuriser le système sont efficaces ;
- aider dans les arbitrages budgétaires.

Généralités

La norme précise qu'il faut commencer par définir le périmètre de la revue. Certains éléments peuvent aider les auditeurs à ce sujet.

- L'actualité en matière de sécurité des systèmes d'information (soit dans la presse spécialisée, soit dans la presse généraliste).
- Le résultat des revues précédentes.
- Les informations issues du support, par exemple, les incidents les plus marquants de la période.
- Ou encore les check-lists génériques.

La norme poursuit en rappelant quelques généralités. Elle conseille de rédiger des check-lists pour aider les auditeurs à couvrir l'ensemble de la revue et rappelle qu'il sera souvent nécessaire de travailler par échantillonnage. Elle attire également l'attention sur le fait que, tout au long de la revue, l'auditeur sera amené à consulter et emmagasiner des preuves qui devront être protégées contre les accès illicites. En effet, ces éléments comportent souvent, soit des données confidentielles, soit des informations qui permettraient d'attaquer le système d'information de l'entreprise.

Une fois la revue terminée, un contrôle qualité sur le rapport de l'auditeur doit s'assurer que la revue a bien couvert le périmètre convenu, qu'elle s'est déroulée dans les règles de l'art et que ses conclusions sont recevables.

Attention, les revues ne sont pas une science exacte. Ainsi, les constats et conclusions de l'auditeur peuvent être discutés par l'audité.

La norme rappelle les compétences nécessaires aux auditeurs. Ils doivent notamment :

- connaître les risques portant sur les systèmes d'information ;
- s'enquérir des bonnes pratiques en sécurité des systèmes d'information ;
- avoir la faculté d'analyser des environnements complexes pour identifier rapidement les risques ;
- être pragmatiques.

Autant dire que les auditeurs doivent être des professionnels confirmés.

Méthodes de revue

L'article 7 de la norme est pour le moins surprenant. Il commence par rappeler les trois grandes approches à suivre pour réaliser des revues.

- **Examens :** ici, l'auditeur se centre sur l'étude des documents tels que les politiques, les procédures, etc.
- **Entrevues :** dans ce cas, l'auditeur rencontre les différentes personnes impliquées dans les processus audités pour se faire une idée de l'efficacité des mesures. Les personnes rencontrées peuvent être de tout niveau

hiérarchique ou fonctionnel, de la direction générale à l'opérateur de la mesure de sécurité auditée.

- **Tests :** l'auditeur ne se contente pas ici de lire un document ou de rencontrer une personne. Il vérifie par lui-même l'effectivité de la mesure de sécurité. Selon ce qu'il veut auditer, il peut tenter de s'introduire dans les locaux sans passer par le contrôle d'accès, essayer d'entrer dans le réseau sans les accréditations nécessaires, vérifier la solidité des algorithmes de chiffrement, etc.

Ce qui peut paraître un peu surprenant, c'est que la norme spécifie, pour chacune de ces méthodes, des attributs quelque peu abstraits.

Par exemple, en ce qui concerne les entretiens, la norme distingue :

- les entretiens orientés ;
- les entretiens détaillés ;
- les entretiens représentatifs ;
- les entretiens spécifiques ;
- les entretiens compréhensifs.

Certes, chacun de ces « attributs » est défini, mais les définitions restent peu explicites et aucun exemple clair ne vient éclaircir l'idée sous-jacente.

En somme, hormis la distinction entre les trois méthodes pour obtenir l'information (l'examen, l'entretien et le test), ce chapitre n'est pas d'une grande utilité.

Déroulement de la revue

Au sens de l'ISO 27008, la revue est un processus en trois temps. Dans un premier temps, l'auditeur commence par préparer la revue en prenant connaissance du contexte. Ensuite, il réalise le plan pour formaliser aussi précisément que possible les opérations qu'il réalisera. C'est alors qu'il pourra, dans un troisième temps, réaliser la revue à proprement parler.

Préparation

La première tâche à réaliser pour préparer une revue consiste à la planifier. Pour cela, la personne responsable de la planification s'assurera d'un certain nombre de points.

- Elle vérifiera que les mesures de sécurité sont effectivement opérationnelles.
- Elle s'assurera qu'un responsable a été affecté à chaque mesure de sécurité.
- Elle se rapprochera des responsables pour les informer de la tenue prochaine de la revue.

- Elle clarifiera les moyens d'échange entre les différentes parties concernées par la revue.
- Elle fixera des dates et des horaires pour la revue.

Maintenant que la planification est réalisée, la norme conseille à l'auditeur de préparer la revue en prenant connaissance d'un certain nombre d'éléments.

- Comprendre l'activité de l'entreprise qu'il va auditer.
- Prendre connaissance du système d'information.
- Prendre connaissance des mesures de sécurité déployées.
- S'informer sur l'actualité relative à ces mesures de sécurité.
- Prendre connaissance d'éventuels rapports d'audits précédents.
- Rencontrer l'encadrement afin de confirmer l'objectif et l'étendue de la revue.

Plan

La norme dit qu'il faut élaborer un plan pour la revue. Ici, le terme «plan» désigne plus qu'un simple emploi du temps ordonnançant les opérations d'audit. En plus de cela, le plan précise le périmètre exact de la revue, formalise en détail les mesures de sécurité qui devront être contrôlées et comment elles devront l'être. Le plan identifie aussi les documents qui pourront être utiles pour l'audit, comme les résultats des revues précédentes. Voici les principaux aspects que le plan recouvre.

- **Procédures :** afin d'aider les auditeurs, il est possible de rédiger des procédures détaillant les objets à contrôler, leurs propriétés, les tests à réaliser, les documents à contrôler ainsi que les personnes à rencontrer. Ce travail est souvent fait sous la forme de fiches d'audit. Ces dernières s'inscrivent donc un cadre très précis, qui empêche l'auditeur de dévier du périmètre fixé. L'annexe A de la norme donne quelques exemples de fiches.
- **Constats précédents :** les rapports des revues précédentes peuvent aider l'auditeur à planifier son travail, car ces documents apportent beaucoup d'informations sur l'état des mesures de sécurité. En revanche, la norme met en garde contre l'utilisation de rapports trop anciens, donnant une image dépassée de l'état du système.
- **Systèmes sous-traités :** il n'est pas toujours possible de contrôler par soi-même un système sous-traité. Dans ce cas, il est intéressant d'auditer les contrats de sous-traitance pour savoir quelles sont les mesures de sécurité opérées par le sous-traitant et comment ces mesures sont contrôlées.

Optimisation : il ne faut pas hésiter à optimiser autant que possible les actions d'audit. Par exemple, en un seul entretien avec une personne clé du système d'information, il est possible d'aborder plusieurs mesures de sécurité. Bien choisir les personnes à rencontrer et bien ordonnancer la séquence de l'audit permettra de gagner beaucoup de temps. Une fois toutes ces questions traitées, le plan pour la revue est finalisé. Il reste à le faire valider par les différentes parties prenantes avant de commencer la revue.

Conduite des revues et analyse des résultats

Une fois que le plan est bien défini, il est possible de réaliser la revue. À l'issue de celle-ci, l'auditeur formulera un constat pour chaque mesure à contrôler. Pour chaque mesure auditée, trois qualifications sont possibles.

- **Satisfaisant :** la mesure de sécurité satisfait à ses objectifs, c'est-à-dire qu'elle protège effectivement les actifs qui sont sous son périmètre.
- **Partiellement satisfaisant :** lorsqu'une mesure ne permet d'atteindre que partiellement ses objectifs, elle est ainsi qualifiée. Une mesure en cours de déploiement qui n'a pas encore atteint son niveau de maturité cible peut aussi être qualifiée de la même manière. Dans ce dernier cas, la qualification de « partiellement satisfaisant » n'a pas forcément de connotation négative.
- **Autre cas :** c'est la qualification réservée aux mesures de sécurité n'atteignant pas leur objectif.

Lorsque des constats sont qualifiés autrement que « satisfaisants », l'auditeur doit attirer l'attention sur les vulnérabilités du système d'information afin que des mesures soient prises rapidement pour limiter les risques.

Lorsque les actions correctives sont entreprises immédiatement, l'auditeur peut en profiter pour vérifier que ces dernières ont effectivement diminué les risques.

Dans tous les cas, le responsable du système d'information prendra connaissance des constats. Il s'intéressera essentiellement à ceux mettant en évidence des carences dans les mesures de sécurité. Il les mettra en perspective par rapport au contexte réel du système d'information. Ainsi, certains constats dénonçant des mesures jugées partiellement satisfaisantes, voire non satisfaisantes, seront ignorés.

Exemple

Considérons un auditeur constatant que la salle machines n'est pas équipée pour résister aux incendies. Si le déménagement vers un hébergeur reconnu est prévu dans les mois qui viennent, le directeur informatique peut décider en toute tranquillité de ne pas tenir compte de ce constat.

En revanche, des plans d'action seront élaborés pour les constats mettant en évidence des vulnérabilités réelles dont les conséquences pourraient être fâcheuses pour le système d'information.

Annexes

Les deux annexes de la norme sont d'intérêt inégal. La première est clairement plus intéressante que la seconde.

L'annexe A présente quelques exemples de fiches destinés à aider l'auditeur dans le contrôle des mesures de sécurité. Le principe est le suivant : chaque fiche se réfère à une mesure de sécurité de l'ISO 27002. Les fiches commencent par reprendre des éléments de la norme ISO 27002 (rappel de la mesure, principes généraux, etc.).

Une telle démarche sur chacune des 114 mesures de sécurité serait très utile. Malheureusement, l'annexe A n'en couvre que six.

Quant à l'annexe B, elle propose une liste de questions types qu'un auditeur pourrait aborder pour mener la revue des mesures de sécurité. Ces questions sont essentiellement centrées sur les ressources humaines, la sécurité des locaux, l'étude des documents de politique et les procédures.

Conclusion

L'auditeur confirmé remarquera sans doute que la norme reprend de nombreux éléments de l'ISO 19011. En fait, l'ISO 27008 est un concentré de celle-ci, appliquée à la revue des mesures de sécurité.

> **ISO 19011**
>
> La norme ISO 19011 est un document décrivant en détail toutes les étapes de l'audit d'un système de management. Cette norme est présentée dans la dernière partie de cet ouvrage.

Selon la population concernée, l'ISO 27008 sera vue soit comme un document très utile, soit comme un texte superflu.

Points négatifs

Cette norme ne sera pas très utile pour les personnes ayant déjà réalisé des audits, qu'ils soient techniques ou organisationnels. Les auditeurs qualité rompus à la norme ISO 19011 n'apprendront rien non plus. Enfin, les entreprises ayant des services d'audit interne n'auront pas besoin de la norme.

Si l'annexe A donne des idées sur la façon de formaliser un cahier d'audit pour les mesures de sécurité, on peut regretter que seules 6 mesures sur 114 aient été illustrées. Une liste bien plus étoffée aurait très certainement intéressé les auditeurs.

Points positifs

Comme elle décrit les préparatifs des revues ainsi que les différentes étapes de ce processus, l'ISO 27008 sera bien utile aux personnes n'ayant strictement aucune expérience dans le domaine. Les étudiants, les professionnels débutants ainsi que les personnes découvrant les audits ont intérêt à la lire.

Par ailleurs, la norme peut être vue comme une *check-list* aidant à vérifier que le processus d'audit des mesures de sécurité est bien construit et que rien n'a été oublié. En ce sens, elle peut intéresser les implémenteurs de SMSI pour formaliser la phase *Check* des mesures de sécurité.

Il faut espérer que les prochaines versions de la norme donneront beaucoup plus d'exemples de fiches d'audit. Cela ferait de l'ISO 27008 une norme réellement incontournable dans l'audit des mesures de sécurité.

Chapitre 11

La norme ISO 27017

Le *cloud* est devenu un sujet incontournable dans tout système d'information. Plus une seule entreprise ne peut se passer de ces services. Pourtant, ces services présentent des spécificités telles que la mutualisation des ressources, l'accès quasi exclusif par le Web, la mise en place et la suppression de services à la demande, la facturation à l'usage, etc. Toutes ces spécificités véhiculent des vulnérabilités qui leur sont propres. Aussi, les clients et les fournisseurs de services dans le *cloud* se doivent d'en tenir compte. La norme ISO 27017 a précisément pour intention de récapituler très clairement tous les points d'attention que clients et fournisseurs de *cloud* doivent avoir présents à l'esprit.

Contexte

Cette norme est l'exemple type de norme sectorielle, affinant certaines mesures de sécurité de l'ISO 27002 pour lui faire tenir compte du *cloud*, et ajoutant de nouvelles mesures spécifiques à ce domaine.

Pour chaque recommandation qu'elle formule, elle adopte systématiquement deux points de vue complémentaires. Le premier est celui du client d'un service du *cloud*. Le second point de vue est celui du fournisseur. Ainsi, chacun de ces deux acteurs sait à quoi s'en tenir.

La norme attire notre attention sur le fait que, dans certains cas, le modèle client fournisseur de *cloud* est parfois plus complexe qu'il n'y paraît. Dans la majorité des cas, les clients et fournisseurs s'intéresseront respectivement aux recommandations qui leur sont destinées. Cependant, il n'est pas rare qu'au moins un de ces acteurs soit lui même dans une chaîne de sous-traitance. Il est donc possible d'être fournisseur d'un service de *cloud* mais, dans le même temps, d'être client à son tour d'un service de *cloud*. Cet acteur (à la fois client et fournisseur de *cloud*) sera donc concerné à la fois par les recommandations destinées aux clients, mais également par les recommandations destinées aux fournisseurs.

Enrichissement des mesures de sécurité existantes

Cette partie de la norme reprend systématiquement toutes les mesures de sécurité de l'ISO 27002. Pour chaque mesure de sécurité, deux cas de figure peuvent se présenter.

- Soit la mesure de sécurité, telle que spécifiée dans l'ISO 27002, est applicable en l'état aux fournisseurs de *cloud*, et alors l'ISO 27017 se contente de dire que la mesure de l'ISO 27002 est applicable telle quelle.
- Soit la mesure de sécurité mériterait quelques précisions spécifiques aux fournisseurs de *cloud*. Dans ce cas, l'ISO 27017 ajoute ces spécificités.

Voici les principales spécificités apportées par l'ISO 27017.

- **Politique de sécurité.**
  - <u>Pour le client</u> : il faut définir une politique dédiée aux services du *cloud*. Cette politique doit tenir compte des données qui seront confiées au fournisseur – lequel pourra potentiellement y accéder –, des actifs d'informations qui seront gérés par le fournisseur, des ressources dédiées et des ressources mutualisées dans le cadre du service, des accès privilégiés par les administrateurs chez le fournisseur et de la localisation géographique du fournisseur.
  - <u>Pour le fournisseur</u> : il doit enrichir sa politique de sécurité pour y intégrer les règles de base en sécurité à appliquer dans le cadre du service qu'il fournit, ainsi que les risques liés au personnel interne, la mutualisation ou pas des ressources, l'accès aux données du client par le personnel interne, les dispositions mises en place pour assurer le contrôle d'accès, la sécurité de la virtualisation, la protection des données du client et les procédures de gestion des incidents.

- **Rôles et responsabilités.**
  Le client comme le fournisseur doivent convenir d'une répartition des responsabilités. En effet, cette dernière n'est pas la même si on a affaire à un fournisseur de services en mode SaaS, PaaS ou IaaS. Dans le cas du SaaS, le fournisseur est très impliqué dans la protection des données personnelles, alors qu'à l'opposé, si nous avons affaire à du IaaS, l'essentiel de la responsabilité repose sur le client.

> **Remarque**
>
> On retrouve quasiment la même recommandation dans le norme ISO 27018, consacrée à la sécurité des données personnelles dans le *cloud*.

- **Relations avec les autorités.**
  - <u>Pour le client</u> : il doit identifier les autorités compétentes en tenant compte des responsabilités réparties entre lui et son fournisseur.
  - <u>Pour le fournisseur</u> : il doit informer son client sur la localisation géographique des données qu'il héberge pour le compte de son client. Cela lui permettra d'identifier les autorités compétentes.

- **Formation et sensibilisation.**
  - <u>Pour le client</u> : le client doit sensibiliser le personnel impliqué dans le service de *cloud*. Il s'agit généralement des utilisateurs dudit service, des managers, des administrateurs et des intégrateurs. Les points à aborder concernent les risques liés à l'usage du *cloud*, les risques réseau et les aspects légaux de ce type de service.
  - <u>Pour le fournisseur</u> : il doit former et sensibiliser ses employés et exiger que ses sous-traitants le soient aussi. Une attention particulière doit être portée sur la protection des données du client, qui peuvent être très sensibles.

- **Inventaire des actifs.**
  - <u>Pour le client</u> : l'inventaire des actifs que tient le client doit tenir compte des actifs situés dans le *cloud*.

> **Créer des objets facilement**
>
> Cette recommandation qui paraît sans doute anodine est pourtant très importante. En effet, une des forces du *cloud* (surtout dans le PaaS et l'IaaS), c'est l'extrême facilité à créer des objets. S'il ne maîtrise pas les actifs qu'il a positionnés dans le *cloud*, le client risque de se retrouver avec des équipements mal configurés, instanciés sans aucun contrôle, et intégrant par là même des vulnérabilités importantes. Par ailleurs, l'absence de maîtrise des actifs dans le *cloud* peut aussi avoir un coût important.

  - <u>Pour le fournisseur</u> : le fournisseur doit identifier explicitement les données du client.

- **Marquage des informations.**
  - <u>Pour le client</u> : le client doit marquer les informations qu'il a placées dans le *cloud*.
  - <u>Pour le fournisseur</u> : le fournisseur doit informer son client des différents moyens qu'il met à sa disposition pour que ce dernier marque ses informations.

- **Contrôle d'accès.**
  Sur ce point, l'ISO 27017 n'apporte des précisions que pour le client. Ce dernier doit intégrer dans la politique de contrôle d'accès les exigences liées à chacun des services de *cloud* dont il se sert.

- **Gestion des utilisateurs du service.**
  - Pour le client : il doit utiliser des méthodes d'authentification appropriées que lui propose le fournisseur. L'authentification forte pour les administrateurs est vivement conseillée. Le client doit aussi prendre connaissance des techniques utilisées par son fournisseur pour générer et protéger les mots de passe. Le client doit pouvoir limiter les fonctionnalités proposées par le fournisseur, en fonction du besoin réel des utilisateurs.
  - Pour le fournisseur : il doit mettre à la disposition du client un outil pour créer et supprimer des comptes. Il doit aussi proposer des moyens de gérer les droits de ses utilisateurs. Des moyens d'authentification forte doivent être disponibles pour les administrateurs. Le fournisseur doit informer son client sur les techniques et procédures qu'il utilise pour l'allocation et la protection des mots de passe. Le fournisseur doit donner au client la possibilité de restreindre l'accès aux services proposés.

- **Cryptographie.**
  - Pour le client : il doit pouvoir mettre en œuvre des mesures de chiffrement s'il le juge nécessaire. Dans le cas où le fournisseur propose dans son service des solutions de chiffrement, le client doit vérifier si ces solutions sont compatibles techniquement et réglementairement avec ses politiques et les réglementations.
  - Pour le fournisseur : il doit informer le client des mesures de chiffrement qu'il met en place. Il doit aussi informer son client sur les différentes solutions qu'il lui propose pour l'aider à chiffrer ses données.

- **Gestion des clés.**
  Sur ce point, l'ISO 27017 n'apporte des précisions que pour le client. Il convient que le fournisseur gère les clés de chiffrement qu'il utilise pour chaque service du *cloud*. Dans le cas où le chiffrement est géré par le fournisseur, ce dernier doit donner tous les détails techniques liés à la gestion des clés. Si le client tient à gérer lui-même son chiffrement, il ne doit donc pas confier au fournisseur la gestion de ses clés.

- **Mise au rebut des équipements.**
  La seule mesure de sécurité de l'ISO 27002 liée à la sécurité physique qui a été enrichie par l'ISO 27002 concerne la mise au rebut des équipements. La norme dit qu'il convient que le fournisseur dispose de procédures pour la mise au rebut sécurisée ou la réattribution d'équipements. De son côté, le client doit s'en assurer.

- **Gestion des changements.**
  Tout changement exercé par le fournisseur et pouvant impacter le client doit être communiqué au client. De même, le fournisseur doit aussi indiquer à son client que son sous-traitant planifie un changement.

- **Gestion de la charge.**
  Les services du *cloud* sont réputés évolutifs. Aussi, lorsque le client nécessite plus de puissance de traitement ou plus d'espace de stockage, il lui suffit de monter en charge. Cette montée en charge est souvent automatique et parfois cadrée par le client. Cette fonctionnalité propre au *cloud* ne doit pas dispenser le client de vérifier les limites techniques et contractuelles de ces montées en charge.

- **Sauvegardes et restaurations.**
  Par leur nature, de nombreux services de *cloud* fournissent des fonctionnalités de sauvegardes, automatiques ou manuelles. Le client doit s'assurer que ces fonctionnalités satisfont ses attentes. Dans le cas contraire, c'est sa responsabilité d'assurer lui-même les sauvegardes et restaurations. Le niveau de sauvegardes et de restauration dépend beaucoup du type de service fourni : IaaS, PaaS, SaaS.

- **Synchronisation des horloges.**
  La norme précise que s'il est d'usage que le fournisseur de services synchronise son infrastructure par rapport à son référentiel de temps, et que le client fasse la même chose de son côté, il convient que les deux acteurs utilisent la même référence afin de faciliter les rapprochements de journaux en cas d'enquête.

- **Gestion des vulnérabilités.**
  Le fournisseur doit décrire son processus de gestion des vulnérabilités. De son côté, le client doit clarifier la répartition des responsabilités dans le domaine en fonction du type de service de *cloud* qu'il a contracté.

- **Sous-traitance.**
  Le client doit intégrer les fournisseurs de *cloud* dans sa liste de sous-traitants. Par ailleurs, il doit tenir compte des risques d'accès à ses données par ses fournisseurs.

  - <u>Pour le client :</u> les rôles et responsabilités doivent être clarifiés, notamment dans les domaines suivants : la protection contre les codes malveillants, les sauvegardes, la gestion des clés, la gestion des vulnérabilités, les contrôles de sécurité, les moyens d'authentification, etc.

  - <u>Pour le fournisseur :</u> il doit spécifier les mesures de sécurité qu'il met en œuvre. Elles sont très variables, en fonction du service contracté (PaaS, IaaS, SaaS). Par ailleurs, si le fournisseur recourt à des sous-traitants, il doit obtenir de ces derniers les mêmes garanties de sécurité que celles que son client lui demande.

- **Gestion des incidents.**

  - <u>Pour le client :</u> sans surprise, la norme demande au client de bien vérifier la répartition des responsabilités entre lui et son fournisseur dans les situations d'incident.

– <u>Pour le fournisseur</u> : la norme en demande un peu plus au fournisseur. Il doit clairement définir le périmètre des incidents qu'il déclarera au client. Les délais, ainsi que les procédures de notification, doivent être précisés, au même titre que la liste des contacts et d'éventuelles fiches réflexes pour certains incidents types. Les canaux de communication entre le client et le fournisseur en cas d'incident doivent être bien déterminés.

- **Recueil des preuves.**
  La norme conseille au client et au fournisseur de *cloud* de se concerter sur les procédures de collecte de preuves numériques.

Les preuves numériques

Notons que l'ISO a publié une norme dédiée au recueil de preuves numériques. Il s'agit de la norme ISO 27037. Bien que cette norme ait une utilité toute relative, elle fait l'objet d'un chapitre de cet ouvrage. Le lecteur intéressé par ce sujet est invité à s'y reporter.

- **Réglementations en vigueur.**
  – <u>Pour le client</u> : il convient que le client soit conscient que le fournisseur de *cloud* peut être soumis à des législations autres que celles du client (notamment quand le fournisseur opère à l'étranger). Le client doit donc demander au fournisseur de prouver sa conformité par rapport à toutes les réglementations en vigueur.

  – <u>Pour le fournisseur</u> : il doit naturellement identifier les réglementations auxquelles il est soumis, mais il a aussi pour obligation d'en informer son client. Une attention particulière doit être portée sur les données personnelles.

Norme ISO 27018

La norme ISO 27018 traite spécifiquement de la sécurité des données personnelles dans le *cloud*. Un chapitre de cet ouvrage est dédié à cette norme. Le lecteur intéressé est invité à s'y reporter.

- **Conformité avec les licences.**
  Le maintien de la conformité avec les licences est déjà une gageure en soi pour les entreprises, tant les conditions imposées par de nombreux éditeurs sont spécieuses. Ce risque de non-conformité est encore accru par le *cloud*, augmentant sensiblement les risques de pénalités financières. Sur ce point, la norme conseille la plus grande vigilance au client. En effet, l'installation de produits dans une infrastructure dans le *cloud* peut sortir du cadre des conditions de licence, notamment pour les services élastiques instanciant automatiquement des machines ou des services en cas de montée en charge.

- **Revue indépendante de la sécurité.**
  Le fournisseur de *cloud* doit prouver qu'il adopte de bonnes pratiques en matière de sécurité. Cela peut se faire par un audit commandité par son client. Si le fournisseur ne souhaite pas être audité par son client, il doit pouvoir démontrer ses bonnes pratiques en présentant un rapport d'audit réalisé par un acteur indépendant.

Bonnes pratiques

Les référentiels de bonnes pratiques en matière de sécurité, donnant lieu à des certifications indépendantes, sont nombreux. Naturellement, on peut évoquer en premier lieu les certifications ISO 27001, mais on peut également citer les certifications ISAE 3402, SOC 1 et SOC 2, parmi d'autres. La plupart des fournisseurs du *cloud* se font certifier par rapport à ces référentiels pour prouver leurs bonnes pratiques auprès de leurs clients.

Mesures de sécurité supplémentaires

Si la première partie de la norme apporte des précisions relatives aux mesures de sécurité de l'ISO 27002, cela ne suffit pas à couvrir toutes les dispositions nécessaires pour assurer un niveau de sécurité dans les services du *cloud*. Il est donc nécessaire d'ajouter de nouvelles mesures, non proposées par l'ISO 27002, spécialement dédiées à cet effet. C'est l'objet de la deuxième partie de la norme ISO 27017.

Les mesures ci-dessous sont donc dédiées au contexte des services du *cloud*. Très concrètement, elles ont vocation à être ajoutées dans la déclaration d'applicabilité (DdA) de tout client ou fournisseur de service *cloud*, implémentant un SMSI.

Voici les principales mesures de sécurité spécifiques proposées par la norme ISO 27017.

- Répartition des rôles.
- Suppression d'actifs.
- Cloisonnement dans les environnements virtuels.
- Durcissement des machines virtuelles.
- Sécurité opérationnelle pour les administrateurs.
- Supervision des services du *cloud*.
- Cohérence de la sécurité entre les réseaux physiques et les réseaux virtuels.

Conclusion

La norme ISO 27017 est intéressante dans le sens où elle adopte systématiquement deux points de vue. Celui du client, mais aussi celui du fournisseur de services de *cloud*. Ces deux acteurs trouveront donc dans le texte tous les points d'attention qu'ils se doivent de traiter pour assurer un niveau de sécurité satisfaisant.

On peut peut-être regretter que certaines recommandations de l'ISO 27017 n'aillent pas plus loin que l'ISO 27002. Elles restent toutefois pertinentes dans leur ensemble.

Un autre avantage de la norme est qu'elle a été conçue pour s'intégrer dans un SMSI. Des mesures de sécurité spécifiques ont été numérotées de telle sorte qu'elles s'insèrent facilement dans une déclaration d'applicabilité (DdA).

Notons enfin que, très souvent, les organismes qui adoptent cette norme tiennent aussi compte de l'ISO 27018, qui traite des données personnelles dans le *cloud*. En fait, l'ISO 27017 et l'ISO 27018 sont très proches et très complémentaires. Il est de fait souvent nécessaire de les mettre en œuvre simultanément.

Chapitre 12

La norme ISO 27018

La protection des données personnelles a toujours été un sujet délicat pour le RSSI. Les exigences imposées il y a 40 ans par la loi informatique et libertés ont été considérablement renforcées par le règlement général pour la protection des données (RGPD). Les mesures à mettre en place pour être conforme à la loi concernent naturellement les systèmes d'information, mais elles vont même plus loin. En effet, elles obligent à une refonte des contrats avec les sous-traitants et imposent des changements dans les processus métier afin de faciliter l'exercice des droits pour les personnes dont on gère des données personnelles.

Si les mesures de sécurité sont déjà difficiles à mettre en place dans le système d'information de l'entreprise, c'est encore plus délicat lorsqu'il s'agit d'un prestataire de *cloud* qui gère les données personnelles. La norme ISO 27018 fournit des éléments de réponse très utiles pour cadrer les acteurs du *cloud* dans leur gestion des données personnelles.

Petit historique

La norme ISO 27018 a été publiée en 2014. Elle est donc bien antérieure à la publication du RGPD. En conséquence, elle n'est pas destinée, à proprement parler, à couvrir précisément tous les aspects du RGPD. Il n'en demeure pas moins que, comme elle traite de la protection des données personnelles, l'ISO 27018 est compatible avec le règlement européen. On peut donc s'en servir pour pousser le fournisseur de *cloud* à se conformer au RGPD.

La norme commence par identifier les acteurs principaux dans les traitements des données personnelles.

- **Le responsable du traitement:** c'est la partie prenante déterminant la finalité du traitement.

- **L'opérateur du traitement :** c'est la partie prenante opérant les traitements pour le compte du responsable du traitement, tout en suivant ses instructions.
- **La personne :** c'est la personne physique sur laquelle portent les données à caractère personnel.

La norme rappelle qu'il y a trois sources principales d'exigences en matière de traitement de données personnelles :

- les exigences légales et réglementaires ;
- les risques liés à l'environnement et au traitement ;
- les politiques internes des différentes parties prenantes.

Enrichissement des mesures de sécurité existantes

Cette partie de la norme reprend systématiquement toutes les mesures de sécurité de l'ISO 27002. Pour chacune d'elles, deux cas de figure peuvent se présenter.

- Soit la mesure de sécurité, telle que spécifiée dans l'ISO 27002, est applicable en l'état au contexte des sous-traitants de gestion des données personnelles dans le *cloud* et, dans ce cas, l'ISO 27018 se contente de dire que la mesure de l'ISO 27002 est applicable telle quelle.
- Soit la mesure de sécurité mériterait quelques précisions spécifiques à la gestion des données personnelles. Dans ce cas, l'ISO 27018 ajoute ces spécificités.

Voici les principales spécificités apportées par l'ISO 27018.

- **Politique de sécurité.**
  Elle doit tenir compte du type de service qui est proposé par le fournisseur de *cloud*. En effet, la répartition des responsabilités n'est pas la même si on a affaire à un fournisseur de services en mode SaaS, PaaS ou IaaS. Dans le cas du SaaS, le fournisseur est très impliqué dans la protection des données personnelles, alors qu'à l'opposé, si nous avons affaire à du IaaS, l'essentiel de la responsabilité repose sur le client.

Remarque

On retrouve quasiment la même recommandation dans la norme ISO 27017, consacrée à la sécurité dans le *cloud*.

- **Point de contact.**

  Le fournisseur doit penser à désigner un point de contact que le client pourra consulter pour toute question relative à la protection des données personnelles.

- **Formation et sensibilisation.**

  Il convient que le personnel du fournisseur de *cloud* soit informé des conséquences que peut avoir un incident sur la vie privée, notamment la divulgation ou l'altération d'informations personnelles. Des sanctions en cas de manquement doivent être prévues contractuellement.

- **Gestion des accès.**

  Le contrôle d'accès aux applications dans le *cloud* est souvent la responsabilité du client. Toutefois, le fournisseur doit fournir au client tous les outils nécessaires pour qu'il puisse gérer le cycle de vie de ses utilisateurs.

- **Création et suppression d'un utilisateur.**

  Des mesures pour se protéger contre la compromission des accès utilisateur doivent être mises en place.

> **Contrôle des comptes dormants**
>
> Par exemple, il est possible de contrôler périodiquement les comptes dormants. On peut aussi vérifier que les utilisateurs n'accèdent au service que via une seule connexion à la fois. Des connexions simultanées du même utilisateur depuis des adresses IP différentes peuvent dénoter une usurpation d'identité. La connexion au système d'information en dehors des heures de travail ou depuis des pays incongrus avec un usage normal est aussi un fait suspect.

- **Chiffrement.**

  Il convient que le fournisseur informe le client des mesures de chiffrement qu'il met en place pour protéger des données personnelles. Il doit aussi indiquer au client quels moyens de chiffrement il met à sa disposition pour qu'il chiffre lui-même ses données s'il le souhaite.

- **Réaffectation ou destruction d'équipements.**

  Les fournisseurs de *cloud* réaffectent très fréquemment les ressources (disques, processeurs, mémoire) en fonction de la demande. Ces dernières étant mutualisées, il subsiste un risque de fuite de données personnelles si les supports et les mémoires ne sont pas effacés entre deux affectations. Le client doit être vigilant sur ce point. Il en va de même pour les équipements et les supports en fin de vie. Le client doit s'assurer que les données qu'ils comportent sont bien détruites.

- **Protection des environnements de test.**

  La norme est peu prolixe à ce sujet. Pourtant, c'est certainement un des points les plus difficiles à traiter. En effet, lorsqu'il est nécessaire d'utiliser des données réelles de production pour tester une application, il y a un risque de divulgation de données à du personnel (les développeurs) n'ayant pas besoin d'y avoir accès. Ce risque doit non seulement être évalué, mais des mesures techniques ainsi qu'organisationnelles doivent être prises pour réduire ce risque.

Contrôle de l'accès

Bien que la norme n'apporte strictement aucune précision sur ce point, cela implique la mise en place d'un très bon contrôle de l'accès, d'une bonne gestion des identités et d'une traçabilité efficace des accès aux données. Des démarches d'anonymisation et de pseudonymisation peuvent aussi être entreprises, mais leur coût est très élevé.

- **Sauvegardes et restaurations.**
  Il est intéressant de profiter des facilités fournies par le *cloud* pour faire des copies de sauvegarde. Dans les cas où les sauvegardes sont comprises dans le service dès sa conception, le fournisseur doit informer le client sur le fonctionnement de celles-ci. À leur tour, les fournisseurs recourant à des sous-traitants doivent s'informer sur les pratiques de sauvegarde et de restauration de leurs prestataires. Enfin, il convient d'avoir une politique explicitant clairement le mode de suppression des données.

Remarque

Notons que, dans le cadre d'un service de *cloud*, la seule façon de s'assurer que les données sont bien détruites consiste à les chiffrer depuis le début de la relation avec le fournisseur. En fin de contrat, il suffit au client de détruire la clé. Cela rend les données définitivement illisibles.

- **Journalisation.**
  La norme conseille de surveiller les journaux. Il faut retracer plus particulièrement les actions faites sur les données personnelles : consultation, modification, suppression, qui a fait quoi, quand. Le fournisseur doit pouvoir mettre les journaux à la disposition du client. Il va de soi que le fournisseur doit faire en sorte que le client ne puisse avoir accès qu'aux journaux le concernant.

- **Protection des journaux.**
  Comme certains journaux contiennent des données personnelles, il faut leur appliquer un contrôle d'accès strict, basé sur le besoin de les connaître.

- **Échanges de données.**
  Lorsque des supports de stockage physiques sont utilisés pour échanger des données entre le client et le fournisseur de *cloud*, il faut tracer ces échanges. En somme, il faut pouvoir répondre aux questions suivantes : qui a remis le support ? Qui l'a transporté ? Qui l'a récupéré ? Il est aussi conseillé de chiffrer les données placées dans ces supports.

- **Gestion des incidents.**
  La norme insiste sur le fait que la responsabilité de la gestion des incidents est partagée entre le client et le fournisseur.

- **Procédures de gestion des incidents.**
  En cas d'incident de sécurité, le fournisseur de *cloud* doit lancer une enquête pour vérifier si des données personnelles ont été impactées. Le client doit en être informé si c'est le cas. Par ailleurs, la norme rappelle la nuance entre événement de sécurité et incident de sécurité. Les événements de sécurité ne justifient pas d'informer le client. Seuls les incidents le justifient.

> **Remarque**
>
> Les normes ISO 27035-1 et ISO 27035-2 détaillent le processus de gestion des incidents. Le lecteur intéressé par ce sujet est invité à se reporter au chapitre de cet ouvrage consacré à ces normes.

- **Revue indépendante de la sécurité.**
  Lorsque le fournisseur de *cloud* estime que ce n'est pas au client d'auditer directement le fournisseur, ce dernier doit apporter la preuve que le contrôle des bonnes pratiques a été réalisé par une instance indépendante.

> **Certifications de bonnes pratiques**
>
> Les référentiels de bonnes pratiques en matière de sécurité, et donnant lieu à des certifications indépendantes, sont nombreux. Naturellement, on peut citer en premier lieu les certifications ISO 27001, mais on peut aussi évoquer les certifications ISAE 3402, SOC 1 et SOC 2, parmi d'autres. La plupart des fournisseurs du *cloud* se font certifier par rapport à ces référentiels pour prouver leurs bonnes pratiques auprès de leurs clients.

Mesures de sécurité supplémentaires

Si la première partie de la norme apporte des précisions relatives aux mesures de sécurité de l'ISO 27002, cela ne suffit pas à couvrir toutes les dispositions nécessaires pour assurer un niveau de protection raisonnable concernant les données personnelles. Il est donc nécessaire d'ajouter de nouvelles mesures, non proposées par l'ISO 27002, et spécialement dédiées à cet effet. C'est l'objet de la deuxième partie de la norme ISO 27018.

Notons que ces mesures supplémentaires sont classées par rapport à la norme ISO 29100, relative à la protection de la vie privée, et qui propose une classification en 11 grands principes.

> **Vie privée**
>
> La présentation de l'ISO 29100 se situe en dehors du périmètre de cet ouvrage. Il faut simplement retenir qu'il s'agit d'une norme dédiée à la protection de la vie privée. Elle présente les principaux acteurs impliqués, propose une terminologie normalisée et décrit les principes fondamentaux pour protéger la vie privée.

Voici les principales mesures de sécurité spécifiques proposées par la norme ISO 27018.

- Le fournisseur doit donner à son client les moyens de faciliter l'exercice des droits des personnes. Cette recommandation est très pertinente car le RGPD insiste beaucoup sur ce point. Il faut donc prévoir des processus métier, ainsi que leur relais informatique, pour permettre aux individus de faire valoir et d'exercer leurs droits, tels que l'accès aux données, la correction des données, le droit à l'oubli, etc.

- Les données doivent être traitées uniquement dans le cadre de la finalité du traitement. Le fournisseur de *cloud*, gérant des données personnelles, doit être capable de prouver qu'il se conforme à cette exigence.

- Le fournisseur de *cloud* ne doit pas profiter des données personnelles qu'il gère pour le compte de son client afin de lancer des actions commerciales. Un consentement préalable doit être obtenu.

- La norme ISO 27018 reconnaît la nécessité des fichiers temporaires qui peuvent être amenés à contenir des données personnelles. Cependant, elle recommande de les supprimer dès qu'ils ne sont plus nécessaires. Lorsqu'il n'est pas possible de les supprimer automatiquement après usage, il peut être utile de lancer des procédures de ramasse-miettes consistant à effacer périodiquement tous les fichiers temporaires. La périodicité de ces procédures doit être soigneusement fixée et des contrôles réguliers doivent permettre de s'assurer que les fichiers temporaires sont bien effacés.

- Le fournisseur de *cloud* peut être amené à livrer des informations personnelles sur requête des autorités compétentes. Dans ce cas, il doit le notifier au client. Toute autre divulgation est interdite. Le fournisseur doit donc prouver qu'il respecte les procédures adéquates destinées à rejeter toute demande de divulgation sortant de ce cadre. Par ailleurs, les accès aux données personnelles communiquées aux autorités doivent être tracés.

- Le fournisseur doit déclarer à son client sa chaîne de sous-traitance avant de procéder à toute opération sur des données personnelles. Cette chaîne doit être détaillée dans le contrat entre le fournisseur de *cloud* et son client. Une attention particulière doit être portée sur la localisation géographique des sous-traitants.

- Le fournisseur doit prévenir son client dès qu'il constate une violation des données personnelles qu'il gère pour le compte de son client. Les moyens de notification doivent être précisés dans les contrats. Attention, si la divulgation d'information est du fait du client ou de l'individu, alors la responsabilité du fournisseur n'est pas engagée. Il n'est pas tenu de notifier cet incident. En cas d'incident, il faut consigner toutes les informations pertinentes afin de décrire aussi précisément que possible l'incident, son déroulement, ses causes et ses conséquences. Certaines législations obligent même les fournisseurs à notifier directement à l'autorité de contrôle (il s'agit de la CNIL en France).

- Le fournisseur doit informer son client sur les moyens qu'il met en place pour assurer la réversibilité des données ou leur effacement définitif en fin de contrat. Dans certains cas, ils peuvent discuter d'une éventuelle rétention des données après la fin du contrat.

- Les employés du fournisseur doivent signer un engagement de confidentialité, lequel est valable après le départ des collaborateurs.

- Tout support contenant des données personnelles et sortant des locaux doit être tracé et protégé. En réalité, la plupart des fournisseurs de *cloud* détruisent physiquement tout support sortant de leurs locaux.

- Les données transmises via le réseau doivent être chiffrées. Cela concerne autant les données jointes à un courriel que celles échangées par le moyen de réseaux privés virtuels ou de lignes spécialisées.

- Les personnes accédant à des données personnelles doivent avoir un identifiant unique. Les comptes génériques doivent être proscrits.

- Une liste des personnes habilitées à accéder aux informations personnelles doit être mise en place et tenue à jour.

- Le fournisseur doit être très clair sur le pays où il stocke les données personnelles.

Conclusion

La norme ISO 27018 est aussi utile aux clients qu'elle l'est aux fournisseurs. Elle l'est d'abord pour le client d'un service de *cloud*, car elle lui permet de se concentrer sur tous les points de vigilance en matière de traitement des données personnelles. En suivant les prescriptions de la norme, le client est raisonnablement sûr de ne pas avoir oublié de points importants pour imposer à son fournisseur de bonnes pratiques.

La norme sera quant à elle tout aussi utile aux fournisseurs de services dans le *cloud*. D'ailleurs, elle est très largement adoptée par ces derniers, qui n'hésitent pas à indiquer dans leurs communications commerciales qu'ils respectent les principes de l'ISO 27018.

ISO 27035 Gestion des incidents de sécurité

Une différence fondamentale entre le processus de gestion des incidents et d'autres processus – tels que l'appréciation des risques, le déploiement des correctifs de sécurité ou la sensibilisation des utilisateurs – réside dans le fait que la gestion des incidents est un processus vécu de façon très intense par les RSSI. Et pour cause ! C'est certainement la situation la plus inconfortable pour eux, car les enjeux sont forts, les délais de réaction sont courts, voire extrêmement courts, alors que la visibilité est faible, surtout au début de l'incident.

Dans la mesure où la gestion des incidents s'impose comme un processus clé en matière de sécurité des systèmes d'information, il est impératif de savoir réagir de façon appropriée.

Dans ce contexte, l'ISO a jugé utile de formaliser le processus de gestion des incidents dans le cadre d'une série de normes, à savoir les ISO 27035.

Exemples de gestion d'incidents

Les incidents peuvent être de nature différente : attaque virale mineure (quelques dizaines de postes de travail affectés), attaque virale majeure (quasiment tous les postes affectés), intrusion ciblée dans le but de piller le système d'information, déni de service sur l'accès Internet, acte de malveillance perpétré depuis l'entreprise elle-même.

Avant de présenter les normes, il peut être intéressant de décrire le vécu d'un RSSI face à un incident de sécurité. Nous allons donc observer comment il affronte les difficultés et dans quel ordre il agit. En général, la gestion d'un incident de sécurité suit une séquence en trois phases.

- **Phase où l'on subit l'incident.**
  C'est la période qui va de la détection de l'incident à la connaissance précise de son signalement. Par nature, c'est une étape d'incertitude où l'on subit plus que l'on n'agit.

- **Phase de lutte contre l'incident.**
  Une fois que l'on connaît les propriétés de l'attaque, il est possible de mettre au point et d'appliquer un plan d'action.

- **Phase de retour à la normale.**
  L'incident ne se termine pas une fois que ses causes et ses effets immédiats sont éradiqués. Une période de retour à la normale plus ou moins longue s'avère toujours nécessaire.

Ces trois phases sont détaillées ci-après.

Phase où l'on subit l'incident

Lors de cette première phase, le RSSI doit faire face simultanément à trois facteurs de stress et ce avant même de pouvoir agir. Il s'agit de la déferlante des alertes, de la réactivité inégale de ses collaborateurs et des initiatives individuelles.

La déferlante des alertes

Au tout début de l'incident, l'ordinaire du RSSI est brusquement perturbé par une déferlante d'alertes qu'il a le plus grand mal à classer et à corréler.

Séquence d'alertes

La séquence suivante est très significative des alertes qui peuvent survenir lors d'une attaque virale.

- Le logiciel d'antivirus envoie un message à l'équipe de production (ainsi qu'au RSSI) pour signaler qu'un serveur de fichiers est infecté.

- Alors que le RSSI est en train de lire le message, un administrateur système vient le voir pour lui signaler l'incident.

- L'administrateur n'est pas encore sorti du bureau du RSSI que le responsable de production lui signale par téléphone que toutes les personnes utilisant l'application de gestion de relation clientèle sont bloquées.

- Le RSSI décide alors de se rendre au bureau des administrateurs pour visualiser la console d'administration, mais il est interpellé en chemin par le DSI qui lui annonce que la direction veut savoir quand la situation reviendra à la normale.

Les mauvaises nouvelles se succèdent ainsi pendant un certain temps...

Dans ces conditions, il est matériellement impossible de se concentrer car à peine le RSSI commence-t-il à analyser la situation qu'une alerte ou un collaborateur l'interrompt pour lui signaler un autre événement.

Le diagnostic de la situation est d'autant plus délicat que les alertes se situent souvent à des niveaux très différents : alertes sur les postes de travail, ou sur les serveurs de fichiers, applications qui ne fonctionnent plus, liaisons réseau saturées, etc.

Généralement, cette succession d'alertes dure plusieurs heures et peut même se poursuivre pendant plusieurs jours, selon la nature et la gravité de l'événement.

À pas de loup

Certains incidents sont plus sournois puisqu'ils ne sont pas bruyants. C'est le cas notamment des intrusions réseau qui, en règle générale, sont très discrètes.

Pour limiter ce facteur de stress, il convient de désigner une personne (ou une équipe) qui se chargera d'analyser techniquement les incidents pour en dresser le signalement technique précis et son mode de propagation. Cette personne (ou cette équipe) sera tenue à l'écart des alarmes. Ce sera au RSSI de centraliser tout le stress et les alertes, pendant que son équipe travaille le plus froidement possible à l'identification de l'incident.

La réactivité inégale des personnes concernées

Les différentes équipes devant jouer un rôle moteur lors de l'incident ne réalisent pas simultanément l'importance de ce dernier. Certaines ne réagissent pas immédiatement, alors que d'autres attribuent à l'incident une importance surdimensionnée.

- **Les sous-réactions.**
  Très courantes, elles sont souvent le fait de personnes qui ne se sentent pas concernées. Ingénieurs ou administrateurs démotivés, ou alors trop centrés sur leur tâche du moment, au détriment du contexte immédiat de l'incident. Par ailleurs, la multiplication des outils de sécurité délivrant des états lénifiants conduit trop souvent à sous-réagir aux incidents le jour où ils se produisent.

Pourquoi s'inquiéter ?

Considérons une plate-forme antivirus envoyant tous les matins un tableau de bord des infections virales détectées dans la journée. Comment reprocher à la personne chargée de la supervision de ne pas réagir en cas d'alerte virale ?

Lorsque l'antivirus signale des virus, c'est qu'il les a détectés et traités. Il a fait son travail, il n'y a donc rien à faire.

Lorsqu'il ne signale rien du tout, c'est qu'il n'y a aucun virus. Il n'y a donc rien à faire.

En un mot, il n'y a jamais rien à faire. Il n'y a donc jamais de raison de s'inquiéter.

- **Surréactions.**
  À l'inverse, il arrive que les réactions soient exagérées, propageant ainsi autour la rumeur d'une catastrophe alors que les faits constatés ne permettent pas encore de l'affirmer.

Cette disparité des réactions rend très difficile la mobilisation des équipes. Heureusement, cette situation est provisoire car, au bout de quelques heures, tout le monde finit par comprendre la gravité de l'incident. Toutefois, le temps perdu à atteindre ce stade aurait pu être mis à profit pour chercher à comprendre l'incident et pour le circonscrire.

Pour limiter ce facteur de stress, il convient de convoquer une réunion de crise dès que le RSSI est convaincu de la gravité de l'incident. Un tel rassemblement fait alors comprendre l'importance de la situation à toutes les équipes (production, administrateurs, responsables réseaux, chefs de projet, etc.).

Les initiatives individuelles désordonnées

À mesure que chaque collaborateur comprend l'importance de l'incident, la tendance naturelle les pousse à prendre des initiatives spontanées.

Si elles sont louables, ces initiatives présentent deux inconvénients majeurs.

- **Absence d'actions coordonnées.**
  Appliquées sans aucune coordination, elles ont une utilité quasiment nulle. Elles ne contribuent pas à maîtriser l'incident.

De l'importance de la pertinence

Lors d'une attaque virale, il ne sert à rien de réinstaller l'antivirus sur des postes non stratégiques ou non exposés. Il vaut mieux se centrer sur les postes les plus sensibles. Sans coordination, on risque de passer un temps inutile à protéger des postes non pertinents.

- **Risque de surincident.**
  En effet, certaines opérations entreprises sans anticiper les possibles conséquences peuvent conduire à une aggravation de l'incident existant, voire au déclenchement de nouveaux.

Correctif de sécurité

Lors d'une attaque exploitant une vulnérabilité bien connue sur les serveurs, un ingénieur système applique un correctif de sécurité sur un serveur sain, afin de le protéger. L'application intempestive du correctif de sécurité engendre un redémarrage de la machine, interrompant brusquement des traitements sensibles pour la direction financière.

En somme, les initiatives individuelles font, au mieux, perdre du temps. Au pire, elles aggravent l'incident.

Pour réduire ce facteur de stress, il convient d'être très clair dans les instructions et très présent auprès des équipes techniques. Bien que chaque entreprise soit un cas particulier, cette tâche incombe généralement au responsable de la production, au responsable des administrateurs ou à tout autre cadre réputé en interne pour savoir « tenir ses troupes ».

Questions fondamentales

Une fois que ces facteurs de stress sont maîtrisés, il est enfin possible de se poser les trois questions fondamentales qui permettront de surmonter l'incident. Y répondre est la priorité numéro un du RSSI.

- **Quel est l'impact réel de l'incident ?**
  La multiplication des alertes peut laisser penser qu'un incident est grave. Inversement, des alertes simples et peu nombreuses peuvent amener les utilisateurs à sous-estimer les conséquences. Or, rien ne permet d'affirmer que la gravité d'un incident est proportionnelle au bruit qui l'entoure. Il est de fait capital de déterminer précisément l'impact réel de l'attaque, indépendamment du bruit technique et humain engendré.

L'amplitude de l'attaque est relative

Une infection virale affectant 20 machines du service clientèle sur un parc de 100 n'empêchera pas le service de fonctionner, et encore moins l'entreprise. En revanche, la concentration des postes affectés ainsi que le risque de ne plus pouvoir fournir le niveau de service contractuel, provoqueront de fortes tensions au niveau de la direction commerciale, voire au niveau de la direction générale.

- **Quel est le signalement technique précis de l'incident ?**
  Tous les incidents ont un signalement, c'est-à-dire des propriétés techniques précises qui laissent des traces et des comportements bien précis sur les systèmes. La connaissance de ce signalement est capitale pour connaître la gravité de l'attaque et ainsi préparer un plan d'action.

Logiciels espions

Les intrusions réseau installent souvent des logiciels espions dans les serveurs ainsi que des répertoires contenant de très gros fichiers compressés. Les virus créent presque toujours des clés très spécifiques dans la base de registre.

- **Quel est le mode de propagation ?**
  Répondre à cette question est très important car cela permettra de contenir la propagation de l'incident.

Vulnérabilités spécifiques

Les intrusions réseau exploitent souvent des vulnérabilités connues sur les systèmes d'exploitation. Elles peuvent aussi profiter de la faiblesse des mots de passe administrateur. Les virus exploitaient souvent l'exécution automatique des scripts pointés dans le fichier `Autorun.inf`.

De plus en plus de codes malveillants lancent des scripts en *PowerShell* pour attaquer les systèmes Windows. Tant que ces modes de propagation ne sont pas clairement identifiés, il n'est pas possible de lutter efficacement contre l'incident.

Phase de lutte contre l'incident

Maintenant que la nature de l'incident est bien identifiée et que son étendue est précisément connue, il est possible d'entreprendre des actions correctives efficaces. Les principales actions sont les suivantes.

- **Actions techniques de stabilisation.**
  Le but premier est de stopper la propagation de l'attaque pour protéger les activités les plus sensibles de l'entreprise. Il s'agit généralement de mesures conservatoires impliquant souvent la dégradation du niveau de service. Une fois ces mesures prises, l'incident est stabilisé, c'est-à-dire qu'il cesse de s'aggraver.

Mesures de stabilisation

Dans le cas d'une intrusion réseau, les mesures de stabilisation peuvent consister en la fermeture de flux ou encore le durcissement des droits sur les partages de fichiers. Dans le cas d'une attaque virale, en plus des mesures présentées dans l'exemple précédent, il est possible de durcir la politique de l'antivirus afin qu'il interdise la modification des fichiers `.exe` en cours d'exécution sur les postes de travail.

- **Actions techniques d'éradication.**
  Si, à ce stade, l'incident semble contenu, il faut maintenant l'éradiquer. Des mesures techniques et organisationnelles complémentaires seront entreprises. Notons que les actions de stabilisation et les actions d'éradication peuvent être simultanées.

Exemple d'intrusion réseau

Appliquer des correctifs de sécurité sur tous les postes et serveurs tout en changeant simultanément les mots de passe aidera à éradiquer l'incident.

Mettre en place une GPO, bloquant l'exécution automatique du fichier `autorun.inf` lorsqu'un nouveau volume est monté, protègera le système d'information contre certains codes malveillants utilisant ce moyen comme vecteur d'attaque.

Dans le cadre d'une infection virale, la mise à jour de l'antivirus et un scan complet des postes infectés corrigeront la situation. La réinstallation de certains postes irrécupérables achèvera de régler l'incident.

- **Actions de compensation.**
  Nous avons vu que les actions de stabilisation contribuent à freiner l'aggravation de l'incident. En revanche, elles ont presque toujours l'effet secondaire fâcheux de perturber, voire d'interrompre les opérations de certains services de l'entreprise. Il est donc capital, pour les activités les plus sensibles de l'organisme, de trouver des solutions de compensation pour que le personnel puisse toujours travailler, malgré les limitations induites par ces mesures conservatoires. Certes, ces actions ne contribuent nullement à maîtriser l'incident – et elles sont presque toujours inconfortables pour les utilisateurs –, mais elles permettent aux services les plus sensibles d'opérer les processus clés, bien que ce soit en mode dégradé.

> **Mesure de compensation**
>
> La mise à disposition en urgence d'un poste de travail sain est une mesure de compensation. Ce poste de travail n'est probablement pas parfaitement adapté aux activités du service, mais il permet au moins de mener à bien les tâches les plus urgentes.
>
> De plus, la mise à disposition provisoire d'un poste de travail sécurisé avec un accès à Internet, alors que tous les autres accès à Internet ont été bloqués dans l'entreprise, peut permettre à un service de valider des comptes ou de passer des commandes urgentes malgré les restrictions d'accès.

- **Actions de communication.**
  Ce point doit être considéré avec attention, surtout pour les incidents dont l'impact est important. En effet, les mesures de stabilisation et de compensation mises en place pour lutter contre l'incident entraînent généralement une dégradation du niveau de service (application métier non disponible, poste de travail inopérant, accès à Internet coupé, révocation de droits, etc.). Ceci rend le travail des utilisateurs inconfortable, voire impossible, et entraînera automatiquement un fort mécontentement. Il sera focalisé sur le RSSI car, même s'il n'est pas le responsable de l'incident, les utilisateurs le perçoivent comme celui qui les empêche de travailler. Pour limiter cet effet, le RSSI (ou toute autre personne chargée de gérer l'incident) doit impérativement communiquer auprès des chefs de service concernés et leur expliquer la nature des faits ainsi que les grandes lignes du plan d'action, sans toutefois entrer dans les détails techniques. Généralement, cette communication suffit pour faire comprendre la nécessité du service dégradé. Elle contribue à baisser la pression de la part des utilisateurs. Cependant, cette compréhension ne dure que peu de temps, un jour ou deux tout au plus. Ensuite, le mécontentement reprend. Un point régulier sur l'avancement des opérations est alors nécessaire.

> **Communiquer régulièrement**
>
> Le plus dur pour l'utilisateur n'est pas tant la perturbation causée par l'incident que l'impossibilité de savoir précisément quand la situation reviendra à la normale. Le RSSI doit donc tâcher d'annoncer des délais réalistes de retour à la normale, ce qui est extrêmement difficile.

- **Pilotage.**
  Toutes les actions décrites dans cette phase de crise nécessitent un suivi très actif de la part du RSSI. Des points réguliers devront être faits avec toutes les personnes impliquées telles que le DSI, le responsable de la production, le responsable réseau, les administrateurs système, le responsable de l'assistance informatique et toute autre personne impliquée dans la résolution de l'incident. À l'occasion de ces points, les plans d'action seront affinés en fonction de l'évolution de la situation.

  Le pilotage effectif de toutes ces actions conduira progressivement à maîtriser l'incident. Selon la nature de celui-ci, cette période durera de quelques jours à quelques semaines.

Phase de retour à la normale

L'expérience montre que lorsque l'incident a enfin été maîtrisé, les équipes impliquées ont tendance à se relâcher. Et pour cause, elles sortent d'une période très intense. Toutes les équipes sont fatiguées par les heures de travail dans l'urgence et le stress accumulé. Elles sont lassées de l'incident qui est devenu le cœur même de leur quotidien pendant plusieurs jours, voire plusieurs semaines. Il est donc normal que la tendance naturelle soit au relâchement. Néanmoins, ceci peut avoir des conséquences négatives. Malgré cette tendance à la décontraction, trois points doivent être considérés sans tarder.

- **Rétablir le service nominal.**
  Lors de l'incident, certains départements de l'entreprise ont dû consentir à une dégradation du niveau de service (à cause des actions de compensation). Il est très important de restituer le niveau de service nominal rapidement, une fois que l'incident est maîtrisé. Or, ce travail est souvent fastidieux alors que les équipes informatiques sont lassées de l'incident et souhaitent passer rapidement à d'autres tâches. Pourtant, tarder à revenir à une situation parfaitement normale peut engendrer plus de mécontentement que l'incident lui-même.

- **Sécuriser le SI.**
  Si l'incident de sécurité a pu se produire, c'est parce que le système d'information présentait des vulnérabilités. Corriger ces faiblesses est une priorité, et le fait que l'incident soit fraîchement inscrit dans la mémoire des responsables et de la direction donne souvent des moyens d'action.

Il faut en profiter pour corriger aussi vite que possible les vulnérabilités ayant permis l'incident. Après quelques semaines, il sera beaucoup plus difficile de mobiliser des moyens pour cela.

- **Affiner le processus de gestion des incidents.**
  Lorsqu'ils surviennent, les incidents mettent brutalement en évidence le manque de préparation des équipes et les erreurs commises par les uns et les autres. Pourtant, les anicroches représentent aussi autant d'occasions de s'améliorer pour mieux résister la fois suivante. Une fois l'incident terminé, il convient de récapituler à froid tous les événements, toutes les réactions et toutes les initiatives, qu'ils aient été bons ou mauvais. Ceci contribuera à l'amélioration du processus.

L'homme journal

Certains organismes vont même jusqu'à désigner un « homme journal » chargé pendant toute la durée de l'incident de noter tous les événements et toutes les actions prises, depuis le commencement de l'incident jusqu'à sa fin. Restée en dehors de l'action et ayant tout noté systématiquement, cette personne anime ensuite une session de travail pendant laquelle toutes les personnes impliquées dans le traitement de l'incident réfléchissent aux moyens d'améliorer le processus.

Ce n'est qu'une fois toutes ces actions terminées qu'il sera possible de clôturer définitivement l'incident et de considérer que la situation est revenue à la normale.

En synthèse

On peut dire que l'incident est un moment intense au cours duquel le RSSI ainsi que les équipes informatiques sont mis à rude épreuve.

À court terme, l'incident souligne les carences humaines et techniques dans la sécurité du système d'information. Il a un effet négatif sur l'entreprise, ne serait-ce qu'en termes de temps passé par les équipes pour le résoudre.

Pourtant, à moyen et long termes, l'incident est un enrichissement car il est l'occasion pour les équipes informatiques de mieux maîtriser le système d'information et d'apprendre à travailler ensemble. Une bonne gestion de ces incidents permet d'améliorer (dans la douleur, certes, mais concrètement) le niveau de sécurité du système d'information. Enfin, c'est une excellente occasion de sensibiliser à la sécurité les utilisateurs ainsi que la direction.

Les normes ISO 27035

Généralités

La norme ISO 27035 a été publiée initialement en septembre 2011. Depuis, elle a été mise à jour et scindée en trois parties.

- **ISO 27035-1 :** intitulée « Principes de gestion d'incidents », cette norme ne fait que tracer les grandes lignes de la gestion des incidents. Elle donne une vision de synthèse de tout le processus.

- **ISO 27035-2 :** intitulée « Guide de bonnes pratiques pour planifier et préparer la réponse à incidents », cette deuxième norme, bien plus volumineuse que la précédente, détaille certaines étapes de la gestion des incidents.

- **ISO 27035-3 :** à ces deux premières normes, il faut en ajouter une troisième intitulée « Lignes directrices pour les opérations de réponse à incident ». Cette dernière n'est pas encore sortie au moment de la publication de cet ouvrage.

En termes de volumétrie, la norme ISO 270035-1 n'occupe que 22 pages (annexes comprises), alors que l'ISO 27035-2 en fait plus de 50. La première remarque qui vient à l'esprit est donc le volume relativement important, puisque les deux parties de la norme totalisent à elles deux près de 80 pages. De plus, le style est assez dense, contrairement à d'autres normes plus aérées.

Comme ce sont des normes de recommandations (usage du verbe *should*), il est possible de puiser librement dans les clauses pour construire un processus de gestion des incidents de sécurité de l'information.

La norme ISO 27035-1

Cette norme est très courte et sert, en fait, à présenter les principes de base de la gestion des incidents de sécurité de l'information.

Généralités

La norme commence par rappeler quelques bases de gestion d'incidents, directement issues de l'ISO 27005. En effet, une page entière est consacrée à formaliser les liens entre les menaces, les vulnérabilités, les actifs d'information, les événements de sécurité et les incidents de sécurité.

Remarque

Les lecteurs intéressés par les notions évoquées dans le paragraphe ci-dessus sont invités à se reporter au chapitre consacré à la norme ISO 27005.

Les objectifs de la gestion des incidents sont ensuite abordés. Parmi eux, on peut souligner ceux-ci :

- détecter les incidents efficacement ;
- gérer les incidents de la façon la plus appropriée ;
- minimiser des effets résultant des incidents de sécurité ;
- rendre la gestion des incidents cohérente avec les processus de gestion de crise et de continuité de l'activité ;
- réduire le nombre d'incidents en gérant les vulnérabilités ;
- apprendre des incidents passés.

De nombreux avantages

Un des points les plus intéressants de la norme est qu'elle présente une liste très complète d'avantages qu'il faut mettre en œuvre lors d'un processus de gestion des incidents de sécurité. Les principaux avantages sont listés ci-dessous.

- **Améliorer la sécurité de l'information.**
  Le fait de mettre en place un processus bien structuré de gestion des incidents améliore le niveau de sécurité de l'organisme et augmente ainsi sa crédibilité auprès des parties prenantes.

- **Réduire les conséquences sur l'activité.**
  En cas d'incident, un processus bien structuré limite les effets négatifs en termes de perte de chiffre d'affaires ou d'image de marque.

- **Renforcer la prévention d'incident.**
  Le fait de formaliser un processus de gestion des incidents aide à identifier, à l'avance, les moyens concrets de détection et les moyens de réaction disponibles. Cela aide à réagir de façon rapide et pertinente.

- **Assurer la recevabilité des preuves.**
  Il peut arriver que la direction souhaite lancer des poursuites judiciaires contre les responsables de l'incident. Pour cela, les preuves doivent être recevables. Malheureusement, les preuves sont rarement opposables car elles n'ont pas été gérées de façon pertinente. Un processus formel de gestion d'incidents contribue à faciliter la production de preuves recevables.

- **Mettre à jour l'appréciation des risques.**
  Les incidents mettent souvent en évidence des oublis dans l'appréciation des risques. En effet, si l'incident est survenu, c'est parce qu'il n'avait pas été prévu dans l'appréciation des risques. La gestion d'incidents est donc un bon outil pour mettre cette dernière à jour.

- **Fournir de l'assistance pour la prévention et la sensibilisation.**
  Les incidents, surtout les plus récents, sont d'excellents exemples très concrets, pouvant servir à sensibiliser les personnes à la sécurité des systèmes d'information.

- **Revue de la politique de sécurité.**
  Enfin, l'ISO 27035-1 considère que la gestion des incidents peut contribuer à mettre à jour les différentes politiques de sécurité pour qu'elles soient plus adaptées aux risques réels.

Tous ces arguments peuvent s'avérer très utiles pour renforcer l'argumentaire du RSSI lorsqu'il voudra convaincre sa direction de l'importance de mettre en place un processus de gestion des incidents de sécurité.

Différentes phases de la gestion des incidents de sécurité

Une fois les généralités ainsi que les avantages de la gestion des incidents exposés, la norme présente les principales étapes de la gestion des incidents de sécurité de l'information.

- **Planifier et préparer.**
  Il s'agit ici de répartir les rôles à l'avance et de formaliser le processus de gestion des incidents de sécurité. Ce point est détaillé dans la norme ISO 27035-2.

- **Détecter et rapporter.**
  Les mécanismes de détection et de signalement de l'incident doivent être mis en place. Ce point était censé être détaillé dans la norme ISO 27035-3.

- **Évaluer et décider.**
  La norme insiste sur la notion d'évaluation. Le but est de préparer une réponse appropriée par rapport à l'effet de l'incident. Ce point était censé être détaillé dans la norme ISO 27035-3.

- **Réponses.**
  Les actions décidées lors de l'évaluation peuvent alors être entreprises pour éradiquer l'incident. Ici aussi, ce point devait être détaillé dans la norme ISO 27035-3.

- **Tirer les leçons.**
  Cette dernière étape permet de tenir compte de tout ce qui s'est passé pendant la gestion de l'incident pour améliorer le processus. Ce point est détaillé dans la norme ISO 27035-2.

Les articles suivants de la norme reviennent sur chacune de ces étapes, mais sans entrer vraiment dans les détails.

Annexes

Comme pour quasiment toutes les normes ISO, des annexes viennent compléter les articles. Voici les trois annexes de l'ISO 27035-1.

- **Annexe A :** elle présente des exemples d'incidents de sécurité ainsi que leurs causes. Très lisible, elle permet de bien typer les incidents. On y évoque notamment le déni de service, l'accès non autorisé, les codes malveillants ainsi que la récupération illicite d'informations. Cette annexe peut s'avérer très utile pour l'implémenteur.

- **Annexe B :** cette seconde annexe passe en revue les normes ISO pouvant avoir un rapport avec la gestion des incidents. Pour chaque activité de la gestion des incidents, elle oriente vers la norme utile.
- **Annexe C :** cette dernière annexe n'est qu'un tableau de correspondances entre les exigences de la norme ISO 27001 et les normes ISO 27035. Son intérêt dans la vie pratique reste à démontrer.

Remarque

Rappelons que si la norme ISO 27035-3 ne semble pas encore publiée, le tableau de l'annexe C fait pourtant référence à cette dernière.

La norme ISO 27035-2

La seconde partie de la norme ISO 27035 se concentre sur la première phase de la gestion des incidents, « Planifier et préparer » ainsi que sur la dernière phase, intitulée « Tirer les leçons ».

Planifier et préparer

Pour l'ISO 27035-2, les activités de planification et de préparation reposent essentiellement sur deux piliers. D'une part, sur les acteurs clés de la gestion d'incidents, d'autre part, sur un ensemble de documents et de procédures.

Deux grands acteurs sont mis en avant : tout d'abord le point de contact, puis l'équipe de réponse aux incidents.

Le terme « point de contact » est très peu utilisé dans la norme. Il s'agit d'un intermédiaire entre la personne (ou le processus) qui détecte les événements de sécurité et l'équipe chargée de gérer les incidents. La norme ne donne pas plus d'explications.

Vocabulaire

L'acronyme utilisé par la norme pour désigner le « point de contact » est PoC.

Les missions du point de contact consistent essentiellement à prendre connaissance des événements qui lui sont rapportés, à vérifier qu'il s'agit bien d'incidents, et à remplir les premiers formulaires (la norme très bureaucratique). Éventuellement, le point de contact peut aussi faire une première évaluation d'impact. Dans tous les cas, le point de contact escalade l'événement vers l'équipe de réponse aux incidents de sécurité (IRT). Son travail s'arrête là.

Le second acteur cité par la norme est l'équipe de réponse aux incidents de sécurité (IRT). Cette équipe est toujours chargée de la réaction aux incidents. Elle s'occupe aussi de prévention et se charge par ailleurs de toute la gestion administrative du processus de gestion des incidents.

> **Vocabulaire**
>
> L'équipe chargée de réagir aux incidents de sécurité est appelée IRT, pour *incident response team*.

Il y a plusieurs façons d'organiser une IRT. La première est assez simple : on attribue un périmètre à l'IRT, qui porte alors la responsabilité de gérer tous les incidents au sein de celui-ci. Dans le cas de grandes structures, il est aussi possible de hiérarchiser les IRT sur plusieurs niveaux afin de leur faire couvrir des périmètres complémentaires. L'IRT de haut niveau orchestre alors les actions des IRT plus basses. La norme évoque aussi la notion d'IRT distante.

Les principales activités de l'IRT sont les suivantes :

- gérer les dispositifs de sécurité installés dans le périmètre ;
- superviser les éléments du périmètre de surveillance ;
- gérer les événements de sécurité sur le périmètre ;
- réagir rapidement aux menaces.

La norme insiste beaucoup sur les compétences de cette équipe. En plus de leurs très solides compétences techniques, les membres de l'IRT doivent avoir des qualités relationnelles certaines pour communiquer avec les parties prenantes internes et externes impliquées dans les incidents.

Comme toute norme ISO très liée aux systèmes de management, l'ISO 27035-2 propose deux grands niveaux de documentation.

- La politique de gestion des incidents de sécurité.
- Le plan de management des incidents de sécurité.

La politique de management des incidents de sécurité doit être connue de tous les services. Elle doit être validée par la direction, et tous les employés doivent pouvoir la consulter. La politique doit :

- rappeler le périmètre et les objectifs de ladite politique ;
- expliquer l'importance de la gestion des incidents de sécurité ;
- définir ce qu'est un incident de sécurité ;
- donner des exemples types de catégories d'incidents de sécurité ;
- décrire comment les incidents doivent être rapportés ;
- décrire de façon générale le processus de gestion des incidents ;
- rappeler les rôles et responsabilités dans le domaine ;
- décrire la composition de l'équipe gérant les incidents de sécurité.

L'intérêt d'une politique de management des incidents de sécurité réside dans le fait qu'elle permet de communiquer tant vis-à-vis de l'intérieur que vis-à-vis de l'extérieur. Par ailleurs, la politique légitime l'organisation et les décisions qui seront prises en cas incident. Elle donne aussi un cadre pour organiser la gestion des incidents.

La norme précise qu'en plus de la politique, il faut aussi mettre en place un plan de management des incidents de sécurité. Ce dernier sert à répondre concrètement aux incidents de sécurité en aidant à déterminer si les événements constatés en sont bien. Il permet également de suivre les actions prises lors des incidents jusqu'à leur clôture, tout en contribuant à mettre en œuvre des actions d'amélioration continue.

Ce plan compile un certain nombre de documents tels que les définitions des critères précis d'escalade, les procédures pour tracer les événements, les procédures d'analyse des preuves et les procédures d'analyse des dispositifs de détection d'intrusion. On y trouve aussi le plan de sensibilisation sur la sécurité, la répartition détaillée des rôles et responsabilités en matière d'incidents, ainsi que la liste des contacts clés. On voit ici que les documents constituant le plan de management sont très concrets et opérationnels.

En plus des points abordés ci-dessus, la norme traite aussi :

- de la gestion des relations avec les parties prenantes en cas d'incident, qu'elles soient internes ou externes ;
- de la formation et de la sensibilisation à la gestion des incidents ;
- des tests et des exercices, pour valider les procédures et s'assurer que tout le monde est prêt à réagir avec pertinence en cas de besoin.

Tirer les leçons

Paradoxalement, les incidents permettent d'améliorer la sécurité si un retour d'expérience est réalisé. Voici les actions pouvant être entreprises.

- **Prendre du recul.**
  Il est intéressant de mettre l'incident en perspective par rapport à des événements plus anciens. Ceci peut conduire à dégager des tendances de fond et donc à adapter les choix en matière de sécurité. Par ailleurs, même si l'incident ne concerne qu'une partie du système d'information, il est prudent de l'auditer tout entier, afin de repérer d'éventuelles vulnérabilités qui permettraient la récurrence de l'incident.

- **Améliorer les mesures de sécurité existantes.**
  Le fait même qu'un incident ait pu se produire prouve que les mesures de sécurité n'étaient pas forcément adaptées ou suffisantes. Il convient donc de renforcer les mesures existantes et, si nécessaire, d'en déployer de nouvelles. Pour les mesures coûteuses ou complexes à mettre en œuvre, il sera nécessaire de les intégrer dans le schéma directeur de la sécurité.

- **Mettre à jour l'appréciation des risques.**
  L'incident est une excellente occasion de mettre à jour l'appréciation des risques.

- **Améliorer le processus de gestion des incidents.**
  L'expérience montre que lors des incidents, les équipes chargées de les gérer peuvent commettre des erreurs. Elles peuvent aussi dévier dans l'application des procédures. Par ailleurs, il arrive souvent que l'incident mette en évidence les procédures inefficaces. En somme, chaque incident peut être considéré comme une opportunité d'améliorer le processus de gestion des incidents.

Annexes

Trois annexes complètent la norme. Elles occupent un tiers du texte (soit une vingtaine de pages) et s'efforcent d'apporter des éléments concrets aux articles qui ont précédé.

- **Annexe A : aspects légaux.**
  Cette annexe rappelle quelques points d'ordre réglementaire qu'il ne faut pas négliger dans un processus de gestion des incidents. On y évoque notamment les données à caractère personnel, la durée d'archivage des traces, la satisfaction des obligations contractuelles, la conformité des politiques avec les législations locales, les accords de confidentialité, la répartition des responsabilités et les processus disciplinaires. L'annexe insiste sur l'importance de tenir compte des réglementations locales pour chacun de ces aspects.

- **Annexe B : exemples de rapports et de formulaires.**
  Cette annexe regorge de modèles de rapports et de formulaires pour rapporter les vulnérabilités, mais aussi les événements de sécurité ou des incidents. Sur plus de dix pages, la norme fournit quelques indications sur comment remplir ces formulaires et propose des exemples assez concrets.

- **Annexe C : approches pour catégoriser les incidents.**
  Cette annexe propose un tableau très clair, présentant différentes catégories d'incidents avec des exemples précis. Elle présente ensuite quelques approches pour classifier la gravité de ces incidents.

La norme ISO 27035-3

Il y a peu à dire sur cette norme puisqu'elle n'est toujours pas parue à l'heure de la publication du présent ouvrage. On peut tout juste trouver sur Internet un brouillon très ancien.

Qu'est-ce qui explique le fait que cette norme ne soit toujours pas publiée ? Un élément de réponse réside peut-être dans un brouillon de l'ISO 27035-1, élaboré avant la publication de sa version définitive. Rappelons que la partie 1 de la norme présente succinctement toutes les activités de la gestion des incidents, dont la phase de « Détection et de rapport ». Or, en lisant attentivement le brouillon, on constate que le détail de ces activités est décrit dans la partie 3 de la norme. Il en va de même pour la phase « Évaluation et décision », ainsi que pour la phase « Réponse aux incidents ». L'ISO 27035-3 était donc censée compléter l'ISO 27035-2. Ensemble, les parties 2 et 3 couvriraient ainsi tous les processus liés à la gestion des incidents.

Un fait qui expliquerait ce retard de publication est, peut-être, l'existence de normes concurrentes au sein même de la série 27000. En effet, on peut noter qu'une partie non négligeable des activités de réaction aux incidents consiste à collecter les preuves. Or, l'ISO a publié en 2017 une norme dédiée à ce sujet (il s'agit de l'ISO 27037). Il en va de même pour la mise en place de dispositifs de détection et de prévention d'intrusion. L'ISO a publié en 2015 une norme dédiée à ce sujet (il s'agit de l'ISO 27039). La multiplication de normes spécialisées dans chacun des aspects de la détection et de la réaction aux incidents rendrait donc inutile la publication d'une norme généraliste telle que l'ISO 27035-3.

> **Remarque**
>
> Un chapitre de cet ouvrage est consacré à la norme ISO 2735 et un autre couvre la norme ISO 27037. Le lecteur intéressé par ces sujets est invité à s'y reporter.

Il faut donc s'attendre à la publication progressive de normes couvrant tous les aspects de la gestion des incidents, et rendant petit à petit la publication de l'ISO 27035-3 de plus en plus inutile.

Points forts

Les points forts de la série des normes ISO 27035 se situent à deux niveaux.

Tout d'abord, elle détaille tout l'intérêt de mettre en place un processus de gestion des incidents de sécurité de l'information. Elle construit par ailleurs un argumentaire très fourni pour justifier la mise en place d'un tel processus.

Le second point fort est la volonté de proposer des éléments concrets pour construire le plan de gestion des incidents de sécurité. Les annexes sont clairement inscrites dans cette logique.

Points à améliorer

Malgré cette volonté de faire du concret, l'ISO 27035 reste toujours trop abstraite par rapport aux vrais besoins opérationnels d'une équipe chargée d'affronter concrètement les incidents de sécurité.

Il aurait été très intéressant de trouver en annexe des schémas de réaction pour chacun des cas d'incidents les plus classiques : alerte virale, pillage du système d'information suite à une intrusion dans le réseau, acte de malveillance interne, etc.

Par ailleurs, la norme souligne l'importance de disposer d'une politique de gestion des incidents de sécurité. On y détaille notamment tout ce qu'une telle politique doit comporter. Cela peut laisser penser que, pour gérer les incidents, il faut commencer par rédiger une politique sur le sujet. Or, la gestion des incidents est un domaine où l'opérationnel compte avant les documents de politique.

Conclusion

S'il y a un événement que tout RSSI doit affronter tôt ou tard, c'est bien l'incident de sécurité de l'information. La question n'est pas de savoir « ce que je ferais (conditionnel) <u>si</u> un incident venait à survenir » mais « qu'est-ce que je ferai (futur) <u>quand</u> l'incident surviendra ? ».

À elles seules, les normes ISO 27035-1 et ISO 27035-2 n'apportent pas de réponses suffisantes. Il est donc inutile de se reposer uniquement sur elles pour se préparer à affronter un incident. Dans ce domaine, rien ne remplace l'expérience concrète. Un RSSI ayant déjà vécu des incidents de sécurité ou un consultant réellement expérimenté apporteront plus de réponses, et ce en dehors de tout cadre normatif.

En revanche, les normes ISO 27035 aident à formaliser le processus de gestion des incidents de sécurité. En ce sens, elles sont un outil à prendre en compte, surtout si l'entreprise est engagée dans une démarche ISO 27001.

Chapitre 14

La norme ISO 27037

Tout RSSI est confronté tôt ou tard à des incidents de sécurité impliquant du personnel malveillant. La question qui se pose alors très rapidement concerne la récupération des preuves numériques. Il faut savoir les discriminer pour ne retenir que celles qui sont pertinentes. Les preuves doivent être suffisantes pour comprendre précisément ce qui s'est passé, mais elles doivent également être opposables en vue d'entreprendre des poursuites disciplinaires, voire judiciaires. La gestion des preuves numériques est un sujet très délicat. Sans mettre en place des procédures bien réfléchies et bien établies, il est très difficile d'opposer des preuves numériques. La norme ISO 27037 est censée aider le RSSI à mettre en place des procédures pertinentes de gestion des preuves numériques. Nous allons donc étudier dans ce chapitre en quoi consiste la norme et dans quelle mesure elle peut nous être utile.

Les principaux éléments

La norme s'intitule « Lignes directrices pour l'identification, la collecte, l'acquisition et la préservation de preuves numériques ». Elle ne se positionne donc pas dans le domaine de la gestion des incidents, mais juste dans la gestion des preuves numériques.

Sur une quarantaine de pages, l'ISO 27037 aborde trois sujets principaux.

- **Les généralités :** les principes de base de la gestion des preuves sont présentés.
- **Les exemples :** dans cette seconde partie, la norme tente d'apporter des réponses très pratiques à la collecte, au transport et au stockage des preuves numériques.
- **Quelques annexes :** comme pour toutes les normes ISO, les annexes tâchent d'apporter des précisions complémentaires afin d'aider l'implémenteur dans son travail.

Par nature, les données numériques sont fragiles. De la même façon, les preuves numériques sont tout aussi fragiles, ce qui rend leur recevabilité très compliquée en cas de litige. Il est donc toujours nécessaire de mettre en place des procédures très bien cadrées pour garantir la correction et la complétude des preuves numériques.

Notons que la norme ISO 27037 ne traite pas des processus disciplinaires ni des processus judiciaires. Elle se limite strictement aux processus techniques et organisationnels à mettre en place pour que les preuves numériques soient recevables en cas de litige.

Une question qui se pose dans certains contextes est l'échange de preuves numériques entre juridictions différentes (dans le cas de procédures judiciaires entre différents états). La norme cherche à faciliter ces échanges en énonçant les points sur lesquels il faut agir.

En introduction, la norme rappelle les principales sources pouvant être amenées à fournir des preuves numériques.

- Les supports de stockage des postes de travail.
- Les téléphones mobiles et autres équipements personnels mobiles.
- Les systèmes de navigation mobile.
- Les appareils photo et les caméras vidéo numériques.
- Les réseaux.
- Tout autre équipement fonctionnellement lié aux points précédents.

Ensuite, la norme distingue deux acteurs principaux, qui seront impliqués dans l'identification, la collecte et le stockage des traces numériques.

- **Le DEFR :** à savoir la personne qui, en premier lieu, intervient sur les lieux d'un incident. Sa mission consiste essentiellement à collecter les preuves numériques. Elle doit posséder toutes les accréditations nécessaires et être dûment formée, compte tenu de la nature très technique et très spécialisée de son action.
- **Le DES :** il s'agit d'une personne ayant des connaissances techniques approfondies et un savoir-faire confirmé en matière de traitement et de manipulation des preuves numériques. En résumé, c'est un DEFR, mais avec des compétences techniques bien plus poussées.

Vocabulaire

DEFR est l'acronyme anglo-saxon de *Digital Evidence First Responder*. Quant à DES, c'est l'acronyme de *Digital Evidence Specialist*.

À la lecture de la norme, on se rend compte que cette distinction entre DEFR et DES est assez artificielle, la norme citant essentiellement le DEFR. On peut donc raisonnablement faire abstraction de cette distinction des rôles.

Cette norme présente des lignes directrices pour :

- l'identification des preuves numériques ;
- la collecte des preuves numériques ;
- l'acquisition des preuves numériques ;
- la préservation de ces preuves.

Si l'ISO 27037 s'adresse principalement aux personnes impliquées dans les processus d'identification, de collecte et de stockage des preuves, elle peut aussi servir :

- à tout organisme ayant pour mission de protéger, d'analyser ou de présenter les preuves en question ;
- aux organismes officiels chargés de mettre en place des procédures de gestion des preuves.

Considérations générales

La première partie de la norme aborde les questions générales liées à l'identification, la collecte, l'acquisition et la préservation de preuves numériques.

Le premier point abordé est celui des principes fondamentaux. En effet, les preuves numériques doivent respecter trois principes fondamentaux.

- **Pertinence.**
  Les preuves doivent être pertinentes, c'est-à-dire qu'elles doivent permettre de prouver ou de réfuter un (ou plusieurs) point(s) faisant l'objet d'une enquête.
- **Fiabilité.**
  On entend par fiabilité le fait que la preuve soit bien ce qu'elle prétend être, et donc qu'elle n'a pas été manipulée.
- **Suffisance.**
  Pour résoudre un litige, il n'est pas toujours nécessaire de disposer de toutes les preuves correspondant aux faits. Une quantité suffisante de preuves permet d'établir les faits de façon certaine.

Pour ce qui est de la pertinence des preuves numériques, il faut pouvoir démontrer que les informations acquises permettent de résoudre la question qui est posée. Par ailleurs, il est également nécessaire de justifier la raison pour laquelle on a acquis les preuves en question. Pour les deux raisons précédentes, il est vivement recommandé de mettre en place et de décrire des procédures bien précises.

La norme insiste sur les notions de fiabilité et de suffisance.

- **Fiabilité.**
  Il est très important que les traitements apportés sur les preuves numériques soient vérifiables et reproductibles. C'est la condition pour prouver la fiabilité.

- **Suffisance.**
  Lorsque seule une partie des preuves a été collectée, il faut être capable de justifier la taille de l'échantillon sélectionné et de rapporter le montant total de données sources qui ont été prises en compte.

Le traitement des preuves numériques doit être vérifiable, répétable et reproductible.

- **Vérifiabilité.**
  Les activités réalisées par le DEFR et le DES doivent pouvoir être contrôlées par un évaluateur indépendant ou par une (ou plusieurs) des parties concernées par l'incident de sécurité. Il est donc très important de formaliser les critères de décision et de tenir à jour des procédures aussi précises que possible.

- **Répétabilité et reproductibilité.**
  Les traitements faits sur les preuves numériques permettant de les interpréter, et donc de tirer des conclusions, doivent être répétables. Ainsi, avec les mêmes outils et procédures, on doit pouvoir parvenir aux mêmes résultats et décisions.

Par ailleurs, les personnes chargées de la collecte et du traitement des preuves doivent être capables de justifier les choix qu'elles ont faits dans le cadre de leur mission.

La norme insiste sur le fait que les traces numériques sont par nature très fragiles. Elles peuvent être très facilement altérées, au risque de les rendre non pertinentes. Il convient donc de réduire autant que possible les traitements directs sur les preuves numériques originales. La norme conseille de commencer par copier les preuves originales vers un autre support, et de ne pratiquer les traitements de recherche et d'analyse que sur la copie. S'il est nécessaire de faire un changement sur les données, celui-ci doit être documenté et justifié.

Comme indiqué précédemment, les différentes étapes du processus de traitement des preuves numériques sont l'identification, la collecte, l'acquisition et la préservation.

- **L'identification** consiste à repérer précisément la preuve numérique dont on a besoin. Cette dernière peut se trouver dans des équipements physiques (comme des serveurs ou des postes de travail) et, plus particulièrement, dans les disques durs et les mémoires vives de ces équipements. Les preuves sont souvent multiples, et la personne chargée de les collecter est souvent amenée à trier et prioriser ce qu'elle recherche. Par exemple, elle va traiter en priorité les preuves volatiles ainsi que les plus exposées aux altérations. Certaines preuves sont faciles à trouver, d'autres nécessitent un travail d'enquête plus poussé. Par exemple, l'empilement de couches de virtualisation ne facilite pas le travail de l'enquêteur.

- **La collecte** consiste à prélever l'équipement contenant la preuve numérique, afin de la faire analyser ultérieurement par une équipe qualifiée. Notons qu'on ne traitera pas de la même façon un équipement sous tension et un équipement hors tension (ce point sera développé plus loin dans la norme). Ce paramètre doit donc être pris en compte. Par ailleurs, la collecte des preuves numériques requiert la mise en place préalable de procédures pour aider aux choix de prélèvement, à l'emballage des preuves et au traitement des supports.

- **L'acquisition** consiste à copier les preuves afin de pouvoir les analyser. La norme conseille de contrôler l'intégrité de la preuve originale. Parfois, le volume de données à traiter est tel qu'il est impossible de copier toutes les preuves originales. La norme recommande alors de n'extraire que les données les plus significatives et nécessaires à l'enquête qui va suivre.

- **La préservation** vise à entreposer les preuves numériques dans un lieu sûr et contrôlé.

La norme aborde ensuite la notion de chaîne de contrôle. À ce sujet, l'ISO 27037 suggère de journaliser toutes les actions réalisées dans le cadre de la collecte de preuves. Ainsi, on doit être capable de retracer, pas à pas, toutes les actions que les équipes d'enquête ont réalisées, à partir de la preuve originale. En somme, il s'agit simplement de tenir un journal de bord.

Les précautions à prendre sur le site où l'on prélève les preuves numériques sont détaillées dans la seconde partie de la norme. Quelques principes fondamentaux sont toutefois avancés. Notons que la norme adopte ici un style digne d'un film policier. Elle suggère de sécuriser les zones sur lesquelles on va réaliser ces prélèvements. Elle conseille aussi d'éloigner toute personne étrangère à la collecte des preuves et de documenter toutes les entrées sorties dans la zone. Elle propose enfin de décrire la scène, voire de prendre des photos du site ou de faire des croquis.

La norme recommande de s'assurer que la personne chargée de collecter les preuves numériques ne risquera pas d'être agressée. Elle conseille donc de vérifier que l'environnement ne lui est pas excessivement hostile, et d'évaluer les risques d'agression physique.

Le DEFR est chargé d'identifier, de collecter et d'acquérir les preuves numériques, mais il doit aussi rédiger un rapport. Comme il est garant de l'authenticité des éléments prélevés, le rapport doit être aussi précis que possible : il faut ainsi décrire la scène, décrire les preuves numériques obtenues et tracer toutes les décisions qui auront été prises.

Les actions d'identification et de prélèvement de preuves faisant l'objet de la présente norme nécessitent des compétences techniques réelles. Elles requièrent également une très bonne connaissance de la réglementation et des procédures. Il est donc très important que la personne en charge de la collecte des preuves dispose de ces compétences. Elle doit être capable de démontrer qu'elle a reçu les formations et les certifications nécessaires à cette tâche.

Dans certains cas, il est nécessaire de collecter les preuves secrètement, à l'insu des personnes concernées. Dans d'autres cas, certains dispositifs ne peuvent être déconnectés sans entraîner aussitôt une interruption de services. Or, dans certains secteurs très sensibles tels que la santé, l'interruption de services peut avoir des conséquences très graves, voire mettre en danger la vie d'autrui. Toutes ces complications doivent être prises en compte.

Avant chaque intervention, les personnes chargées de collecter des preuves numériques doivent être briefées afin de connaître le plus précisément possible le contexte technique, politique et humain dans lequel elles vont intervenir. Elles doivent notamment savoir :

- de quel type d'incident il est question ;
- quelles sont la date et l'heure de l'incident ;
- quelles sont les pistes pour enquêter ;
- quels outils spécifiques sont requis pour récupérer les preuves.

Par ailleurs, les personnels doivent aussi être briefés sur :

- l'affectation des rôles et des responsabilités lors de l'intervention ;
- la présence ou non d'autres autorités ;
- l'existence de modes opératoires spécifiques.

Certains incidents ne permettent pas de planifier dans des conditions optimales la collecte des preuves. Dans ces cas, l'équipe chargée d'enquêter essayera d'appliquer autant que possible les procédures préétablies, mais sera par la même occasion amenée à mettre en œuvre des modes opératoires adaptés à la situation.

La première partie de la norme s'achève en présentant quelques précautions à prendre. Nous allons voir que l'angle adopté pour présenter ces précautions peut surprendre.

- **Les preuves numériques.**
  Il faut les entreposer dans un local surveillé. L'accès doit être contrôlé par des serrures ou par des lecteurs de badge. La vidéosurveillance est conseillée. Toutes les entrées-sorties du local doivent être tracées.
- **Les emballages des preuves numériques.**
  Les supports contenant des preuves numériques doivent être protégés contre la contamination, l'altération et les accès illicites. Par ailleurs, les chocs et l'électricité statique peuvent aussi les endommager. Des dispositions appropriées doivent donc être prises pour protéger les supports des preuves numériques contre toutes ces agressions extérieures. Cela passe par des techniques d'emballage appropriées.

> **Curiosité**
>
> La norme va jusqu'à dire qu'il convient de porter des gants non pelucheux et d'avoir les mains propres et sèches lorsque l'on manipule les supports des preuves numériques. Par ailleurs, la norme nous alerte sur le fait que les lieux de stockage doivent être hermétiques aux rayons ultraviolets, car ces derniers détruisent l'ADN. On se croirait dans une série policière…

- **Le transport des preuves numériques.**
  Ici aussi, la norme apporte de nombreux détails physiques afin de protéger les supports pendant leur transport. Elle conseille de chiffrer les données si la personne qui transporte les preuves n'est pas celle qui a fait le prélèvement.

Quelques exemples

La seconde partie de la norme se veut nettement plus pratique, en donnant des conseils pour chaque grand type de preuve numérique et en proposant des schémas de décision assez clairs. Pour chaque cas, elle définit les activités élémentaires qu'il faut systématiquement réaliser afin d'identifier, prélever, collecter et transporter des preuves numériques. Elle définit aussi des activités supplémentaires, à réaliser lorsque cela s'avère nécessaire.

Appareils hors réseau

Le premier grand cas de figure abordé par la norme correspond à la gestion des preuves numériques sur les appareils hors réseau. Il faut entendre par « hors réseau » tout ordinateur, périphérique et autre dispositif de stockage non raccordé à un réseau.

Pour cette catégorie d'équipements, la norme recommande fortement de les identifier formellement, de noter leur type, de relever leur marque, les numéros de série, les numéros de licence et de décrire le contexte physique dans lequel l'équipement a été trouvé. Par ailleurs, la norme réitère sa recommandation de prendre des photos de la scène.

Dans certains cas, il est nécessaire de collecter en complément des informations non numériques, telles que des documentations, des manuels d'usage ainsi que des mots de passe pour pouvoir accéder aux preuves numériques.

Si les appareils sur lesquels il faut collecter les preuves sont sous tension, la norme recommande une procédure type.

- Traiter en priorité les données volatiles, c'est-à-dire celles qui sont stockées en mémoire vive. On y trouve souvent des clés de chiffrement ou des éléments d'accréditation.

- Débrancher en premier la prise sur l'équipement, et en dernier la prise murale.
- Pour les ordinateurs portables, placer du ruban adhésif sur les fentes de l'équipement, vérifier que les têtes des disques durs sont bien rétractées.
- Faire l'acquisition des données en utilisant les outils appropriés (la norme ne donne aucune précision sur ces derniers). Il est conseillé de faire des empreintes des fichiers pour vérifier leur intégrité. Copier ensuite l'image des preuves (volatiles et non volatiles) sur un support non volatile.

Curiosité

Une note mérite le détour: elle prévient que certains boutons de mise sous tension peuvent être configurés pour effacer automatiquement les données, voire blesser les enquêteurs. Bref, ils peuvent être piégés, au sens criminel du terme.

Si les appareils sur lesquels il faut collecter les preuves sont hors tension, la démarche conseillée diffère légèrement.

- Vérifier que la machine n'est pas en mode veille.
- Débrancher les prises et placer des rubans adhésifs sur l'interrupteur pour ne pas rallumer la machine accidentellement.
- Retirer les supports de stockage.
- Copier le disque dur.

Curiosité

Si on devait caricaturer les articles de cette section, on pourrait dire que la norme est un grand guide d'emballage sécurisé.

Comme pour les équipements sous tension, la norme conseille de calculer une empreinte des fichiers pour garantir leur intégrité.

Appareils connectés au réseau

La norme aborde maintenant les équipements connectés à un réseau. Il peut s'agir de serveurs, de postes de travail, de routeurs, mais aussi des *switchs* réseau, de *smartphones*, etc.

Sans grande surprise, la norme conseille d'identifier la marque des équipements concernés, leur modèle, leur description, etc.

Il est recommandé de ne pas interrompre les communications de ces équipements. Il est même préconisé de surveiller l'activité réseau. Malheureusement, on ne nous donne pas plus de pistes pour réaliser cette tâche.

La norme insiste beaucoup sur la difficulté de récupérer les preuves sur les équipements mobiles, car ceux-ci doivent quasiment toujours être sous tension si on veut pouvoir récupérer les informations qu'ils contiennent.

Or, lorsque l'équipement est sous tension, une routine malveillante peut toujours se déclencher pour altérer les preuves, voire les faire disparaître.

L'ISO 27037 rappelle aussi que les équipements réseau portables ont des données volatiles qu'il faut récupérer avec soin. Nous n'avons pas plus d'indications.

Vidéosurveillance

La vidéosurveillance est un cas particulier. La procédure proposée par la norme pour obtenir des preuves est littéralement différente des précédentes. Voici les principales étapes suggérées.

- Commencer par identifier la séquence vidéo qui a de l'intérêt par rapport à l'enquête en cours.

- Identifier ensuite les caméras utiles, ainsi que la durée de la séquence que l'on veut extraire.

- Relever les marques, modèles et identifiants des équipements dont on s'apprête à récupérer les traces.

- Faire attention à l'historique des vidéos. Il faut pouvoir déterminer jusqu'à quand on peut remonter dans le temps. Il faut aussi savoir quand les vidéos les plus anciennes sont écrasées par les plus récentes.

- Extraire les informations désirées.

- Vérifier que ce que l'on a extrait est lisible car, dans le domaine de la vidéosurveillance, il y a beaucoup de formats propriétaires. Vérifier aussi que ce qui a été extrait correspond bien à ce que l'on cherchait.

- Il faut ensuite protéger les données récupérées comme une preuve numérique standard.

Annexes

Deux petites annexes complètent la norme. La première présente un tableau détaillé du savoir-faire et des compétences que doit avoir le DEFR en fonction des actions qu'il doit accomplir.

- Identification des preuves numériques.

- Collecte.

- Acquisition.

- Préservation des preuves.

Quant à la seconde annexe, il s'agit juste d'une documentation minimale décrivant les points d'attention pour le transfert de preuves. Elle est essentiellement destinée à faciliter les échanges entre juridictions différentes. Elle ne sera donc pas très intéressante pour la majorité des lecteurs.

Conclusion

Cette norme est relativement décevante, en raison de son titre essentiellement : « Lignes directrices pour l'identification, la collecte, l'acquisition et la préservation de preuves numériques ». À la lecture de ce titre, on est en droit de s'attendre à un guide destiné à nous aider à identifier les bonnes traces, à trouver les bons journaux et fichiers dans le cadre d'enquêtes suite à incident. Or, en consultant l'ISO 27037, on s'aperçoit qu'elle traite essentiellement de traces physiques, c'est-à-dire des équipements (postes de travail, supports magnétiques, etc.). Elle conseille de manipuler les preuves comme dans une scène de crime. En ce sens, la norme aurait peut-être pu être utile aux autorités de l'État ou aux professionnels des enquêtes (police judiciaire, assurances, etc.). Mais il est fort probable que les forces de police ou les assurances n'aient pas attendu l'ISO 27037 pour avoir leurs propres procédures et leur propre savoir-faire depuis bien longtemps.

Pour ce qui est du commun des RSSI, ils sont rarement confrontés à des agressions physiques, à des tentatives d'attentat ou à des dossiers nécessitant de prélever des traces d'ADN. Autant dire que la norme ISO 27037 présente, en l'état, relativement peu d'intérêt.

Chapitre 15

La norme ISO 27039

Les dispositifs de détection et de prévention des intrusions (IDS/IPS) ont fait leur apparition au début des années 2000. Très immatures dans un premier temps, ces dispositifs n'ont cessé de s'améliorer et sont devenus aujourd'hui des éléments incontournables de protection des systèmes d'information.

Les IDS/IPS sont tellement répandus que l'ISO a jugé utile de publier une norme consacrée à ce sujet.

Les mauvaises surprises de la détection des intrusions

La première chose qui saute aux yeux dans le domaine des IDS/IPS concerne le contraste entre l'incroyable simplicité apparente du produit et la réalité douloureuse de son installation. Mais surtout, de son exploitation.

Trop souvent, les IDS/IPS sont intégrés de façon trop proche des dispositifs exposés, générant une quantité d'alertes très importantes qu'il est très difficile de gérer. À l'inverse, une installation trop en profondeur dans le système d'information ne détecte les attaques que très tard.

On découvre aussi la difficulté du chiffrement. En effet, si les flux HTTP sont bien surveillés, qu'en est-il des flux HTTPS ? On se rend rapidement compte qu'il faut modifier l'installation de l'IDS/IPS pour tenir compte de ces flux chiffrés. Mais cela a une incidence sur les performances.

Les difficultés ne s'arrêtent pas à l'installation. L'exploitation réserve aussi de mauvaises surprises. En effet, quand l'IDS/IPS notifie un incident de sécurité, il faut analyser les traces pour établir s'il s'agit d'un faux positif, d'un simple événement insignifiant, ou d'une attaque réelle contre laquelle il faut réagir. Cette levée de doute mobilise un ou plusieurs expert(s) réseau, un ou plusieurs expert(s) applicatif(s), qui doivent interrompre leur travail pour analyser les traces. L'interprétation des alertes signalées par l'IDS/IPS est donc une tâche chronophage.

Enfin, dans le cas où il s'agit bien d'incidents de sécurité, il est indispensable d'entreprendre des actions de contention et d'éradication de l'incident. Or, trop souvent, le traitement et le suivi de ces incidents laissent beaucoup à désirer.

Nous sommes donc très loin du modèle de gestion express des incidents qui nous avait été vendu par les éditeurs d'IDS/IPS. Ainsi, il n'est pas rare que ce dispositif se retrouve abandonné, sans aucune surveillance ni supervision, fonctionnant en roue libre sans que plus personne n'y prête attention. Ce n'est que lorsque survient un incident grave que l'on se souvient de son existence et que l'on se replonge dans les journaux de ces équipements pour comprendre ce qui s'est passé. Généralement, il est hélas déjà bien trop tard.

Il ne s'agit pas ici de dresser un réquisitoire en règle contre les IDS/IPS, bien au contraire. Ce qui conduit à une telle situation n'est pas l'outil, mais l'absence de réflexion préalable à l'intégration et à l'exploitation de cet outil. Comme de nombreux autres outils de sécurité, les IDS/IPS ne sont qu'une brique qui s'intègre dans une démarche globale de sécurisation. Il est donc nécessaire de penser bien en amont tous les aspects de la mise en place et de l'exploitation de tels dispositifs.

Contexte

C'est précisément pour éviter de tomber dans les pièges exposés ci-dessus que la norme ISO 27039 a été publiée. Le titre même de la norme en dit long : « Sélection, déploiement et exploitation de systèmes de détection et de prévention d'intrusion ». Sur près de 50 pages, très denses, la norme aborde toutes les phases depuis l'étude de sa mise en place, jusqu'aux aspects les plus précis de l'exploitation.

La première partie de la norme étudie les aspects préalables à l'installation d'un IDS/IPS.

Bien connaître l'environnement

Nous avons vu dans la première section de ce chapitre que les IDS/IPS étaient souvent disposés sans réflexion préalable. La norme commence donc en conseillant d'analyser en profondeur l'environnement dans lequel les IDS/IPS seront intégrés. Cette réflexion doit tenir compte de plusieurs aspects distincts.

- **Les schémas réseau.**

  Intégrer un dispositif de sécurité dans un réseau dont on ne connaît pas bien la topologie ne sert à rien. Aussi faut-il commencer par avoir une vision très claire de l'architecture réseau, et cela commence par des schémas. Ils doivent exister et être à jour. Seul un schéma clair permettra d'établir le positionnement optimum de l'IDS/IPS.

- **Les systèmes d'exploitation.**

  Les vulnérabilités que l'on trouvera sur le système d'information dépendent grandement des systèmes d'exploitation des équipements qui le composent. Il faut donc tenir compte de ce paramètre dans l'étude préalable à l'installation d'un IDS/IPS.

- **Les équipements réseau.**

  La présence de dispositifs de filtrage tels que les pare-feu peut bloquer certains flux. Par ailleurs, les règles de routage font en sorte que certains flux n'empruntent jamais certains sous-réseaux. Le positionnement de l'IDS/IPS doit tenir compte de ces limitations dues au filtrage et au routage. Une bonne vision préalable des équipements de sécurité et de routage est donc nécessaire.

- **Les interconnexions avec l'extérieur.**

  Comme les menaces viennent souvent de l'extérieur, il est très important de connaître toutes les interconnexions avec des systèmes d'information extérieurs : partenaires, clients, autorités de tutelle et autres parties prenantes disposant d'un accès sur le système d'information à protéger.

- **L'identification des chemins asymétriques.**

  Les systèmes d'information étant aujourd'hui très complexes, il n'est pas rare de trouver des chemins asymétriques. Certains flux vers une destination passent par un chemin, alors que les flux en retour passent par un autre. Ces cas compliquent considérablement la détection des intrusions. Aussi est-il très important d'identifier lesdits chemins asymétriques.

Notons que l'étude de tous ces aspects n'est pas seulement utile pour le déploiement d'une solution d'IDS/IPS, elle est surtout un préalable incontournable à toute sécurisation de tous systèmes d'information.

Différents mécanismes de protection

Maintenant que l'environnement du réseau a bien été étudié, la norme suggère de faire un focus sur les mécanismes de protection qui ont été mis en place.

- **Le DMZ.**

  Le terme « zone démilitarisée » est très galvaudé de nos jours. On qualifie de DMZ tout réseau servant de tampon entre une zone et une autre. En principe, les flux entrants et sortants des DMZ sont strictement contrôlés (adresses IP source et destination, ports source et destination). On trouve généralement dans ces réseaux des systèmes sensibles qui doivent être protégés contre l'extérieur.

- **Le pare-feu.**
  Les pare-feu ont pour mission de bloquer les flux non nécessaires. Ce sont eux qui cloisonnent les DMZ.

- **Les systèmes d'authentification.**
  Ces systèmes sont nécessaires pour s'assurer de l'identité des personnes accédant aux applications et aux infrastructures. Ils doivent donc être surveillés et protégés correctement.

- **Les VPN.**
  Ils permettent de mettre en relation des réseaux distants en traversant un réseau réputé peu sûr (généralement Internet). Les flux passant par ce réseau sont chiffrés et ne peuvent donc pas être surveillés. Il faut impérativement tenir compte de cet élément. Un dispositif de détection des intrusions devra être placé en amont ou en aval des tunnels chiffrés.

La présence des mécanismes de sécurité peut interférer sur le bon fonctionnement de l'IDS/IPS. C'est pour cela qu'il faut bien connaître leur positionnement dans le réseau.

Politique de détection et de prévention des intrusions

Les étapes précédentes se sont focalisées sur l'infrastructure existante. La norme nous demande maintenant d'adopter une vision prospective. En effet, comme toute norme ISO, l'ISO 27039 demande à l'implémenteur d'établir une politique. Il s'agit de savoir contre quoi on veut se protéger. Voici les questions que la norme nous conseille de nous poser.

- **Quelles ressources veut-on protéger ?**
  Les systèmes d'information sont devenus tellement vastes et tellement complexes qu'il est illusoire de prétendre tout protéger avec le même niveau d'efficacité. Aussi faut-il se concentrer sur ce qui a le plus de valeur. Ce sont les actifs les plus importants que l'IDS/IPS s'efforcera de protéger.

- **Contre quels types d'attaques veut-on se protéger ?**
  Tout comme pour le point précédent, il est important de savoir contre quelles attaques on veut se protéger. Ce n'est pas la même chose de résister aux dénis de service et de résister aux injections SQL, XSS, ou bien aux tentatives d'exfiltration de données par un employé malintentionné. Les techniques utilisées pour ces différentes attaques étant très diverses, les techniques de protection le sont tout autant.

- **Que doit-on journaliser ?**
  Les outils de sécurité permettent aujourd'hui de journaliser une quantité très importante d'événements. Si l'on n'y prend pas garde, on se retrouve rapidement submergés par un océan d'événements que l'on ne sait pas gérer. Il devient alors très difficile de distinguer les événements significatifs permettant de comprendre l'attaque du bruit inutile. L'excès inverse consistant à journaliser le strict minimum est tout aussi inefficace. En

effet, si l'on ne dispose pas des traces permettant de comprendre ce qui s'est passé, cela ne sert à rien d'avoir un IDS/IPS. Toute la difficulté consiste donc à trouver le juste équilibre.

- **Quelle réponse apporter en cas d'attaque ?**
  Il convient d'établir le plus tôt possible la réponse qui sera apportée en cas d'incident. En effet, on peut vouloir se contenter de détecter les attaques afin de lancer les levées de doutes puis, dans un second temps, lancer d'éventuelles réactions. À l'inverse, on peut souhaiter bloquer automatiquement les attaques en cours. Cependant, cette seconde option risque de générer des régressions de service en cas de faux positifs. Elle doit donc être retenue avec prudence, et seulement après une période significative d'apprentissage.

Une fois que tous ces aspects sont qualifiés, il est possible de rédiger une politique de détection des intrusions. Cette dernière doit être publiée et portée à la connaissance de toutes les personnes impliquées dans le processus de détection et de prévention des intrusions.

Choix d'une solution

Maintenant que la réflexion préalable a permis d'avoir une vision claire de l'environnement dans lequel sera intégré l'IDS/IPS et de savoir ce que l'on veut en faire, il est temps de sélectionner une solution du marché. Pour cela, il faudra non seulement tenir compte de la performance des solutions, mais également vérifier que ces performances sont confirmées dans un contexte réel d'exploitation. Sans oublier d'analyser les coûts d'intégration et d'exploitation bien sûr. Tous ses aspects sont étudiés ci-dessous.

Critères de performance

Un des tout premiers points à prendre en compte avant d'acquérir une solution d'IDS/IPS est la performance. Par nature, ces dispositifs sont tenus d'analyser de grandes quantités d'événements en temps réel. Ils sont donc naturellement soumis à un stress très fort. Il convient donc de se poser quelques questions d'importance.

- Quelle bande passante devra pouvoir traiter l'IDS/IPS ?

- Combien de faux positifs est-il raisonnable d'accepter ?

- Faut-il dépenser beaucoup pour une solution tenant bien la bande passante et présentant peu de faux positifs ? Ou une solution moins puissante, mais bien moins chère, fera-t-elle l'affaire ?

- Quelles sont les conséquences sur les performances lorsque l'on souhaite évaluer l'intégralité des paquets, et pas seulement les premiers octets des trames ?

Ne pas avoir de réponse claire à ces questions peut compromettre sérieusement la détection des intrusions.

Vérifier les fonctionnalités

Les fonctionnalités des IDS/IPS sont aujourd'hui très riches. L'acheteur à l'embarras du choix quant à ce qu'il demande à son équipement. Voici quelques points que la norme suggère d'étudier avant d'acheter un dispositif d'IDS/IPS.

- **Ne pas choisir sur catalogue.**
  La première chose que conseille la norme, c'est de tester. En effet, les performances annoncées sur catalogue ne tiennent pas compte du contexte dans lequel l'équipement sera déployé. Aussi est-il vivement conseillé de mettre en place une plateforme de test afin de vérifier sur le terrain que les performances annoncées correspondent bien à celles qui sont attendues.

- **Comment sont envoyées les alertes.**
  Un autre sujet important concerne la notification des alertes. Celles-ci peuvent être envoyées via des protocoles classiques tels que SNMP, mais les équipements peuvent aussi envoyer des courriels et prévenir les personnels d'astreinte via SMS. Il convient donc de connaître tous les moyens de notification que propose le produit.

- **Quelles interfaces réseau ?**
  Tout comme les switchs ou les pare-feu, les IDS/IPS disposent d'interfaces réseau multiples. Elles peuvent être physiques ou logiques. Il sera dans certains cas nécessaire de disposer de plusieurs interfaces physiques. Dans d'autres cas, on pourra se contenter de peu d'interfaces physiques et de compenser ce manque par des interfaces logiques. Il est capital d'impliquer des architectes réseau confirmés pour étudier ces choix.

- **Possibilité de configurer les alarmes spécifiques ?**
  Au lieu d'alarmes standards, il peut être intéressant de configurer des alarmes plus spécifiques, centrées sur le contexte de l'entreprise qui déploie l'IDS/IPS.

- **Évolutivité de l'équipement.**
  L'expérience montre qu'à l'usage il s'avère souvent nécessaire d'augmenter la puissance de l'équipement. Il arrive aussi que l'on souhaite activer des fonctionnalités que l'on n'avait initialement pas prévu de mettre en œuvre. La solution doit donc être évolutive.

- **Réactivité du constructeur en cas de vulnérabilités.**
  Tout boîtier contenant un système d'exploitation et un logiciel complexe présente des vulnérabilités. Il est important que le constructeur de la solution d'IDS/IPS mette rapidement à disposition des correctifs de sécurité chaque fois qu'une vulnérabilité vient à être publiée. C'est d'autant

plus important que les IDS/IPS sont des outils de sécurité ayant une vue privilégiée sur une part très importante des flux de l'entreprise. Il faut donc que ces équipements soient protégés contre les actes de malveillance.

Coût

Comme dans de nombreux projets réseau, le coût de la solution ne se limite pas à l'achat du boîtier d'IDS/IPS. L'expérience montre que les organismes sous-estiment les coûts réels d'acquisition, d'intégration et d'exploitation. Pour les aider, la norme passe en revue les principaux facteurs de coûts.

- **Les logiciels.**
  Le premier centre de coût auquel on pense est naturellement le coût d'achat de la solution. C'est même souvent le seul auquel on pense. La volonté des éditeurs de conquérir de nouveaux comptes est telle qu'ils sont prêts à consentir d'importantes remises pour gagner un marché. En revanche, une fois que l'on a acheté une solution et que l'on souhaite acquérir de nouvelles licences, il est souvent très difficile de négocier des tarifs avantageux, à moins de s'y prendre en fin de trimestre, voire en fin d'exercice commercial. Il ne faut donc pas se tromper sur le calibrage initial des options que l'on va contracter chez le fournisseur.

- **Le coût des licences et du support.**
  Ce coût s'élève généralement à 20 % (par an) du coût d'achat de la solution achetée.

- **Le système hébergeant l'IDPS.**
  Ce n'est pas la même chose de déployer une solution d'IDS/IPS si elle se présente sous la forme d'un boîtier physique, ou si elle est intégrée sous la forme d'une image virtuelle, à intégrer dans un *cloud* privé ou public. Les performances ainsi que l'évolutivité ne seront pas les mêmes en fonction de l'option de déploiement retenue.

- **Le personnel en charge de la gestion de l'IDPS.**
  Un des centres de coûts auquel on pense le moins est le personnel nécessaire pour gérer la solution. Or, un dispositif de détection/prévention des intrusions doit être configuré finement et supervisé. Les règles doivent être constamment affinées afin de réduire les faux positifs. De plus, chaque fois qu'une alerte survient, il faut enquêter pour lever le doute et déterminer s'il s'agit d'un faux positif ou d'un incident réel. Tout ce travail nécessite beaucoup de temps de la part de personnels très qualifiés. Il s'agit donc d'un coût indirect très important.

- **La formation.**
  Le point précédent met en évidence le besoin de former le personnel, non seulement à l'outil d'IDS/IPS, mais aussi aux techniques d'attaque réseau et applicatives. Certes, ces formations sont chères, mais elles sont très utiles.

Cette revue des centres de coûts est un point très intéressant de la norme, car elle aide vraiment le chef de projet, chargé de mettre en place la solution de détection/prévention des intrusions, à bien évaluer le coût total du projet.

Avantages opérationnels

L'utilité première d'un IDS/IPS réside dans son rôle rapide de détection et de blocage des attaques réseau. Pourtant, ces dispositifs ont des effets secondaires tout à fait appréciables. La norme en évoque très brièvement quelques-uns qui méritent d'être soulignés.

- **L'identification d'équipements mal configurés.**
  L'analyse des flux fournie par les IDS/IPS peut mettre en évidence des problèmes de configuration sur certains services ou équipements.

- **Les statistiques sur l'utilisation du système.**
  Parce qu'ils sont placés à des points de passage clés du système d'information, et grâce à leur capacité à fournir des états et des statistiques, les IDS/IPS permettent de mettre en évidence l'utilisation effective du système d'information. Ceci peut être très utile pour identifier les systèmes et les applications peu sollicitées et mal positionnées dans le SI.

En somme, l'IDS/IPS contribue de façon indirecte à mieux connaître l'état réel du système d'information. Ces effets secondaires positifs sont autant d'arguments que la personne chargée de déployer l'IDS/IPS peut mettre en avant pour vendre son projet.

Outils complémentaires

La norme passe ensuite en revue quelques outils complémentaires qui, conjugués avec l'IDS/IPS, contribuent à sécuriser le système d'information.

- **Les outils de gestion d'intégrité des fichiers.**
  Ces outils peuvent s'avérer très utiles pour détecter les actes de malveillance. La solution consiste à identifier dans un système les fichiers (ou les répertoires) nominaux et à calculer une empreinte pour chacun des fichiers en question. Si jamais un fichier change de signature, cela signifie qu'une altération malveillante a eu lieu.

- **Les pare-feu.**
  Ils ont déjà été évoqués précédemment dans ce chapitre. Ils constituent la barrière de protection traditionnelle au niveau du réseau. Toutefois, ces protections ne montent pas plus haut que le niveau transport (numéros de port). Certes, les évolutions récentes permettent aux pare-feu d'inspecter aussi les flux au niveau applicatif, mais ce ne sont pas des dispositifs conçus à l'origine pour cet usage.

- **Les pots de miel.**
  Il s'agit d'appâts que l'on déploie dans le réseau afin de débusquer les comportements hostiles et de protéger le système d'information en

conséquence. Les pots de miel nécessitent de disposer en local de personnel qualifié ayant le temps de s'occuper de cette infrastructure. Relativement peu d'organismes ont les moyens de recourir à cette solution.

- **Les SIEM.**
  Chaque équipement de sécurité (IDS/IPS inclus) génère des journaux. La mise en relation de ces derniers permet de mettre en évidence des actes de malveillance qui, pris unitairement dans les journaux, n'auraient pas été identifiés. Les SIEM ont pour vocation cette mise en relation. Attention, il est souvent nécessaire de procéder à une longue phase d'apprentissage avant que les SIEM permettent d'identifier des incidents de sécurité.

- **Les antivirus.**
  Les antivirus sont la solution de sécurité la plus ancienne du marché. Ces dispositifs ne protègent plus uniquement contre les virus au niveau des postes de travail ou des serveurs, mais ils participent également à la détection des comportements malveillants au plus près de l'utilisateur. Les fonctionnalités des antivirus n'ont jamais cessé de s'améliorer.

- **Outils d'identification des vulnérabilités.**
  On les appelle souvent scanners de vulnérabilités. Ce sont des dispositifs qui balayent une plage d'adresse définie et tentent d'identifier (sans toutefois les exploiter) toutes les vulnérabilités connues des services qui sont exposés.

Attention toutefois à ne pas avoir une confiance aveugle dans tous ces outils. S'ils ont chacun une utilité réelle pour protéger le système d'information, certains d'entre eux sont lénifiants. C'est notamment le cas des antivirus.

Intégration et mise en place

Maintenant que l'étude du contexte a été faite, que les différents aspects techniques et organisationnels ont été tranchés, et que les coûts sont bien identifiés, on peut penser à la mise en place de la solution d'IDS/IPS.

Formation

La formation est un préalable à tout déploiement. À quoi bon déployer une solution technique complexe si les équipes locales ne savent pas l'exploiter? Aussi est-il nécessaire de former à l'IDS/IPS toutes les personnes qui auront à l'exploiter.

Savoir utiliser l'outil ne suffit pas. Il faut aussi comprendre les différentes attaques, les traces qu'elles laissent, ainsi que les marqueurs les plus significatifs. Tout ceci ne s'improvise pas et nécessite une réelle expertise. Des formations techniques à la détection et à la réaction aux intrusions sont donc nécessaires.

Déploiement

Pour ce qui est du déploiement, la norme recommande de ne pas chercher à mettre en place la solution directement à la cible. Elle conseille plutôt de procéder par paliers successifs. Un premier déploiement pourrait être fait sur un périmètre restreint. Les équipes pourront ainsi se faire la main, affiner les points qui nécessitent une attention particulière, et préparer les étapes suivantes.

La norme présente ensuite les principaux positionnements possibles d'un IDS/IPS, en mettant en avant les avantages ainsi que les inconvénients.

- **Le positionnement en amont du pare-feu Internet.**
  Ce positionnement permet d'avoir une vue très complète sur les attaques lancées depuis l'extérieur. En revanche, il génère de très nombreux événements dans les journaux ainsi que de multiples alertes, qu'il est difficile de traiter. Par ailleurs, comme il est très exposé, l'équipement peut faire l'objet de nombreuses attaques.

- **Le positionnement juste derrière le pare-feu Internet.**
  Ce positionnement permet d'identifier les attaques ayant réussi à traverser le pare-feu. Ainsi, tout le bruit causé par une exposition directe à Internet est supprimé.

- **Positionnement dans le cœur de réseau.**
  Cette option permet d'analyser une grande partie du trafic interne du réseau. En revanche, l'IDS/IPS doit être capable de supporter une bande passante très importante. Par ailleurs, les attaques entre postes de travail d'un même sous-réseau ne seront pas visibles.

- **Positionnement des réseaux sensibles.**
  L'avantage principal de cette approche est de détecter finement les attaques ciblant les réseaux les plus sensibles.

La norme ne se contente pas de citer les détecteurs d'intrusions réseau. Elle évoque aussi les dispositifs installés sur les équipements (on dit aussi *host based* IPS). Elle conseille de commencer le déploiement sur les serveurs les plus sensibles, puis de propager progressivement le déploiement sur les serveurs moins sensibles.

Exploitation

La dernière partie de la norme aborde les questions liées à l'exploitation des IDS/IPS.

Gestion des alertes

Lorsque l'IDS/IPS détecte un événement de sécurité pouvant signifier une tentative d'intrusion, un certain nombre d'informations doivent être consignées : l'horodate de l'événement, les adresses IP ainsi que les ports impliqués, la référence de l'attaque, les protocoles en question. Ces informations sont strictement factuelles.

Certains dispositifs d'IDS/IPS vont plus loin en proposant des informations plus poussées, telles que :

- l'évaluation de la sévérité de l'attaque ;
- l'explication détaillée de l'attaque ;
- la présentation du type de dommage auquel on peut s'attendre ;
- la liste des logiciels concernés par l'attaque ;
- des pointeurs sur les correctifs de sécurité correspondants ;
- des pointeurs sur des conseils publics, d'ordre général.

Toutes ces informations ont pour mission d'aider les équipes de réaction aux incidents à intervenir rapidement, et de la façon la plus pertinente.

Exploitation

La norme ISO 27039 aborde maintenant le sujet des processus. À quoi bon disposer d'un dispositif détectant les intrusions, si on ne sait pas réagir quand un incident est confirmé ?

La première chose à faire consiste à formaliser un processus de gestion des incidents.

> **Remarque**
>
> Les normes ISO 27035-1 et 27035-2 détaillent le processus de gestion des incidents. Le lecteur intéressé par cette question est invité à se reporter au chapitre consacré à ces normes.

Le processus de gestion des incidents doit permettre de répondre très concrètement à certaines questions importantes.

- Qui se charge de lever le doute lorsque l'IDS/IPS signale un incident potentiel ?
- Que doit-on faire lorsque l'incident est confirmé ?
- Quelle réaction faut-il engager de façon automatique par les différents outils de sécurité dont on dispose ?
- Quelles réactions doivent impérativement être entreprises manuellement ?

La norme suggère ensuite de clarifier les sujets légaux. En effet, les dispositifs d'IDS/IPS génèrent des journaux qui sont soumis aux réglementations nationales. Par ailleurs, certaines réactions à certains incidents sont proscrites dans certains pays. Il n'est souvent pas permis de riposter lorsque l'on est victime d'une attaque.

Un autre aspect de l'exploitation des IDS/IPS est leur réglage initial. En effet, ces dispositifs ne sont efficaces que si un travail très fin d'apprentissage a été entrepris. Cette période d'instruction pouvant prendre plusieurs mois, il ne faut pas sous-estimer la charge liée à cette activité.

Le dernier point évoqué par la norme est celui des vulnérabilités. Une fois de plus, la norme rappelle que les équipements d'IDS/IPS doivent être régulièrement mis à jour afin de résister aux attaques lorsqu'ils sont pris pour cible.

Sous-traitance

Nous avons vu dans les sections précédentes que l'analyse des alertes doit être faite par du personnel qualifié. On constate que les attaques se complexifient, nécessitant de plus en plus d'expertise pour les détecter. Ainsi, la détection d'incidents est progressivement devenue une discipline à part entière, entraînant une professionnalisation du personnel, si bien qu'aujourd'hui, peu d'entreprises ont les moyens de se payer du personnel dûment qualifié pour cette tâche. Cette situation a conduit des sociétés à se spécialiser dans la détection des incidents. Aussi la sous-traitance est-elle devenue incontournable.

Cette sous-traitance doit être très bien cadrée. C'est pour cela que la norme énonce certains points qu'il faut impérativement clarifier avec le sous-traitant avant de lui confier la détection/réaction aux incidents :

- les accords de confidentialité ;
- la convention de service ;
- le reporting.

À ces trois points très classiques dans toute relation avec un sous-traitant, il faut ajouter trois autres points d'importance.

- **Les qualifications.**
  Comme la qualification du personnel est un aspect très important dans la détection des intrusions, il est très important de vérifier que le personnel du sous-traitant dispose de toutes les qualifications et certifications requises.

- **L'interconnexion.**
  Pour mener à bien sa mission, le sous-traitant devra impérativement accéder au système d'information du client. Les moyens d'interconnexion doivent être très soigneusement étudiés et mis en place afin de ne permettre au fournisseur d'accéder qu'aux informations dont il a besoin.

- **Les détection et réaction.**
  En plus de la détection des intrusions, certains fournisseurs proposent aussi des services de réaction aux incidents. Il peut être intéressant de souscrire un tel service. Dans ce cas, il faut impérativement prendre

connaissance de l'étendue et de la profondeur des actions de réaction que propose le fournisseur.

Le recours à la sous-traitance présente des avantages et des inconvénients que la norme expose assez clairement.

Le principal avantage de la sous-traitance est naturellement l'expertise qu'elle peut mettre en avant et que le client n'a pas. Par ailleurs, la plupart des sous-traitants offrent un service H24/365, garantissant une continuité dans la détection des incidents qu'un client final n'a que très rarement les moyens d'organiser. Un autre avantage de la sous-traitance est la mutualisation des expériences des différents clients du fournisseur. En effet, le fournisseur capitalise de l'expérience chaque fois qu'il détecte un incident pour un client. Cela lui permet d'être très réactif si jamais le même incident se produit chez un autre client. Le dernier grand avantage de recourir à la sous-traitance est le fait que les processus de détection sont parfaitement rodés et maîtrisés par un personnel ultraspécialisé. Tous ces arguments plaident en faveur de la sous-traitance de la détection et de la réaction aux incidents.

Ces avantages ne doivent pas pour autant dispenser le client de faire preuve de vigilance. Il est d'abord très important de contrôler le sous-traitant. Aucun fournisseur ne fait un travail de qualité sans contrôle. Par ailleurs, confier la détection des intrusions à un tiers revient à exposer le système d'information à ce tiers. Il est donc très important de cadrer cet accès. Enfin, la sous-traitance peut s'avérer très onéreuse si le contrat a été mal cadré.

Annexe

La norme ne comporte qu'une seule annexe, mais cette dernière occupe plus de 20 pages, c'est-à-dire près de la moitié du texte. En fait, elle se compose de plusieurs sections très hétéroclites. Il est donc très difficile de les résumer en quelques paragraphes. Retenons toutefois qu'il y a une volonté réelle de proposer des clés de lecture aussi pratiques que possible.

Parmi les aspects traités, notons une présentation très détaillée des différents types d'intrusions que l'on peut rencontrer, ainsi que des bases de la détection de ces intrusions.

Par ailleurs, l'annexe tâche d'énumérer les différentes sources d'information qui peuvent être utiles dans le processus de détection des intrusions. On y cite, entre autres, les journaux applicatifs, les journaux système, les journaux des équipements réseau, ainsi que le trafic réseau.

Une autre partie de l'annexe approfondit les différents moyens d'analyse. Certains moyens se basent sur la connaissance d'attaques connues, d'autres se basent sur l'analyse des comportements, détectant ainsi les comportements sortant de l'ordinaire.

Ensuite, l'annexe A présente les différents types de dispositifs de détection d'incident.

Enfin, les problèmes de déploiement et d'exploitation des solutions de détection des intrusions sont détaillés. Un focus sur l'incidence de ce processus sur la vie privée termine l'annexe.

Conclusion

En conclusion, on peut dire que la norme ISO 27039 sera très utile à toute personne chargée de déployer une solution de détection et de prévention des intrusions. C'est une excellente mise en perspective du sujet, et la norme donne une vue très complète de tous les aspects de la mise en place d'une telle solution.

Par ailleurs, cette norme est un complément indispensable aux deux autres de la série 27035, consacrées à la gestion des incidents de sécurité.

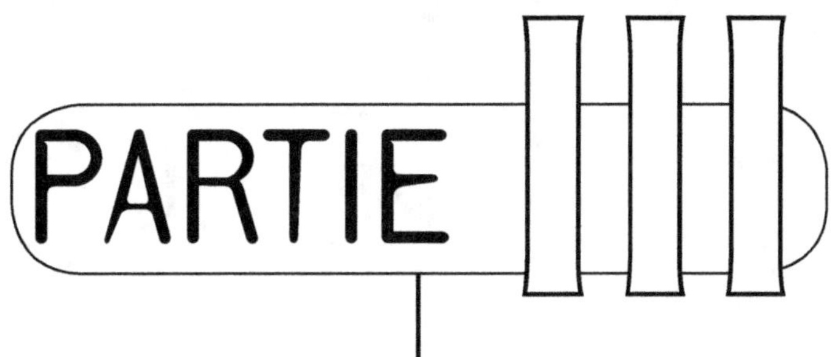

Mettre en œuvre un SMSI

Après une longue période d'attentisme, le marché de l'ISO 27001 a fini par exploser. Plusieurs indicateurs sans équivoque le montrent : les cabinets de conseil proposent tous une offre d'accompagnement à la mise en place des SMSI, les consultants spécialisés en ISO 27001 sont courtisés par les cabinets de recrutement, et les formations relatives à l'ISO 27001 affichent toutes complet. Par ailleurs, il ne se passe pas un mois sans que l'on n'apprenne que telle ou telle société a obtenu la certification ISO 27001.

Pourtant, ce n'est pas parce que les certifications ISO 27001 se multiplient que l'implémentation d'un SMSI est un projet de routine. Comprendre la norme ISO 27001 est une chose, savoir comment la mettre en place puis l'exploiter en est une autre. Si la documentation expliquant ce qu'est un SMSI ne manque pas, il est beaucoup plus difficile d'obtenir des informations concrètes sur la façon de mener à bien un projet de déploiement de SMSI.

L'objectif de cette troisième partie est d'apporter des réponses aussi concrètes que possible aux questions que peut se poser la personne chargée de construire un SMSI. Nous nous focaliserons donc exclusivement sur les aspects pratiques de la mise en place d'un SMSI, en nous appuyant exclusivement sur des retours d'expérience de terrain en la matière.

Le projet de mise en place du SMSI

Connaître la norme est une chose, savoir comment l'implémenter en est une autre. Le déploiement d'un SMSI nécessite bien évidemment un certain savoir-faire. En s'inscrivant désormais dans une démarche projet, la question très concrète qui se pose est la suivante : par où commencer ?

Ce chapitre est exclusivement basé sur des retours d'expérience. Il a pour but de présenter la stratégie d'ensemble pour déployer un SMSI. Il donnera une vision claire du projet, de ses étapes, de ses principales difficultés et des pièges à éviter. Les chapitres suivants détailleront ensuite les sous-projets les plus importants.

Nature du projet

De par sa nature, le projet de mise en place d'un SMSI n'est pas simple à gérer. C'est un projet fondamentalement transversal. Il concerne naturellement la DSI, puisque cette dernière manipule une très grande partie de l'information dans l'entreprise. Mais nous avons vu dans un chapitre précédent que d'autres services sont également concernés : la direction des ressources humaines, les moyens généraux et tous les services métier impliqués.

Une autre particularité du projet réside dans le fait qu'il concerne toute l'échelle hiérarchique de l'entreprise, de la direction générale aux fonctions d'exécution les plus élémentaires. Tout le monde, sans exception, sera mis à contribution.

Parce que le projet de construction d'un SMSI couvre des domaines très variés, tant techniques qu'organisationnels, parce qu'il implique de nombreux services de l'entreprise et parce qu'il entraîne la mise en place de très nombreux processus, il est indispensable de le découper en grandes phases, puis en sous-projets, conduits souvent par des personnes différentes. Bien qu'indispensable, cette subdivision rend difficile la lisibilité globale du projet.

Chef de projet

La première question à se poser est la suivante : quel doit être le profil de la personne chargée d'orchestrer la mise en place du SMSI ?

L'idéal est de faire appel à une personne ayant déjà piloté un projet de SMSI. Mais cela n'est pas toujours possible.

L'ISO 9001 étant à la qualité ce que l'ISO 27001 est à la sécurité, il est possible de se rabattre sur une personne ayant monté avec succès un système de management en qualité. Ceci aura le mérite de garantir que le chef de projet comprend très bien les points incontournables dans la mise en place d'un système de management. En revanche, un qualiticien ne sera pas la personne la plus compétente pour trancher sur les questions relatives à la sécurité. Il faudra le former à cette discipline et, dans tous les cas, le faire travailler en collaboration étroite avec le RSSI ou le responsable de la sûreté. Ce travail en binôme n'est pas sans risque.

À défaut, il convient de recourir à une personne spécialisée dans la conduite de projets concernant la sécurité. Autrefois rare, ce profil est aujourd'hui assez répandu.

Dans tous les cas, le chef de projet doit avoir reçu une formation certifiant qu'il connaît bien la norme ISO 27001. Deux formations préparent à cette certification : la formation *Implémentation* ISO 27001 et la formation ISO 27001 *Lead Auditor*. Des détails complémentaires sur ces deux formations seront donnés plus en avant dans cet ouvrage. Elles garantissent que la personne certifiée possède une bonne connaissance de la norme, qu'elle maîtrise les points clés de la mise en place d'un SMSI (si elle a suivi la formation d'*Implémentation*), et qu'elle connaît la démarche des auditeurs de certification (si elle a suivi la formation ISO 27001 *Lead Auditor*).

Mais attention ! Si ces formations sont indispensables, elles ne certifient pas pour autant que la personne en question possède les qualités requises pour piloter un projet de cette envergure. Elles ne garantissent pas non plus qu'elle a le sens de l'organisation ni le charisme indispensable pour porter le projet jusqu'à son terme. Ces formations sont donc nécessaires mais non suffisantes. Elles ne remplacent pas le savoir-faire du chef de projet.

Compte tenu de la nature du projet, son responsable doit savoir échanger avec trois populations bien différentes.

- **La direction générale** – Le chef de projet doit savoir évaluer précisément les coûts humains et financiers de chaque aspect du projet. Il doit savoir présenter et quantifier les apports du SMSI.

- **Les techniciens** – Il doit avoir une forte culture technique pour gagner la confiance des techniciens. Son travail vis-à-vis de cette population consistera essentiellement à rassurer en matière de documentation. Il doit faire comprendre que, contrairement aux idées reçues, le SMSI valorise la technique et qu'il n'est pas synonyme de paperasserie administrative. Le chef de projet pourra utiliser le levier de la formation pour favoriser l'adhésion des techniciens.

- **Les utilisateurs** – C'est la population la plus difficile à convaincre. Le chef de projet doit faire comprendre que le SMSI impliquera une diminution des incidents, ce qui entraînera donc une amélioration continue du service. Ce message pourra entrer dans le cadre d'une campagne de sensibilisation. L'adhésion des utilisateurs au projet est en effet capitale pour son succès.

Autant dire qu'il faut faire appel à un chef de projet confirmé. Généralement, il s'agira d'une personne choisie en interne, disposant d'une certaine ancienneté et connaissant très bien les services de l'organisme.

Même s'ils ne répondent pas forcément à tous les critères énoncés ci-dessus, les RSSI et les responsables sûreté sont les personnes les plus souvent retenues pour piloter la construction du SMSI. Dans ce cas, il est nécessaire de bien leur faire comprendre les tenants et les aboutissants des systèmes de management.

Projet de mise en place du SMSI

Il y a plusieurs façons de considérer le projet. La première consiste à concevoir une politique de sécurité, puis à commander une appréciation des risques à un prestataire, qui se chargera également de rédiger la documentation. Cette démarche est directement vouée à l'échec, car elle ne répond pas aux exigences de la norme et, surtout, elle ne responsabilise nullement l'entreprise vis-à-vis de la sécurité, puisque tout est sous-traité.

Consciente des difficultés rencontrées par les implémenteurs de SMSI, l'ISO a bien publié une norme dont la référence est ISO 27003. Ce document propose des solutions pour conduire le projet de construction du SMSI. Pourtant, force est de constater que l'ISO 27003 n'a pas été plébiscitée par les implémenteurs. On lui reproche de ne pas être assez concrète et de ne pas apporter de solutions pratiques. Heureusement, d'autres approches sont possibles.

Approche séquentielle

La seconde approche consiste à suivre scrupuleusement les exigences de la norme, dans l'ordre des chapitres. Si nous lisons les exigences à partir de l'article 4 jusqu'à l'article 10, nous voyons se dessiner globalement les étapes suivantes :

1. description du contexte, conception du périmètre et de la politique de sécurité ;
2. appréciation des risques ;
3. sélection des mesures de sécurité dans la déclaration d'applicabilité ;
4. rédaction du plan de traitement des risques et implémentation des mesures de sécurité nécessaires ;
5. contrôle du bon fonctionnement des mesures de sécurité ;
6. mise en place d'un audit interne ;
7. revue du SMSI ;
8. actions d'amélioration.

Le chef de projet peut croire qu'il suffit de suivre cette séquence pour construire un SMSI. Pourtant, cette démarche est dangereuse à plus d'un titre, car elle oublie de prendre en compte certains paramètres.

- **La réalité du terrain** – Commencer par fixer la politique de sécurité et le périmètre du SMSI n'est pas forcément une bonne idée. Certes, ces documents sont fondateurs et ils garantissent que le système va répondre aux attentes des parties prenantes en matière de sécurité. Faut-il pour autant commencer par là ? N'est-il pas préférable de faire, d'abord, un état des lieux sur les pratiques de l'entreprise en matière de sécurité ? Cela permettrait en effet de bien connaître les coûts induits lors de la sélection de tel ou tel périmètre. Connaître les objectifs des parties prenantes est, certes, très important, mais il faut les confronter avec la réalité du terrain.

- **Les mesures déjà existantes** – Ensuite, la norme exige de mener à bien une appréciation des risques, ce qui permettra de sélectionner les mesures de sécurité adéquates. Pourtant, dans la réalité, l'entreprise n'a pas attendu le projet de SMSI pour mettre en place certaines mesures de sécurité (contrôle d'accès physique, protection du réseau, mots de passe, etc.). Il est donc absurde de se lancer tête baissée dans une appréciation des risques en faisant abstraction de l'existant, comme si rien n'avait été fait auparavant.

- **La définition des priorités** – La séquence des chapitres de la norme met la notion d'amélioration continue en dernière position (article 10 de la norme). Cela signifie-t-il que les mécanismes d'amélioration continue sont à mettre en place en toute fin du projet de SMSI ? La même remarque peut s'appliquer à l'audit interne. Il est important de comprendre que l'ordre d'apparition des tâches dans la norme n'a aucun rapport avec l'ordre dans lequel il faudra les implémenter.

- **La nécessité de paralléliser les tâches** – L'ISO 27001 présente les exigences de façon séquentielle, sans préciser quelles tâches peuvent être conduites en parallèle. Entreprendre toutes les tâches séquentiellement représenterait naturellement une perte de temps.
- **Certaines tâches manquantes** – La norme décrit le SMSI tel qu'il doit être une fois en production, mais elle fait l'impasse sur certaines tâches qui doivent être entreprises (notamment en amont) pour construire le SMSI, car elle n'est pas un « document projet ». Se baser exclusivement sur les spécifications de la norme conduit nécessairement à passer à côté de certaines tâches pourtant incontournables.

Ces arguments montrent bien que, si la démarche séquentielle répond bien aux exigences de l'ISO 27001 (puisqu'elle répond point par point aux articles de la norme), elle n'est pour autant pas viable d'un point de vue strictement pratique.

Approche projet

Une troisième approche consiste à prendre toutes les libertés nécessaires pour garantir le succès du projet.

Contraintes

Quelles que soient les libertés prises par le chef de projet, le SMSI devra tenir compte des trois contraintes.

- **Exigences de la norme** – Le SMSI doit satisfaire toutes les exigences des articles 4 à 10 de la norme, sans exception.
- **Modèle PDCA** – Les fonctions du SMSI doivent respecter le modèle *Plan, Do, Check, Act*, tant au niveau global qu'au niveau des processus, ou à celui des mesures de sécurité.
- **Cohérence générale** – Il doit y avoir une cohérence entre le périmètre du SMSI, la politique de sécurité, l'appréciation des risques et les mesures de sécurité effectivement mises en place.

En fait, peu importe dans quel ordre seront montées les différentes briques du projet, pourvu qu'à l'arrivée, le SMSI satisfasse ces trois contraintes fondamentales. C'est cette dernière approche qui est donc retenue dans cet ouvrage.

La mise en place d'un SMSI se divise en quatre phases principales, elles-mêmes composées de nombreux sous-projets.

Phase 1 : analyse préalable

Cette phase commence par une simple étude d'opportunité, suivie par un état des lieux, et s'achève par la sélection d'un scénario de déploiement. Le but n'est pas encore de construire. Compte tenu du coût et de la complexité d'un tel projet, il s'agit surtout de faire les bons choix stratégiques afin d'éviter toute erreur lourde de conséquences.

- **Étude d'opportunité.**
  Elle consiste à évaluer ce qu'apporterait concrètement la mise en place d'un SMSI pour l'entreprise. C'est un travail de niveau stratégique qui nécessite de bien connaître les attentes des parties prenantes. La direction générale sera impliquée dans cette phase.

Quelques exemples

- Une société d'infogérance soumise à de très nombreux audits de la part de ses clients peut espérer alléger cette charge en faisant certifier les activités les plus contrôlées.
- Un prestataire de services peut espérer gagner des clients en affichant une certification ISO 27001.

Naturellement, chacun de ces arguments doit être quantifié aussi précisément que possible.

- **État des lieux.**
  Si l'étude d'opportunités montre qu'il y a vraiment un gain potentiel pour l'entreprise en mettant en place un SMSI, il convient de faire un état des lieux. Il s'agit de faire le point sur la situation de l'entreprise vis-à-vis des mécanismes élémentaires du système de management.

Exemple

Concrètement, un état des lieux abordera les questions suivantes :

- Question 1 : quel est l'état de l'entreprise vis-à-vis des processus de base d'un SMSI ? (gouvernance, documentation, audit interne, formation, indicateurs)
- Question 2 : existe-t-il une appréciation des risques ?
- Question 3 : indépendamment de l'appréciation des risques, quelles sont les mesures de sécurité déjà en place dans l'entreprise ?
- Question 4 : pour chaque mesure de sécurité déjà en place, quel est son niveau de maturité par rapport au modèle *Plan, Do, Check, Act* ?
- Question 5 : indépendamment de l'appréciation des risques, quelles sont les mesures de sécurité non mises en place ?

- **Étude des options (politique et périmètre).**
  Compte tenu de la situation constatée dans l'étape précédente, il sera possible d'étudier plusieurs options de périmètre. Le but est d'évaluer le coût de chacune de ces options et de le confronter aux apports attendus une fois que le SMSI sera en place. À la fin de cette étape, la direction générale retiendra l'option qui lui paraîtra la meilleure. Il s'agira généralement d'un compromis.

Tableau 16-1

Comparaison de plusieurs options

OPTION	COÛT ESTIMÉ	APPORT ESCOMPTÉ
Certification de toutes les activités de l'entreprise	Élevé	Nouveaux clients Image de marque
Certification des activités de R&D	Moyen	Relations de partenariat favorisées
Certification du service informatique dans un premier temps	Moyen	Amélioration du service rendu aux utilisateurs

Phase 2 : mise en place de la structure de base

L'objectif de cette phase est de bâtir le socle de services qui constituera l'infrastructure du SMSI. Quel que soit le périmètre du système de management, quel que soit son état d'avancement, il sera toujours nécessaire de prendre des décisions, de tenir à jour la documentation, de contrôler les processus, de mesurer leur efficacité et de former le personnel.

Cette phase consiste donc à mettre en place ces briques de base, lesquelles pourront être utilisées pour contribuer à la construction du SMSI. Dès leur mise en production, avant même que le SMSI ne soit achevé, elles commenceront à générer des enregistrements, ce qui donnera un gage de sérieux aux auditeurs de certification.

D'une certaine façon, cette phase revient à construire une roue *Plan*, *Do*, *Check*, *Act* parfaitement opérationnelle, qui tournera à vide dans un premier temps. Elle accueillera progressivement les processus de la phase 3, qui s'y intégreront au fur et à mesure de leur implémentation.

Les principales briques de l'infrastructure du SMSI sont décrites ci-dessous. Elles sont autant de sous-projets à gérer.

- **Gouvernance de la sécurité.**
  Ce sous-projet consiste à mettre en place une structure permettant de prendre les bonnes décisions en matière de sécurité, au bon moment et au bon niveau. C'est la toute première brique de l'infrastructure à construire.

En effet, dès l'initiation du projet, il faut valider officiellement la politique et le périmètre du SMSI. Il est également nécessaire de trancher très tôt toutes les questions relatives au SMSI.

- **Documentation.**
  Le SMSI imposant un passage à la tradition écrite, il est important de rationaliser la documentation. Une procédure de gestion de la documentation doit donc être créée puis validée immédiatement après la mise en place de la gouvernance. En effet, toute la documentation du SMSI reposera sur les règles fixées dans cette procédure.

- **Audit interne et suivi des actions.**
  Ce sous-projet consiste à bâtir une structure d'audit interne afin d'assurer que les processus du SMSI soient efficaces et conformes aux exigences de la norme. C'est la troisième brique à mettre en place car, dès que les processus seront mis en production, il faudra les contrôler, en vue de corriger rapidement toute non-conformité. La mise en place de l'audit interne garantit la qualité des processus. Elle garantit ainsi, de bout en bout, la qualité du projet, et donc sa réussite.

- **Formation et sensibilisation.**
  La norme exige que le personnel impliqué dans le système de management soit sensibilisé à la sécurité et possède toutes les compétences nécessaires à l'exploitation du SMSI. Il faut donc, dès le départ, mettre en place un processus de gestion de la formation et de la sensibilisation du personnel. Étant donné que bon nombre de personnes sont concernées, il convient de ne pas attendre la fin du projet. Il est donc nécessaire que ces deux processus (formation et sensibilisation) soient entrepris dès que les trois sous-projets précédents ont été établis.

- **Indicateurs.**
  Ils permettront aux différentes instances de décision de connaître le niveau de conformité et de performance du système. Tout processus venant s'intégrer au SMSI pourra faire l'objet d'un indicateur. Pendant la mise en place du système, les indicateurs permettront de fournir au management une idée claire de l'état d'avancement du projet. C'est pour cette raison qu'il convient de mettre en place ce processus dès cette phase du projet.

L'intérêt de construire cette infrastructure réside dans le fait que non seulement celle-ci accueillera les nouveaux processus, mais qu'elle participera aussi activement à leur construction. En effet, la structure de gouvernance permettra de prendre toutes les décisions pertinentes au fur et à mesure du projet. La procédure de gestion de la documentation, elle, sera utilisée systématiquement pour tous les sous-projets. Enfin, l'audit interne permettra de contrôler les processus et les mesures de sécurité nouvellement mis en production. Tout écart pourra donc être corrigé, sans délai.

Cette phase est la plus sensible du projet. Si elle est réussie, il n'y a aucune raison que le SMSI ne parvienne pas à son terme. En revanche, si elle échoue, il est tout à fait inutile de passer à la phase suivante, car cela reviendrait à bâtir un SMSI sur une base instable.

Phase 3 : mise en place des processus du SMSI

Entrons maintenant dans la phase la plus longue du projet. Initiée par une appréciation des risques, elle se poursuit par la mise en place des mesures de sécurité et se conclut par la construction d'un mécanisme de revue. C'est la phase qui demande le plus de temps, car chaque mesure de sécurité (ou groupe de mesures) fera l'objet d'un sous-projet. Étant donné qu'il existe 14 grandes catégories de mesures de sécurité, il y aura probablement 14 sous-projets, voire plus. Cependant, la complexité de ces projets variera en fonction de l'existant et de la complexité des mesures restant à implémenter.

- **Appréciation des risques.**
  Cette partie du projet peut être entreprise parallèlement à la phase précédente, mais elle ne fait pas partie de la structure de base. L'appréciation des risques est un point clé du projet, car elle permettra de sélectionner les mesures de sécurité les plus appropriées par rapport au contexte et à la politique de sécurité. Elle doit être conduite impérativement avant l'adaptation et l'implémentation des mesures de sécurité.

- **Adaptation des mesures de sécurité existantes.**
  Les mesures de sécurité déjà en place avant le projet de SMSI doivent être mises en conformité avec le modèle *Plan, Do, Check, Act*. Il s'agira le plus souvent de formaliser les procédures et d'identifier les enregistrements pertinents.

- **Implémentation des mesures de sécurité manquantes.**
  Les mesures de sécurité sélectionnées dans la déclaration d'applicabilité (D*d*A), et non encore mises en place, devront être implémentées.

- **Revue.**
  Ce processus fait l'objet de l'article 9.3 de la norme. Il constitue, avec l'audit interne, l'essentiel de la phase *Check* du système de management. Il est donc impensable de construire un SMSI sans mécanisme de revue. Mais si ce processus est capital, sa mise en place n'est pas urgente, car la revue n'a lieu d'être qu'une fois le SMSI constitué. Il est donc possible d'attendre la fin du projet pour établir la procédure de revue.

Une fois tous ces processus en place, le système de management est quasi terminé. Il ne reste alors plus qu'à enchaîner sur la phase suivante avant de considérer le projet comme une réussite.

Phase 4 : démarrage du SMSI

Il n'y a pas, à proprement parler, de « démarrage du SMSI », compte tenu du fait que les processus le composant sont mis en production au fur et à mesure de leur implémentation. Le démarrage du système est donc progressif.

Les processus de la structure de base sont les premiers à produire des traces, suivis de près par l'appréciation des risques, puis par les nombreuses mesures de sécurité. Aussi, un SMSI, même récent, peut malgré tout présenter des processus avec un niveau de maturité élevé.

Lorsque le chef de projet estime que tout est en place, il lui reste à effectuer quelques opérations avant de commander l'audit de certification. L'objectif est de vérifier que tout est prêt pour réussir la certification du premier coup.

- **Revue du SMSI.**
  Il s'agit du processus évoqué à la fin de la phase précédente. À présent qu'il est défini, il faut l'exécuter. Il marque un cycle dans le fonctionnement du SMSI. Il permet de prendre du recul afin de vérifier que le système est bien adapté aux besoins des parties prenantes, qu'il fonctionne correctement et qu'il est efficace. Normalement, la revue se fait une fois par an, mais elle peut aussi être convoquée avant cette échéance, juste à la fin de la construction du SMSI. En tout cas, il est impensable de commander un audit de certification sans avoir fait, au préalable, une revue du SMSI (ou revue de direction).

- **Préparation à l'audit.**
  Il convient de vérifier que tout est fin prêt avant de faire venir les auditeurs. Les points à vérifier et les documents à préparer sont détaillés dans la troisième partie de cet ouvrage.

- **Audit à blanc.**
  Cela consiste à procéder à un audit complet du SMSI en utilisant exactement la même démarche que les auditeurs de certification. Il s'agit, en fait, d'une sorte d'examen blanc destiné à vérifier que le SMSI est prêt. Il sert également de « répétition générale » pour préparer le personnel à l'audit réel. Il est très important que cet audit soit conduit par un cabinet indépendant. Le prestataire doit dépêcher des auditeurs expérimentés, ayant déjà procédé à des audits de certification. Le déroulement de cet audit est lui aussi détaillé dans la troisième partie de cet ouvrage.

- **Actions correctives et préventives.**
  Tous les écarts identifiés lors de l'audit à blanc nécessiteront d'appliquer des actions correctives et préventives.

À ce stade, tous les processus ont été déroulés au moins une fois. Ils ont été audités par un cabinet indépendant et les écarts ont été traités. Il ne reste alors plus qu'à commander l'audit de certification. Ce sera l'inauguration officielle du SMSI.

Dépendances

Il est important de bien formaliser les relations de dépendance entre les différentes tâches.

Les procédures de formation, de sensibilisation et les indicateurs peuvent être conçus en parallèle, une fois l'audit interne opérationnel.

Toutes les activités liées aux mesures de sécurité (adaptation ou implémentation) peuvent être conduites en parallèle, sauf en cas d'interdépendances particulières.

Principales erreurs à éviter

On ne trouvera jamais un SMSI identique à un autre, car le contexte de chaque entreprise est particulier. En revanche, les erreurs à éviter sont systématiquement les mêmes. Voici les plus courantes.

- **Travailler sans l'appui de la direction générale** – Le projet de SMSI entraîne la création de procédures qui s'imposeront à tout le personnel de l'entreprise, quels que soient son service et son niveau hiérarchique (gestion de la documentation, détection d'incident, audit interne, etc.). Ceci ne manquera pas d'attiser les susceptibilités des uns et des autres. Seul un véritable appui de la direction générale permettra alors de trancher lorsque ces tensions apparaîtront. Travailler sans son soutien est la garantie d'un échec rapide.

- **Travailler seul** – Le RSSI est souvent la première personne convaincue de l'utilité d'un SMSI. Il n'est pas rare de le voir tenter de construire tout seul un SMSI. Malheureusement, il omet presque toujours d'obtenir l'appui de la direction générale, ne prévient pas les autres services et écrit seul l'essentiel des procédures. À l'arrivée, le RSSI se retrouve avec un corpus de documents autovalidés dont personne ne se sert et sans aucune structure de contrôle indépendante. Le seul avantage de cette démarche est qu'elle permet de formaliser les procédures de sécurité qui sont du ressort du RSSI. Mais au bout de quelques semaines, le projet est abandonné.

- **Ne pas mettre en place la structure de base** – Les chefs de projet n'ayant pas l'expérience des systèmes de management croient qu'il suffit de se baser sur la norme ISO 27002 pour monter un SMSI. En effet, cette norme regorge de recommandations pour implémenter les mesures de sécurité. Ce n'est pourtant pas le centre du SMSI. Le plus important consiste à construire l'infrastructure qui fera tourner la roue PDCA. Sans elle, il sera impossible d'être certifié ISO 27001.

- **Se tromper de périmètre** – Un des moments clés du projet consiste à choisir le périmètre. Si ce dernier est trop ambitieux, il risque d'être trop onéreux et complexe à mettre en place, puis à maintenir. Inversement, un périmètre trop restreint risque de s'avérer parfaitement inutile.

- **Déclaration d'applicabilité** – Au moment de la construction de la déclaration d'applicabilité (DdA), le chef de projet peut être sujet à deux tentations. La première consiste à sélectionner un grand nombre de mesures de sécurité. Il n'est pas rare de voir des DdA comportant plus de cent mesures. Cela conduit à construire un SMSI complexe, comportant de nombreuses mesures à implémenter, et donc à contrôler. En phase d'exploitation, le risque de non-conformité par rapport à la norme est alors élevé. La tentation inverse consiste à sélectionner un nombre très réduit de mesures de sécurité. Cette situation n'est pas forcément plus satisfaisante que la précédente, puisqu'elle conduit généralement à omettre des mesures indispensables au bon fonctionnement du SMSI. Un chapitre de cet ouvrage présente quelques règles aidant à bien sélectionner les mesures de la DdA.

- **Faire « de la procédure »** – C'est l'erreur la plus commune. Les personnes impliquées dans le projet croient que plus les procédures seront verbeuses, plus elles plairont aux auditeurs de certification. Or c'est exactement le contraire. Plus une procédure est chargée, plus elle est difficile à lire et, surtout, plus il y a de chances que la description ne corresponde pas à la réalité du terrain.

Coût et suivi du projet

La personne chargée de construire le SMSI a besoin d'avoir une vision claire du projet pour le piloter au mieux et en maîtriser les coûts. C'est pour cette raison que nous avons décomposé le projet en quatre grandes phases. Pourtant, ce découpage n'est pas suffisamment fin. Puisque chacune des phases a pour but de mettre en place plusieurs processus essentiels, il est nécessaire de lancer autant de sous-projets que de processus à construire. C'est en étudiant de près chacun de ces sous-projets que le responsable disposera d'une vision précise du projet.

Le présent ouvrage développe les sous-projets essentiels du SMSI. Les chapitres qui suivent présentent chacun un sous-projet, en détaillant les tâches qui devront être accomplies et en donnant des conseils d'implémentation. Les sous-projets concernés sont récapitulés dans le tableau suivant.

Tableau 16-2

Sous-projets pour construire un SMSI

SOUS-PROJET	CHAPITRE	CODE
Projet de mise en place du SMSI	16	Proj
Contexte, politique de sécurité et périmètre du SMSI	17	Pol
Gouvernance de la sécurité	18	Gouv
Documentation	19	Doc
Audit interne et suivi d'actions	20	Aud
Appréciation des risques	21	Risq
Sélection des mesures de sécurité	22	SoA
Formalisation et sensibilisation	23	Form
Indicateurs du SMSI	24	Ind

Ces sous-projets sont incontournables, quel que soit le SMSI. Par ailleurs, des sous-projets supplémentaires devront être engagés pour implémenter les mesures de sécurité sélectionnées dans la déclaration d'applicabilité. Leur nombre dépendra de la quantité et de la complexité des mesures de sécurité à déployer.

Désormais, chaque chapitre sera systématiquement clôturé par une section intitulée « Éléments du sous-projet », comportant toujours quatre tableaux.

- **1er tableau – Points clés.**
  Il permet de récapituler les points les plus importants développés dans le chapitre. Le chef de projet devra en tenir compte à tout moment de la réalisation du sous-projet.

- **2e tableau – Activités projet.**
  Les actions composant le sous-projet auquel le chapitre est consacré y sont énumérées. Il s'agit des actions à entreprendre une seule fois, en phase de construction, lors du montage du SMSI. Ce tableau permettra au chef de projet d'attribuer un coût et une durée à chacune des actions du sous-projet.

- **3e tableau – Activités d'exploitation.**
  C'est la liste des activités nécessaires à l'exploitation ordinaire du point abordé dans le chapitre, une fois le SMSI opérationnel.

- **4e tableau – Documents et enregistrements.**
  Il récapitule tous les documents et enregistrements nécessaires à l'exploitation du point traité dans le chapitre. Cette liste permet au chef de projet

de vérifier qu'il a bien construit tous les documents nécessaires et prévu les enregistrements obligatoires.

Le chef de projet peut fusionner tous les tableaux « Activités projet » afin d'évaluer le plus finement possible le coût et la durée totale de la construction du SMSI.

La fusion des tableaux « Documents et enregistrements » peut également permettre de créer un annuaire de tous les documents et enregistrements nécessaires au SMSI. Cela pourra se révéler utile pour vérifier que tout est prêt pour l'audit de certification.

Chaque entrée des tableaux (à l'exception du tableau « Points clés ») est préfixée par une référence unique, structurée de la façon suivante :

- Référence = code-Sous-projet.[P ou E ou Doc ou Enr].Numéro ;
- Code-Sous-projet = code du tableau ci-dessus ;
- P = activité projet exécutée une seule fois, lors de la construction du SMSI ;
- E = activité d'exploitation exécutée de façon régulière, une fois le SMSI opérationnel ;
- Doc = document ;
- Enr = enregistrement ;
- Numéro = numéro d'ordre.

Les exemples ci-après clarifient la lecture de ces préfixes.

Quelques exemples

L'activité « Gouv.P.2 » désigne la deuxième activité du sous-projet de mise en place (lettre P) de la gouvernance de la sécurité (nom de code « Gouv »).

L'activité « Doc.E.1 » désigne la première activité à réaliser dans le cadre normal de l'exploitation (lettre E) de la procédure de gestion de la documentation (nom de code « Doc »).

« Pol.Doc.1 » désigne le premier document de la procédure relative à la génération de la politique de sécurité.

« Pol.Enr.1 » désigne le premier enregistrement de cette procédure.

Éléments du projet de SMSI

Tableau 16-3
Points clés du sous-projet

POINTS À RETENIR
Quelle que soit l'approche de construction retenue pour le projet, tenir compte à tout instant des trois contraintes principales :   – respecter les exigences de la norme ;   – épouser le modèle *Plan, Do, Check, Act* ;   – garder une cohérence entre la politique, l'appréciation des risques et les mesures de sécurité.
Construire en priorité la structure de base du SMSI (gouvernance, documentation, audit interne, formation, sensibilisation, indicateurs).
Ne pas lancer un projet de SMSI sans l'appui de la direction générale.
Bien formaliser les procédures.
Bien calibrer la déclaration d'applicabilité (ne pas sélectionner trop ou trop peu de mesures de sécurité).

Tableau 16-4
Activités projet

RÉF.	ACTIVITÉ
Proj. P. 1	Analyse préalable.
Proj. P. 2	Mise en place de la structure de base (décomposée en sous-projets).
Proj. P. 3	Mise en place des processus du SMSI (décomposée en sous-projets).
Proj. P. 4	Démarrage du SMSI.

Tableau 16-5
Activités d'exploitation

Sans objet dans ce chapitre.

Tableau 16-6
Documents et enregistrements

Sans objet dans ce chapitre.

Chapitre 17

Contexte, politique et périmètre du SMSI

La construction d'un SMSI commence par la définition du contexte, puis se poursuit par la description du périmètre. La rédaction d'une politique de sécurité complète ces deux points. Ces éléments sont la clé du SMSI et conditionnent grandement la suite du projet. Autant dire que chaque mot a son importance et que le plus grand soin doit être apporté à la rédaction de ces documents.

Le contexte : pierre angulaire du SMSI

Le tout premier travail à accomplir pour construire un SMSI consiste à décrire le contexte de l'organisme qui s'apprête à mettre en place le système de management. La norme précise certains points devant être abordés.

- **Contexte de l'organisme.**

  Il s'agit de décrire l'entreprise de façon générale, en rappelant son organisation, ses enjeux, les sites géographiques dans lesquels elle est implantée, ainsi que ses principales activités et partenaires. Les contraintes réglementaires auxquelles est soumis l'organisme peuvent aussi être brièvement abordées. En somme, tous les éléments clés permettant de savoir ce qu'est et ce que fait l'organisme doivent être présentés synthétiquement.

- **Attentes des parties prenantes.**

  En plus du contexte, la norme demande que les principales parties prenantes soient explicitement identifiées, ainsi que leurs attentes, notamment en matière de sécurité de l'information. Attention, il ne s'agit pas ici de faire un inventaire exhaustif de toutes les parties prenantes (elles se comptent généralement par centaines), mais bien d'identifier les deux ou trois les plus importantes, celles pour lesquelles on met en place le SMSI.

Deux contraintes opposées

Une fois le contexte du SMSI clairement établi, il faut aborder la politique et le périmètre. C'est le point de départ autour duquel est érigé l'ensemble du système de management. Ces deux documents fondateurs sont la référence ultime qui permettra de trancher lorsque l'implémenteur hésitera entre telle et telle action à entreprendre.

Sur le fond, l'implémenteur n'a aucun compte à rendre quant au choix de la politique et du périmètre. Aucun auditeur de certification ne pourra reprocher à l'organisme audité d'avoir retenu un périmètre restreint ou une politique peu ambitieuse. En ce sens, politique et périmètre sont les deux leviers de souveraineté de l'entreprise vis-à-vis de l'ISO 27001.

Généralement, c'est le responsable de la mise en place du SMSI qui se charge de rédiger ces deux documents. Pour cela, il doit être à l'écoute de deux courants qui ne vont pas toujours dans le même sens.

- **Les attentes des parties prenantes** – N'oublions pas que les systèmes de management sont mis en place à cause des parties prenantes et pour les parties prenantes. La politique et le périmètre doivent donc impérativement tenir compte de leurs attentes, afin que le SMSI leur fournisse la confiance qu'ils sont en mesure d'attendre. C'est l'objectif numéro un de ces deux documents.
- **Le contexte de l'organisme** – Il est impossible de ne pas tenir compte du contexte de l'entreprise. Comment ne pas prendre en considération la taille ou la structure de l'organisme qui va être certifié ? Quels sites seront couverts par le périmètre ? Sur quel niveau de sécurité est-il raisonnable de s'engager ? Combien coûtera le projet de mise en conformité ISO 27001 pour l'entreprise ? Ne serait-il pas mieux de commencer par un périmètre plus restreint ?

Toute la difficulté dans la définition de la politique et du périmètre réside dans le fait qu'il faut trouver un compromis équilibré entre ces deux courants, parfois antagonistes.

Le périmètre

Contraintes normatives sur le périmètre

Si l'implémenteur n'a pas de comptes à rendre sur le choix du périmètre du SMSI, il est tout de même soumis à un certain nombre de contraintes. La norme actuelle précise qu'il faut tenir compte des enjeux de l'entreprise (tels que précisés dans le contexte) et des attentes des parties prenantes. Il faut aussi tenir compte des dépendances entre les activités exercées par l'organisme et celles exercées par les autres organisations.

En complément de ces points, il est utile de se référer à l'ancienne version de la norme qui précise quelques éléments bien utiles pour décrire le périmètre.

- **La définition du périmètre.**
  Concrètement, l'objectif est de donner en un paragraphe une idée aussi claire que possible du périmètre du SMSI. Pour cela, il convient généralement d'énumérer la liste des sites, des unités organisationnelles et des activités concernées par le périmètre. Il peut parfois être intéressant de décrire également les technologies utilisées. Tout ce qui aide à clarifier le périmètre doit être utilisé. C'est pour cette raison que certaines sociétés insèrent dans leur définition un schéma pour illustrer le périmètre. Notons que tous ces éléments peuvent être directement puisés dans la description du contexte.

Les multiples facettes du SMSI

Le périmètre du SMSI couvre toutes les activités de l'entreprise : réception des livraisons, préparation des éléments en entrée, fabrication, conditionnement, préparation pour livraison. Par ailleurs, le SMSI concerne tous les sites de l'entreprise.

- **Les limites.**
  Il s'agit là de décrire les interfaces entre l'intérieur et l'extérieur du SMSI, dans le but de clarifier le plus possible la perception du système de management et d'éviter les malentendus.

Limites du SMSI

La limite physique du SMSI est matérialisée par la clôture du site. La limite réseau est démarquée par le pare-feu en entrée de la connexion Internet. Les clients et les fournisseurs sont à l'extérieur du périmètre.

- **La justification de toute exclusion.**
  Rien n'interdit d'exclure du périmètre un point qui devrait logiquement en faire partie. En revanche, une justification valable doit être apportée.

Justification recevable

Une usine dont le périmètre du SMSI comprend l'ensemble des activités sur le site peut décider d'en exclure l'une des chaînes de production. La raison avancée est la suivante : « Comme cette chaîne vient à peine d'être mise en production, certains de ses processus ne sont pas encore totalement industrialisés. À plus forte raison, les processus du SMSI ne pourront pas être appliqués avant la stabilisation de la chaîne. » Cette justification est recevable. En revanche, cela sous-entend que dès que les processus industriels de cette nouvelle chaîne seront stabilisés, elle sera intégrée dans le périmètre du SMSI.

Si aucune exclusion n'est faite au sein du périmètre, il convient de le préciser explicitement dans le document.

Exemple de périmètre

Prenons l'exemple fictif d'une société appelée TurboGratte, dont l'activité consisterait à fabriquer des bons à gratter pour tous types de jeux et opérations promotionnelles. C'est une PME dont le siège social se trouve à Paris, mais qui possède plusieurs antennes à Lyon, Marseille et Nantes. Elle souhaite mettre en place un SMSI couvrant toutes les activités et tous les sites de l'entreprise. Voici un modèle de périmètre pour cet exemple.

Exemple de périmètre du SMSI de la société TurboGratte

Localisation physique

Le SMSI couvre l'ensemble des implantations de la société TurboGratte, c'est-à-dire son siège social à Paris, ainsi que l'ensemble de son réseau d'agences (Lyon, Marseille et Nantes).

Activités

Toutes les activités de la société TurboGratte sont couvertes par le SMSI, à savoir :
- conception des bons à gratter ;
- impression des bons ;
- génération des codes gagnants ;
- conditionnement ;
- stockage ;
- livraison.

Limites du SMSI

Sont considérées à l'extérieur du SMSI, les entités suivantes :
- les clients de la société TurboGratte ;
- les fournisseurs de la société TurboGratte.

Le SMSI est délimité physiquement par ses locaux. Hors véhicules de livraison, tout ce qui est à l'extérieur des locaux de la société est à l'extérieur du SMSI. Le pare-feu d'accès à Internet représente la limite du SMSI en matière de réseau.

Exclusions

Il n'y a pas d'exclusion dans le périmètre du SMSI.

Différentes stratégies

À l'heure de définir le périmètre du SMSI, plusieurs stratégies sont possibles. Chacune présente de réels avantages, mais implique aussi des risques. Il est donc très important d'avoir conscience des avantages et inconvénients de chacune de ces approches.

Périmètre orienté entreprise

Dans cette approche, le périmètre du SMSI couvre toutes les activités de l'entreprise, sur tous les sites. L'avantage principal de cette option réside dans le fait qu'il n'y a aucune ambiguïté possible. Puisque le périmètre couvre tout, il répond à coup sûr aux attentes de toutes les parties prenantes, quelles qu'elles soient. Cette stratégie est fortement indiquée dans les PME, surtout celles implantées uniquement sur un ou deux sites. À cette échelle, il est parfaitement possible d'avoir une visibilité sur toutes les activités de l'ensemble des sites.

Cette approche est en revanche plus délicate dans les grandes structures. En effet, si nous considérons une entreprise établie sur l'ensemble d'un territoire national, avec plusieurs dizaines de sites, et fournissant une grande variété de services, la mise en place d'un SMSI couvrant l'ensemble des activités est un projet très ambitieux, long et coûteux. Par ailleurs, même dans le cas où le projet arrive à son terme et conduit à une certification ISO 27001, le risque est très important de voir la certification suspendue à l'occasion d'un audit de contrôle.

> **Exemple d'un opérateur de télécommunications**
>
> Un grand opérateur de télécommunications a mis en place, il y a quelques années, un SMSI couvrant toutes les activités de l'ensemble de ses sites dans un pays d'Europe. Ce projet très ambitieux a été rondement mené. L'audit initial de certification (portant sur le siège social et sur un échantillon de quelques sites) a conduit à une certification ISO 27001. Malheureusement, un an plus tard, dès le premier audit de contrôle (qui portait sur un échantillon de sites non audités l'année précédente), des écarts majeurs ont été identifiés par les auditeurs de certification, conduisant immédiatement à la suspension du certificat. C'est le problème d'un périmètre couvrant de nombreux sites : certains appliquent rigoureusement les consignes du SMSI, mais il suffit qu'un seul ne les applique pas pour compromettre la certification de toute l'entreprise.

- **Les avantages.**
  Outre le fait qu'une telle stratégie couvre les attentes de toutes les parties prenantes, l'avantage principal de cette solution est qu'elle permet des économies d'échelle. En effet, elle permet de ne déployer, au niveau global, qu'un seul modèle de gouvernance, de gestion de documentation, de suivi d'actions, d'audit interne, etc. Le SMSI résultant est ainsi très cohérent.

- **Les inconvénients.**
  En revanche, cette approche globale est très difficile à piloter pour les grandes entreprises. Par ailleurs, comme l'exemple de l'encadré vient de le montrer, il suffit qu'un seul site n'applique pas correctement les processus du SMSI pour que la certification de toute l'entreprise soit compromise.

Périmètre orienté site

Cette approche concerne les organismes implantés sur plusieurs sites. Au lieu de mettre en place un SMSI unique, couvrant l'ensemble des sites de l'entreprise, il peut être jugé plus intéressant de déployer plusieurs SMSI locaux, indépendants les uns par rapport aux autres. Cette approche est très utilisée par les groupes industriels possédant de nombreuses usines. Dans le secteur tertiaire, ce sont surtout les banques de type fédéral qui sont sensibles à cette démarche.

Généralement, pour aider les sites à déployer leur SMSI, le siège leur fournit tout un référentiel méthodologique, ainsi que du support interne. Cela permet aux différents SMSI d'être cohérents et interopérables malgré leur indépendance mutuelle. Le siège impose une démarche unique d'appréciation des risques, une méthode de gestion de la documentation, d'audit interne, etc. À charge pour chaque site de les adapter à ses propres exigences.

Exemple dans l'industrie

Une entreprise industrielle, possédant trente usines en Europe, souhaite lancer une démarche ISO 27001. Pour cela, elle charge chaque directeur d'usine de mettre en place un SMSI sur le site dont il a la responsabilité. Il y aura donc trente SMSI distincts et indépendants.

- **Les avantages.**
  Le premier avantage de cette approche tient au fait que, si tous les sites obtiennent la certification, on obtient un résultat équivalent aux cas où un seul SMSI couvre tous les sites. Cela génère donc de la confiance pour les parties prenantes. Mais surtout, l'avantage principal réside dans le fait que, si un site voit son certificat suspendu suite à un manque de rigueur dans l'application des procédures du SMSI, cette suspension ne porte que sur le site concerné, sans que les autres soient concernés. L'impact d'un écart majeur est donc nettement plus limité.

- **Les inconvénients.**
  Étant donné que chaque site dispose de son propre SMSI, il doit créer sa propre politique, son propre périmètre, et s'approprier les méthodes d'appréciation des risques fournies par le siège. Chaque site mettra en place son propre contrôle interne, son propre suivi d'actions, etc. Ainsi, il n'y aura pas forcément de cohérence entre les différents SMSI du groupe. Enfin, le coût de la mise en place du SMSI risque d'être au final plus élevé.

Périmètre orienté service

Attention, l'ISO 27001 donne lieu à une certification de système de management, et non de service. En revanche, rien n'empêche un organisme de définir un périmètre couvrant les activités conduisant à fournir un service en particulier.

- **Les avantages.**
  Le périmètre étant plus ciblé, il est certainement plus facile à maîtriser. Par ailleurs, le coût de mise en place et d'exploitation est réduit par rapport à un périmètre plus ambitieux.

- **Les inconvénients.**
  Le périmètre étant plus restreint, il est fort probable qu'il ne couvre pas les attentes de certaines parties prenantes. La direction doit donc être bien consciente des parties prenantes visées par le SMSI ainsi que de celles qui ne le sont pas.

Alignement avec d'autres systèmes de management

Nous avons vu dans la première partie de cet ouvrage que la qualité (ISO 9001) et l'environnement (ISO 14001) sont les systèmes de management les plus répandus à ce jour. L'ISO 27001 n'est qu'un système de plus. Certaines sociétés déjà certifiées ISO 9001 et/ou ISO 14001 peuvent envisager d'ajouter la sécurité à leur système. C'est ce que l'on appelle les systèmes de management intégrés. Dans ce cas, le périmètre retenu pour le SMSI sera le même que celui des systèmes de management déjà en place (qualité ou environnement).

- **Les avantages.**
  Le principal avantage des systèmes intégrés est la mutualisation des outils fondamentaux du système de management. Ils ne nécessitent qu'une seule gestion de la documentation, une seule structure d'audit interne, une seule gestion de suivi des actions correctives, etc.

- **Les inconvénients.**
  Le périmètre existant pour la qualité et/ou l'environnement ne correspond pas forcément (voire pas du tout) aux attentes des parties prenantes en matière de sécurité.

Problème de périmètre

Si nous reprenons l'exemple de la chaîne hôtelière, la certification ISO 9001 a pour but d'assurer un service de qualité au client final. La certification ISO 14001 a, quant à elle, pour objectif de limiter la consommation d'eau, ainsi que la pollution par l'usage excessif de détergents.

Le périmètre couvre donc les hôtels de la chaîne, mais il exclut les centres administratifs. Or, la sécurité de l'information est essentiellement gérée au niveau de ces centres, qui ne sont pas couverts par le périmètre. Nous voyons bien que, dans cet exemple, aligner le périmètre du SMSI avec celui de la qualité et de l'environnement n'a strictement aucun sens.

Stratégie progressive

Cette dernière approche consiste à choisir, dans un premier temps, un périmètre assez restreint, dans l'optique de l'élargir lorsque le SMSI aura atteint un niveau de maturité jugé satisfaisant. Elle a pour objectif de familiariser les équipes avec les difficultés concrètes de la mise en place d'un SMSI, avant d'établir un système de management à plus grande échelle.

Exemple

Un RSSI décide de mettre en place un SMSI dont le périmètre ne couvre que les activités de développement logiciel. Ce périmètre sera par la suite élargi à toutes les activités du service informatique.

- **Les avantages.**
  Les difficultés rencontrées lors de la mise en place du SMSI auront un impact très limité sur l'entreprise. Les coûts liés au projet sont, en principe, réduits. Enfin, cette approche permet aux équipes de se familiariser sans risque avec les systèmes de management. Lorsqu'elles élargiront le périmètre, les équipes sauront tirer profit de leur expérience pour éviter les erreurs et être les plus efficaces possible.

- **Les inconvénients.**
  La restriction du périmètre ne répond probablement pas du tout aux attentes des parties prenantes. Cette stratégie s'inscrit plus dans une démarche d'expérimentation que d'apport d'une réelle confiance. Par ailleurs, le choix d'un périmètre trop restreint n'est pas forcément la meilleure solution, car la mise en place d'une procédure de gestion des documents, d'audit interne et de suivi d'actions a un coût incompressible, lequel serait disproportionné par rapport au peu d'ambition du périmètre retenu.

> **Élargissement du périmètre**
>
> Si nous reprenons l'exemple précédent, même si le périmètre ne couvre que le développement logiciel, il sera malgré tout nécessaire de gérer des ressources humaines, puisque les programmes sont écrits par des développeurs. Il faudra également impliquer les services généraux, puisque l'accès au bureau d'études est protégé par badge. En outre, des auditeurs indépendants des développeurs devront contrôler la bonne application des procédures du SMSI. Bref, malgré la taille réduite du SMSI, un nombre important de personnes et de services sont impliqués. Pour un coût à peine supérieur, il serait certainement préférable d'élargir le périmètre à toutes les activités du service informatique.

La politique de sécurité

Plusieurs types de politique

Le terme « politique de sécurité » peut être compris de deux façons différentes, ce qui conduit à deux grandes approches pour rédiger ce document. Aussi, on constate généralement les politiques de sécurité synthétiques et les politiques de sécurité exhaustives.

- **Les politiques de sécurité synthétique.**
  Cette approche consiste à rappeler quelques points remarquables de l'organisme, puis à dicter un certain nombre de grandes lignes à respecter dans le domaine de la sécurité des systèmes d'information. En général, un tel document fait entre dix et quinze pages.

- **Les politiques de sécurité exhaustive.**
  Cette seconde approche consiste à entrer bien plus dans les détails. Généralement, cette approche conduit à produire des documents composés de 14 grands chapitres, eux-mêmes divisés en 35 sous-chapitres, lesquels sont déclinés en 114 articles. On reconnaît ici clairement le plan de la norme ISO 27002. En fait, cette façon de rédiger des politiques de sécurité revient à décrire, pour chaque mesure de sécurité de l'ISO 27002, comment elle est implémentée dans l'organisme (ou, plutôt, comment elle devrait être implémentée). En termes de volume, nous sommes donc en présence d'un document faisant entre 30 et 40 pages, voire plus.

Pour compléter ces deux approches, notons que l'ancienne norme ISO 27001 n'imposait pas de politique de sécurité à proprement parler. Elle imposait, à la place, une politique du SMSI, ce qui est bien différent. Ce document était en fait un engagement solennel de la direction en matière de sécurité, qui tenait généralement sur une simple page. Un tel document n'est plus obligatoire dans la version actuelle de la norme.

Face à ces deux approches (synthétique et exhaustive), l'implémenteur peut légitimement se demander laquelle il doit retenir. Bien que la norme ne soit pas très explicite sur ce point, c'est clairement la première approche (politique de sécurité synthétique) qu'il conviendra de retenir.

De nombreuses sociétés n'ont pas attendu l'arrivée des systèmes de management pour rédiger des politiques de sécurité. Par contre, ces politiques n'intègrent pas forcément les points induits par la norme. Ainsi, ces politiques doivent généralement être mises à jour à l'occasion de la mise en place du SMSI pour tenir compte des contraintes normatives.

Contraintes normatives sur la politique de sécurité

Les contraintes applicables à la politique du SMSI sont du même ordre que celles qui s'appliquent au périmètre. L'implémenteur est ici aussi totalement libre sur le fond. En revanche, il est tenu de se prononcer explicitement sur les cinq points détaillés dans la clause.

- **Les objectifs en matière de sécurité de l'information.**
  La politique doit aborder les objectifs et principes directeurs de l'organisme en matière de sécurité de l'information. Dans cette déclaration, l'organisme s'engage explicitement à assurer un niveau de confidentialité, d'intégrité et de disponibilité satisfaisant. Il est également possible de rappeler une définition de la sécurité de l'information et de préciser quelles sont les attentes des parties prenantes que le SMSI a pour but de satisfaire.

Principes d'une politique de sécurité

Une entreprise pourra commencer sa politique de sécurité par la déclaration suivante : « La sécurité de l'information couvre toutes les activités ayant pour objectif de protéger les actifs d'information contre toute altération volontaire ou accidentelle de leur confidentialité, disponibilité et intégrité. L'objectif de cette politique est de protéger de façon appropriée les actifs d'information de l'entreprise en mettant en place un SMSI. »

- **L'engagement à satisfaire les exigences de sécurité.**
  La politique doit s'engager à respecter toutes les exigences en matière de sécurité. Comme ces exigences sont généralement issues des parties prenantes (qu'il s'agisse de clients ou d'autorités de tutelle), il suffit de reprendre les attentes des parties prenantes formulées dans le document « Description du contexte ».

Exemple militaire

Un opérateur d'importance vitale est tenu de respecter les exigences de la loi de programmation militaire (LPM), et plus particulièrement les règles édictées dans l'arrêté sectoriel le concernant.

Exemple pour la protection des données

Un organisme manipulant des données à caractère personnel doit se conformer au règlement général sur la protection des données (RGPD).

Exemple d'une société de transports

Une société privée de transports en commun opérant pour plusieurs municipalités doit respecter les clauses de sécurité des SI présentes dans le contrat de délégation de service public qu'elle a passé avec le syndicat de communes pour le compte duquel l'opérateur travaille.

- **L'engagement à œuvrer pour l'amélioration continue.**
  Le principe de l'amélioration continue est la clé de voûte de tout système de management. Il est donc logique que la politique inscrive noir sur blanc cet engagement à œuvrer à l'amélioration continue.

Points complémentaires à faire figurer sur la politique de sécurité

En plus de ces points imposés par la norme, l'implémenteur peut ajouter des éléments supplémentaires. Il est totalement libre dans les sujets à aborder. Toutefois, deux grandes approches se dégagent.

- **L'inventaire technique.** Il consiste à énumérer un certain nombre de domaines, généralement techniques, afin de donner des directives. Pour chacun de ces domaines, il ne s'agit pas vraiment de détailler, mais plutôt de donner les grandes lignes de conduite. Les sujets abordés s'inspirent généralement des principaux chapitres de la norme ISO 27002. Ils n'entrent pas pour autant dans le détail des mesures de sécurité. Voici les règles que l'on retrouve le plus souvent.
  - Aux ressources humaines.
  - À la classification de l'information.
  - À la gestion des supports amovibles.
  - À la gestion des accès.
  - À la cryptographie.
  - À la sécurité physique.
  - Aux sauvegardes et aux restaurations.
  - À la sécurité réseau et communications.
  - À la sécurité applicative.
  - À la sécurité système.
  - À la gestion des fournisseurs.

- **L'approche managériale.** Cette autre approche consiste à insister sur les principes qui régissent le fonctionnement général de la sécurité, plutôt que de faire un inventaire des mesures de sécurité.
  - Organigramme des responsabilités en sécurité de l'information.
  - Principes de gouvernance de la sécurité.
  - Principes de mise en œuvre de la sécurité :
    › appréciation des risques ;
    › identification des mesures de sécurité à mettre en place ;
    › acceptation des risques résiduels par le management ;
    › mise en œuvre des mesures de sécurité appropriées.
  - Contrôle de la sécurité :
    › liste des contrôles annuels exercés pour s'assurer que le niveau de sécurité est celui qui a été convenu ;
    › contrôles mensuels ;
    › contrôles permanents.
  - Rappel des références des documents de politiques plus précis (accès aux applications, sécurité réseau, etc.).

Sur la forme

La norme ne précise en aucune façon la forme à donner à la description du contexte, au périmètre du SMSI, ni à la politique de sécurité. L'implémenteur a donc la possibilité de créer plusieurs documents distincts, l'un intitulé « Description du contexte », l'autre « Périmètre du SMSI », et enfin, un dernier intitulé « Politique de sécurité ». Une alternative consiste à créer un document unique, comportant une première section décrivant le contexte de l'organisme, et une seconde décrivant les périmètres du SMSI. Quant à la politique de sécurité, il est d'usage d'en faire un document à part entière, généralement publié sur l'Intranet. L'ensemble de ces documents fondateurs peut aussi être intégré dans un document plus général, habituellement appelé « Manuel sécurité », contenant toute la documentation générale du SMSI. Ce manuel sécurité sera surtout créé par les qualiticiens, sur le modèle du manuel qualité qu'ils ont l'habitude de faire pour les autres systèmes de management. En conclusion, peu importe le support, à partir du moment où le périmètre et la politique abordent clairement les points exigés par la norme.

Éléments du sous-projet de contexte, politique et périmètre

Tableau 17-1
Points clés du sous-projet

POINTS À RETENIR
La description du contexte de l'organisme, le périmètre du SMSI ainsi que la politique de sécurité sont les trois documents fondateurs du SMSI.
Sur la forme, peu d'exigences s'appliquent à ces documents.
La "Politique de sécurité" est un document de taille moyenne, ni trop détaillé, ni trop général. En général, une quinzaine de pages suffit.
Description du contexte, périmètre et politique de sécurité peuvent être intégrés dans un dossier appelé "Manuel sécurité", sur le modèle du manuel qualité utilisé par les qualiticiens.

Tableau 17-2
Activités projet

RÉF.	ACTIVITÉ
Pol.P.1	Prendre connaissance du contexte de l'entreprise et le formaliser conformément à la norme.
Pol.P.2	Prendre connaissance des exigences des parties prenantes en matière de sécurité.
Pol.P.3	Comparer plusieurs stratégies de périmètre et de politique, en tenant compte du coût de chaque option, de ses avantages et de ses inconvénients.
Pol.P.4	Valider avec la direction générale l'une de ces options.
Pol.P.5	Rédiger et valider le périmètre du SMSI ainsi que la politique de sécurité.

Tableau 17-3
Activités d'exploitation

RÉF.	ACTIVITÉ
Pol.E.1	Réviser une fois par an (ou lors d'un changement important) la description du contexte de l'organisme.
Pol.E.2	Réviser une fois par an (ou lors d'un changement important) le périmètre du SMSI.
Pol.E.3	Réviser une fois tous les deux ans (ou lors d'un changement important) la politique de sécurité.

Tableau 17-4

Documents et enregistrements

RÉF.	ÉLÉMENT
Pol.Doc.1	Description du contexte de l'organisme.
Pol.Doc.2	Périmètre du SMSI.
Pol.Doc.3	Politique de sécurité.

Chapitre 18

Gouvernance de la sécurité

La gouvernance est une question d'actualité. Ce terme en vogue se retrouve à tous les niveaux, qu'il s'agisse de la gouvernance des États, de celle de l'entreprise, ou encore de celle de son système d'information ou de la sécurité. En raison de sa proximité avec celui de gouvernement, ce terme est bien souvent galvaudé et employé à mauvais escient.

En marge de cet effet de mode, l'établissement d'un SMSI nécessite de se poser, dès le départ, la question suivante : qui fait quoi ? Si aucune structure de décision n'est mise en place, le SMSI est condamné d'avance. Ce chapitre explique comment intégrer les questions de sécurité dans la gouvernance générale de l'entreprise.

Besoin de gouvernance

La norme ISO 27001 indique clairement que l'une des responsabilités du management consiste à établir les rôles et responsabilités en matière de sécurité de l'information.

Par ailleurs, la norme précise à plusieurs reprises que le management doit non seulement valider tel ou tel point du SMSI, mais qu'il est également responsable de telle ou telle tâche.

Quid du *management* ?

Comme nous l'avons vu précédemment, en anglais, le terme *management* désigne l'encadrement au sens large du terme. Selon les cas, il peut désigner l'équipe dirigeante de l'entreprise, mais aussi l'encadrement opérationnel impliqué dans un processus particulier.

Il faut prendre des décisions, remettre la sécurité dans une perspective d'ensemble par rapport aux autres aspects de l'entreprise, trancher en faveur de telle ou telle solution. Ces décisions doivent être prises aux niveaux hiérarchiques adéquats. Par conséquent, il est nécessaire de définir une structure permettant, selon les cas, de prendre des décisions à différents niveaux. C'est ce que l'on appelle la gouvernance.

Bien souvent, la situation constatée dans les entreprises est insatisfaisante. Bon nombre de sociétés, conscientes des problématiques inhérentes à la sécurité, se contentent de désigner un responsable de la sécurité des systèmes d'information (RSSI). Ce dernier ne dispose pas toujours d'une équipe dédiée et dépend souvent du DSI. Dans ces conditions, il ne peut malheureusement que produire des documents de politique de sécurité ou des recueils de bonnes pratiques, qui ne sont que moyennement suivies par les services. Concernant les décisions relatives à la sécurité, aucune structure officielle n'a autorité en la matière. En fait, la sécurité est gérée au jour le jour, reposant exclusivement sur la conscience professionnelle de chacun, sans aucun principe directeur ni structure de contrôle. Une telle situation est parfaitement inadaptée aux exigences de la norme ISO 27001.

Modèles de gouvernance

Si elle implique la mise en place d'une gouvernance, l'ISO 27001 n'en préconise aucun modèle en particulier. L'implémenteur est donc libre d'organiser à sa guise la gouvernance du SMSI. Il lui est possible, bien sûr, de s'appuyer sur un référentiel reconnu, mais rien ne l'empêche d'appliquer une méthode empirique, pourvu qu'elle permette de prendre des décisions cohérentes au sein du SMSI.

Modèle empirique

Avant de se lancer tête baissée dans la création de comités ou d'élargir immodérément les domaines d'intervention des instances déjà existantes, il convient d'analyser soigneusement les différentes fonctions du management en matière de sécurité. Dans un second temps, il sera judicieux de réaliser un inventaire des différentes tâches possibles au sein de chaque fonction du management.

C'est à ce moment qu'il deviendra possible de répartir les tâches au sein des différentes instances de l'entreprise, voire de créer, si nécessaire, des instances ad hoc. Il y a quatre grandes fonctions du management.

- **La stratégie.**
  Cette fonction englobe toutes les activités consistant à faire en sorte que les décisions relatives à la sécurité des systèmes d'information tiennent compte des priorités stratégiques de l'entreprise. Elle concerne essentiellement l'encadrement supérieur. Les décisions relatives à la stratégie

de la sécurité sont généralement prises plusieurs fois par an, parfois tous les deux mois.

- **Le pilotage.**
  Cette fonction regroupe toutes les activités consistant à mettre en application la stratégie décidée par l'encadrement supérieur de l'entreprise. Il s'agit de suivre de près tout ce qui est relatif à la mise en place des procédures de sécurité. Dans un SMSI, cela revient à piloter la mise en place des procédures conformément aux articles 4 à 10, ainsi que les mesures de sécurité sélectionnées dans la déclaration d'applicabilité. C'est une fonction qui concerne les responsables informatiques, les responsables sécurité, les responsables sûreté, ainsi que les chefs de projet concernés. Les décisions relatives au pilotage sont généralement prises une fois par mois, voire plusieurs fois par mois.

- **L'exploitation.**
  Cette fonction réunit toutes les activités consistant à fournir les services de sécurité convenus dans le SMSI. Cela implique notamment la production des enregistrements qui permettront de prouver que les processus de sécurité fonctionnent efficacement et conformément à la politique du SMSI. Cette fonction est assurée par l'encadrement opérationnel directement responsable de chaque processus. Les activités liées à ce processus nécessitent généralement un suivi quotidien.

- **Le contrôle.**
  Cette fonction concerne toutes les activités consistant à s'assurer que le SMSI produit des résultats efficaces et conformes aux spécifications. Cette fonction est gérée à différents niveaux hiérarchiques. Les activités liées au contrôle sont effectuées périodiquement et leur fréquence dépend de l'organisation de l'entreprise.

La fonction stratégique s'alimente des résultats produits par le contrôle. De son côté, la fonction de pilotage a besoin de connaître les choix de la stratégie pour décider des options en sécurité conformes à cette stratégie. Par ailleurs, le pilotage a aussi besoin des éléments fournis par le contrôle. Ensemble, les fonctions de stratégie, contrôle et pilotage contribuent à l'amélioration du SMSI.

Les activités relatives à l'exploitation tiennent compte des décisions prises par le pilotage et fournissent des résultats qui seront évalués par le contrôle. Il n'y a pas de liaison directe entre l'exploitation et la stratégie, car ces fonctions se situent à des niveaux bien distincts. Ensemble, les fonctions de contrôle, pilotage et exploitation contribuent à la maîtrise du SMSI.

Modèle Cobit

Le modèle empirique présenté précédemment répond aux besoins de gouvernance d'un SMSI. Cependant, certains organismes préfèrent utiliser des modèles publics et reconnus dans le monde de l'entreprise. Cela a longtemps été le cas avec le modèle Cobit.

Cobit est un référentiel aidant à construire une gouvernance cohérente en matière de systèmes d'information. L'une de ses priorités consiste à faire en sorte que l'informatique soit en phase avec les objectifs de l'entreprise. Ce référentiel a été développé par l'ISACA, association nord-américaine d'audit et de contrôle des systèmes d'information. Cobit en est actuellement à sa cinquième version.

Cobit identifie plusieurs centres d'intérêt en matière de gouvernance. Toutes les activités du management, quel que soit leur niveau, auront pour but de satisfaire au moins un de ces axes.

Le modèle Cobit, qui a connu un très grand succès jusqu'aux années 2000, est aujourd'hui en net déclin. En effet, les entreprises sont entrées dans un élan incessant d'innovation afin d'assurer leur survie. Cela les pousse à se réorganiser constamment, à revoir en profondeur tous leurs processus métier, et à changer de cap stratégique dès que le contexte économique ou commercial l'exige. Cette extrême flexibilité et les changements incessants de stratégie rendent très délicate la mise en place des processus Cobit. Certes, la version 5 de ce référentiel tente bien de s'adapter à ce contexte en s'orientant vers le client et vers la création de valeur, mais force est de constater qu'on entend de moins en moins parler de ce référentiel en entreprise. Il est donc déconseillé de se baser sur Cobit pour gérer la gouvernance de la sécurité.

Exigences de la norme en matière de gouvernance

Les responsabilités du management sont régulièrement rappelées dans la norme. Naturellement, l'article 5, intitulé *leadership*, concentre l'essentiel des exigences portant sur le management. Toutefois, des clauses réparties dans les articles 4 à 10 évoquent également la question. Certes, on ne cite pas toujours explicitement la direction, mais on comprend tout de même très bien que c'est elle qui doit prendre en charge un certain nombre de tâches dans les missions stratégiques, de contrôle et de suivi.

- **Missions stratégiques** – Leur but consiste à s'assurer que les décisions relatives à la sécurité correspondent aux priorités réelles de l'entreprise. Plus précisément, ces missions sont les suivantes :
  - déterminer les contextes interne et externe de l'organisation ;
  - identifier les principales parties prenantes et formaliser leurs principales attentes, notamment en matière de sécurité de l'information ;
  - définir le périmètre du SMSI ;

- établir la politique de sécurité ;
- définir les principaux objectifs de sécurité ;
- approuver le plan de traitement des risques. Plus spécifiquement, la norme dit que ce sont les « propriétaires des risques » qui doivent approuver ce plan. Dans les faits, les propriétaires sont très souvent issus de la direction ;
- valider les risques résiduels ; tout comme pour le point précédent, ce sont les propriétaires des risques qui doivent valider ces risques résiduels. Mais il est impensable que la direction ne soit pas impliquée dans la boucle de décision ;
- établir les rôles et responsabilités en matière de sécurité de l'information.

- **Missions de contrôle** – Elles ont pour objectif de vérifier la conformité du SMSI par rapport aux exigences formulées par la stratégie ainsi que sa conformité vis-à-vis de l'ISO 27001. Certains points de la norme formulent explicitement les missions de contrôle du management :
  - s'assurer que les performances du SMSI sont surveillées et mesurées ;
  - s'assurer que les audits internes sont effectués ;
  - s'assurer que l'on tient compte des audits internes ;
  - conduire des revues de direction.
- **Missions de suivi** – Elles consistent à faire en sorte que les processus définis dans le SMSI soient exploités comme convenu. Les points suivants de la norme vont dans ce sens :
  - le management doit fournir les ressources nécessaires pour mettre en place, exploiter, surveiller et améliorer le SMSI ;
  - le management doit communiquer sur la sécurité ; il est aussi garant de la formation et de la sensibilisation ;
  - le management doit s'assurer de l'état d'avancement des actions décidées ;
  - le management doit s'assurer que les non-conformités sont traitées.

Intégrer la sécurité dans la gouvernance de l'entreprise

La dernière phase de la création d'une gouvernance de la sécurité consiste à prendre en compte l'existant. La lecture des rapports d'activité présentés par les sociétés lors des assemblées générales d'actionnaires suffit bien souvent pour se faire une idée des instances de gouvernance déjà présentes. En effet, les premières pages de ces rapports rappellent souvent les différentes instances de gouvernance de l'entreprise. On y trouve généralement des comités de direction, des comités de contrôle, etc.

Le but est, précisément, d'établir un lien très concret entre les différentes instances de l'entreprise et les fonctions identifiées dans le modèle de gouvernance, sans négliger de prendre en compte les exigences de la norme en matière de management.

Quel que soit le type de gouvernance retenu, et au vu des exigences de la norme, on remarque un besoin systématique de posséder une instance de niveau stratégique, une instance de contrôle et, enfin, une dernière pour suivre et gérer les problèmes au quotidien.

Par ailleurs, il faut être conscient que la gouvernance est un mécanisme dynamique, dont les attributions seront appelées à évoluer dans le temps. À l'initiation de la construction du SMSI, la gouvernance sert essentiellement à valider les points fondateurs du système de management et à piloter le déploiement des différents processus. Une fois le SMSI opérationnel, la gouvernance sera stabilisée dans ses rôles stratégiques, ainsi que dans ses fonctions de pilotage et de contrôle.

Instances les plus communes dans l'entreprise

Toutes les entreprises possèdent des instances de décision. Leur nombre varie selon la taille et le type de l'organisme. Par ailleurs, le nom de ces instances (ainsi que leurs attributions) diffère d'un cas à l'autre. La liste ci-après présente les principales instances susceptibles d'accueillir les fonctions de gouvernance de la sécurité.

- **Conseil d'administration.**
  Les grandes structures disposent d'un conseil d'administration. Ce dernier assume les pouvoirs de direction, de contrôle et de représentation. Il défend les intérêts des actionnaires et s'inscrit dans une démarche de création de valeur. Il approuve la stratégie générale de l'entreprise, détermine la politique de rémunération de l'équipe de direction et identifie les principaux risques encourus par l'entreprise.

Board of Directors

La traduction anglaise de « conseil d'administration » est *Board of Directors*.

Le conseil d'administration peut créer des comités spécialisés afin de suivre finement certains points particuliers. Il n'est pas rare de voir des comités d'audit, de rémunération, de nominations, des comités exécutifs ou encore des comités financiers.

- **Comité de direction.**
  En général, il réunit la direction générale de l'entreprise ainsi que les responsables des différents services. Lorsqu'il existe un conseil

d'administration, le but du comité de direction est de traduire les priorités stratégiques en priorités opérationnelles. Lorsqu'il n'y en a pas, c'est le comité de direction qui fixe les priorités stratégiques.

- **Comités de pilotage.**
  Ils réunissent les décideurs et les responsables opérationnels relatifs à un domaine particulier afin de prendre des décisions.

> **COPIL, *steering committee***
>
> En abrégé, on parle souvent de COPIL. La traduction anglaise de «comité de pilotage» est *steering committee.*

- **Comité de contrôle.**
  Certaines entreprises disposent d'un comité de contrôle, dont le rôle consiste à s'assurer de la cohérence des comptes de l'entreprise. Cependant, les missions de ce comité sont plus ou moins étendues selon les cas. Cette instance est parfois habilitée à contrôler techniquement les mesures de sécurité mises en place dans les systèmes d'information, afin de s'assurer que les comptes sont bien protégés contre les altérations accidentelles ou frauduleuses.

Erreurs à éviter

Il est réducteur de penser que la gouvernance se réduit à la création d'instances amenées à statuer sur telle ou telle question. Avant de créer un comité, il faut être bien conscient de ce qu'implique sa création. Concrètement, cela entraîne la réalisation des tâches suivantes :

1. décrire dans un document l'objectif du comité, ses domaines de compétence, ses missions, sa composition, etc. ;
2. planifier les réunions du comité ;
3. convoquer les participants en temps et en heure ;
4. préparer chaque réunion (collecter les informations nécessaires, convenir d'un ordre du jour, etc.) ;
5. animer la réunion ;
6. rédiger un compte rendu ;
7. faire valider le compte rendu ;
8. suivre les décisions prises lors de la réunion.

Il est donc vivement conseillé d'intégrer, autant que possible, toutes les questions relatives à la sécurité et au SMSI dans la gouvernance générale de l'entreprise.

De ce fait, il ne sera créé d'instance que pour les tâches n'ayant pas été attribuées à un comité déjà existant.

Pour autant, il ne faut pas tomber dans l'excès inverse, à savoir ne pas créer d'instance là où il serait pertinent de le faire. L'exemple le plus classique est celui du comité de pilotage informatique. L'informatique étant au centre du système d'information, la tentation est grande d'élargir les attributions de ce comité au SMSI. Or, le système de management couvre aussi des questions liées à la sécurité physique, aux ressources humaines et aux processus métier totalement disjoints de l'informatique. Dans ces conditions, il est préférable de créer un comité de pilotage sécurité distinct du comité de pilotage informatique, quitte à ce que ces deux instances communiquent fortement.

Cas d'une entreprise de taille moyenne

Considérons une entreprise de taille moyenne (environ 3 000 employés), disposant depuis longtemps d'un comité de direction, d'un comité d'audit et d'un comité de pilotage informatique.

Un poste de RSSI a été créé il y a trois ans. Il n'existe pas d'équipe sécurité et aucune instance ne formalise les décisions relatives à la sécurité. Une politique de sécurité a été validée par la direction l'année passée.

Le RSSI est en charge de mettre en place un SMSI. Dans ce but, il propose une structure de gouvernance articulée autour de trois comités : le comité de direction (déjà existant), le comité de pilotage sécurité (créé à cet effet) et le comité d'audit (déjà existant). Voici la description de ces trois instances.

Tableau 18-1

Description du comité de direction

INSTANCE	Comité de direction
MEMBRES	Directeur général Responsables des services DSI
INVITÉS EN CAS DE BESOIN	Responsable sécurité des systèmes d'information Responsable du SMSI Experts techniques
PRÉSIDENT	Directeur général
PÉRIODE	Tous les deux mois
OBJECTIF	Aligner la sécurité sur les priorités stratégiques de l'entreprise.
MISSIONS	1. Fixer les priorités de la sécurité des systèmes d'information en fonction de la stratégie de l'entreprise. 2. Valider les bases du SMSI.

Points à l'ordre du jour	1. Validation de la politique et du périmètre du SMSI. 2. Fixation des critères d'acceptation des risques. 3. Approbation des risques résiduels proposés par le responsable du SMSI. 4. Autorisation d'exploiter le SMSI. 5. Validation de la gouvernance sécurité de l'entreprise.
En rapport avec	1. Le comité d'audit, qui présente une fois par an l'état de conformité et d'efficacité du SMSI. 2. Le comité de pilotage, qui propose une fois par an les révisions des points clés du SMSI.

Le RSSI a donc choisi d'enrichir les attributions du comité de direction en y ajoutant les questions relatives à la sécurité. En fait, il profite de la présence de toutes les personnes invitées par le comité de direction et habilitées à valider les tâches de la fonction stratégique. Dans ces conditions, il est inutile de créer une nouvelle instance qui solliciterait cette population une fois de plus, uniquement pour des questions relatives à la sécurité. Nous remarquons que le RSSI a mis à l'ordre du jour toutes les exigences de la norme en matière de stratégie.

En ce qui concerne le pilotage de la sécurité, le RSSI aurait pu élargir les attributions du comité de pilotage informatique déjà existant. Néanmoins, même si l'informatique est au cœur du SMSI, ce dernier couvre également d'autres domaines tels que la sécurité physique, la gestion du personnel et un certain nombre de processus métier totalement indépendants de l'informatique. Il a donc préféré créer une nouvelle instance appelée comité de pilotage sécurité. La description de ce comité est détaillée dans le tableau ci-après.

Tableau 18-2

Description du comité de pilotage sécurité

Instance	Comité de pilotage sécurité
Membres	Responsable du SMSI Responsable sécurité des systèmes d'information DSI Responsable sûreté Responsables des services concernés
Invités en cas de besoin	Experts techniques Chefs de projet Utilisateurs clés
Président	Responsable du SMSI

Période	Tous les mois
Objectif	Faire en sorte que la sécurité fournisse le niveau de confiance qui a été convenu par le comité de direction.
Missions	1. Suivre les projets en cours. 2. Proposer des solutions aux difficultés qui se présentent.
Points à l'ordre du jour	1. Point sur la communication et la formation en matière de sécurité. 2. Point sur les actions correctives et préventives en cours. 3. Analyse des dépenses et des besoins pour exploiter le SMSI. 4. Suivi des projets en cours. 5. Point sur les incidents de sécurité survenus dans la période.
Points à l'ordre du jour une fois par an	1. Révision de la politique et du périmètre du SMSI. 2. Révision du SMSI. 3. Révision de l'appréciation des risques. 4. Étude du rapport de la commission de contrôle relatif aux audits de l'année.
En rapport avec	1. Le comité d'audit, pour proposer et suivre les actions correctives et préventives suite aux écarts identifiés lors des audits. 2. L'exploitation, pour contrôler la production et piloter les projets. 3. Le comité de direction, pour lui proposer une fois par an les révisions des points clés du SMSI.
Rapporte	Au comité de direction

Les actions relatives à la fonction de contrôle incombent au service d'audit interne. Ce sera donc le comité d'audit qui tranchera sur toutes les questions relatives aux fonctions de contrôle du SMSI. Le RSSI a réussi à convaincre l'audit interne d'intégrer les questions du SMSI, même si, à l'origine, l'audit interne ne s'intéressait qu'au contrôle des comptes et peu aux procédures informatiques. Le RSSI a produit des guides d'audit qui permettront aux auditeurs de vérifier les points clés du SMSI. Les décisions relatives au contrôle du SMSI seront donc prises au sein du comité d'audit, dont les attributions seront enrichies des points suivants.

Tableau 18-3

Description du comité d'audit

Instance	Comité d'audit
Membres	Responsable de l'audit interne Auditeurs internes

INVITÉS EN CAS DE BESOIN	RSSI Responsable du SMSI
PRÉSIDENT	Responsable de l'audit interne
PÉRIODE	Tous les deux mois
OBJECTIF	Contrôler la conformité et l'efficacité du SMSI.
MISSIONS	1. Assurer le bon déroulement des audits. 2. Assurer un suivi des actions correctives et préventives.
POINTS À L'ORDRE DU JOUR	1. Retour sur le déroulement des audits réalisés depuis la réunion précédente. 2. Point sur les non-conformités relevées. 3. Validation des actions correctives et préventives. 4. Point sur les actions correctives et préventives en cours.
POINTS À L'ORDRE DU JOUR UNE FOIS PAR AN	1. Validation du rapport annuel des audits à présenter au comité de direction. 2. Validation du programme des audits de l'année à venir.
EN RAPPORT AVEC	1. Le COPIL sécurité, en charge du pilotage de la mise en œuvre des actions correctives et préventives en cas d'écart. 2. Le comité de direction, pour lui présenter l'état de conformité et d'efficacité du SMSI.
RAPPORTE	Au comité de direction, une fois par an, afin de donner un état de l'efficacité et de la conformité du SMSI

Formalisation de la gouvernance

Une fois mise en place, la gouvernance doit être formalisée et validée. Les éléments suivants seront autant de preuves que la gouvernance est correctement constituée auprès de l'auditeur :

1. document synthétique décrivant les rôles et responsabilités de chacun dans le SMSI ;

2. fiche de description détaillée de chaque instance, sur le modèle de l'exemple ci-dessus ;

3. fiche de description de poste du responsable sécurité et du responsable du SMSI ;

4. comptes rendus dûment validés de la tenue de chaque instance.

Ce n'est que sur présentation de ces pièces que l'auditeur pourra certifier qu'une gouvernance est bien établie dans le SMSI.

Éléments du sous-projet de gouvernance

Tableau 18-4

Points clés du projet

POINTS À RETENIR
Commencer par identifier les fonctions de management de la sécurité.
Préférer l'élargissement des attributions des instances déjà existantes plutôt que la création de comités tous azimuts.
Formaliser de façon synthétique l'organisation de la gouvernance et garder les enregistrements correspondants.

Tableau 18-5

Activités projet

RÉF.	ACTIVITÉ
Gouv.P.1	Analyse des besoins en gouvernance pour le SMSI.
Gouv.P.2	Identification des tâches de gouvernance pour le SMSI.
Gouv.P.3	État des lieux de la structure de gouvernance déjà existante dans l'entreprise (répartition des responsabilités, instances de décision, etc.).
Gouv.P.4	Répartition des tâches issues de Gouv.P.2 dans les structures de gouvernance déjà existantes, identifiées dans Gouv.P.3.
Gouv.P.5	Création des instances nécessaires.
Gouv.P.6	Rédaction d'un document décrivant la gouvernance du SMSI.
Gouv.P.7	Pour chaque instance de décision (comité de direction, comité de pilotage, etc.), rédaction d'une fiche descriptive.
Gouv.P.8	Présentation de la gouvernance du SMSI aux personnes concernées.
Gouv.P.9	Validation de la gouvernance par la direction générale.

Tableau 18-6

Activités d'exploitation

RÉF.	ACTIVITÉ
Gouv.E.1	Planifier les réunions (pour chaque instance de décision).
Gouv.E.2	Préparer l'ordre du jour (pour chaque instance de décision).

Gouv.E.3	Convoquer les personnes concernées (pour chaque instance de décision).
Gouv.E.4	Tenir les réunions (pour chaque instance de décision).
Gouv.E.5	Écrire le compte rendu de la réunion (pour chaque instance de décision).
Gouv.E.6	Valider le compte rendu (pour chaque instance de décision).
Gouv.E.7	Diffuser ou mettre à disposition le compte rendu (pour chaque instance de décision).
Gouv.E.8	Réviser une fois par an la structure de gouvernance du SMSI.

Tableau 18-7

Documents et enregistrements

RÉF.	ÉLÉMENT
Gouv.Doc.1	Document décrivant l'organisation générale de la gouvernance dans le SMSI.
Gouv.Doc.2.N	Fiches descriptives des instances de gouvernance.
Gouv.Enr.1	Planning des réunions des différentes instances de décision.
Gouv.Enr.2.N	Convocations aux réunions des instances de décision.
Gouv.Enr.3.N	Comptes rendus validés des réunions.

Chapitre 19

Documentation

La documentation est un enjeu majeur du SMSI : si elle est mal réalisée, elle condamne à coup sûr le système de management. C'est pour cette raison qu'elle fait l'objet d'une exigence dans la norme. Malheureusement, beaucoup réduisent cette demande à la simple rédaction d'une procédure de gestion de la documentation, puis à la création d'un cartouche en tête de chaque document. Cette mauvaise compréhension conduit inévitablement à une maîtrise plutôt médiocre des documents, mal adaptés au SMSI.

L'étude du chapitre de la norme consacré à la documentation, ainsi que les différents retours d'expérience en la matière faciliteront le passage sans risque d'une culture de tradition orale à une culture de tradition écrite.

Exigence normative

Si la documentation est une exigence de la norme, cette dernière ne précise pas quelle doit en être la forme. Naturellement, le papier est le support historique par excellence, mais rien n'interdit de gérer la documentation avec un outil de gestion électronique de documents (GED). Il est également possible de concentrer toute la documentation sous format électronique dans un répertoire partagé, au sein d'un serveur de fichiers, ou bien dans un *cloud* d'entreprise. Cette dernière solution est de plus en plus constatée.

La norme donne quelques contraintes à respecter au moment de rédiger la documentation. Aussi est-il prudent de formaliser un processus de gestion de la documentation, décrivant la manière dont la documentation du SMSI sera gérée. Les points devant être abordés dans cette procédure sont très précis. Cependant, aucune procédure type n'étant imposée, l'implémenteur reste donc parfaitement libre dans leur mise en œuvre.

Une procédure de gestion des documents conforme à la norme doit apporter clairement les réponses aux questions suivantes :

- comment les documents sont identifiés ?
- comment sont-ils décrits ?
- quels formats et quels supports sont utilisés ?

- comment les documents sont-ils approuvés ?
- comment sont-ils mis à jour ?
- comment les versions sont-elles gérées ?
- comment rendre ces documents disponibles uniquement aux personnes concernées ?
- comment sont-ils retirés lorsqu'ils ne sont plus valides ?

L'exemple ci-après décrit une procédure simple de gestion des documents.

Exemple de procédure : gestion des documents du SMSI

Responsable de la procédure : le responsable de la procédure de gestion des documents est le responsable qualité.

Cycle de vie d'un document

Propriétaire : tout document possède un propriétaire. Ce dernier est la personne désignée pour valider le document. Il s'agit le plus souvent du responsable du service concerné. Le propriétaire peut désigner un rédacteur.

Rédaction

La personne désignée rédige le document puis le fait approuver par le propriétaire.

Approbation

– Les documents sont approuvés par le propriétaire du document.

– Tout document approuvé doit être placé dans le répertoire X:/partage/SMSI/ Service/ du serveur de fichiers Hermès.

– Tout document situé dans ce répertoire est considéré comme approuvé.

– Aucun document situé ailleurs que dans ce répertoire ne pourra être considéré comme approuvé.

Mise à jour

– Les personnes habilitées à mettre à jour le document sont désignées par le propriétaire.

– Toute modification doit faire l'objet d'une approbation.

Versions

– Toute modification du document donnera lieu à une nouvelle version.

– Les modifications seront synthétisées dans le cartouche à la section « Historique des mises à jour ». La personne modifiant le document y précisera son nom, la date et une brève description du changement effectué.

– Après toute modification, le document doit être formellement validé par son propriétaire.

Fin de vie

– Tout document doit être retiré du répertoire X:/partage/SMSI/ par son propriétaire lorsqu'il n'a plus de raison d'y être.

Types de documents

Tout document du SMSI se verra attribuer une référence unique, composée d'un préfixe sur trois lettres dénotant le type de document, d'un suffixe sur cinq chiffres donnant son numéro d'ordre et d'un Vxx, «xx» précisant le numéro de la version.

Liste des préfixes possibles

— POL : document de politique ;

— PRO : document de procédure ;

— CRE : compte rendu ;

— ENR : enregistrement.

Exemple

Le document PRO-00023-V1.1 est la version 1.1 de la procédure numéro 23.

Diffusion des documents

Les documents peuvent être classés selon différentes catégories.

— Public : ils peuvent être diffusés librement en dehors de l'entreprise.

— Diffusion interne : ils peuvent être diffusés librement en interne. Il est interdit de les rendre publics, de les diffuser en dehors de la société.

— Confidentiel domaine : la diffusion du document est limitée aux personnes concernées par le domaine. Dans ce cas, il faut préciser le domaine d'application (projet, comité, service, etc.).

— Secret : seules les personnes citées dans la liste de diffusion jointe au document y ont accès.

Par défaut, tout document est considéré à diffusion interne. Dans le cas contraire, la classification du document doit être précisée dans son cartouche.

En fonction de la classification, les documents seront placés dans le répertoire ad hoc du serveur de fichiers Hermès, dans le partage X:/partage/SMSI/.

Cartouche

Tout document du SMSI doit comporter un cartouche dûment rempli, selon le modèle joint en annexe.

Le cartouche présenté dans la figure ci-après est un exemple type contenant tous les éléments généralement nécessaires.

Tableau 19-1

Cartouche type

CLASSIFICATION :	PUBLIC / DIFFUSION INTERNE / CONFIDENTIEL / SECRET	
RÉFÉRENCE		
VERSION		
	NOM PRÉNOM	SERVICE
PROPRIÉTAIRE		
RÉDIGÉ PAR		
VALIDÉ PAR		
HISTORIQUE DES MISES À JOUR		
DATE	MODIFIÉ PAR	DESCRIPTION DU CHANGEMENT

Avant de poursuivre, il est important de faire la distinction entre document et procédure. Une procédure n'est qu'un type particulier de document. Il existe trois grandes familles de documents.

- **Les documents de politique** : ils fixent les objectifs à atteindre dans un domaine particulier.

- **Les documents de procédure** : ils décrivent les activités relatives à un processus bien défini.

- **Les enregistrements** : ils sont la preuve que les procédures fonctionnent comme convenu. Ils peuvent prendre des formes très variées :
  - bordereaux signés ;
  - formulaires remplis ;
  - entrées dans un fichier de journalisation applicative ;
  - journaux système et réseau ;
  - comptes rendus d'exécution ;
  - comptes rendus de réunion.

Cette liste n'est pas exhaustive. Il peut s'agir également de documents d'exigences, de manuels, de guides, de documents de référence, etc.

Documents à rédiger

La norme ne donne aucune liste officielle de documents à produire dans le cadre d'un SMSI. Cependant, les éléments énumérés ci-dessous sont incontournables.

- La description du contexte de l'organisme.
- L'identification des parties prenantes et de leurs attentes.
- Le périmètre du SMSI.
- La politique de sécurité du système d'information.
- Les objectifs de sécurité.
- La description de la méthode d'appréciation des risques (incluant impérativement la formalisation explicite des critères d'acceptation des risques).
- Le rapport de l'appréciation des risques.
- Le plan de traitement des risques.
- La déclaration d'applicabilité (DdA).
- Toutes les procédures en support du SMSI, à savoir toutes les procédures décrivant des activités satisfaisant les articles 4 à 10 de la norme.

Les documents ci-après sont sous-entendus au moins une fois dans la norme. Ces documents deviennent donc implicitement obligatoires, et ce même s'ils ne sont pas explicitement exigés. Ils doivent donner lieu soit à un document de procédure à part entière, soit à un enregistrement qui prouve que ce point a été pris en compte.

- Une procédure de gestion des documents, décrivant comment sont créés, validés, mis à jour, accédés puis retirés les documents du SMSI.
- L'approbation des risques résiduels par les propriétaires des risques. Ce point peut faire l'objet d'un document spécifique, mais il est bien plus courant d'inclure cette question dans le compte rendu d'un comité de direction.
- L'approbation du plan de traitement des risques par les propriétaires des risques. Ici aussi, un compte rendu de comité de direction pourra consigner cette validation.
- Une procédure de sensibilisation et de formation à la sécurité : elle doit décrire la manière employée par le management pour sensibiliser le personnel à la sécurité ainsi qu'à l'organisation des formations. Il convient de prévoir également un programme de sensibilisation et un plan de formation.
- Une procédure d'audits internes, décrivant comment ces derniers sont planifiés, organisés et suivis. Il convient aussi de prévoir un programme d'audits.
- Une procédure de revue de direction, décrivant toutes les actions à entreprendre pour réviser le SMSI.
- Toutes les procédures en support des mesures de sécurité sélectionnées dans l'annexe A.

Recommandations générales

Connaître les exigences de la norme en matière de documentation est certes indispensable, mais au moment de la rédaction des procédures, l'implémenteur se trouve confronté à des problèmes très concrets. Il peut alors commettre des erreurs compromettant le SMSI. Inversement, des principes très simples, non présentés dans la norme, aident l'implémenteur à concevoir une documentation efficace et conforme au SMSI.

Erreurs les plus courantes

Les pièges relatifs à la documentation sont très nombreux. La liste ci-après présente les erreurs les plus couramment constatées.

- **La procédure ne décrit pas la réalité** – C'est l'erreur la plus fréquente. Elle consiste à décrire, dans la procédure, des actions qui, dans les faits, ne sont jamais effectuées. Cette situation se rencontre lorsque la personne rédigeant la procédure n'est pas la même que celle qui l'applique. C'est bien souvent le cas de sociétés faisant appel à des prestataires pour rédiger la documentation du SMSI. Les consultants engagés pour rédiger la documentation ne prennent pas toujours la peine de vérifier qu'ils ont bien compris les processus qu'ils sont censés formaliser par écrit. Aussi est-il très courant de constater des écarts importants entre ce qui est dit et ce qui est fait, ce qui peut avoir de lourdes conséquences dans un SMSI. Cette situation doit absolument être évitée.

> **Exemple de procédure**
>
> Une société fournit un service d'autorité d'enregistrement dans une PKI. Elle a donc la charge de vérifier l'identité des personnes qui demandent un certificat X509, avant de faire suivre la demande à l'autorité de certification.
>
> La procédure d'enregistrement dit : « Toute personne demandant un certificat doit transmettre à l'autorité d'enregistrement une copie d'une pièce d'identité, contresignée et datée. Toutes les demandes de certificat, ainsi que les photocopies associées, sont archivées dans un coffre-fort numérique. »
>
> Lorsque l'auditeur demande à étudier un échantillon de trois dossiers, il constate qu'aucune des copies n'est contresignée. Il demande alors à l'audité la raison de cet écart entre la procédure et son application.
>
> L'audité lui répond qu'il est déjà bien assez content d'obtenir une copie numérique de la pièce d'identité. Du coup, il ne se risque pas à rappeler l'utilisateur pour lui demander que le scan de la pièce d'identité comporte une signature.
>
> Dans ce cas, et si aucun règlement n'oblige l'audité à demander une signature, il suffit de supprimer de la procédure la phrase qui l'exige.

- **La procédure de gestion des documents n'est pas appliquée** – Souvent, les responsables chargés de piloter le déploiement du SMSI rédigent une procédure de gestion de la documentation et l'appliquent à toutes les procédures qu'ils sont amenés à rédiger. Malheureusement, les personnes d'autres services ignorent cette procédure et rédigent leur documentation selon leur propre standard. Aussi voit-on souvent plusieurs modèles de documentation, en fonction de l'origine de son rédacteur.

D'un service à un autre

L'audit interne met en évidence le fait que les documents rédigés par le responsable du SMSI présentent un cartouche conforme à la procédure de gestion de la documentation. En revanche, les documents issus du service informatique n'ont pas de cartouche. Enfin, les procédures écrites par la production ne précisent ni le nom de l'auteur, ni la date de validation, ni le numéro de version.

- **La numérotation des documents est incohérente** – Il est très courant de rencontrer des SMSI dont seuls les documents les plus récents sont numérotés conformément à la procédure. Les documents les plus anciens sont numérotés différemment. Ceci est dû principalement à deux raisons. Soit il y a eu fusion/acquisition/réorganisation de plusieurs structures, soit un changement a eu lieu dans le logiciel de gestion de la documentation, entraînant par conséquent un changement dans la numérotation. Il est important, dans ces deux cas, de numéroter à nouveau tous les anciens documents avec la nouvelle nomenclature, afin de les rendre cohérents avec le SMSI. Si le volume de documents à renommer rend ce travail impossible, il convient alors de préciser dans la procédure de gestion de la documentation que les anciens documents répondent à une nomenclature différente, qui sera rappelée pour information.

Cas d'une fusion de sociétés

La société A a fusionné, il y a un an, avec la société B. Un responsable est chargé de rationaliser la documentation en vue de mettre en place un SMSI.

Tous les documents de la société A portent un numéro unique d'identification, issu d'un logiciel de gestion de documentation, abandonné depuis la fusion. De son côté, la société B possède une procédure bien définie mais ne reposant sur aucun outil en particulier.

Le responsable chargé de la documentation commencera par faire l'inventaire des documentations des deux côtés (A et B) puis, en fonction du volume, il décidera si les documents d'origine A doivent être reformatés ou laissés tels quels. Dans tous les cas, la procédure de gestion de la documentation devra consigner le choix retenu.

- **Seuls les documents Word comportent un cartouche** – La procédure de gestion de la documentation présente souvent un exemple de cartouche qui permet d'identifier qui a fait quoi sur le document. En revanche, si cette procédure est appliquée correctement pour les documents Word, on constate souvent que les tableaux, les documents PDF et les rapports issus d'applications ne comportent pas ce cartouche ni aucun autre élément permettant d'en connaître le propriétaire, le rédacteur, le validateur ou encore l'historique. Or, la procédure de gestion des documents doit s'appliquer à tous les documents, quel que soit leur type.

MS Excel

L'appréciation des risques du SMSI se présente sous la forme d'un grand tableau Excel. À la lecture de ce dernier, aucune information ne permet de savoir qui l'a rédigé, qui l'a validé, ni quel est l'historique des mises à jour. Ceci est dû au fait que seul un cartouche pour les documents Word est proposé dans la procédure de gestion des documents. Rien n'est prévu pour les documents MS Excel. Il sera donc nécessaire de créer un cartouche pour ces derniers.

- **Les procédures et les enregistrements sont dispersés** – Il est très courant de vouloir centraliser tous les documents de procédure relatifs au SMSI dans un répertoire partagé bien défini. Pourtant, le responsable du SMSI ne pense pas toujours aux documents stockés par certains services, voire dans les stations de travail de certains employés. En soi, cette situation n'est absolument pas interdite par la norme. En revanche, le responsable du SMSI doit savoir exactement où se trouve chaque document. Il doit aussi s'assurer qu'ils sont protégés conformément aux procédures internes. La prolifération de documents gérés indépendamment par les utilisateurs est très répandue et inconfortable pour le responsable du SMSI. Cette situation est aggravée par le *cloud*. C'est une grande source d'écarts lors des audits.

Inventaire des licences

La mesure de sécurité A.18.1.2 laisse entendre qu'un inventaire des licences logicielles acquises doit être fait. Une procédure interne signale qu'un tableau récapitulatif des licences en cours est tenu par le responsable du développement. Lorsque l'auditeur interne rencontre le responsable, ce dernier lui montre un tableau Excel, stocké en local sur son poste de travail, sans aucun dispositif de protection ni de validation.

Les points cités précédemment peuvent paraître quelque peu exagérés, mais il est toutefois important de les prendre en considération, car ces problèmes de documentation peuvent constituer des sources très faciles d'écarts pour les auditeurs.

Recommandations

Les trois recommandations détaillées ci-après conduisent à établir des documentations simples, claires et, par conséquent, utiles et conformes au SMSI.

Rubriques

La norme ISO 27001 entraîne la rédaction de nombreuses procédures, mais elle ne précise pas quelles rubriques celles-ci doivent comporter. Tournons-nous vers le monde de la qualité pour en avoir une idée. En qualité, une procédure doit répondre très clairement aux questions suivantes : qui ? fait quoi ? quand ? en générant quel enregistrement ?

L'exemple ci-après montre une procédure répondant bien à ces quatre questions.

Exemple de procédure

<u>Procédure :</u> sauvegardes

<u>Systèmes concernés :</u> tous les serveurs de production + bases de données DBPRD67HY à DBPRD88EU.

<u>Période :</u> tous les jours ouvrables, du lundi au vendredi, à 20 heures.

<u>Responsable de la procédure :</u> responsable infrastructure.

<u>Opérateur :</u> sysops d'astreinte.

<u>Lancement :</u> l'ordonnanceur lance la procédure à 20 heures.

<u>Contrôle :</u> le contrôle est fait par l'ordonnanceur ; les traces sont consultables dans le serveur LOGPRD76LIN, dans le répertoire /var/log/svg/ord768/

<u>Idempotence :</u> la procédure de sauvegarde peut être lancée plusieurs fois sans risque.

<u>Vérifications préalables :</u>

— vérifier sur l'ordonnanceur que la tâche de sauvegarde est bien planifiée ;

— contrôler que les consolidations sur UTV09 et UTV11 sont terminées.

<u>En cas d'incident :</u>

— l'ordonnanceur enverra un SMS au sysops d'astreinte et enverra un courriel d'erreur ;

— il faut prendre connaissance des messages présents dans /var/log/svg/ord768/ ;

— si l'incident est facile à régler, corriger la cause et relancer la procédure ;

— dans le cas contraire, prévenir le responsable d'infrastructure.

Le tableau ci-après présente un autre formalisme qui décrit exactement la procédure de l'exemple précédent.

Tableau 19-2

Procédure de sauvegarde

RESPONSABLE	Responsable d'infrastructure	PROCÉDURE IDEMPOTENTE	Oui
SYSTÈMES CONCERNÉS	Tous les serveurs de production + bases de données DBPRD67HY à DBPRD88EU		
ENREGISTREMENT	Les messages relatifs à la sauvegarde se trouvent dans le répertoire /var/log/svg/ord768/		

QUOI	QUI	QUAND
Vérifier sur l'ordonnanceur que la tâche des sauvegardes est bien planifiée	Sysops d'astreinte	En fin de service sysops
Vérifier que les consolidations sur UTV09 et UTV11 sont terminées.	Sysops d'astreinte	Après étape précédente
En cas de réception de SMS : prendre connaissance du mail explicatif envoyé par l'ordonnanceur + étudier les traces d'exécution laissées dans /var/log/svg/ord768/	Sysops d'astreinte	En cas d'incident
Si l'incident est facile à régler, corriger la cause et relancer la procédure.	Sysops d'astreinte	En cas d'incident
Dans le cas contraire, prévenir le responsable d'infrastructures	Sysops d'astreinte	En cas d'incident

Il est aussi possible de formaliser la procédure avec un schéma. Dans ce cas, il sera certainement nécessaire de lui adjoindre ce que l'on appelle un mode opératoire, décrivant les commandes à taper, les points à vérifier par l'opérateur du soir, ainsi que les enregistrements générés.

Les trois formalisations qui viennent d'être évoquées précisent toutes qui fait quoi, quand, et quel enregistrement est généré. Elles sont donc parfaitement satisfaisantes dans le cadre du SMSI.

Partir des faits

Une procédure doit toujours « coller » à la réalité. Elle doit donc décrire exactement ce qu'elle spécifie, ni plus ni moins. C'est pour cette raison qu'il est vivement recommandé que les procédures soient rédigées par ceux qui les exécutent ou, tout au moins, validées par ces personnes. En règle générale, il vaut mieux partir de l'observation de ce qui est fait pour le transcrire par la suite dans une procédure, plutôt que l'inverse. Une procédure ne décrit pas ce que l'on aimerait faire, mais ce qui est réellement fait. Aussi, aucun écart ne doit subsister entre la pratique et la formalisation écrite. Il faut être intransigeant sur cette question.

Rédiger en style laconique

Le nombre de pages d'une procédure n'a strictement aucune importance. En revanche, comme elles doivent être rédigées et tenues à jour par ceux qui les exécutent, elles doivent être laconiques : toutes les phrases et tournures verbales inutiles doivent être supprimées. Mieux vaut un document d'une seule page décrivant exactement la réalité qu'un document illisible de dix pages ne reflétant pas clairement les faits.

Exemple de procédure verbeuse

Voici une phrase extraite d'une procédure verbeuse, parfaitement inutile : « L'objet de la présente procédure est de spécifier, dans le cadre de la mise en place du système de management de la sécurité de l'information, et conformément aux bonnes pratiques énoncées dans la norme ISO 27002, la politique relative à l'assignation des comptes, droits, autorisations et pouvoirs du personnel de l'entreprise, quel que soit son niveau hiérarchique, etc. »

Ce style, malheureusement très répandu, n'incite pas à la lecture car illisible. Le document n'est donc certainement pas tenu à jour. Le responsable du SMSI doit être impitoyable en la matière. Il en va de la qualité de la documentation.

Approche projet

Au moment d'aborder la question de la documentation dans le projet du SMSI, le chef de projet peut se demander quelles sont les tâches à réaliser.

La première chose à faire consiste à dresser une liste des documents nécessaires au SMSI.

La deuxième étape consiste à faire l'inventaire des documents existants et à les passer en revue. Pour chaque document, il conviendra de vérifier un certain nombre de points :

- le document est-il à jour ?
- s'il s'agit d'une procédure, décrit-elle vraiment la réalité ?
- le document est-il clair ?
- le document est-il conforme à la procédure de gestion des documents ?

Cette vérification systématique permettra d'évaluer avec finesse la quantité de travail nécessaire à la mise en conformité de la documentation.

Il sera alors possible de rédiger les documents manquants et de mettre les autres en conformité.

Éléments du sous-projet de documentation

Tableau 19-3
Points clés du projet

POINTS À RETENIR
Une procédure de gestion de la documentation est indispensable.
Les documents doivent être simples, précis et laconiques.
Ils doivent correspondre à la réalité et être tenus à jour.

Tableau 19-4
Activités projet

RÉF.	ACTIVITÉ
Doc.P.1	Concevoir avec tous les services de l'entreprise une procédure de gestion de la documentation.
Doc.P.2	Écrire et valider la procédure de gestion de la documentation.
Doc.P.3	Faire l'inventaire de toute la documentation nécessaire au SMSI.
Doc.P.4	Faire l'inventaire de la documentation existante.
Doc.P.5	Évaluer le niveau de conformité de la documentation existante par rapport aux exigences de documentation du SMSI.
Doc.P.6	Rédiger la documentation manquante et la valider.
Doc.P.7	Mettre à niveau la documentation existante et la valider.

Tableau 19-5
Activités d'exploitation

RÉF.	ACTIVITÉ
Doc.E.1	Rédiger et valider toute nouvelle procédure.
Doc.E.2	Mettre à jour et valider toute procédure ayant subi une modification.
Doc.E.3	Auditer les nouvelles procédures ainsi qu'un échantillon des anciennes.
Doc.E.4	Réviser la procédure de gestion de la documentation.

Tableau 19-6

Documents et enregistrements

Réf.	Élément
Doc.Doc.1	Procédure de gestion de la documentation.
Doc.Enr.1.n	Documents du SMSI.

Chapitre 20

Audit interne et suivi des actions

Si la documentation est considérée comme le premier pilier du SMSI, l'audit interne et le suivi des actions forment le second. Il est impensable de concevoir un système de management sans un mécanisme d'audit interne et de suivi d'actions. Ce processus est un des éléments clés à mettre en place à l'initiation de la construction du SMSI. Une fois le système de management opérationnel, c'est le dispositif d'audit et de suivi des actions qui garantira au SMSI sa conformité avec la norme et son amélioration continue.

Audit interne

L'audit interne est le processus le plus important de la phase *Check* du PDCA. Il consiste à vérifier la conformité des activités du SMSI vis-à-vis de la norme ISO 27001, leur application comme précisé dans les procédures internes ainsi que leur efficacité.

Exigence normative

Toutes les exigences relatives aux audits internes sont réunies dans l'article 9.2 de la norme. Il ressort de sa lecture que l'audit interne doit respecter le modèle PDCA. Il sera donc nécessaire de prévoir un document de procédure décrivant comment sont programmés et réalisés les audits. Ces derniers produiront des rapports qui serviront d'enregistrements pour prouver le bon fonctionnement du processus. Enfin, des revues mettront en évidence les actions à effectuer pour améliorer les audits.

En revanche, aucune méthode particulière n'est imposée. La démarche ISO 19011 (détaillée dans la troisième partie de cet ouvrage) n'est pas même évoquée. L'implémenteur dispose donc d'une certaine liberté d'action en la matière, à condition de respecter le modèle PDCA.

L'état d'esprit de l'audit interne

L'audit interne sert surtout à vérifier les trois points suivants :

- l'absence d'écart entre les processus du SMSI et les exigences des articles 4 à 10 de la norme ;
- l'application des mesures de sécurité sélectionnées dans la déclaration d'applicabilité, conformément au modèle PDCA ;
- l'absence d'écart entre les procédures internes et leur application effective.

Il est aisé de constater qu'il n'est jamais question de vérifier l'efficacité des mesures de sécurité. C'est là un point essentiel. En effet, la mission première de l'audit interne consiste à vérifier la conformité du SMSI, c'est-à-dire à s'assurer que la roue *Plan*, *Do*, *Check*, *Act* tourne correctement. Il ne s'agit pas (au moins dans un premier temps) de vérifier le niveau de sécurité effectif du système d'information. Il s'agit en réalité d'une approche très qualiticienne de l'audit.

Auditeur qualité vs auditeur technique

Pour un auditeur purement technique, le fait de constater que les filtres d'un routeur sont bien configurés suffit pour qu'il soit satisfait. Pour un auditeur qualité, cela ne suffit pas. Ce dernier voudra savoir si une politique des flux ou un schéma des flux a été spécifié (phase *Plan*). Il vérifiera ensuite que les règles de filtrage du routeur correspondent bien aux flux spécifiés dans la documentation (phase *Do*). Si jamais il constate que les règles de filtrage ne correspondent pas aux flux spécifiés dans la documentation, il formulera un écart, même si, d'un point de vue strictement technique, le routeur fournit un niveau de sécurité correct.

Inversement, un routeur avec des règles de filtrage trop grossières sera considéré comme dangereux par un auditeur technique, mais satisfera l'auditeur qualité si ces règles sont conformes aux flux spécifiés dans la matrice des flux.

Il existe donc un fossé culturel profond entre les auditeurs techniques, très attachés à la sécurité effective, et les auditeurs qualité, pour lesquels la priorité réside dans le bon fonctionnement de la roue *Plan*, *Do*, *Check*, *Act*.

Puisqu'un SMSI entraîne logiquement (bien que ce ne soit pas explicite) la mise en place d'un processus de détection d'incidents et oblige à réviser régulièrement l'appréciation des risques, les qualiticiens considèrent que les vulnérabilités seront détectées tôt ou tard, pour peu que le modèle PDCA tourne correctement. Le SMSI n'assure pas, en soi, un niveau satisfaisant de sécurité. En revanche, il crée les conditions propices à la sécurité.

En conclusion, il ne faut pas confondre audit interne et audit technique :

- l'audit interne sert à vérifier que le système de management fonctionne conformément aux exigences de la norme ;
- l'audit technique sert à vérifier le niveau de sécurité effectif de l'organisme.

En revanche, rien n'empêche (et c'est même souhaitable) de programmer des audits techniques pour compléter les audits internes. Les vulnérabilités identifiées lors de ces audits techniques seront signalées à l'audit interne, qui fera en sorte que les actions correctives et préventives soient entreprises. Ces deux types d'audit sont donc complémentaires.

Programmation des audits internes

La norme n'impose aucune fréquence particulière pour les audits internes, en revanche, elle précise qu'ils doivent être planifiés, selon un programme d'audits. Ce dernier est un document obligatoire qui comporte, outre les dates prévues pour les prochains audits, le champ de chacun d'entre eux.

Vocabulaire : champ d'audit, programme d'audits, plan d'audit

Le terme «champ d'audit» désigne la liste des points qui seront à contrôler lors d'un audit. Cette expression est empruntée à la norme ISO 19011, qui décrit le déroulement des audits.

Par ailleurs, il ne faut pas confondre le «programme d'audits», qui désigne la liste des audits programmés dans l'année, et le «plan d'audit», qui détaille les points à aborder lors d'un audit.

Le champ de chaque audit interne couvre un ou plusieurs aspects du SMSI. Le but du programme d'audits est de faire en sorte qu'au bout d'un temps prédéfini (généralement trois ans, parfois moins), tous les processus du SMSI aient été audités, c'est-à-dire que toutes les procédures relatives aux articles 4 à 10 ainsi que toutes les mesures de sécurité aient été contrôlées.

On peut ne programmer qu'un audit par an, mais ce dernier portera alors sur un nombre important de procédures du SMSI. Il est également possible de programmer deux, trois, voire quatre audits internes par an, sachant qu'ils seront d'autant plus légers à mener que leur fréquence sera grande.

La priorité sera donnée aux processus jugés les plus sensibles. Ces derniers seront audités plus souvent et avec un niveau de détail plus important.

Pour illustrer le programme d'audits, reprenons ici l'exemple fictif de la société TurboGratte, produisant des bons à gratter pour jeux, concours et opérations promotionnelles en tout genre. Voici quel pourrait être leur programme d'audits internes.

Tableau 20-1

Programme d'audits

Date	Champ d'audit
1 – Janvier	– Processus de conception des bons à gratter – Procédures de contrôle d'accès physique aux locaux de la société (mesures de sécurité des annexes A.11)
2 – Mars	– Processus de génération des codes gagnants – Mesures de sécurité des annexes A.5, A.6 et A.7 – Articles 4 et 5 de l'ISO 27001:2013
3 – Juin	– Processus d'impression des bons à gratter – Mesures de sécurité des annexes A.8 et A.9 (hors article 9.2) – Article 6 de l'ISO 27001:2013
4 – Septembre	– Processus de génération des codes gagnants – Mesures de sécurité des annexes A.10 et A.11 – Article 7 de l'ISO 27001:2013
5 – Décembre	– Processus de conditionnement des bons à gratter – Mesures de sécurité des annexes A.12, A13 et A 14 – Articles 8 et 9 de l'ISO 27001:2013
6 – Janvier	– Processus de stockage des bons à gratter – Mesures de sécurité des annexes A.15 et A 16 – Article 10 de l'ISO 27001:2013
7 – Mars	– Processus de livraison des bons à gratter – Mesures de sécurité de l'annexe A.17
8 – Juin (à réaliser par un cabinet d'audit externe).	– Article 9.2, relatif à l'audit interne

Nous constatons que ce programme d'audits implique un audit par trimestre. À ce rythme, et pour la société TurboGratte, le cycle nécessaire pour couvrir l'ensemble du SMSI est d'un an et demi.

Considérons le quatrième audit prévu au mois de septembre. Il prévoit de vérifier que toutes les activités relatives à la sécurité de l'information du processus de génération des codes gagnants sont conformes aux procédures internes. Par ailleurs, l'auditeur vérifiera la conformité des procédures en support de l'article 7 de l'ISO 27001. Enfin, l'auditeur vérifiera les procédures liées au chiffrement (annexe A10.1) et à la sécurité physique et environnementale (annexe A.11).

Quant au dernier audit, il a pour but de contrôler la bonne application de l'article 9.2 de l'ISO 27001. Or, cet article concerne le processus d'audit interne. Concrètement, cela revient donc à auditer le travail des auditeurs. Bien entendu, les auditeurs ne doivent pas auditer leur propre travail, et c'est un cabinet externe qui sera mandaté pour réaliser ce dernier audit pour préserver l'indépendance entre auditeurs et audités. C'est un gage de qualité.

Déroulement des audits internes

Contrairement à certaines idées reçues, l'audit interne n'a pas pour but de « piéger » les audités. L'auditeur cherche essentiellement à :

- comprendre les processus qu'il observe ;
- vérifier qu'ils sont conformes aux exigences de la norme ;
- s'assurer qu'ils sont conformes aux procédures internes.

Comme l'auditeur a absolument besoin de la collaboration des audités, il évitera autant que possible les effets de surprise. Quelques semaines avant l'audit, il adressera aux personnes qu'il auditera le plan d'audit, qui détaille les actions de contrôle qu'il compte entreprendre. C'est ce plan d'audit qui permettra aux audités de se préparer au mieux.

Le seul point sur lequel l'auditeur se réserve la possibilité de surprendre est l'échantillonnage des enregistrements qu'il va demander. L'audité n'a en effet aucun moyen de savoir à l'avance quels enregistrements lui seront demandés, ceci afin d'éviter la reconstitution artificielle d'enregistrements visant uniquement à satisfaire l'audit.

Procédures d'embauche

Lors de la vérification des procédures d'embauche du personnel, l'auditeur prévient plusieurs semaines à l'avance qu'il va contrôler cette procédure. Ceci permet à l'audité de vérifier que la procédure est bien formalisée et bien appliquée.

En revanche, ce n'est qu'au dernier moment, pendant l'audit, que l'auditeur demandera à vérifier les dossiers d'un échantillon de quatre employés sélectionnés au hasard. Le responsable du personnel devra lui montrer leurs dossiers. L'auditeur cherchera alors dans la procédure les pièces à archiver puis déterminera, par rapport aux dossiers échantillonnés, si elles sont effectivement présentes : photocopies des diplômes, curriculum vitae, extrait de casier judiciaire, charte de bon usage des ressources informatiques dûment signée, etc.

Le déroulement et la démarche des audits sont développés dans la troisième partie de cet ouvrage.

Le tableau ci-après reprend l'exemple de la société TurboGratte. Il détaille le plan du premier audit prévu dans le programme d'audits présenté dans la section précédente.

Tableau 20-2

Plan d'audit

AUDITEUR	Sorel Julien
OBJECTIF	Contrôler la conformité du SMSI par rapport aux exigences de la norme ISO 27001:2013.
CHAMP D'AUDIT	- Processus de conception des bons à gratter - Mesures de sécurité relatives au contrôle d'accès physique aux locaux (Annexe 11)
CRITÈRES D'AUDIT	- ISO 27001:2013, articles 4 à 10 - ISO 27001:2013, annexe A - Procédures internes de la société TurboGratte
DATES	Du lundi 12 janvier 2017 au mardi 13 janvier 2017

LUNDI	**MATIN**	9H00 : entretien avec le responsable de la conception 10H30 : visite de l'atelier + observation des activités
	APRÈS-MIDI	14H00 : entretien avec les techniciens de conception 15H30 : étude des documents
MARDI	**MATIN**	9H00 : entretien avec le responsable des moyens généraux 10H30 : vérifications relatives au contrôle d'accès physique des locaux
	APRÈS-MIDI	14H00 : entretien avec les agents de sûreté 15H00 : analyse des enregistrements 17H30 : débriefing avec les audités

La case « champ d'audit » indique les domaines qui seront abordés lors de l'audit. Dans ce cas précis, l'auditeur se chargera de vérifier la bonne application des procédures de sécurité concernant l'activité de conception des bons à gratter. L'auditeur est également mandaté pour vérifier les mesures de contrôle d'accès physique aux locaux de la société. Sur cet audit, il ne s'intéressera à aucun autre aspect du SMSI.

La case « critères d'audit » rappelle les critères à l'aune desquels les processus seront audités. En l'occurrence, l'auditeur va vérifier qu'il n'y a pas d'écart par rapport aux articles 4 à 10 de l'ISO 27001, par rapport aux mesures de sécurité sélectionnées dans la déclaration d'applicabilité, ni par rapport aux procédures internes de la norme. Toute autre anomalie détectée en dehors de ce cadre ne pourra faire l'objet que d'un commentaire, mais en aucun cas d'un écart.

La dernière partie du plan d'audit décrit la séquence qui sera suivie par l'auditeur pour que l'audité puisse se préparer au mieux et ne soit pas pris au dépourvu.

Comment mettre en place l'audit interne ?

La structure de l'audit interne sera différente selon qu'il s'agit d'une PME, d'une grande entreprise disposant déjà d'un service d'audit ou d'une grande société ne disposant pas d'un tel service.

Dans une PME

Les « petites » structures (effectif inférieur à mille personnes) ont beaucoup de difficultés à mettre en place le processus d'audit interne puisqu'elles n'ont pas forcément les moyens de financer une personne à plein temps pour assurer les audits du SMSI. Pour ces sociétés, l'équation est difficile à résoudre : il faut auditer le SMSI avec des personnes indépendantes, sans pour autant embaucher du personnel. Plusieurs stratégies sont possibles.

Le « tout en interne »

La stratégie du « tout en interne » consiste à désigner des auditeurs internes parmi le personnel des différents services de l'entreprise. Les personnes désignées dans un service auditeront les processus assurés par un autre service. De cette façon, chacun auditera le travail des autres, ce qui préservera une certaine indépendance entre auditeurs et audités.

Exemple d'une PME

Voici un exemple de structure interne d'audit d'une PME de quatre-vingts employés.

— Une personne désignée à la DRH consacre une journée par mois à auditer toutes les procédures relatives au contrôle d'accès physique, lequel est assuré par les moyens généraux.

— Un collaborateur du service commercial audite le processus de révision du SMSI une fois par an, au mois de juin.

— Une employée des services généraux vérifie toutes les semaines que les fiches de suivi des actions correctives sont bien remplies, etc.

De cette façon, tous les points du SMSI sont contrôlés comme s'il y avait un service d'audit interne.

L'avantage de cette approche est qu'elle implique fortement le personnel dans le SMSI. L'audité sur un domaine est l'auditeur sur un autre domaine. Ceci est très responsabilisant et contribue à faire adhérer le personnel au SMSI.

Elle présente cependant des inconvénients, dont le premier est que, même si auditeurs et audités font partie de services indépendants les uns des autres, la petite taille de l'entreprise rend probable que ces personnes aient des rapports extraprofessionnels, biaisant le principe d'indépendance entre les deux parties. Le second inconvénient réside dans le fait que, comme les audits sont réalisés par des non-spécialistes, le processus nécessite un encadrement important par une personne maîtrisant le processus d'audit.

Stratégie d'externalisation

Cette solution consiste, comme son nom l'indique, à faire appel à un prestataire. Il s'agit donc d'externaliser l'audit interne. Un cabinet d'audit est mandaté régulièrement pour réaliser les audits internes. Cette solution garantit que les auditeurs sont compétents, pour peu que le prestataire soit bien choisi. C'est également un gage d'indépendance entre auditeurs et audités, puisque ces derniers ne font pas partie de la même société. Elle présente l'inconvénient d'un coût important, car la société devra faire intervenir des auditeurs externes plusieurs fois dans l'année au tarif consultant.

Stratégie hybride

Il est enfin possible de puiser dans les deux approches à la fois. Tout au long de l'année, les audits internes peuvent être réalisés par le personnel de l'entreprise tandis qu'une fois par an, un audit est commandité à un cabinet externe.

Cette démarche présente l'intérêt de cumuler le meilleur des deux solutions précédentes, pour un coût non prohibitif puisqu'un seul audit externalisé est commandité sur une année.

Cela dit, cette solution ne fait pas l'économie de l'important travail d'encadrement des auditeurs internes.

Dans les grandes structures sans audit interne

Deux cas de figure peuvent se présenter : soit l'organisme est prêt à investir dans la création d'un service d'audit interne, soit il préfère prendre une autre option.

Créer une structure indépendante

En principe, il convient que l'audit interne ne soit rattaché à aucun service de l'entreprise. C'est une garantie d'indépendance vis-à-vis de ceux qui exploitent le SMSI. Idéalement, l'audit interne dépend directement de la direction générale. Certains peuvent parfois dépendre du directoire.

Cette approche garantit une réelle indépendance de l'audit par rapport aux entités exploitant le SMSI, ce qui est parfaitement dans l'optique de l'ISO 27001.

Elle présente cependant l'inconvénient d'avoir un coût important, puisqu'il s'agit d'affecter du personnel dédié aux audits internes. Par ailleurs, la création ex nihilo d'une nouvelle structure, qui plus est indépendante, n'est pas sans poser des problèmes d'ordre politique au sein de l'organisme.

Rattachement à une structure existante

La mise en place d'une structure dédiée à l'audit et indépendante par rapport aux autres services est un choix politique fort que l'organisme n'est pas toujours prêt à faire. Dans ce cas, il faut se replier sur une solution moins satisfaisante, mais malgré tout conforme aux exigences de l'ISO 27001. Par exemple, il est possible d'élargir les compétences d'un service pour qu'il se charge de conduire les audits du SMSI. Cela implique généralement la réaffectation d'une ou de plusieurs personnes (selon la taille de l'entreprise) pour assurer les audits.

Cette solution présente l'avantage de ne pas bouleverser l'organisation de l'entreprise et de préserver la susceptibilité des services, qui ne se sentent pas bousculés par une nouvelle structure.

Il reste que le rattachement de l'audit interne à un service particulier est moins satisfaisant en matière d'indépendance.

Dans les grandes structures avec audit interne

De nombreux grands comptes (banques, assurances, etc.) disposent d'une structure d'audit interne. Par ailleurs, toute société certifiée qualité ou environnement a nécessairement mis en place un audit interne. Dans cette situation, pourquoi établir une structure d'audit parallèle, spécifique au SMSI ? L'idéal en effet est de mutualiser les audits qualité et sécurité en élargissant les compétences du service d'audit déjà existant.

Cette solution pose cependant un problème très concret. Les auditeurs qualité (ou autres auditeurs internes dans une banque ou une assurance) n'étant pas des professionnels de la sécurité, ils risquent de manquer de connaissances techniques pour auditer certains aspects du SMSI. Est-ce à dire qu'il faudra embaucher de nouveaux auditeurs ? Pas nécessairement.

En fait, la plupart des actions d'audit dans un SMSI consistent à vérifier la conformité des procédures par rapport à l'ISO 27001 et par rapport aux procédures internes. Un auditeur qualité expérimenté a amplement les compétences nécessaires pour couvrir au moins les trois quarts de ces aspects. En revanche, certains points du SMSI nécessitent une expertise technique. Il est alors possible de faire appel à un expert (interne ou externe) pour auditer ces points en particulier. Naturellement, s'il s'agit d'un expert interne, il faudra veiller à ce qu'il soit indépendant du processus audité.

Points forts et points faibles de l'auditeur interne

Un auditeur interne habitué à la qualité pourra parfaitement auditer la plupart des aspects du SMSI. Il aura toutes les compétences pour auditer :

— les procédures de gestion des documents ;

— les révisions du SMSI ;

— la bonne application des mesures de sécurité physique : contrôle de la vidéosurveillance, contrôle d'accès physique, etc. ;

— les ressources humaines : procédure d'embauche, plan de formation pour le SMSI, sensibilisation à la sécurité, etc.

En revanche, il n'aura pas la compétence pour vérifier des points techniques nécessitant de contrôler la configuration système et réseau des équipements informatiques. Par conséquent, un expert technique sera nécessaire pour auditer les journaux du routeur, les journaux des machines Linux, la console d'administration Oracle permettant de superviser l'ensemble des bases de données, ou encore l'ordonnanceur pilotant l'ensemble des tâches planifiées de la production.

Guide d'audit

Que l'audit fasse partie d'une structure spécifique et indépendante ou qu'il soit réparti sur plusieurs services, il est impératif de créer un lien entre l'auditeur interne et le SMSI. Ce lien est matérialisé par un document appelé guide d'audit dont le rôle, comme son nom l'indique, est de guider l'auditeur dans son travail.

Pas d'exigence en vue

Le guide d'audit n'est pas un document exigé par la norme. D'ailleurs, il n'est indiqué que dans les cas où les personnes chargées des audits ne sont pas des spécialistes des SMSI ou de la sécurité de l'information.

Le guide d'audit comporte tous les points que l'auditeur doit vérifier, en donnant des indications de plusieurs ordres. Par exemple, il donne la liste :

• des processus les plus essentiels ;

• des enregistrements pertinents, à contrôler systématiquement ;

• des enregistrements souhaitables ;

• des tests à réaliser et grilles de lecture pour interpréter les résultats ;

• des points à observer avec grilles de lecture pour interpréter les résultats des observations ;

• etc.

Les guides d'audit sont indiqués pour contrôler les aspects purement « système de management » du SMSI. Un auditeur non spécialiste est certain d'auditer l'essentiel du SMSI s'il suit scrupuleusement les indications du guide. En revanche, le guide d'audit le plus complet ne pourra jamais remplacer le regard d'un expert en ce qui concerne les aspects techniques. Il faut donc être bien conscient des limites de ces guides.

Concrètement, un guide d'audit est constitué d'une succession de fiches spécialisées, chacune pour un des aspects à contrôler dans le SMSI. Les fiches peuvent donc être réparties sur plusieurs auditeurs.

L'exemple ci-après montre une fiche (extraite d'un guide d'audit) décrivant les points à vérifier pour auditer les processus de contrôle d'accès physique aux zones les plus sensibles de l'entreprise.

Nous constatons que les trois dernières cases de la fiche suivante sont vides. Elles seront remplies par l'auditeur, en fonction des constats qu'il sera amené à faire, ainsi que des actions correctives et préventives que proposera l'audité en cas d'écarts.

Tableau 20-3

Exemple de fiche d'audit

Numéro de fiche	15
Titre	Contrôle de l'accès physique aux zones sensibles
Référence normative	Mesures de sécurité de l'annexe A.11.1 de l'ISO 27001:2013
Exigences internes *TurboGratte*	– L'accès à la salle machines et aux archives est protégé par un badge. – Le port du badge est obligatoire. – Les entrées/sorties de la salle machines et de la salle des archives sont filmées par la vidéosurveillance et archivées.
Procédure interne concernée	«Contrôle d'accès interne V2.1» de référence PROC-MG-002
Enregistrements à demander	– Choisir aléatoirement une date récente, puis demander à voir les journaux du lecteur de badge indiquant les tentatives d'accès aux zones sensibles
Contrôles à réaliser	– Essayer d'entrer dans la salle machines avec un badge normal, puis demander au responsable des moyens généraux de visualiser la vidéo de cette tentative – Vérifier que les personnes en salle machines portent bien le badge rouge, conformément au paragraphe 5.2 de la procédure PROC-MG-002.
Résultats obtenus	
Actions correctives envisagées	
Actions préventives envisagées	

Suivi des actions

Le processus de gestion des audits internes, tel que développé dans l'article 9.2 de la norme, conduit à identifier des non-conformités. Ces dernières se doivent d'être suivies. Il existe donc un lien très fort entre les audits et le suivi des actions : un audit ne sert à rien s'il n'est pas suivi d'actions.

L'audit interne n'est pas l'unique entrée dans le processus de suivi d'actions. De nombreuses activités de révision (révision globale du SMSI, révision de l'appréciation des risques, de la politique ou du périmètre du SMSI) conduisent aussi à entreprendre des actions correctives et préventives.

La notion d'amélioration continue (qui a déjà été présentée dans la première partie de cet ouvrage) est définie dans l'article 10 de la norme. Cette amélioration continue se traduit dans la pratique par des actions correctives et des actions préventives. Voici comment on pourrait définir ces actions.

- **Actions correctives.**
  Elles surviennent lorsqu'un écart ou un incident s'est produit ou lorsqu'une mesure de sécurité est jugée inefficace. Dans ce cas, l'action corrective agit à deux niveaux : d'abord au niveau des effets, ensuite au niveau de la cause.

Exemple d'actions corrective et préventive

Considérons un serveur de fichiers dont les données ont été effacées suite à l'intrusion d'un pirate dans le réseau interne de l'entreprise.

- L'action corrective consiste à restaurer le serveur dans l'état où il était avant l'incident, à l'aide des sauvegardes.
- L'action préventive consiste à durcir le système d'exploitation, à rendre les règles du pare-feu plus restrictives pour rendre les intrusions beaucoup plus difficiles ainsi qu'à installer un dispositif de détection d'intrusion.

- **Actions préventives.**
  Elles surviennent avant qu'un écart ou un incident ne se produise. C'est en général lors des audits ou des révisions que les actions préventives sont décidées. Elles agissent uniquement sur les causes (et pas sur les effets) puisqu'elles interviennent avant même que l'incident ne se produise ou que l'écart ne soit constaté.

Exemple d'action préventive

Considérons qu'un audit technique sur le serveur de fichiers mette en évidence les vulnérabilités de sa configuration : services ouverts, correctifs de sécurité non appliqués, droits sur les fichiers trop permissifs, etc. L'action préventive consiste à durcir le système d'exploitation avant qu'un incident de sécurité exploitant ces vulnérabilités ne se produise.

Les implémenteurs sont conscients de l'importance des actions correctives et préventives. En revanche, ils ne pensent pas toujours au suivi de ces actions. C'est une erreur très courante qui peut conduire à des écarts pénalisants lors d'un audit de certification. En effet, les auditeurs attachent une importance particulière au suivi des actions, car c'est ce qui justifie le bon fonctionnement de la phase *Act*.

En somme, lorsqu'un écart a été identifié par un auditeur, l'audité doit :

1. proposer à l'auditeur des actions correctives et préventives ainsi qu'un délai de réalisation. Cette proposition est formalisée dans un document appelé « fiche d'écart » ;

2. faire valider ces actions et ce délai par l'auditeur. Cette validation est formalisée dans la fiche d'écart. Concrètement, l'auditeur se contente d'écrire « Actions correctives et préventives adéquates ; délais adéquats », avant de signer la fiche ;

3. mettre en place ces actions ;

4. vérifier qu'elles sont efficaces.

Si les deux premières étapes font l'objet d'un enregistrement qui justifie que l'audité a bien proposé des actions et que l'auditeur les a acceptées, les deux dernières ne font généralement pas l'objet d'un enregistrement. L'audité ne peut donc ni nommer les personnes qui ont conduit les actions correctives ou préventives, ni caractériser ces dernières, et encore moins indiquer la date d'intervention. L'auditeur peut uniquement constater que les actions ont été entreprises.

Pour éviter cette situation, il convient de mettre en place un outil de suivi d'actions. Ce dernier peut être du type gestion de tickets, qui préserve la traçabilité des événements. Il est bien justifié dans les grandes structures. Dans le cas des petites structures, il peut être plus intéressant de tenir un registre des actions en cours. Concrètement, ce suivi peut prendre la forme d'un simple tableau, mis à jour dès que des actions sont en cours.

Peu importe le type d'outils mis en place, l'important est de pouvoir justifier à tout instant de l'état d'avancement des mesures correctives et préventives.

Éléments du sous-projet d'audit et de suivi d'actions

Tableau 20-4

Points clés du projet

Points à retenir
L'audit interne du SMSI et les audits techniques n'ont pas le même objectif.
Les audits internes doivent être programmés à l'avance. Un programme d'audits doit donc être généré.
Chaque audit fait l'objet d'un plan d'audit qui sera suivi scrupuleusement par l'auditeur.
L'audit du SMSI doit être le plus indépendant possible des services internes de l'entreprise.
Les guides d'audit peuvent aider les auditeurs à contrôler certains points du SMSI.
Il faut être capable à tout instant de justifier de l'état d'avancement des actions correctives et préventives.

Tableau 20-5

Activités projet

Réf.	Activité
Aud.P.1	Étudier et évaluer les différentes options d'organisation de l'audit interne.
Aud.P.2	Valider avec la direction une organisation de l'audit interne.
Aud.P.3	Rédiger une procédure pour les audits internes du SMSI.
Aud.P.4	Identifier les audits à réaliser dans le SMSI.
Aud.P.5.n	– Rédiger un guide d'audit. – Pour chaque point à auditer, rédiger une fiche d'audit.
Aud.P.6	Former les auditeurs dans les domaines appropriés.

Tableau 20-6

Activités d'exploitation

RÉF.	ACTIVITÉ
AUD.E.1	- Planifier (une fois par an) les audits internes du SMSI et les audits techniques. - Écrire un programme d'audits.
AUD.E.2.N	Pour chaque audit, écrire un plan d'audit.
AUD.E.3.N	Procéder aux audits.
AUD.E.4.N	Rédiger les rapports.
AUD.E.5.N	Débriefer avec les audités.
AUD.E.6.N	Valider les rapports.
AUD.E.7	Réviser la procédure des audits internes.
AUD.E.8	Réviser la procédure de suivi d'actions.

Tableau 20-7

Documents et enregistrements

RÉF.	ÉLÉMENT
AUD.DOC.1	Procédure d'audit interne du SMSI
AUD.DOC.2	Procédure de suivi des actions du SMSI
AUD.DOC.3	Guide d'audit avec ses fiches d'audit
AUD.ENR.1	Programme d'audits du SMSI
AUD.ENR.2.N	Plan d'audit
AUD.ENR.3.N	Rapports d'audit
AUD.ENR.4	Journal de suivi des actions correctives et préventives

Chapitre 21

Appréciation des risques

L'appréciation des risques est une discipline bien antérieure à l'apparition des systèmes de management, et les méthodologies mises au point pour traiter cette question ne manquent pas. Pourtant, même aidées de nombreuses méthodes de qualité, les personnes chargées d'apprécier les risques butent toujours sur les mêmes questions : comment faire l'inventaire des actifs ? Comment évaluer les risques ? Qu'est-ce qu'un niveau de risque ? C'est que nous sommes en présence d'une discipline nécessitant de la pratique, dans laquelle la meilleure théorie ne remplacera jamais le savoir-faire de l'expert.

Le but de ce chapitre n'est donc pas de proposer une énième méthode d'appréciation des risques, mais de donner des pistes aussi concrètes que possible pour résoudre les difficultés les plus couramment rencontrées par les personnes chargées de cette partie du projet.

Processus de gestion du risque

Le cadre d'un système de management impose de formaliser une procédure de gestion du risque. Celle-ci doit décrire tous les aspects organisationnels relatifs à la gestion du risque dans le SMSI ; elle vient compléter en amont la méthode d'appréciation des risques et impose de résoudre sans aucune équivoque une série d'éléments.

- **Les responsabilités :** qui pilote le processus ? Qui valide techniquement l'appréciation des risques ? Qui audite le processus ?

- **Les niveaux de risque :** comment sont-ils définis ? Qui les valide ? Qui décide du niveau de risque acceptable ?

- **La revue :** à quelle fréquence le processus de gestion du risque est-il revu ? Par qui ?

- **Le traitement du risque :** quels sont les différents traitements possibles ? Quels sont les critères de décision ? Quelle est la procédure pour accepter ou refuser des risques résiduels ?
- **La communication :** comment est assurée la communication entre ceux qui analysent les risques et les parties prenantes ? Sont-ils bien d'accord sur les critères ?

On ne passera à l'étape suivante qu'une fois ces points établis et validés.

Différentes méthodes

Nous avons vu dans le second chapitre de cet ouvrage que la norme ISO 27001 laisse assez de liberté à l'implémenteur en matière d'appréciation des risques. D'ailleurs, elle ne recommande aucune méthode en particulier. Toutefois, l'article 6.1 impose quelques exigences à respecter. Il est donc parfaitement possible de sélectionner une méthode parmi celles qui sont disponibles sur le marché (ISO 27005, Ebios, Mehari, etc.), avec pour seule contrainte de répondre point par point au cahier des charges de la norme. L'entreprise peut même créer sa propre méthode en se basant sur les articles de l'ISO 27001.

Toutes ces méthodes se valent, même si chacune présente des particularités dont ne disposent pas les autres. Malgré leurs différences, ces démarches partagent toutes deux points communs.

- **Elles fournissent un cadre méthodologique** – Cela oblige à suivre une démarche structurée, conduisant à identifier les principaux risques et à décider des mesures les plus appropriées pour protéger les actifs d'information.
- **Elles proposent des référentiels** – Souvent, les appréciations des risques commencent par un inventaire des actifs (mais ce n'est pas absolument nécessaire), puis par une identification des menaces et des vulnérabilités. Les méthodes proposent des listes prédéfinies de types d'actifs, de menaces et de vulnérabilités par type d'actif. Ces listes sont très utiles, et elles justifient à elles seules le recours à une méthode d'appréciation des risques éprouvée.

Cela dit, la pratique montre qu'il n'est pas prudent d'appliquer une méthode au pied de la lettre. Généralement, les personnes chargées d'apprécier les risques s'inspirent du cadre méthodologique qui leur est proposé en l'adaptant à la réalité du terrain. En revanche, les référentiels associés à ces méthodes (typologie d'actifs, types de menaces, vulnérabilités types, etc.) sont généralement repris tels quels.

Signalons que l'ISO a publié la norme ISO 27005. Celle-ci décrit toutes les étapes du processus de gestion de risque, depuis la définition du contexte jusqu'à la révision de la procédure, en passant par l'analyse des risques. Cette norme distingue notamment les notions d'appréciation, d'analyse, d'identification, d'estimation et d'évaluation du risque. L'ISO 27005 peut être utilisée comme guide par le responsable du projet de SMSI.

Note

La seconde partie de cet ouvrage comporte un chapitre exclusivement consacré à l'ISO 27005. Le lecteur intéressé par cette norme est invité à s'y reporter.

Différentes approches

Tentons à présent de répondre à la question : comment procéder à l'appréciation des risques ? La réponse dépend de la situation dans laquelle se trouve l'entreprise. Certaines vérifications seront nécessaires si une démarche d'appréciation des risques existe déjà. Dans le cas contraire, il faudra choisir entre une démarche dite canonique, et une autre pragmatique.

Une appréciation des risques existe déjà

Qu'une appréciation des risques soit déjà en place ne dispense pas forcément d'en effectuer une qui soit propre au SMSI.

De par leur secteur professionnel, certaines sociétés sont amenées à procéder régulièrement à des appréciations de risques. Mais ces dernières ne sont pas forcément exploitables dans le cadre d'un SMSI, car elles couvrent des domaines particuliers comme le risque opérationnel, le risque crédit (pour les banques) ou tout autre type de risque sectoriel. Dans ce cas, une appréciation des risques propre au système d'information reste nécessaire, même s'il est très certainement possible de réutiliser la méthodologie et les référentiels existants, moyennant quelques adaptations.

Si une appréciation des risques propre au système d'information existe déjà, il convient de procéder à certaines vérifications.

- **Conformité** – La démarche utilisée doit être conforme aux exigences de la norme, notamment celles des articles 6.1.1 à 6.1.3.
- **Périmètre** – On procède rarement à une appréciation des risques spontanément, sans un objectif précis. Si une telle démarche a déjà été entreprise, c'est certainement qu'un projet antérieur l'exigeait. Dans ce cas, il est probable que l'appréciation effectuée ne couvre que le périmètre du domaine concerné par le projet et non celui du SMSI. Si les périmètres se recouvrent trop peu, il sera certainement préférable de reprendre à zéro la démarche d'appréciation des risques.

- **Actualité** – L'expérience montre qu'une fois un projet achevé, l'appréciation des risques qui a été réalisée au cours du projet est classée, sans qu'aucun travail de mise à jour soit prévu. Or, lorsque l'on a la chance de disposer d'une telle analyse, il est important de savoir très précisément de quand elle date et quels changements sont survenus, depuis, dans l'entreprise. Si les changements sont trop nombreux, il sera préférable de repartir à zéro.

Si ces vérifications montrent que l'appréciation des risques est exploitable, il conviendra alors de la mettre à jour en ajoutant les actifs du SMSI qui manqueraient et en tenant compte des changements survenus dans l'environnement depuis la précédente version. Il suffira ensuite, pour obtenir à l'arrivée une appréciation conforme aux exigences de l'ISO 27001, de comparer les mesures de sécurité qui avaient été sélectionnées à l'époque avec celles de l'annexe A.

Nous venons d'évoquer le cas de sociétés ayant déjà procédé à une appréciation des risques. Hélas, ces cas restent minoritaires. De très nombreuses sociétés ne découvrent cet exercice qu'au moment du projet de SMSI. Quelle approche adopter dans ce cas ?

Démarche canonique

On peut souhaiter se baser strictement sur ce qui est dit dans la norme pour construire son appréciation des risques. Malheureusement, la norme ISO 27001 reste très floue et il est quasiment impossible de s'appuyer sur elle pour produire quelque chose de concret. Certes, les exigences de l'article 6.1 donnent quelques pistes, mais elles sont largement insuffisantes dans la pratique.

C'est surtout l'article 6.1.2 qui donne quelques précisions. Il faut notamment :

1. que les critères d'appréciation des risques soient établis ;
2. que l'appréciation des risques donne des résultats cohérents, valides et comparables ;
3. que les risques soient identifiés ;
4. que les propriétaires des risques soient identifiés ;
5. que les conséquences potentielles des risques identifiés soient appréciées ;
6. que les niveaux de risques soient déterminés (ce qui implique de disposer d'une formule précise) ;
7. comparer les risques identifiés avec les critères formalisés ci-dessus ;
8. que les risques soient priorisés.

Quant à l'article 6.1.3, il complète ces premières exigences et préconise de :

1. choisir les options de traitement du risque ;

2. déterminer les mesures de sécurité nécessaires dans le cadre du traitement des risques ;

3. vérifier que ces mesures de sécurité s'inscrivent dans le cadre de l'annexe A de la norme ISO 27001 ;

4. rédiger une déclaration d'applicabilité (D*d*A) ;

5. élaborer un plan de traitement des risques ;

6. valider les risques résiduels par les propriétaires des risques ;

7. entériner le plan de traitement du risque.

Lorsque l'on voit cette liste, on peut légitimement se poser les questions suivantes : sur quels actifs d'information portent ces exigences ? Quelle est la valeur des actifs d'information ? Comment définir les propriétaires des risques ?

Autant dire que si la lecture stricte de la norme donne des pistes réelles pour bâtir une méthode d'appréciation des risques, elle ne suffit pas. Il faut clairement choisir une autre stratégie.

Démarche pragmatique

La séquence présentée ci-dessus revient à faire une appréciation des risques dans le but de sélectionner des mesures de sécurité appropriées. Or, dans la grande majorité des cas, les entreprises disposent déjà, et depuis longtemps, de mesures de sécurité opérationnelles. L'accès physique aux locaux est contrôlé, les réseaux sont protégés par des pare-feu ou des routeurs filtrants, l'accès aux applications est conditionné par la saisie d'un mot de passe, voire par une authentification à deux facteurs, les flux sensibles sont chiffrés et ainsi de suite.

Suivre la séquence de la norme comporte le risque d'aboutir à une liste de mesures de sécurité ne correspondant pas exactement aux mesures effectivement mises en place. D'une part, il y aura des mesures de sécurité effectivement en production qui n'auront pas été jugées nécessaires dans l'appréciation des risques ; d'autre part, certaines mesures jugées indispensables ne seront pas encore en place. Est-ce à dire que certaines mesures mériteraient d'être supprimées alors que d'autres auraient besoin d'être implémentées ?

Cette situation est très inconfortable pour le chef de projet, car elle menace le projet de SMSI à plus d'un titre.

- **Risque de désaveu des équipes en place** – Le fait que trop de mesures effectivement opérationnelles n'aient pas été jugées indispensables lors de l'appréciation des risques peut être interprété comme un désaveu de la politique de sécurité menée jusqu'alors. C'est comme si la personne ayant apprécié les risques disait : « Telle et telle mesures sont inutiles. Telle et telle mesures sont surdimensionnées. » Cette situation ne manquera pas de produire des tensions avec les équipes concernées, alors même que leur collaboration est essentielle pour la réussite du projet.

- **Risque d'abandon par la direction** – Si l'appréciation des risques montre qu'un nombre important de mesures de sécurité sont à mettre en place, cela risque aussi de compromettre le projet de SMSI. En effet, il faudra entreprendre des projets qui n'étaient pas prévus à l'origine, avec les coûts et contraintes associés. Si les coûts sont trop élevés, cela peut dissuader la direction générale de poursuivre le projet.

N'oublions pas que la mission première du chef de projet est de construire le SMSI, et non de restructurer les mesures de sécurité. Certes, l'appréciation des risques permet d'ajouter des mesures nécessaires et de retrancher des mesures inutiles, mais si cela conduit à la refondation complète de la sécurité, le projet de SMSI est voué à l'échec ! Pour prévenir cette situation, les personnes chargées d'apprécier les risques doivent procéder différemment : elles doivent partir des mesures de sécurité déjà en place pour remonter progressivement jusqu'à l'inventaire des actifs. Cette démarche peu élégante mais très pragmatique, que l'on pourrait qualifier de « rétro-appréciation des risques », se déroule en deux phases. Voici la séquence de la première :

1. inventaire des mesures de sécurité déjà en place ;
2. identification des actifs protégés par ces mesures et des menaces contrées ;
3. déduction des vulnérabilités de chacun des actifs.

À ce stade, on dispose d'une appréciation des risques partielle, exclusivement fondée sur l'existant, ne couvrant pas forcément le périmètre du SMSI. Une seconde phase est donc nécessaire. Il s'agit maintenant de partir dans le bon sens, en vérifiant, d'abord, que tous les actifs ont bien été pris en compte :

1. ajouter les actifs du périmètre qui n'avaient pas été identifiés lors de la première phase ;
2. vérifier la cohérence entre les vulnérabilités, les menaces, le risque et le traitement du risque ;
3. identifier toute mesure de sécurité non encore mise en place mais qui se révélerait pourtant incontournable, compte tenu des risques analysés.

Il est important de noter que cette démarche de « rétro-appréciation des risques » n'a pas pour but d'encourager la minimisation abusive des mesures à mettre en place. Si une mesure de sécurité (non encore en place) se révèle absolument indispensable pour le SMSI, elle devra être implémentée. Il reste vrai que cette approche permet de limiter le nombre de nouvelles mesures à implémenter. Cela permet de maîtriser les dépenses et la complexité du projet, tout en préservant les susceptibilités des uns et des autres.

Rappelons encore une fois que nous sommes là pour mettre en place un SMSI, et non pour refaire le monde.

Difficultés courantes de l'appréciation des risques

Parmi les étapes décrites précédemment, certaines posent systématiquement des difficultés aux personnes chargées d'apprécier les risques. Les sections suivantes donnent des pistes aussi concrètes que possible pour aider l'implémenteur dans son travail.

Commencer l'appréciation

Si l'entreprise n'avait encore jamais effectué d'appréciation des risques, le premier travail consiste à choisir une méthode. Nous l'avons vu, le responsable du projet a l'embarras du choix. Toutefois, quelle que soit la méthode retenue, un travail d'appropriation devra être entrepris. Il est illusoire d'espérer trouver du premier coup une méthode d'appréciation des risques, applicable telle quelle, avec les bons critères de risque, la bonne typologie d'actifs, les bonnes définitions de niveaux de risque et la bonne formule de calcul.

> **Note : en chemin**
>
> En la matière, la démarche du poète espagnol António Machado est encore la meilleure. Dans son célèbre poème *Chemin faisant*, l'auteur écrit : « Marcheur, il n'y a pas de chemin. Le chemin se fait en marchant. » C'est exactement l'approche qu'il faut avoir.

Le responsable de l'appréciation commencera par identifier trois ou quatre actifs qu'il connaît parfaitement bien. Il appliquera la démarche qu'il a retenue en valorisant ces actifs, puis en identifiant leurs vulnérabilités ainsi que les menaces auxquelles ils sont sujets. Très vite, les difficultés surviendront : comment valoriser un actif ? Quelle formule retenir pour calculer le risque ? Le risque obtenu correspond-il bien à la réalité du terrain ? Et ainsi de suite.

C'est donc par tâtonnements successifs sur ces trois ou quatre actifs triés sur le volet que le responsable stabilisera sa méthode. Lorsque les critères sembleront enfin bien stabilisés, il les testera sur deux ou trois autres actifs avant de passer à l'étape suivante.

La phase suivante consiste à formaliser par écrit tous les détails de la démarche. Il faut qu'une personne n'ayant aucune expérience de l'appréciation des risques puisse, sur un actif sélectionné, évaluer les risques rien qu'en suivant la méthode. Ce n'est qu'une fois la procédure bien formalisée qu'on pourra procéder à l'appréciation des risques dans son ensemble.

Inventaire des actifs

N'oublions pas que l'inventaire des actifs n'est pas stricto sensu une exigence de la norme. Pourtant, la démarche ISO 31000 évoquée par la norme, ainsi que la méthode ISO 27005 reposent sur cet inventaire. Il est donc presque incontournable de réaliser un inventaire des actifs. Les questions qui se posent inévitablement sont alors : qu'est-ce qu'un actif d'information ? Quel niveau de granularité choisir ? Ces questions sont d'autant plus inconfortables qu'elles surviennent dès le début de l'analyse.

Se servir autant que possible de l'existant

Faire l'inventaire des actifs est un travail long et fastidieux, aussi faut-il tirer profit de tout ce qui peut l'alléger – d'autant plus que les occasions de faire des inventaires sont relativement nombreuses dans l'entreprise. Voici quelques exemples d'éléments à récupérer.

- **Plan de continuité de l'activité** – Certaines sociétés sont tenues de mettre en place et de maintenir un plan de continuité de l'activité (PCA). Or, la première étape d'un PCA consiste à mener à bien une analyse d'impact, ce qui nécessite de faire un inventaire des actifs sensibles. Si un PCA a déjà été mis en place, il sera possible de se servir de cet inventaire pour l'intégrer dans l'appréciation des risques du SMSI. En revanche, il faudra vérifier que la liste des actifs est à jour et qu'elle correspond bien au périmètre du SMSI. Par ailleurs, il ne faut pas oublier que les PCA sont orientés disponibilité. Ainsi, l'inventaire des actifs d'un PCA ne comporte que les actifs dont la disponibilité est indispensable. Les notions de confidentialité et d'intégrité ne sont pas traitées. Les données du PCA seront donc très utiles, il faudra toutefois vérifier qu'aucun actif n'a été omis.

- **Inventaire** – Les entreprises sont tenues de faire régulièrement des inventaires. La DSI dispose généralement d'une liste de tous les équipements système et réseau. Par ailleurs, un registre des licences logicielles est certainement tenu à jour par un service. Certes, ces inventaires ne fourniront pas tous les éléments nécessaires à l'appréciation des risques, mais ils seront bien utiles.

- **ITIL** – Bien qu'en nette perte de vitesse ces dernières années au profit du DevOps et de l'Agile, cette approche de la production informatique est encore très répandue. Si l'organisme a installé une démarche ITIL, il est probable que le processus appelé « gestion de la configuration » soit implémenté. Or, ce processus impose de construire une base de données modélisant le système informatique. C'est ce que l'on appelle la CMDB (*Configuration Management Database*). Cette base de données est donc une source d'informations très importante pour la personne chargée de l'inventaire des actifs. Il conviendra toutefois de vérifier que le périmètre de la CMDB correspond bien à celui du SMSI. Par ailleurs, il ne faut pas oublier que la CMDB est très orientée informatique, alors que le SMSI est orienté information. Certains actifs non informatiques devront donc être ajoutés.

Différents niveaux d'actifs

Qu'est-ce qu'un actif d'information ? L'ordinateur portable ? Les logiciels qui y sont installés ? L'information qui s'y trouve ? Le savoir-faire de l'entreprise ? Chacune de ces réponses peut être correcte. Tout dépend du niveau de granularité choisi. On distingue deux niveaux possibles.

- **Le niveau abstrait** – il s'agit d'identifier les activités de l'entreprise, d'identifier les processus et son information, au sens large du terme. En fait, est considérée comme actif toute information ayant de la valeur pour l'entreprise, indépendamment de son support. On parle souvent d'actif primaire .

Exemple : actif primaire

Les actifs primaires le plus souvent répertoriés sont : la base clients, les méthodes industrielles, les principaux services fournis aux clients, le savoir-faire de l'entreprise, etc.

- **Niveau fin** – À ce niveau, on s'intéresse au support de l'information. Il peut s'agir de logiciels, de fichiers, d'équipements système ou réseau, mais aussi de documentations (papier ou électronique), de locaux où se déroulent les activités sensibles, etc. Ce type d'actifs est aussi appelé actifs support ou actifs secondaires. Quasiment toutes les méthodes d'appréciation des risques proposent en annexe une typologie pour ce genre d'actifs.

La personne responsable de l'appréciation des risques devra choisir un niveau pertinent par rapport au périmètre du SMSI.

Nombre d'actifs

Une façon de définir le niveau de granularité des actifs consiste à se baser sur leur nombre total. N'oublions pas que, concrètement, le but est de disposer d'une appréciation des risques à la fois pertinente et exploitable. Pour être pertinente, elle doit recenser tous les actifs importants – un nombre minimum d'actifs s'impose. Mais pour être exploitable, elle ne doit pas en comporter trop – un nombre maximum s'impose.

Le niveau de granularité des actifs peut donc être dicté par le nombre d'actifs qu'une organisation est capable de gérer correctement dans le cadre d'une appréciation des risques.

Concrètement, une appréciation recensant moins de cinquante actifs est peu crédible, sauf dans le cadre d'un périmètre très restreint. Inversement, il sera difficile de maintenir dans la durée plus d'une centaine d'actifs.

Curiosité : corrélation ?

Un constat – tout à fait empirique – mérite d'être signalé : souvent, le nombre d'actifs qu'un responsable est prêt à gérer dans le cadre d'une appréciation des risques est du même ordre que le nombre de règles de filtrage que l'administrateur d'un pare-feu peut gérer efficacement... Naturellement, rien de scientifique dans ce constat qui est exclusivement fondé sur des retours d'expérience, et qui ne doit pas être utilisé comme règle absolue. Toutefois, il donne une idée du nombre d'actifs qui peuvent être raisonnablement gérés.

Granularités variables

Rien n'oblige à garder un niveau de granularité homogène pour tous les actifs du SMSI. Il est parfaitement possible de rester très générique pour les actifs les moins sensibles et d'aller plus en profondeur pour les actifs les plus importants.

Exemple : actifs primaires et actifs support

Considérons une caisse de retraite dont le cœur de métier est le calcul et le paiement de la retraite complémentaire de ses allocataires. Elle fournit aussi des services tels que des bourses d'études pour les enfants des cotisants, des voyages à coût réduit et tous types de petits services secondaires. Lors de l'appréciation des risques, deux niveaux d'actifs peuvent être décidés.

1. Actifs primaires : paie des employés, bourses d'études pour les fils des cotisants, service de voyages, liquidation de retraite, paiement des échéances pour les allocataires. Les actifs primaires « liquidation de retraite » et « paiement des échéances » ont une importance capitale pour la caisse de retraite. Ils seront donc décomposés en actifs plus détaillés. Quant aux autres, ils ne nécessitent pas un niveau plus fin, car ils ne sont pas capitaux pour la survie de la caisse de retraites.

2. Actifs support liés aux actifs primaires « liquidation de retraite » et « paiement des échéances » :

– codes sources des programmes de liquidation de retraite et de paiement des échéances ;

– procédures d'exploitation de ces programmes ;

– base de données centrale des allocataires ;

– personnel du service « liquidation » et du service « paiement des échéances » ;

– ingénieur système ;

– opérateurs système.

Cette approche à granularité multiple est très utilisée. Elle présente l'avantage d'être très précise sur les actifs les plus importants, sans pour autant surcharger le nombre global d'actifs.

Identifier les actifs sensibles

Généralement, les actifs les plus sensibles sont très rapidement identifiés. Il s'agit le plus souvent de la base des clients, des méthodes industrielles et de toute information apportant un avantage concurrentiel à l'entreprise. Pourtant, les personnes chargées de faire l'inventaire des actifs craignent toujours d'en oublier. En effet, oublier un actif revient à ignorer ses vulnérabilités, donc les menaces qui pèsent sur cet élément. Ceci risque de conduire à un SMSI ne prévoyant pas certains risques importants.

Il n'existe hélas pas de démarche systématique pour vérifier qu'aucun actif important n'a été oublié. Une méthode permet pourtant d'obtenir une liste suffisamment fiable : elle consiste à se rapprocher de chaque responsable de service en lui expliquant ce que sont les actifs et en lui fournissant une liste d'exemples. Chaque responsable dresse alors une liste des actifs qui lui paraissent les plus importants.

Valoriser les actifs

Une étape importante dans l'appréciation des risques consiste à donner une valeur à chaque actif. De cette valeur dépendra le niveau de risque et, donc, les moyens qui seront déployés pour le protéger. Les actifs peuvent être valorisés de trois façons différentes.

- **Par le coût** – La valeur d'achat du bien, sa valeur résiduelle ou de remplacement en cas de panne est parfois utilisée pour valoriser les actifs. Cette approche comporte un inconvénient majeur : elle ne permet pas de valoriser un certain nombre d'actifs sensibles. Par exemple, comment valoriser la « valeur d'achat » de la base des clients ?

- **Par les conséquences d'une compromission** – Dans cette approche, on cherche à évaluer quelles seraient les conséquences d'une perte de confidentialité, de disponibilité ou d'intégrité sur l'actif en question. Selon les cas, ces conséquences seront mesurées quantitativement ou qualitativement. La valeur donnée à l'actif est mesurée à l'aune des conséquences d'un incident. Cette option conduit en général à une triple évaluation pour tenir compte des trois propriétés de sécurité : disponibilité, confidentialité, intégrité.

- **Par les contraintes** – Cette approche ressemble beaucoup à la précédente, mais elle se focalise sur les contraintes. Pour donner une valeur à un actif, on regarde quelles sont les contraintes auxquelles il est soumis.

Exemple : application de vente par correspondance

Si la convention de service pour un site de vente par correspondance précise qu'en cas de panne, le service doit être rétabli au bout de dix minutes, la valeur de l'actif « application de vente par correspondance » en matière de disponibilité sera très élevée.

Inversement, si la convention de service n'exige qu'un délai de quarante-huit heures, la valeur de cet actif en matière de disponibilité sera moindre.

Le deuxième type de valorisation est largement plus retenu que celui par coût, car il répond très bien aux besoins des SMSI. Il est parfaitement possible de concevoir des critères de valorisation tenant compte à la fois des conséquences et des contraintes. Par ailleurs, rien n'interdit d'ajouter d'autres critères comme la traçabilité, en plus de la confidentialité, de l'intégrité et de la disponibilité. Le tableau ci-dessous montre un exemple de critères de valorisation des actifs.

Tableau 21-1

Exemple de critères de valorisation des actifs

NIVEAU	CONFIDENTIALITÉ	INTÉGRITÉ	DISPONIBILITÉ
0	Aucune conséquence	Aucune conséquence	Aucune contrainte
1	Perte < un jour de CA	Perte < un jour de CA	Remise à disposition en deux semaines
2	Perte < une semaine de CA	Perte < une semaine de CA	Remise à disposition en une semaine
3	Perte < un mois de CA	Perte < un mois de CA	Remise à disposition en 48 heures
4	Perte > un mois de CA	Perte > un mois de CA	Remise à disposition dans la journée

Exemples : valorisation d'un catalogue et d'une base des clients

Considérons les deux actifs suivants et confrontons-les aux critères du tableau ci-dessus.

1. **Catalogue (0,1,4)** : la note 0 signifie que la perte de confidentialité du catalogue a été valorisée à zéro, c'est-à-dire qu'elle n'a « aucune conséquence ». C'est bien normal puisque par nature, le catalogue a vocation à être public. La note d'intégrité a été mise à 1. Cela signifie que si une erreur survient dans le catalogue, cela aura pour conséquence une perte financière inférieure à un jour de chiffre d'affaires (CA). Enfin, la note de 4 pour la disponibilité montre que le catalogue doit être remis en ligne dans la journée.

2. **Base clients (4,2,2)** : la valeur de confidentialité a été estimée à 4, car la base clients est une partie importante du capital incorporel de l'entreprise. Sa divulgation conduit à des pertes pouvant dépasser un mois de chiffre d'affaires. Un problème d'intégrité aura pour conséquence la perte d'une semaine de chiffre d'affaires. Enfin, si jamais un incident rend indisponible le fichier client, cette perte de disponibilité sera supportable pendant une semaine.

Naturellement, l'usage montrera que les critères de ce tableau ne sont pas pertinents du premier coup. Il sera nécessaire de les affiner au fur et à mesure que l'appréciation des risques avancera. Ces affinements seront nombreux au début, puis se stabiliseront par la suite.

Estimer le risque

Une fois les actifs valorisés, leurs vulnérabilités et menaces répertoriées, se pose la question de l'estimation du risque. Il convient de tenir compte de la vraisemblance du risque. Celle-ci peut être mesurée par une note, par une probabilité ou par niveaux (nul, faible, moyen, élevé). Certaines méthodes ajoutent la notion de facteur d'exposition du bien aux menaces, mais ce n'est nullement exigé par la norme ; il n'est pas utile de compliquer l'appréciation si rien ne le justifie.

Pour calculer le niveau de risque, il faut définir une fonction mettant en rapport la valeur de l'actif avec la vraisemblance des menaces. La solution la plus répandue consiste à faire le produit de la valeur de l'actif avec la vraisemblance de la menace.

> **Exemple : formule de calcul de niveau de risque**
>
> La façon la plus simple pour définir le niveau de risque consiste à retenir le maximum des trois composantes de la valeur de l'actif (confidentialité, intégrité, disponibilité), puis à le multiplier par la vraisemblance. Ceci donne la formule suivante :
>
> Risque = Max (Confidentialité, Intégrité, Disponibilité) × Vraisemblance
>
> Appliquons cette formule aux actifs de l'exemple précédent (catalogue et fichier client) :
>
> — si la menace de divulgation du catalogue a une vraisemblance de 3, le risque associé sera valorisé de la façon suivante : Max (0,1,4) × 3 = 12 ;
>
> — si la menace de divulgation du fichier client est estimée à 2, le risque associé sera valorisé de la façon suivante : Max (4,2,2) × 2 = 8.

Naturellement, il sera très certainement nécessaire d'affiner cette formule. Certains appliqueront un coefficient pour la note de confidentialité, car ils estiment que cette propriété est plus importante que la disponibilité ou l'intégrité. D'autres appliqueront des plafonds au-delà desquels ils aggraveront les notes. En fonction des cas, les formules peuvent atteindre un niveau de complexité élevé.

Une formule d'estimation du risque est considérée comme pertinente tant que le niveau de risque augmente bien avec la valeur de l'actif (soit en matière de confidentialité, d'intégrité ou de disponibilité).

Mesures de sécurité

Les personnes chargées de l'estimation des risques sont souvent amenées à se demander si elles doivent considérer les actifs seuls, en faisant abstraction de leur environnement, ou si, au contraire, elles doivent tenir compte de leur milieu.

Exemple : serveur web d'une agence de voyages sur Internet

Considérons un site web qui fournit un service de réservations de voyages sur Internet. Cet actif est valorisé de la façon suivante : **serveur web (2,4,4)**. En effet, une perte d'intégrité du serveur ou une indisponibilité du service peuvent avoir des conséquences catastrophiques.

Si nous considérons le serveur web indépendamment de son milieu, la vraisemblance d'une attaque du serveur (par exemple par déni de service) est très élevée. Elle sera évaluée à 5 (sur une échelle de 5).

En revanche, si nous tenons compte du fait que le serveur est protégé par un pare-feu, que son système d'exploitation a déjà été sécurisé et qu'un service de protection de la bande passante a été mis en place, cela diminue considérablement la vraisemblance d'une perte de disponibilité. Aussi la note sera-t-elle portée à 2.

Il est en général préférable de tenir compte de l'environnement des actifs au moment de l'appréciation des risques car cela permet de se centrer sur l'essentiel, en ne faisant ressortir que les risques les plus importants, pour lesquels aucune mesure de sécurité n'est encore appliquée.

Établir des niveaux de risque

Une erreur très commune consiste à définir les niveaux de risques en partant de l'appréciation des risques.

Exemple

Si nous considérons une méthode graduant les risques sur une échelle de 40, il est possible de diviser cette échelle en quatre tranches, ce qui donnera quatre niveaux de risques différents.
— De 0 à 10 : risque bas.
— De 11 à 20 : risque modéré.
— De 21 à 30 : risque élevé.
— Plus de 30 : risque très élevé.

Cette démarche est confortable car elle permet de définir très facilement des niveaux de risque. En revanche, elle conduit à un résultat parfaitement arbitraire, exclusivement fondé sur la méthode d'appréciation choisie, et qui risque d'être tout à fait déconnecté de la réalité.

En fait, c'est aux différentes directions opérationnelles de définir les niveaux de risque, indépendamment du SMSI et de l'appréciation des risques. Le but est qu'elles définissent clairement, avec leurs propres mots, quels sont les différents niveaux de risques qu'elles perçoivent. Naturellement, les directions opérationnelles seront portées dans ce travail par le responsable du SMSI, qui les conduira dans leur réflexion et les aidera à formuler les différents niveaux.

Procéder de cette façon permet d'obtenir une définition des risques bien plus proche de la réalité. Le tableau ci-après donne un exemple (très simplifié) de niveaux de risques définis par la direction générale.

Tableau 21-2

Niveaux de risques

NIVEAU DE RISQUE	SIGNIFICATION
ÉLEVÉ	– Perte financière > un mois de CA – Perte de clients stratégiques – Besoin de lancer une campagne de communication – Procès
MOYEN	– Perte financière > une semaine de CA – Perte de clients non stratégiques – Besoin de négocier un arrangement à l'amiable
BAS	– Perte financière < une semaine de CA – Pas de perte de client – Aucun impact sur l'image de marque

La lecture de ce tableau montre qu'un niveau de risque moyen risque de faire perdre à la société une semaine de chiffre d'affaires, ou bien de lui faire perdre un ou plusieurs clients non stratégiques, ou encore de l'obliger à lancer une procédure de règlement de conflit à l'amiable. La façon dont sont formulés les niveaux de risque traduit directement les inquiétudes profondes des directions opérationnelles.

L'objectif maintenant est de mettre en rapport, d'une part, les niveaux de risques définis par les directions opérationnelles avec, d'autre part, les risques identifiés dans l'appréciation des risques. Cela garantira que l'appréciation des risques reflète concrètement la réalité, plutôt que de n'être qu'une une simple construction de l'esprit dont la seule justification est d'être conforme aux exigences de la norme.

Un outil répandu pour faire ce rapprochement est un tableau de correspondance dont voici un exemple simplifié.

Tableau 21-3

Classification des risques

VRAISEMBLANCE	VALORISATION DE L'ACTIF					
	0	1	2	3	4	5
0	0	0	0	0	0	0
1	0	1	2	3	4	5
2	0	2	4	6	8	10
3	0	3	6	9	12	15
4	0	4	8	12	16	20
5	0	5	10	15	20	25

Nous voyons que les niveaux de risque sont regroupés par couleur : gris foncé pour le niveau élevé, gris clair pour le niveau moyen et blanc pour le niveau bas.

Il ne reste plus qu'à vérifier que les risques inférieurs à six sont bien cohérents avec les critères du niveau bas, que les risques inférieurs à 11 sont cohérents avec le niveau moyen et que les autres correspondent aux critères du niveau élevé. Des ajustements seront certainement nécessaires.

Définir les risques acceptables

La norme exige que des critères d'acceptation des risques soient définis (article 6.1.2), mais elle ne précise pas du tout comment faire.

En fait, les critères d'acceptation des risques s'inscrivent dans la continuité des niveaux de risques traités précédemment. Il suffit à la direction de choisir un niveau au-delà duquel les risques devront être évités, transférés ou réduits, mais en aucun cas acceptés. Concrètement, cette décision peut être inscrite à l'ordre du jour d'un comité stratégique et consignée dans le compte rendu de réunion de cette instance.

Exemple

En reprenant le tableau précédent, la direction peut décider de n'accepter que les niveaux de risques bas et moyen.

Pour définir le niveau de risque acceptable, la direction générale utilisera principalement deux critères : le critère d'impact et le critère de coût.

- **Le critère d'impact** – Chaque niveau de risque donne une estimation de la gravité des conséquences d'incidents de sécurité. Plus il est élevé, plus l'impact (financier ou opérationnel) est important. La direction a donc intérêt à être très consciente du niveau de risque qu'elle est capable d'assumer.

- **Le critère de coût** – Plus le niveau de sécurité exigé est haut, plus il sera nécessaire de déployer des mesures de sécurité pour diminuer les risques. Ceci entraînera automatiquement une augmentation du coût de construction et d'exploitation du SMSI. La direction sera très sensible au coût induit par le niveau de sécurité retenu.

Le niveau de risque acceptable retenu tiendra compte de ces deux critères, mais autant dire que c'est surtout le second, celui du coût des mesures, qui conditionnera la décision.

Une fois ce niveau officiellement fixé, aucun risque mentionné dans le SMSI n'est censé le dépasser. L'usage montre en fait que la direction peut permettre des exceptions. C'est le cas lorsqu'un risque identifié est supérieur au niveau officiellement décidé, mais que les moyens à mettre en place pour le réduire sont jugés trop importants. Dans ce cas, la direction peut toujours accorder une dérogation à la règle, à condition que cette décision soit motivée et consignée.

Exemple : tolérer un risque d'intrusion élevé à l'approche d'un déménagement

Considérons une société dont le réseau est mal cloisonné. L'appréciation des risques montre que le risque d'intrusion est supérieur au niveau normalement acceptable. Par ailleurs, cette société va bientôt déménager. Voici ce à quoi peut ressembler un extrait du compte rendu du comité de direction :

« Tel qu'il est architecturé aujourd'hui, le réseau de la société présente un risque d'intrusion égal à 30, alors que le niveau de risque accepté est de 25. Cependant, le budget de la DSI de cette année ne permet pas de restructurer le réseau. Par ailleurs, il est rappelé que la société va déménager l'année prochaine, ce qui entraînera la construction d'un nouveau réseau sur le site cible. Compte tenu de ces deux arguments, la direction générale accepte le risque de laisser le réseau tel qu'il est en ce moment, sans mesure de sécurité supplémentaire. »

Étude de cas d'appréciation de risques

Ceux qui ne se sont jamais livrés à cet exercice peuvent se demander à quoi ressemble, sur le papier, une appréciation des risques. Sur la question de la forme, la norme n'est d'aucun secours, car elle ne donne aucune indication. Il revient à chaque méthode et à chaque consultant de proposer son propre formalisme. Tout formalisme est acceptable dès lors que l'auditeur y retrouve clairement toutes les étapes spécifiées entre les articles 6.1.1 et 6.1.3.

La façon la plus simple de présenter une appréciation des risques est encore d'utiliser un tableur. Le tableau ci-après présente un exemple extrêmement simplifié d'appréciation des risques.

Tableau 21-4

Exemple simplifié d'appréciation des risques

Actif	Responsable	Valorisation			Vulnérabilités	Menaces	Vraisem-blance	Risque
		C	I	D				
Serveur web de vente par correspondance	DSI	2	4	4	Système non à jour	Exploitation d'une vulnérabilité connue	3	12
					Pas de filtrage d'URL	Injection SQL et XSS	2	8
Ordinateur portable du commercial	Responsable Service commercial	4	1	1	Équipement léger et peu encombrant	Vol	3	12

Ce mini tableau présente les risques concernant deux actifs : un serveur web et un ordinateur portable. Il s'agit là d'actifs support, mais nous aurions parfaitement pu faire figurer des actifs primaires tels que la « base clients » ou le « catalogue ».

Le système d'exploitation du serveur web n'est pas à jour, ce qui l'expose à des attaques exploitant des vulnérabilités connues. La vraisemblance de cette menace est évaluée à 3. De plus, le serveur web ne filtre pas les URL, ce qui le rend sensible aux attaques d'injection SQL et au *Cross Site Scripting* (XSS). La vraisemblance de cette menace est évaluée à 2.

Nous constatons que la valorisation de l'actif « serveur web » est indépendante des vulnérabilités et des menaces. Elle est de (2,4,4), quelle que soit la menace ou la vulnérabilité. Ce qui fait varier le niveau de risque entre une menace et une autre est le paramètre de vraisemblance (3 pour le système non à jour, et 2 pour le XSS).

La formule retenue ici pour le calcul du risque est la plus simple :

Risque = Max (C,I,D) × Vraisemblance.

Mais, encore une fois, rien n'empêche d'affiner la formule.

Remarquons qu'il est parfaitement possible (et même recommandé) d'ajouter des colonnes supplémentaires. Il sera notamment intéressant d'ajouter une colonne pour définir quel traitement du risque sera décidé (acceptation, évitement, transfert ou diminution), d'en ajouter une autre pour identifier les mesures de sécurité à appliquer, et encore une pour définir le risque résiduel.

Oubli d'un risque

Un sujet d'inquiétude récurrent est la peur d'avoir oublié un risque ou d'avoir commis une erreur d'appréciation dans l'analyse.

Certes, les causes d'erreur sont très nombreuses : absence d'un élément important dans l'inventaire des actifs, mauvaise appréciation des vulnérabilités pour un actif, mauvaise appréciation d'une menace, erreur dans la valorisation d'un bien, etc. Il est donc illusoire de penser qu'aucun oubli ni erreur d'appréciation n'a été commis, pour peu que l'analyse porte sur une centaine d'actifs.

Faut-il pour autant s'en inquiéter ? Non, car si la structure de base du SMSI est opérationnelle, les erreurs d'appréciation des risques finiront par être identifiées – c'est une question de temps. En effet, le SMSI impose de procéder à des revues régulières. Un point oublié lors de l'appréciation initiale pourra toujours être repéré au moment de la revue. Par ailleurs, si un incident de sécurité se produit suite à une erreur dans l'appréciation des risques, il sera signalé, ce qui permettra de la corriger.

Enfin, ni l'auditeur interne, ni l'auditeur de certification ne pourront formuler d'écart grave suite à un oubli ou une erreur de bonne foi dans l'appréciation des risques. Ils rédigeront tout au plus une fiche pour signaler une remarque. Cette dernière sera injectée dans le processus d'amélioration continue, qui amènera à corriger l'appréciation des risques.

En revanche, les auditeurs seront intraitables sur la conformité de la méthode utilisée pour apprécier les risques. Ils vérifieront par ailleurs que la procédure spécifiée est effectivement appliquée et ne se priveront pas de formuler des fiches de non-conformité s'ils constatent des écarts entre la procédure et la pratique.

Éléments du sous-projet de gestion des risques

Tableau 21-5

Points clés du projet

POINTS À RETENIR
Peu importe la méthode d'appréciation des risques choisie, pour peu qu'elle respecte les exigences de la norme.
Les critères de l'appréciation (valorisation des actifs, niveaux de risques, formule de calcul du risque, etc.) s'affineront et se stabiliseront avec la pratique.

Récupérer autant que possible tous les éléments déjà existants qui pourraient faciliter le travail (ancienne appréciation des risques, inventaire des actifs, CMDB, etc.).
Les niveaux de risque doivent correspondre à la réalité de l'entreprise.
Il ne faut pas craindre d'oublier quelques risques ou de commettre quelques erreurs lors du travail d'appréciation, qu'il sera toujours temps de corriger.

Tableau 21-6

Activités projet

RÉF.	ACTIVITÉ
RISQ.P.1	Écrire une procédure de gestion du risque.
RISQ.P.2	Définir une méthode d'appréciation des risques et la formaliser.
RISQ.P.3	Définir les différents niveaux de risque et les critères d'acceptation.
RISQ.P.4	Procéder à l'appréciation des risques : inventaire des actifs, vulnérabilités, menaces, traitement du risque, etc.

Tableau 21-7

Activités d'exploitation

RÉF.	ACTIVITÉ
RISQ.E.1	Revue de la procédure de gestion du risque.
RISQ.E.2	Revue de la méthode d'appréciation des risques.
RISQ.E.3	Revue des différents niveaux de risque et des critères d'acceptation.
RISQ.E.4	Revue de l'appréciation des risques.

Tableau 21-8

Documents et enregistrements

RÉF.	ÉLÉMENT
RISQ.DOC.1	Procédure de gestion du risque.
RISQ.DOC.2	Méthode d'appréciation du risque.
RISQ.DOC.3	Niveaux de risque.
RISQ.DOC.4	Critères d'acceptation des risques.
RISQ.ENR.1	Inventaire des actifs.
RISQU.ENR.2	Appréciation des risques.

Chapitre 22

Sélection des mesures de sécurité

La désignation des mesures de sécurité de l'annexe A qui seront effectivement appliquées dans le cadre du SMSI donne lieu à la déclaration d'applicabilité (DdA). Comme cette étape conditionne la suite de la construction du système de management, elle doit être traitée avec le plus grand soin. Or, les critères sur lesquels sélectionner ou écarter une mesure de sécurité sont mal définis. En outre, comment évaluer les conséquences de la sélection effectuée ?

Ce chapitre explique comment établir des critères qui permettront de générer une déclaration d'applicabilité cohérente avec le périmètre du SMSI.

Importance de la déclaration d'applicabilité (*DdA*)

Pour construire la déclaration d'applicabilité, il suffit de balayer les 114 mesures de sécurité de l'annexe A et de déclarer, pour chacune d'elles, si on s'engage à l'appliquer dans le SMSI ou pas.

En théorie, au moment de sélectionner les mesures de sécurité dans la DdA, l'implémenteur risque de tomber dans deux excès.

- **Une sélection trop large** – Pour être sûr de ne rien oublier, l'implémenteur peut être tenté de retenir un trop grand nombre de mesures de sécurité. Non seulement cela alourdit grandement le travail de mise en œuvre, mais cela augmente encore le risque d'écarts lors de l'application.

- **Une sélection trop restreinte** – Une DdA comportant trop peu de mesures dénote probablement des oublis importants, voire le fait que des mesures de sécurité incontournables ont été écartées à tort. Ces oublis risquent fort de conduire à rendre le SMSI non conforme.

On voit combien peut paraître délicate, dans la construction d'un SMSI, la sélection des bonnes mesures de sécurité. Il convient cependant de dédramatiser la question, d'autant plus que l'importance de la DdA est souvent très exagérée. Si cette déclaration est en effet la véritable clé de voûte du SMSI, elle ne fait pas la cathédrale à elle seule : sélectionner les bonnes mesures est certes délicat, mais le plus difficile reste encore de les mettre en œuvre puis de les exploiter correctement par la suite.

Quelles mesures sélectionner ?

La norme ISO 27001 ne recommande la sélection d'aucune mesure en particulier. Retenir telle ou telle mesure de sécurité dépendra surtout de l'appréciation des risques, ainsi que des critères d'acceptation des risques. Théoriquement, il devrait être possible de concevoir des DdA avec très peu de mesures de sécurité sélectionnées, mais il est rare d'en trouver qui en comportent moins de cent. Ceci est dû au fait que, même si aucune mesure de sécurité n'est explicitement exigée, certaines découlent directement de l'une des clauses obligatoires de la norme.

Rappelons en effet que l'application des articles 4 à 10 de la norme, sans exception, est obligatoire. Aussi, toutes les mesures de sécurité qui leur sont directement liées devront être systématiquement sélectionnées (par transitivité du caractère obligatoire de l'article), même si rien dans le texte de la norme ne les désigne explicitement comme des mesures à retenir.

> **Exemple**
>
> L'article 8.1 de l'ISO 27001 stipule qu'il faut s'assurer que les processus externalisés sont définis et contrôlés. Comme elle fait partie de l'article 8 de la norme, l'application de cette clause est obligatoire.
>
> Par ailleurs, les mesures de sécurité de l'annexe A.15 traitent du même sujet.
>
> L'article 8.1 étant obligatoire, les mesures de sécurité de l'annexe A.15 seront systématiquement sélectionnées ; même si elles ne sont pas explicitement obligatoires, elles le deviennent par transitivité.
>
> Il en va de même pour toutes les mesures de sécurité qui sont directement liées à un article de la norme.

On pourrait ainsi penser qu'à chaque exigence des articles 4 à 10 correspondrait une mesure de sécurité dans l'annexe A, et qu'il y aurait une bijection entre les exigences de la norme et ces mesures de sécurité. Les choses ne sont pas si simples car il existe des articles sans correspondance dans l'annexe A.

Il n'existe d'ailleurs malheureusement pas de tableau de correspondance entre les articles et l'annexe A. Cette tâche incombe à l'implémenteur, en fonction de sa connaissance de la norme.

On peut en fait distinguer deux types de mesures dans l'annexe A :

- celles qui portent explicitement sur l'un des articles 4 à 10, et qui doivent donc être obligatoirement sélectionnées – elles sont dites obligatoires par transitivité (voir section suivante) ;

- celles qui ne correspondent à aucun des articles 4 à 10, et dont la sélection ne se fera qu'en fonction de l'appréciation des risques et du traitement des risques décidé par la direction.

Rappelons enfin que l'annexe A ne couvre pas toutes les exigences des articles 4 à 10 et que certaines clauses sont donc « orphelines ». Il appartient donc aussi à l'implémenteur de trouver, sans pouvoir recourir à l'annexe A, des mesures implémentant ces exigences.

La constitution de la DdA implique donc de sélectionner d'office certaines mesures de l'annexe A, et de n'en sélectionner d'autres que sur la base de l'appréciation et du traitement des risques.

Mesures obligatoires par transitivité

Le tableau ci-après identifie les correspondances entre les mesures de sécurité de l'annexe A (première colonne) et les articles 4 à 10 de l'ISO 27001 (deuxième colonne). La troisième colonne rappelle le thème dont il est question.

*** **Tableau 22-1**

Mesures de sécurité obligatoires par transitivité

MESURE DE SÉCURITÉ DE L'ANNEXE A	ARTICLE DE L'ISO 27001	THÈME
A.5.1.1	5.2	Politique de sécurité
A.5.1.2	8.2	Politique de sécurité
A.6.1.1	5.3	Répartition des rôles et responsabilités
A.7.2.1	5.3	Responsabilités de la direction
A.7.2.2	7.3	Sensibilisation
A.12.1.1	7.5.1	Procédures d'exploitation
A.12.1.2	8.1	Gestion des changements
A.15.1 et A 15.2	8.1	Relation avec les fournisseurs

A.18.1.1	4.2 Note	Identification de la législation en vigueur
A.18.2.2	9.1	Conformité avec les politiques en vigueur
A.18.2.3	9.1	Vérification de la conformité technique

Les mesures de sécurité identifiées dans ce tableau doivent être systématiquement sélectionnées dans la déclaration d'applicabilité, quel que soit le SMSI.

Mesures obligatoires par le contexte

Une fois les mesures de sécurité obligatoires par transitivité sélectionnées, reste à identifier celles qui, par le contexte, ne peuvent être écartées. Pour cela, nous nous poserons un certain nombre de questions. Si la réponse est oui (ce qui sera presque toujours le cas), il faudra alors envisager de sélectionner la mesure de sécurité correspondante.

- **Question 1 :** y a-t-il des locaux impliqués dans le SMSI ?

Il est difficile d'imaginer le contraire. Il faut bien que les gens aient des bureaux ou des ateliers pour travailler. Il y a certainement des zones pour accueillir le public, voire des zones de livraison. Certaines mesures du chapitre A.11.1 doivent être retenues.

- **Question 2 :** y a-t-il des équipements dans les locaux ?

Là encore, il y a certainement des équipements : des postes de travail, des serveurs, des imprimantes, des baies avec des lames pour la virtualisation, etc. Certaines mesures du chapitre A.11.2 relatives à la sécurité des équipements doivent donc être retenues.

- **Question 3 :** le SMSI implique-t-il du personnel ?

Comment imaginer le contraire ? Certaines mesures du chapitre A.7.1 seront retenues pour tout ce qui a un rapport avec les procédures mises en place avant l'embauche du personnel. Certaines mesures du chapitre A.7.2 seront également retenues pour tout ce qui concerne les obligations du personnel, en matière de sécurité, pendant qu'il travaille dans l'entreprise, qu'il soit employé ou prestataire. Enfin, certaines mesures du chapitre A.7.3 seront retenues pour les cas où des employés quittent l'entreprise.

- **Question 4 :** la politique du SMSI ou l'appréciation des risques a-t-elle identifié le besoin d'un plan de continuité d'activité pour les activités les plus sensibles de l'entreprise ?

Si c'est le cas, il faudra très certainement sélectionner toutes les mesures de sécurité du chapitre A.17, sans exception.

Groupes cohérents de mesures

Indépendamment de la sélection ou non sélection de mesures, on constate que certaines mesures sont souvent désignées ensemble.

Par exemple, les mots de passe font l'objet de trois mesures de sécurité venant de sections différentes.

- A.9.2.4 – Processus de gestion formelle des mots de passe.
- A.9.3.1 – Bonnes pratiques pour les mots de passe.
- A.9.4.3 – Outils de gestion des mots de passe.

Si l'une de ces mesures est sélectionnée, il est assez logique de sélectionner les deux autres.

Dans le cas où le SMSI impliquerait l'usage de dispositifs de chiffrement, les mesures A.10.1.1 et A.10.1.2 (relatives au chiffrement) seront retenues. Il sera alors logique de retenir aussi la mesure A.18.1.5, qui traite de la prise en compte de la réglementation dans le domaine de la cryptographie.

Enfin, lorsqu'un réseau est utilisé, il est habituel de sélectionner des mesures dans l'annexe A.13.1, concernant la gestion de la sécurité réseau, mais aussi dans l'annexe A.9.1.2 consacrée au contrôle d'accès au réseau.

Méthodologie : modèle PDCA et cohérence

Lors de l'élaboration de la déclaration d'applicabilité, il faut tenir compte de deux points de méthode très importants.

Conformité au modèle PDCA

Au moment de générer la DdA , on ne pense pas nécessairement au fait que chaque mesure de sécurité sélectionnée sera tôt ou tard auditée, soit par un auditeur interne, soit par un auditeur de certification. Or, il faut savoir que l'auditeur ne s'intéressera pas uniquement à l'efficacité de la mise en œuvre de la mesure de sécurité ; il s'intéressera aussi – et surtout – à la conformité de cette implémentation par rapport au modèle PDCA. Chaque mesure de sécurité doit donc faire l'objet d'une documentation et doit générer des enregistrements pour prouver son bon fonctionnement ; ensuite un contrôle régulier doit être fait pour vérifier que la mesure de sécurité fonctionne comme convenu.

Exemple : cloisonnement des réseaux

Considérons une DdA qui a sélectionné la mesure de sécurité A.13.1.3 relative au cloisonnement des réseaux. Concrètement, ceci implique la mise en place de différentes DMZ, cloisonnées grâce à des routeurs filtrants ou à des pare-feu. Du point de vue technique, il suffit que ces équipements réseau soient bien configurés pour assurer une sécurité satisfaisante. Mais du point de vue de l'ISO 27001, cela ne suffit pas. En effet, l'auditeur pourra adopter l'approche suivante :

1. Il pourra demander à voir la matrice des flux correspondant aux différentes DMZ. C'est la vérification de la phase *Plan* : dire ce que l'on va faire.

2. Il choisira au hasard un flux de la matrice et demandera à voir sur les routeurs et pare-feu les règles de filtrage et ACL correspondantes. C'est la vérification de la phase *Do*. Il contrôlera qu'il n'y a pas d'écart entre ce qui est dit et ce qui est fait.

3. Il demandera ensuite comment sont contrôlées les configurations. C'est la phase *Check*. Il faudra alors lui montrer (et prouver) comment on fait pour contrôler régulièrement les bases de règles.

4. Enfin, il demandera à voir où en sont les actions correctives et préventives. C'est le contrôle de la phase *Act*.

L'implémenteur qui coche une case dans la DdA doit être conscient qu'il s'engage à prouver que l'application de la mesure de sécurité concernée est conforme au modèle PDCA. Autant dire qu'il faut bien réfléchir avant de cocher des cases.

Cohérence générale

Il faut toujours être capable de justifier la cohérence entre les mesures de sécurité sélectionnées d'une part, et la politique, le périmètre du SMSI et l'appréciation des risques d'autre part.

Il est donc très important de mettre en regard la sélection des mesures avec l'appréciation des risques qui a été effectuée. Il faut faire en sorte qu'à chaque risque (qui n'est pas accepté ou évité) corresponde au moins une mesure de sécurité.

Toujours dans la même logique, il est inutile de sélectionner des mesures de sécurité qui ne seraient liées à aucun risque identifié dans l'analyse.

Éléments du sous-projet *DdA*

Tableau 22-2
Points clés du projet

Points à retenir
Il ne faut sélectionner que les mesures de sécurité strictement nécessaires, ni plus, ni moins.
Certaines mesures de sécurité sont obligatoires par transitivité ou par contexte.
La sélection des mesures restantes dépend de l'appréciation des risques.
Chaque mesure de sécurité de la DdA doit répondre au modèle PDCA.

Tableau 22-3
Activités projet

Réf.	Activité
SoA.P.1	Sélectionner les mesures incontournables (par transitivité et par contexte).
SoA.P.2	Sélectionner les mesures de sécurité issues de l'appréciation des risques.
SoA.P.3	Faire l'inventaire des mesures déjà en place.
SoA.P.4	Pour chaque mesure déjà en place, vérifier son niveau de maturité en fonction du modèle PDCA.
SoA.P.5	Passer en revue les mesures de sécurité non retenues, et justifier leur non-sélection.

Tableau 22-4
Activités d'exploitation

Réf.	Activité
SoA.E.1	Réviser la DdA en cas de changement important du SMSI ou après une révision de l'analyse des risques.

Tableau 22-5
Documents et enregistrements

Réf.	Élément
SoA.Doc.1	Déclaration d'applicabilité

Chapitre 23

Formation et sensibilisation

Trop souvent, la formation et la sensibilisation ne sont pas considérées comme des tâches prioritaires par les responsables du projet SMSI. On laisse donc ces deux aspects pour la fin, une fois que tous les autres dispositifs du système de management sont en place. De plus, la sensibilisation est souvent réduite à l'organisation de petites sessions auxquelles n'assistent que ceux qui le peuvent. Pourtant, la formation et la sensibilisation sont deux aspects très importants du SMSI, dont il faut tenir compte dès le début du projet.

Exigence normative

Il ne faut pas confondre formation et sensibilisation. La formation consiste à apporter des connaissances techniques à une population très précise, tandis que la sensibilisation consiste à faire passer un message très simple à tout le personnel de l'entreprise. Ces deux points sont absolument nécessaires pour que le SMSI soit conforme à l'ISO 27001.

Vocabulaire : *training* et *awareness*

Le terme anglais pour formation est *training*. Le terme anglais pour sensibilisation est *awareness*.

La norme aborde explicitement la formation et la sensibilisation dans l'article 7.

- L'article 7.2, intitulé « Compétence », aborde la question de la formation.
- L'article 7.3 détaille les objectifs à atteindre en matière de sensibilisation.

La formation

La formation consiste à transmettre à une population bien ciblée une connaissance très spécifique, dans le but de lui donner les compétences nécessaires pour réaliser son travail. Dans le cadre du SMSI, une erreur très répandue consiste à limiter les formations à des domaines directement liés à la sécurité. Or, paradoxalement, les besoins en formation pour un système de management sont beaucoup plus étendus.

Points importants

Plusieurs points sont importants en matière de formation. Les formations relatives au SMSI devront s'intégrer dans le plan de formation général élaboré par la direction des ressources humaines.

La question du budget ne doit pas être négligée. Dans la section suivante sont identifiées les formations nécessaires à la construction puis à l'exploitation d'un SMSI. Nous verrons que les formations à programmer sont nombreuses. Les dépenses seront fortes dès le début du projet, puis se stabiliseront lors de l'exploitation du SMSI. Il est donc capital de prévoir un important budget formation avant de se lancer dans un projet de SMSI.

La formation est un des points auxquels les auditeurs de certification accordent une attention toute particulière. Les procédures internes relatives à la question doivent donc être soigneusement établies et respectées. L'article 7.3 donne quelques indications.

- **Définition des compétences** – Une procédure doit décrire de quelle manière sont définies les compétences nécessaires au SMSI. Il est possible de réutiliser la procédure déjà existante à la DRH, qui permet de générer le plan de formation de l'entreprise. En général, une fois par an, le service du personnel fait circuler des formulaires dans lesquels les employés expriment leurs souhaits en matière de formation. De leur côté, les responsables de service identifient les besoins de formation dans leur domaine. La DRH concentre ensuite ces suggestions afin de constituer le plan de formation.

- **Formation** – La DRH doit garder une trace des feuilles d'émargement attestant que les personnes concernées ont bien suivi la formation.

- **Vérification de la compétence** – Ce point peut être satisfait en demandant aux employés leur diplôme ou leur certificat, si la formation qu'ils ont suivie est certifiante.

Besoins en formation

Le besoin de formation est présent dans toutes les phases du cycle de vie du SMSI. Cependant, ces besoins ne sont pas les mêmes au moment de la mise en place du système de management ou lorsque celui-ci est en cours d'exploitation. La difficulté consiste, d'une part, à déterminer les personnels ayant besoin d'être formés et, d'autre part, à identifier les formations les plus pertinentes en fonction de l'état d'avancement du SMSI.

Pendant la construction du SMSI

Lors de la mise en place du SMSI, la formation concerne certains membres du personnel en particulier.

- **Le chef de projet chargé de la mise en place du SMSI.**
  Il est le premier concerné par la formation. Avant le chantier même, il se doit de connaître les exigences de la norme, les pièges et les astuces de l'implémentation. Deux types de formation répondent à ce besoin :
  - la première formation est appelée ISO 27001 Lead Auditor. Elle répond à deux objectifs très précis. Le premier est de donner à l'apprenant une bonne connaissance de la norme. Le second est de présenter ce qu'attendent les auditeurs lors d'un audit de certification ;

> **Vocabulaire : ISO 27001 Lead Auditor**
>
> La traduction correcte de ISO 27001 *Lead Auditor* est « responsable d'équipe d'audit ISO 27001 ». L'usage du terme anglais s'est imposé, tel quel, en français.

  - la seconde formation s'intitule généralement Implémentation ISO 27001. Comme la première, elle présente la norme en détail, mais elle insiste, quant à elle, non pas sur les aspects d'audit, mais sur les questions pratiques liées à l'implémentation d'un SMSI.

  Ces deux formations durent chacune une semaine et sont validées par un examen assuré par un organisme indépendant. En cas de succès, la personne ayant suivi la formation obtient une certification. Il est capital que le responsable du déploiement du SMSI ait suivi au moins l'une de ces deux formations – suivre les deux n'est pas indispensable.

- **Les proches collaborateurs du chef de projet.**
  Si les moyens financiers le permettent, il convient que ceux qui accompagneront le chef de projet suivent, eux aussi, une formation de type *Lead Auditor* ou Implémentation. À défaut, une courte formation à l'appréciation des risques est souhaitable. Ce type de formation dure en général deux ou trois jours, et aide à bien réaliser la phase d'appréciation des risques.

- **Les responsables de service et les utilisateurs clés.**
  L'adhésion des responsables de service et des utilisateurs clés est indispensable à la construction du SMSI. Or, force est de constater que cette population n'est généralement pas demandeuse d'un système de management. Par ailleurs, elle a rarement une idée claire de ce que l'on attend d'elle. Le but est donc de lui expliquer l'essentiel de la norme et, surtout,

de lui présenter les conséquences pratiques de l'exploitation d'un SMSI au quotidien. En mettant l'accent sur la formalisation des processus et sur le suivi d'actions, une formation permettra de dédramatiser à ses yeux les systèmes de management et contribuera à gagner l'adhésion des responsables de service. Une seule journée suffit pour une formation de ce type, et celle-ci peut être dispensée en interne dans l'entreprise.

Pendant l'exploitation du SMSI

Une fois le SMSI en cours d'exploitation, ce sont les catégories de personnel suivantes qui auront besoin d'une formation.

- **Les auditeurs internes.**

  Ils constituent une population clé, garante du bon fonctionnement du SMSI, assurant à eux seuls une grande partie de la phase *Check* du système de management. Ils ont donc besoin de bien assimiler la démarche rigoureuse des audits. Deux formations s'imposent :

  - la formation ISO 27001 *Lead Auditor*, déjà présentée précédemment, est indispensable pour l'auditeur interne qui sera amené à faire des audits seul, ou à conduire une équipe d'auditeurs ;

  - une formation d'auditeur sur deux ou trois jours permettra aux simples auditeurs d'assimiler la démarche de l'ISO 19011 (cette norme est présentée plus en détail dans la troisième partie de cet ouvrage).

- **Les informaticiens.**

  La mise en place du SMSI entraîne à coup sûr l'installation ou la reconfiguration d'outils de sécurité tels que pare-feu, serveurs sécurisés, dispositifs de détection d'incident, etc. Les besoins en compétences techniques sont alors importants. Des formations techniques devront donc être régulièrement dispensées aux ingénieurs et techniciens système et réseau ainsi qu'aux DevOps.

- **Les techniciens métier.**

  Le SMSI ne se limite pas, loin s'en faut, à des outils strictement informatiques. Les techniciens des différents services devront être formés aux tâches de sécurité qui leur incombent dans le cadre du SMSI. Ces formations sont généralement de courte durée (de l'ordre d'une journée) et peuvent être dispensées en interne.

Dispositif de vidéosurveillance

La mise en place récente d'un tout nouveau dispositif de vidéosurveillance nécessitera de former le responsable sûreté et les agents de sécurité à cet outil, afin qu'ils puissent utiliser au mieux toutes ses fonctionnalités : archivage de vidéos, revisualisation sélective pour levée de doute, consultation d'historique, suivi d'une action, zoom, etc.

La sensibilisation

La sensibilisation concerne tout le personnel de l'entreprise, quels que soient sa fonction et son niveau hiérarchique. Contrairement à la formation, l'objectif n'est pas de transmettre une connaissance exhaustive ou approfondie dans un certain domaine, mais plutôt de faire comprendre à tous les bases de la sécurité et d'inculquer les bons réflexes.

Différentes formes de sensibilisation

Les actions de sensibilisation peuvent prendre de nombreuses formes. La plus classique, et incontournable, consiste à organiser des petites séances réunissant généralement entre dix et quinze personnes. La durée de ces séances ne dépasse quasiment jamais une demi-journée. Il est d'ailleurs fréquent qu'elles ne durent que deux heures. Ces séances sont planifiées tout au long de l'année, afin que l'intégralité du personnel soit sensibilisée sur les points essentiels à la sécurité. La personne chargée d'assurer ces séances est généralement le RSSI, ses adjoints, ou le responsable sûreté. Naturellement, cette activité peut être sous-traitée si le nombre de personnes à sensibiliser est trop important.

La principale difficulté rencontrée par ce type de sensibilisation est liée à la disponibilité du personnel. Même s'il ne s'agit que d'assister à une courte séance de sensibilisation, certains membres du personnel n'arrivent pas à trouver de temps pour se libérer. C'est souvent le cas pour les personnes occupant un poste opérationnel clé, qui ont énormément de mal à se faire remplacer. Par ailleurs, de nombreuses séances étant programmées, certains partent du principe que s'ils ratent une séance, il sera toujours temps d'assister à la suivante. Ce phénomène est aggravé par le fait que, souvent, ces séances ne sont pas perçues comme une obligation. Une autre population ayant malheureusement beaucoup de mal à se libérer est la direction générale, alors qu'il serait au contraire souhaitable qu'elle montre l'exemple en assistant comme tout un chacun à ces séances.

Si l'organisation de petites sessions demeure incontournable, le responsable de la sensibilisation dispose d'un éventail de moyens de communication très varié pour compléter la sensibilisation du personnel.

- **L'affichage.**
  Les lieux d'affichage réglementaire ou les espaces de vie commune de l'entreprise peuvent être utilisés pour rappeler les principes de base de la sécurité.

Exemple

Des notes reprenant les cinq points les plus importants de la charte de sécurité peuvent être affichées dans les salles de réunion, ainsi que dans les salles de café.

- **Les messages électroniques.**
  Le responsable de la sensibilisation peut envoyer régulièrement des messages à tout le personnel. Ce moyen de communication est très simple d'utilisation et peu coûteux. En revanche, les destinataires peuvent être tentés d'effacer ces messages sans même les avoir lus, afin de se concentrer sur les messages purement opérationnels liés à leur métier.

Exemple

Suite à une attaque virale provoquée par l'installation non autorisée d'un logiciel sur un poste de travail, le RSSI décide de diffuser à tout le personnel le message suivant: « La semaine dernière, un incident de sécurité a paralysé le serveur de production pendant deux heures, empêchant tout le personnel de travailler. Cet incident a été causé par l'installation d'un logiciel dans un poste de travail, à l'insu de la DSI. Ce logiciel comportait un virus. La Direction générale rappelle qu'il est strictement interdit d'installer des logiciels sans l'autorisation préalable de la DSI. Par ailleurs, elle rappelle que tout manquement à la charte d'utilisation des ressources informatiques est passible de mesures disciplinaires. La Direction générale rappelle que la sécurité des systèmes d'information est un enjeu majeur pour l'entreprise. »

- **L'intranet.**
  Les documents relatifs à la sécurité (politique de sécurité, charte d'utilisation des ressources informatiques, etc.) peuvent être mis en ligne sur l'intranet. En outre, certains intranets permettent d'afficher un petit message de sécurité lorsque l'utilisateur se connecte. Ce moyen de communication est utile dans la mesure où il met à la disposition de tous les documents relatifs à la sécurité. En revanche, il n'a aucun caractère obligatoire. Nul n'est obligé de les consulter.

- **L'e-learning.**
  Ce moyen est très approprié pour les actions de sensibilisation. Par sa nature, l'e-learning permet d'atteindre l'ensemble du personnel, en proposant des petits modules de sensibilisation d'une heure à une heure et demie. Ceci permet à chacun de suivre une session de sensibilisation au moment où il est disponible. Les modules contiennent des questionnaires destinés à vérifier que la personne qui les suit a bien compris les notions qui lui sont présentées. Enfin, l'e-learning génère des statistiques permettant d'analyser a posteriori quels sont les points que les apprenants ont eu le plus de mal à intégrer. Cela permet au responsable de la sensibilisation de modifier en conséquence le contenu des modules.

- **Autres.**
  La communication est une discipline proposant de nombreux supports – gadgets divers distribués à tout le personnel rappelant les points les plus importants de la sécurité, sorties de groupe avec jeux de sécurité et prix pour les gagnants, etc. Le responsable de la sensibilisation pourra se servir de ces outils en fonction de la culture d'entreprise et de ses moyens financiers.

Questions abordées

De par sa nature, la sensibilisation doit se centrer sur l'essentiel. Il faut donc choisir très soigneusement les points à traiter. La norme donne des éléments qui serviront à sélectionner les questions abordées.

- **Objectifs en matière de sécurité** – Nous avons vu dans un précédent chapitre que la politique de sécurité rappelle souvent les principales priorités de l'entreprise en matière de sécurité. La personne chargée de la sensibilisation peut donc intégrer ces priorités dans les points à aborder.

Notions clés

La sensibilisation donne l'occasion de rappeler très simplement les notions de confidentialité, intégrité et disponibilité. Des exemples peuvent être aisément pris dans la vie courante de l'entreprise.

- **Atteinte des objectifs** – Les objectifs en matière de sécurité se traduisent de plusieurs façons, de la plus générique à la plus concrète (charte utilisateurs). La personne chargée de la sensibilisation doit faire une synthèse de ces objectifs, puis expliquer au personnel l'importance de les atteindre.

Avantages de la certification ISO 27001

La sensibilisation peut consister à expliquer les apports concrets dont bénéficiera l'entreprise si elle obtient, puis arrive à préserver la certification ISO 27001 : avantage concurrentiel, confiance des clients, diminution des incidents, etc. Le but est de faire comprendre au personnel que son implication dans la mise en place (puis dans l'exploitation) du SMSI a un sens très concret, et ne peut qu'être bénéfique pour l'entreprise.

- **Politique de sécurité** – Nous avons aussi vu que la politique de sécurité donne des directives très concrètes en matière de sécurité, que tout le monde est tenu de respecter. Il est donc pertinent que la sensibilisation retienne les principaux points de cette politique.

Bonnes pratiques en matière de sécurité

Les politiques de sécurité abordent souvent ces questions. Le programme de sensibilisation insiste généralement sur les bonnes pratiques en matière de mots de passe, sur l'importance de porter un badge ou de ne jamais laisser sans accompagnement une personne étrangère à la société. L'accent est également mis sur l'importance de signaler rapidement tout incident de sécurité, en rappelant précisément la procédure de signalement d'incident.

- **Réglementation** – Le programme de sensibilisation doit rappeler que l'entreprise est tenue de respecter la réglementation en vigueur, et que ce respect repose en grande partie sur les bonnes pratiques de tout le personnel, sans exception.

Exemple des caisses de retraite

La réglementation impose aux caisses de retraite de conserver pendant dix ans la preuve de tous les versements faits à ses allocataires. Cela se traduit concrètement par l'obligation d'archiver pendant une décennie les supports contenant les virements bancaires effectués lors de chaque échéance.

Pour sensibiliser le personnel aux questions réglementaires, la personne chargée de la sensibilisation peut prendre cet exemple : un défaut d'archivage suite à la non-application de la procédure peut conduire à un manquement grave par rapport à la réglementation. En cas de contrôle par les autorités de tutelle, ce manquement peut aller jusqu'à entraîner le retrait de l'habilitation de la caisse de retraite, ce qui est la chose la plus grave qui puisse lui arriver.

- **Amélioration continue** – C'est un point clé des systèmes de management. Aussi faut-il rappeler au personnel que les procédures relatives au SMSI ne devront jamais être considérées comme statiques. Il faudra toujours les améliorer. Il convient également de lui expliquer la conséquence directe de l'amélioration continue : les processus seront constamment audités, mesurés et revus. Il est important, enfin, que le personnel comprenne que, même si les audits nécessitent d'interroger des personnes, ce ne sont pas les individus qui sont audités, mais les processus.

Exemple

Dans un centre de personnalisation de cartes à puce, la personne chargée de la sensibilisation expliquera aux agents de personnalisation que la visite des auditeurs n'est pas destinée à les juger ou à les noter, mais à contrôler que le processus de personnalisation se déroule conformément aux procédures internes, et à vérifier l'efficacité de ce processus.

Exemple de programme de sensibilisation

L'exemple ci-après donne une liste de points généralement abordés lors des séances de sensibilisation. Naturellement, ces points sont donnés à titre indicatif et devront être sélectionnés en fonction des priorités de l'entreprise et de ses politiques internes.

- Le rappel des apports concrets du SMSI pour l'entreprise.
- Le rappel des priorités de la politique de sécurité.
- Le rappel des points essentiels de la charte d'utilisation des ressources informatiques.
- Les règles de base concernant les mots de passe.
- Le port du badge obligatoire.
- Les règles à adopter vis-à-vis des personnes étrangères à la société.
- Comment rapporter un incident de sécurité.
- La protection contre l'ingénierie sociale.

- Les règles applicables aux supports de données amovibles : clés USB, disques durs, etc.
- La protection contre les virus.
- Les règles relatives à l'usage du *cloud*.
- L'importance de l'amélioration continue.

Points importants

Comme tout processus du SMSI, la sensibilisation doit respecter le modèle PDCA. Aussi ne faut-il pas négliger d'élaborer un plan de sensibilisation, dûment validé, expliquant comment le personnel sera sensibilisé, ainsi qu'un calendrier des sessions prévues dans l'année (phase *Plan*). Par ailleurs, il conviendra de conserver les feuilles d'émargement que signent les personnes ayant assisté aux séances de sensibilisation. Cet enregistrement apportera la preuve que le programme de sensibilisation se déroule comme prévu (phase *Do*).

Le problème majeur se situe au niveau de la phase *Check*. Les personnes chargées de la sensibilisation considèrent souvent que le fait de présenter des feuilles d'émargement à l'auditeur suffit à prouver que le programme de sensibilisation est efficace. Elles pensent aussi que les affichages effectués dans les salles de réunion ou salles de café, ou encore les courriels et circulaires envoyés concernant la sécurité, sont autant de preuves que cette mission est accomplie. En fait, ces enregistrements montrent seulement que le management fait un réel effort de sensibilisation, mais ils ne prouvent en aucun cas que les employés ont bien assimilé les notions de sécurité. Or, le management est tenu de vérifier l'efficacité des actions entreprises. Il est donc très important de contrôler régulièrement que les employés ont acquis les notions essentielles en matière de sécurité. Cela peut être réalisé par des questionnaires périodiques ou des entretiens aléatoires effectués par les auditeurs internes. Ce point est en effet presque toujours contrôlé par les auditeurs de certification.

Éléments du sous-projet formation

Tableau 23-1

Points clés du projet

Points à retenir
La formation doit être entreprise dès le début du projet de SMSI.
Les besoins en formation sont importants, surtout lors de la mise en place du SMSI.
Les formations relatives au SMSI couvrent de nombreux domaines, bien au-delà de la sécurité.

Tableau 23-2

Activités projet

Réf.	Activité
Form.P.1	Identifier les besoins de formation pour le SMSI.
Form.P.2	Rédiger (de concert avec la DRH) une procédure détaillant la manière dont sont identifiées les compétences nécessaires à l'exploitation du SMSI.
Form.P.3	Former le chef du projet SMSI (formation *Lead Auditor* ou Implémentation ISO 27001).
Form.P.4	Former ses plus proches collaborateurs à cette formation ou à une formation plus courte sur l'appréciation des risques.
Form.P.5	Fournir aux responsables de services et aux utilisateurs clés une formation courte expliquant les bases d'un SMSI et ses implications concrètes dans le travail quotidien.
Form.P.6	Former les auditeurs internes (formation *Lead Auditor*).

Tableau 23-3

Activités d'exploitation

Réf.	Activité
Form.E.1	Mettre à jour le plan de formation (une fois par an).
Form.E.2.n	Former les techniciens système et réseau aux outils qu'ils devront utiliser.
Form.E.3.n	Former les techniciens métier aux outils qu'ils devront utiliser.
Form.E.4	Réviser (une fois par an) la procédure de définition des compétences du SMSI.

Tableau 23-4

Documents et enregistrements

Réf.	Élément
Form.Doc.1	Procédure décrivant comment sont définies les compétences nécessaires à l'exploitation du SMSI
Form.Enr.1	Plan de formation
Form.Enr.2	Feuilles de présence signées ou attestation de stage pour toute personne ayant suivi une formation
Form.Enr.3	Photocopie des diplômes et des certificats obtenus

Éléments du sous-projet de sensibilisation

Tableau 23-5

Points clés du projet

POINTS À RETENIR
La sensibilisation doit être entreprise dès le début du projet de SMSI.
Tout le personnel de l'entreprise doit être sensibilisé.
Il convient d'organiser des séances de sensibilisation à la sécurité.
Les techniques modernes de communication permettent d'entretenir un bon niveau de sensibilisation.

Tableau 23-6

Activités projet

RÉF.	ACTIVITÉ
Sens.P.1	Identifier les messages clés à faire passer à tout le personnel de l'entreprise.
Sens.P.2	Choisir un (ou plusieurs) moyen(s) de communication.
Sens.P.3	Élaborer un plan de sensibilisation.

Tableau 23-7

Activités d'exploitation

RÉF.	ACTIVITÉ
Sens.E.1	Entreprendre les actions de sensibilisation prévues.
Sens.E.2	Sonder les personnes sensibilisées pour avoir un retour sur leur appréciation.
Sens.E.3	Vérifier (par des entretiens ou par des questionnaires) que le message est bien passé.
Sens.E.4	Réviser régulièrement le programme de sensibilisation et son contenu, en fonction des retours.

Tableau 23-8

Documents et enregistrements

Réf.	Élément
Sens.Doc.1	Plan de sensibilisation.
Sens.Enr.1	Supports des séances de sensibilisation.
Sens.Enr.2	Feuilles d'émargement attestant que les personnes ont suivi les séances de sensibilisation.
Sens.Enr.3	Journaux du logiciel d'e-learning, reprenant le détail des personnes qui ont suivi la sensibilisation.
Sens.Enr.4	Feuilles d'appréciation des séances de sensibilisation.
Sens.Enr.5	Rapports d'audit constatant la bonne compréhension par le personnel des messages donnés en matière de sécurité.

Chapitre 24

Indicateurs du SMSI

Le SMSI est un système complexe, composé de nombreux processus qui se complètent et interagissent. L'une des responsabilités du management consiste à faire en sorte que ce système fonctionne de façon efficace. C'est pour cette raison que les mécanismes d'audit et de contrôle internes sont nécessaires. Malheureusement, ces derniers n'apportent pas toujours une vision synthétique de l'état du SMSI, car ils ne sont pas conçus pour cela. Le management a pourtant besoin de cette vision pour piloter le système et prendre les décisions tactiques ou stratégiques qui s'imposent. Ce sont alors les indicateurs en sécurité de l'information qui fourniront au management cette vision.

Exigence de la norme

Bien que le terme « indicateur » n'apparaisse pas une seule fois dans la norme, il est obligatoire d'en mettre en place. C'est même l'objet de l'article 9.1. Les indicateurs sont évoqués à deux autres endroits de la norme.

- L'article 6.2.b précise que les objectifs de sécurité que se fixe l'organisme doivent être, si possible, mesurables. Ceci implique logiquement la mise en place d'indicateurs.

- De son côté, l'article 9.3, qui traite de la revue de direction, rappelle explicitement que les « tendances des résultats de l'évaluation de la surveillance et de la mesure » doivent être prises en compte. L'analyse des incitateurs est donc un temps fort de la revue de direction.

Malgré ces précisions, en lisant attentivement ces exigences, il ressort qu'aucune indication précise n'est apportée quant au type et au nombre d'indicateurs. Cette imprécision peut paraître un peu déroutante à première vue, mais elle se révèle en réalité un véritable atout pour l'implémenteur. En effet, cela lui laisse une grande marge de manœuvre, car il est complètement libre de son choix.

En 2009, l'ISO a publié la norme 27004. Elle a été mise à jour en décembre 2016. Elle propose un cadre pour la méthodologie de sélection des indicateurs. Elle indique aussi comment exploiter ces derniers.

Note

La seconde partie de cet ouvrage comporte un chapitre exclusivement consacré à l'ISO 27004. Le lecteur intéressé par cette norme est invité à s'y reporter.

Malgré l'intérêt de cette norme, l'implémenteur garde une grande liberté quant au choix des indicateurs.

Comment choisir les indicateurs pour un SMSI ?

Avoir une vision claire de l'état du SMSI revient à avoir une vision claire de l'état, à la fois :

- des processus en support des clauses 4 à 10 de la norme ;
- des mesures de sécurité sélectionnées dans la déclaration d'applicabilité.

Par conséquent, mesurer le SMSI revient à mesurer ces deux points. Idéalement, il serait souhaitable de disposer d'au moins un indicateur par procédure et par mesure de sécurité implémentée.

Excès d'indicateurs

Considérons un SMSI constitué d'une vingtaine de processus et ayant sélectionné dans sa déclaration d'applicabilité une centaine de mesures de sécurité. La démarche consistant à choisir un indicateur par processus et par mesure de sécurité conduirait à identifier environ 120 indicateurs. Il faudrait donc qu'une personne se charge de collecter ces 120 indicateurs, de les vérifier, de les interpréter, puis de les mettre en forme dans un rapport. Autant dire que, dans la pratique, il serait quasiment impossible d'exploiter un tel nombre d'indicateurs.

Si cette démarche est en théorie la meilleure, nous voyons bien qu'elle n'est pas viable dans la réalité. Il faudra alors adopter une stratégie plus pragmatique, en se centrant sur l'essentiel.

Questions fondamentales

Pour trouver un indicateur, il faut se poser systématiquement trois questions fondamentales.

- **Quel fait concret et mesurable permet-il de savoir si un point de la norme est appliqué et/ou efficace ?** En dehors de cela, il est très difficile d'obtenir un indicateur satisfaisant.

Un fait concret : les virus

Le nombre de virus ayant perturbé le fonctionnement d'un poste de travail est un fait concret et mesurable qui permet de savoir si les dispositifs de protection contre les codes malveillants sont appliqués et efficaces.

Service indisponible

Le nombre d'heures perdues suite à l'indisponibilité d'un service est un fait concret et mesurable qui permet de savoir si les dispositifs de réaction aux incidents sont appliqués et efficaces.

- **Ce fait est-il mesurable facilement ?** Identifier un fait pour vérifier un point de la norme ne suffit pas. Encore faut-il le mesurer de façon quantitative ou qualitative. Certains faits seront faciles à mesurer, d'autres le seront moins. Il ne faut retenir que ceux qui peuvent être mesurés facilement.

Les virus : facilement mesurables

Il est facile de mesurer le nombre de virus ayant perturbé le fonctionnement des stations de travail, car tous ces incidents sont rapportés par les utilisateurs, puis recensés dans la base de données du support.

Service indisponible et heures perdues

Le nombre d'heures perdues suite à un incident est difficile à évaluer. S'il s'agit d'une application transactionnelle qui n'a pas réussi à démarrer le matin, il suffit de multiplier le temps d'indisponibilité par le nombre d'utilisateurs concernés. En revanche, s'il s'agit d'un incident d'exploitation plus complexe, nécessitant des interventions correctives de la part des informaticiens et des utilisateurs, le coût humain est beaucoup plus difficile à évaluer.

- **Comment obtenir concrètement cette mesure ?** Mesurer le fait identifié précédemment nécessite toujours un certain travail. N'oublions pas que cette mesure sera appelée à être réalisée périodiquement (sur une base hebdomadaire, mensuelle, trimestrielle, etc.). Il faut donc savoir très précisément comment obtenir cette mesure. Qui fera quoi, et comment ?

Exemple : virus

Le lancement mensuel d'une requête sur l'outil de suivi des incidents permettra de savoir combien de virus ont perturbé le fonctionnement d'un poste de travail.

> **Exemple : service indisponible**
>
> Même s'il est possible de connaître le nombre d'heures perdues suite à un incident, comment faire pour l'obtenir concrètement ? Le responsable de l'indicateur serait obligé de poser la question à toutes les personnes concernées, au cas par cas, pour obtenir une estimation du temps perdu par chacun suite à l'incident. Cette démarche est possible de façon ponctuelle, mais elle est très difficile à appliquer de façon systématique.

Répondre à ces trois questions se révèle donc fondamental pour l'obtention d'un indicateur valable.

Principales erreurs à éviter

Trouver les éléments pertinents qui permettront de mesurer tel ou tel point n'est pas une chose facile. En revanche, les chefs de projet chargés d'identifier des indicateurs disposent de nombreux outils qui leur fournissent des statistiques très variées (antivirus, relais de messagerie, outils de détection d'intrusion, application de gestion des incidents, bilans d'exploitation, etc.). Ils sont alors tentés de retenir quelques chiffres, sans réflexion préalable, quitte à ce que ceux-ci ne répondent pas vraiment aux besoins, pourvu que ces chiffres permettent de générer des tableaux de bord. Or, s'il est indispensable que les indicateurs soient faciles à obtenir, mieux vaut tout de même éviter de sélectionner des indicateurs pour la simple raison qu'ils sont aisés à obtenir. D'autres pièges fréquemment constatés sont exposés ci-dessous.

- **Indicateurs hors sujet** – Dans le cadre d'un SMSI, chaque indicateur doit permettre de mesurer l'application ou la conformité, soit d'un article de la norme ISO 27001, soit d'une mesure de sécurité. Il est inutile de choisir des indicateurs en dehors de ce champ.

> **Nombre de connexions aux sites web**
>
> Un indicateur mesurant tous les mois le nombre de connexions aux différents sites web d'une entreprise peut être intéressant à plusieurs titres. Pourtant, à quel article de la norme, ou à quelle mesure de sécurité se rattache-t-il ? Aucun. Cet indicateur n'a donc aucun intérêt dans le cadre du SMSI.

- **Indicateurs trop nombreux** – L'expérience montre que les indicateurs sont très coûteux à obtenir. Aussi est-il prudent de ne pas en sélectionner un trop grand nombre. En général, une quinzaine d'indicateurs bien choisis suffisent amplement à mesurer un SMSI. Au-delà, ce dernier devient plus difficile à gérer.
- **Mauvais indicateurs** – Un indicateur mal choisi donnera une vision erronée sur le point du SMSI qu'il est supposé mesurer. Il peut même conduire à prendre de mauvaises décisions, qui pourront avoir des

conséquences néfastes pour le SMSI. Dans ce cas, il est préférable de n'avoir aucun indicateur sur un point plutôt que d'en choisir un mauvais.

Nombre de spams bloqués

Sélectionner comme indicateur le nombre de spams bloqués par la plate-forme centralisée de messagerie n'aide pas à se prononcer sur l'efficacité de la protection de la messagerie. En effet, une augmentation brutale du nombre de spams bloqués ne signifie pas forcément que le système de messagerie fonctionne mieux. À l'inverse, une diminution du nombre de spams bloqués ne traduit pas forcément une baisse d'efficacité. Par ailleurs, certains diront qu'il est discutable de considérer la lutte contre les messages non sollicités comme une question concernant la sécurité de l'information. Utiliser cette donnée comme indicateur peut donc conduire à des décisions erronées.

- **Indicateurs figés** – Il est très rare de trouver les indicateurs adéquats dès la conception du SMSI. Certains se révèlent parfaitement inutiles à l'usage, d'autres trop difficiles à obtenir. Enfin, certains indicateurs méritent d'être revus pour refléter davantage la situation du SMSI. Il ne faut donc surtout pas hésiter à adapter les indicateurs, quitte à en ajouter ou à en supprimer en fonction de l'évolution du SMSI.

Différents types d'indicateurs

Les indicateurs en sécurité peuvent répondre à plusieurs objectifs fondamentalement différents. Il faut donc savoir précisément ce que l'on veut mesurer avant de sélectionner ces indicateurs. Les deux principales fonctions des indicateurs sont de mesurer, d'une part la conformité du SMSI, d'autre part l'efficacité de ses processus. Enfin, ils peuvent être utilisés à des fins de communication avec les parties prenantes, ou dans le suivi de l'avancement d'un projet.

- **Indicateurs d'efficacité** – Leur but est de mesurer l'efficacité d'un processus en support d'une exigence de la norme, ou encore l'efficacité d'une mesure de sécurité.

Nombre d'incidents par mois

Le nombre d'incidents de sécurité recensés dans le mois est un indicateur d'efficacité, dans la mesure où il permet de mesurer l'efficacité des moyens de protection contre les attaques.

- **Indicateurs de conformité** – Ils ont pour objectif de vérifier que les processus du SMSI (processus généraux et mesures de sécurité) fonctionnent conformément aux spécifications internes de l'entreprise et aux exigences de l'ISO 27001.

Réalisation des audits

Considérons un SMSI dont la procédure d'audit interne stipule que quatre audits doivent être conduits en interne chaque année, au début de chaque trimestre.

Un indicateur montrant que le nombre d'audits prévus a eu lieu, et que ceux-ci se sont déroulés conformément au calendrier, permettra de vérifier la conformité du processus d'audits par rapport aux spécifications du SMSI. En ce sens, c'est un indicateur de conformité.

- **Indicateurs de communication** – Dans certains cas, il peut être utile de spécifier des indicateurs qui ne servent ni à mesurer l'efficacité du SMSI, ni à évaluer sa conformité, mais dont l'unique finalité est la communication en interne. Ces indicateurs s'inscriront dans le cadre de la politique de sensibilisation à la sécurité, qui est une des responsabilités du management.

Nombre de virus bloqués

Considérons un indicateur qui mesure le nombre de virus bloqués chaque mois par la plate-forme antivirus de la messagerie centralisée de l'entreprise. D'un point de vue strictement opérationnel, cet indicateur ne sert à rien. Quelle est l'utilité de mesurer les virus bloqués ? Il serait en effet plus utile de compter les virus ayant réussi à traverser la barrière.

Pourtant, cet indicateur se révèle utile du point de vue de la communication. En effet, l'entreprise publie ce chiffre tous les mois sur l'intranet pour montrer aux utilisateurs l'utilité de la plate-forme antivirus. Certes, cette plate-forme ralentit le transit des messages entre le réseau interne et l'extérieur, mais elle permet de bloquer la quasi-totalité des virus. La publication de cet indicateur montre donc aux utilisateurs que l'inconvénient du ralentissement de la messagerie par l'antivirus est amplement compensé par l'avantage de n'avoir plus aucun virus sur le réseau interne.

- **Indicateurs d'avancement** – La mise en place d'un SMSI se fait par étapes. Au début, seuls quelques processus sont opérationnels. Il est donc inutile de mettre en place, dès le début, tous les indicateurs du SMSI. En revanche, il peut être intéressant d'établir des indicateurs qui permettront d'avoir une idée sur l'état d'avancement du projet. Au fur et à mesure des progrès, ces indicateurs laisseront la place aux indicateurs de performance et de conformité.

Exemple

Au tout début de la mise en place du SMSI, certains processus comme l'audit interne et la revue ne sont pas complètement opérationnels. Par ailleurs, des mesures de sécurité comme le cloisonnement réseau demandent un certain temps avant de pouvoir être mises en production. À ce stade, il sera donc inutile de déployer des indicateurs mesurant l'efficacité ou la conformité de ces processus et mesures de sécurité.

En revanche, il se peut que le chef de projet soit intéressé par les indicateurs suivants :

— le nombre de clauses de la norme ISO 27001 satisfaites par des procédures du SMSI ;

— le nombre de mesures de sécurité mises en place ;

— le niveau moyen de maturité des processus implémentés.

Principaux indicateurs à mettre en place dans un SMSI

Chaque organisme représentant un cas particulier, les indicateurs du SMSI seront différents d'une entreprise à l'autre. Il serait donc absurde de proposer une liste type d'indicateurs. En revanche, on constate qu'un certain nombre de contraintes et de priorités s'imposent souvent lorsque les entreprises déploient un SMSI. Il est alors possible de proposer des grandes lignes directrices pour la sélection des indicateurs. Nous donnons d'abord quelques critères pour choisir les indicateurs, avant de proposer un exemple de présentation.

Critères pour choisir les indicateurs

Le besoin d'indicateurs varie dans le temps. Il n'est pas le même au moment du déploiement du SMSI, lors de sa première année d'exploitation ou lorsqu'il a atteint un niveau de maturité satisfaisant. C'est donc en fonction du niveau de maturité du SMSI que les indicateurs seront sélectionnés.

- **Lors du déploiement du SMSI** – Le but principal des indicateurs sera de mesurer l'avancement de la mise en place des mesures de sécurité et des processus appliquant les articles 4 à 10 de la norme. En parallèle, il sera intéressant de commencer à contrôler la conformité des mesures déjà opérationnelles. À ce stade, la question des indicateurs d'efficacité n'est pas encore à l'ordre du jour.

Tableau 24-1

Pistes pour trouver des indicateurs en cours de construction du SMSI

Objectif stratégique	Construire le SMSI	
Objectif du moment	**Processus concernés**	**Indicateurs possibles**
Avoir une visibilité sur l'état d'avancement des processus du SMSI	Processus en cours de déploiement	Nombre de processus mis en place Nombre de processus à mettre en place Nombre de processus en retard
Vérifier la conformité des processus déjà en place	Processus déjà en place	Selon le processus

- **Au cours de son premier cycle** – L'objectif numéro un d'un SMSI à ses débuts est d'obtenir la certification ISO 27001. Celle-ci ne sera accordée que si les auditeurs de certification ne relèvent aucune non-conformité majeure. La priorité sera donc d'assurer la conformité du SMSI par rapport à la norme. Par conséquent, l'accent sera mis sur les indicateurs de conformité, sans oublier pour autant quelques indicateurs d'efficacité, qui sont un point également évalué par les auditeurs de certification. Naturellement, il est alors inutile de sélectionner des indicateurs relatifs aux révisions et aux revues, puisque le système n'a pas encore atteint une année d'existence.

Tableau 24-2

Pistes pour trouver des indicateurs au cours du premier cycle du SMSI

Objectif stratégique	Assurer la conformité du SMSI	
Objectif du moment	**Processus concernés**	**Indicateurs possibles**
Mesurer la conformité des processus stratégiques	Audit interne Suivi d'actions Documentation Gouvernance Formation – Sensibilisation	Nombre d'écarts identifiés sur ces processus
Mesurer l'efficacité des processus contribuant à assurer la conformité du SMSI	Audit interne Revue Suivi d'actions	Nombre d'audits réalisés /nombre d'audits prévus Nombre d'écarts relevés/ nombre d'actions correctives réalisées

- **Une fois le SMSI parvenu à maturité** – Les indicateurs de conformité existants devront être maintenus (ou adaptés si nécessaire) et élargis au processus de révision. Cela garantit que le système est toujours conforme et favorisera le maintien de la certification. En revanche, il sera intéressant de renforcer les indicateurs d'efficacité, en fonction des priorités stratégiques de l'entreprise.

Tableau 24-3

**Pistes pour trouver des indicateurs
une fois le SMSI parvenu à maturité**

OBJECTIF STRATÉGIQUE	Préserver la conformité du SMSI et améliorer son efficacité	
OBJECTIF DU MOMENT	**PROCESSUS CONCERNÉS**	**INDICATEURS POSSIBLES**
Préserver la conformité du SMSI	Audit interne Suivi d'actions Documentation Gouvernance Formation - Sensibilisation	Nombre d'écarts identifiés sur ces processus
Contrôler l'efficacité de certains processus	Processus jugés prioritaires	Selon les processus

Exemples d'indicateurs

Les exemples cités dans la section précédente ne sont que des pistes de recherche d'indicateurs pertinents. Avant de les concrétiser, il faudra, pour chacun d'eux, réfléchir systématiquement à un modèle analytique pour évaluer la mesure et à des critères de décision. Il sera alors possible de formaliser chaque indicateur dans un tableau.

Nous avons cité l'exemple d'un indicateur dont le but consiste à mesurer l'efficacité de la gouvernance du SMSI en comptant le nombre de réunions du comité de pilotage sécurité. Le tableau ci-après reprend cet exemple afin d'illustrer une formalisation possible de cet indicateur.

Tableau 24-4

Indicateur de gouvernance

FAMILLE D'INDICATEUR	Indicateur de gouvernance
RÉFÉRENCE	I-Gouv-01
CLAUSE OU MESURE DE SÉCURITÉ CONCERNÉE	– ISO 27001:2013, article 5.1 – Leadership – ISO 27001:2013, article 5.3 – Rôles et responsabilités
TYPE D'INDICATEUR	Indicateur de conformité
OBJECTIF	Vérifier que la gouvernance fonctionne comme spécifié dans le document de procédure «Gouvernance de la sécurité de l'information», de référence D-23-3425.
OBJET	COPIL sécurité
ATTRIBUT	Réunion du COPIL sécurité
MODÈLE ANALYTIQUE	– Si nombre de réunions du COPIL sécurité = nombre de réunions prévues, alors «satisfaisant». – Si nombre de réunions du COPIL sécurité = (nombre de réunions prévues -1), alors «à améliorer». – Si nombre de réunions du COPIL sécurité < (nombre de réunions prévues -1), alors «non satisfaisant».
INDICATEUR	– Si «satisfaisant», alors le processus de gouvernance est satisfaisant. – Si «à améliorer», cela veut dire que la gouvernance fonctionne, mais que des mesures doivent être prises pour garantir son fonctionnement. – Si «non satisfaisant», cela signifie : 1. soit que l'encadrement n'est pas assez impliqué dans le SMSI ; 2. soit que les managers n'arrivent pas à libérer du temps pour assister aux réunions du COPIL sécurité ; 3. soit que le responsable du SMSI n'est pas suffisamment moteur.
CRITÈRES DE DÉCISION	– Si «satisfaisant», alors ne rien faire. – Si «à améliorer», alors convoquer dès que possible la tenue d'un COPIL sécurité. – Si «non satisfaisant», demander le soutien de la direction générale, confirmer le calendrier des tenues du COPIL sécurité, rappeler aux membres du comité l'importance de leur participation, relancer ceux qui ont été le plus souvent indisponibles.

PERSONNES CONCERNÉES	**DESTINATAIRES**	Comité de direction COPIL sécurité
	COLLECTE	Responsable du SMSI
	COMMUNICATION	Responsable du SMSI
	RÉVISION	COPIL sécurité
CYCLE DE VIE	**FRÉQUENCE DE PRODUCTION**	Tous les six mois
	DURÉE DE VALIDITÉ	Un an
	DURÉE D'ARCHIVAGE	Trois ans

Le premier destinataire de l'indicateur est le comité de direction, qui veut être informé du bon fonctionnement de la gouvernance du SMSI. Le COPIL sécurité est également destinataire, en tant que première instance concernée. Concrètement, la collecte de la mesure sera faite par le responsable du SMSI qui, tous les six mois, reprendra les comptes rendus du COPIL sécurité afin de les compter. C'est également au responsable du SMSI que reviendra la tâche d'interpréter et de communiquer le résultat aux destinataires. En revanche, seul le COPIL sécurité a le droit de réviser l'indicateur, dans le cas où il ne s'avère pas suffisamment pertinent à l'usage.

L'indicateur sera généré tous les six mois, car le comité de direction se réunit deux fois par an. Les données seront prises en compte pendant un an. Comme la certification ISO 27001 dure trois ans, le responsable du SMSI a décidé d'archiver cet indicateur pendant la même durée. Cela lui permettra de montrer l'évolution de la tendance aux auditeurs de certification, si jamais ceux-ci le demandent.

Éléments du sous-projet indicateurs

Tableau 24-5

Points clés du projet

POINTS À RETENIR
Les indicateurs sont obligatoires dans un SMSI.
Il ne faut pas en dépasser une quinzaine.
Il faut privilégier les indicateurs de conformité et d'efficacité.
Les indicateurs évoluent en fonction de la maturité du SMSI.

Tableau 24-6

Activités projet

Réf.	Activité
Ind.P.1	Rédiger une procédure de gestion des indicateurs.
Ind.P.2	Définir les objectifs des indicateurs, en fonction de l'état de maturité du SMSI.
Ind.P.3.n	- Créer les indicateurs. - Pour chaque indicateur, identifier l'objet, l'attribut, la mesure, le modèle analytique et les critères de décision. - Rédiger une fiche pour chaque indicateur.

Tableau 24-7

Activités d'exploitation

Réf.	Activité
Ind.E.1	Réviser la procédure de gestion des indicateurs (une fois par an).
Ind.E.2	- Réviser les indicateurs (une fois par an). - Mettre à jour les fiches des indicateurs (si nécessaire).
Ind.E.3.n	Générer les indicateurs.
Ind.E.4.n	Mettre en forme et présenter les indicateurs.

Tableau 24-8

Documents et enregistrements

Réf.	Élément
Ind.Doc.1	Procédure de gestion des indicateurs
Ind.Doc.2.n	Liste des indicateurs, avec leurs fiches respectives
Ind.Enr.1.n	Enregistrements ayant conduit à générer les indicateurs
Ind.Enr.2.n	Indicateurs archivés (sous forme de rapport, ou autre)

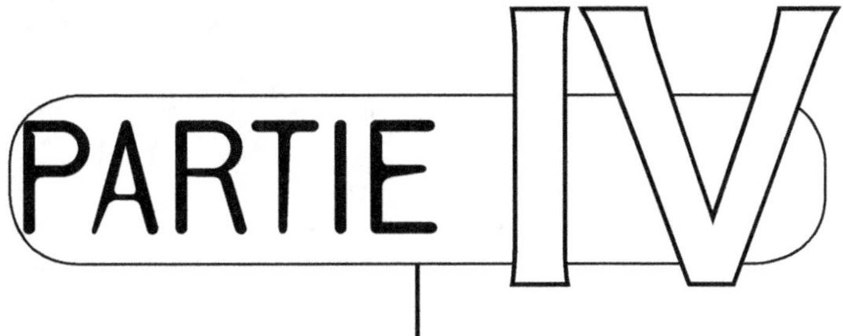

Audit des SMSI

Nous disposons maintenant d'un SMSI opérationnel. Si tous les processus ont bien été implémentés, cela suffit en principe à assurer de bonnes pratiques et à améliorer de façon pérenne le niveau de sécurité du système d'information. Pourtant, comment peut-on garantir que ces processus sont correctement exploités si personne ne vient les contrôler régulièrement ? Quels bénéfices apporte un SMSI aux parties prenantes si aucun organisme indépendant ne prouve sa conformité par rapport à l'ISO 27001 ? Cela peut même aboutir à une situation paradoxale où personne ne fait confiance au SMSI, alors qu'il répond scrupuleusement aux exigences de l'ISO 27001, pour la simple raison qu'il n'est pas certifié. Le chef de projet aura fait tout ce travail pour rien.

Seule la certification par un organisme indépendant crée la confiance des parties prenantes. La certification représente donc l'aboutissement logique de tout projet de mise en place d'un SMSI. Cependant, il s'agit là d'un domaine très mal connu de beaucoup de chefs de projet. Ceux-ci ignorent, en effet, souvent tout des principes généraux de la certification. Certes, ils ont une certaine idée de la manière dont se déroulent les audits, mais ils ne découvrent vraiment la règle du jeu qu'au tout dernier moment, lorsqu'ils se retrouvent face à l'auditeur. Dans de telles conditions, l'audit se transforme rapidement en un véritable calvaire, et son résultat demeure incertain.

Il est donc très important de savoir, bien avant l'audit, qui sont les organismes de certification, comment ils fonctionnent, quels sont leurs critères pour délivrer les certificats et quels sont les référentiels utilisés pour réaliser les audits. L'expérience montre que la conformité d'un SMSI à l'ISO 27001 n'est pas, à elle seule, la garantie d'un audit sans douleur. Encore faut-il s'y préparer correctement. Dans ce but, cette dernière partie aborde toutes les questions relatives à l'audit de certification, afin de placer le responsable du SMSI dans les meilleures conditions pour réussir l'épreuve de la certification. Enfin, se plaçant du côté du client, le dernier chapitre fournit des éléments permettant d'évaluer la pertinence de la certification et de discerner un bon SMSI d'un mauvais.

Chapitre 25

Le principe de la certification

Les personnes chargées de construire le SMSI sont généralement étrangères au monde de la certification. Il s'agit pourtant d'un métier à part entière, avec ses entités, ses acteurs, ses règles et ses méthodes de travail. La connaissance des principes de base de la certification aidera donc le responsable du SMSI à bien préparer l'audit.

La certification

Pour être certifié ISO 27001, il faut commencer par passer avec succès un audit initial. Cependant, une fois la certification acquise, il faudra œuvrer pour préserver le certificat. À cet effet, des audits de surveillance et de renouvellement auront lieu régulièrement afin de contrôler que le SMSI est toujours conforme aux exigences de la norme.

Obtenir le certificat ISO 27001

L'audit initial représente la toute première épreuve de la certification. Si celle-ci est réussie, la certification est accordée. Dans le cas contraire, un audit complémentaire sera indispensable.

Audit initial

L'audit initial est assuré par des auditeurs travaillant pour le compte d'un organisme de certification indépendant. Il porte sur l'ensemble du SMSI, ce qui signifie que tous les processus du système de management, sans exception, sont inspectés.

La durée de cet audit est fixée par la norme ISO 27006. Cette norme présente un barème associant la durée de l'audit (nombre de jours) avec le nombre de personnes impliquées dans le SMSI.

Cette durée est adaptable en fonction de la complexité du SMSI. Par exemple, le nombre de sites impliqués, les techniques utilisées ou le nombre de métiers concernés peuvent influencer à la hausse la durée de l'audit. En revanche, il peut arriver que la durée soit revue à la baisse si le SMSI a atteint un niveau de maturité accompli.

La séquence générale conduisant à la certification suit un schéma précis.

1. **Audit** – L'auditeur réalise sa prestation en suivant la démarche de l'ISO 19011, qui sera présentée dans le prochain chapitre. Tous les audits relèvent un certain nombre de non-conformités par rapport aux critères en vigueur. Celles-ci peuvent être majeures ou mineures.

2. **Recommandation de l'auditeur** – Contrairement à une idée reçue, l'auditeur lui-même ne prend aucune décision concernant la certification. Il n'en a pas le droit. Il se contente de formuler ou non une recommandation. Si l'audit n'a mis en évidence aucune non-conformité majeure, l'auditeur recommande l'entreprise à la certification. Dans le cas contraire, il ne la recommande pas.

3. **Validation technique** – L'auditeur rédige son rapport et le soumet à l'organisme de certification pour validation technique.

4. **Comité de certification** – Une fois le rapport validé techniquement, un comité en prend connaissance. Il est convoqué par l'organisme de certification et réunit des représentants des fournisseurs, des pouvoirs publics et des consommateurs. Cette diversité garantit l'impartialité des décisions. Le comité de certification se base exclusivement sur les éléments présentés dans le rapport pour prendre la décision de suivre ou non les recommandations de l'auditeur.

5. **Certification** – D'après les conclusions du comité de certification, l'organisme délivre enfin le certificat à l'entreprise auditée.

Dès lors, l'entreprise peut se prévaloir publiquement d'être certifiée. Elle peut apposer le logo de l'organisme de certification, ainsi que la mention « Certifié ISO 27001:2013 », sur tous ses supports de communication, excepté les produits manufacturés. Le certificat est valable trois ans.

Audit complémentaire

Le cas que nous venons d'exposer suppose qu'aucune non-conformité majeure n'ait été relevée par l'auditeur. Que se passe-t-il dans le cas contraire ? La certification n'est pas pour autant perdue, mais son obtention est simplement retardée.

Le refus d'accorder la certification est motivé par la présence d'au moins une non-conformité majeure. Cela signifie que l'entreprise n'a pas fourni la preuve que le système de management fonctionne correctement. En conséquence, le responsable du SMSI devra corriger toutes les non-conformités repérées par l'auditeur. Le délai généralement accordé par les organismes de certification est de trois mois, au maximum.

Les non-conformités

Si la certification est toujours refusée en cas de non-conformité majeure, certains organismes de certification vont même plus loin. Pour ces derniers, la présence de plusieurs non-conformités mineures (généralement cinq) peut conduire au même verdict : le refus de la certification.

Lorsque tout est prêt, un nouvel audit, appelé audit complémentaire, peut être commandé à l'organisme de certification. Il dure en général une journée, car la seule mission de l'auditeur est cette fois de contrôler que chaque non-conformité, qu'elle soit majeure ou mineure, a été corrigée.

Attention ! L'auditeur applique le principe d'escalade. Cela signifie que si un constat relevé lors de l'audit précédent n'a pas été réglé comme convenu, il est requalifié à la hausse. Concrètement, cela veut dire que, d'un audit à l'autre :

- une remarque non réglée se transforme en non-conformité mineure ;
- une non-conformité mineure non réglée est requalifiée en non-conformité majeure, ce qui rend impossible l'attribution du certificat.

Inversement, l'auditeur clôturera toute non-conformité qui aura été corrigée conformément aux actions convenues lors de l'audit précédent.

Si, à l'issue de l'audit complémentaire, il ne reste plus aucune non-conformité majeure, la certification peut enfin être accordée. Le circuit sera le même que pour l'audit initial : conclusion favorable de l'auditeur, validation technique du rapport, réunion du comité de certification puis attribution du certificat.

Conserver le certificat

L'obtention du certificat indique la fin du projet de mise en place du SMSI. En revanche, elle marque aussi le début d'une longue période au cours de laquelle le système de management sera en exploitation. Désormais, la priorité est de conserver le certificat.

Audit de surveillance

Nous avons vu que la validité du certificat est de trois ans. Cela signifie-t-il que l'entreprise ne sera plus auditée jusqu'à cette échéance ? De nombreuses non-conformités pouvant survenir pendant cette durée, il est hors de question que l'organisme de certification laisse l'entreprise sans la moindre surveillance.

Des audits de surveillance sont donc effectués régulièrement. Leur but est de fournir à l'organisme certificateur l'assurance que le SMSI est toujours conforme aux exigences entre l'audit initial et l'audit de renouvellement (trois ans plus tard).

Ces audits ont lieu au moins une fois par an. Certains organismes de certification tentent d'en imposer deux, mais la grande majorité estime qu'un seul audit annuel suffit.

Cas particulier : éviter les audits à dates fixes

Réaliser des audits tous les six mois ou tous les ans peut poser un problème, en raison du fait que les auditeurs passent toujours aux mêmes époques de l'année, presque à dates fixes. Si, d'ordinaire, cela n'est pas problématique, cela peut cependant être gênant dans le cas de certaines entreprises aux activités très saisonnières. Les auditeurs qui passent toujours aux mêmes dates risquent d'y auditer toujours les mêmes processus, ignorant les autres processus saisonniers. Les organismes de certification peuvent alors proposer des audits tous les neuf mois, afin de décaler chaque année le moment de l'audit. Cela permet aux auditeurs de passer progressivement en revue tous les processus saisonniers de l'entreprise auditée.

Les audits de surveillance sont de courte durée, car ils ne portent que sur une sélection de processus. Le premier point que les auditeurs inspectent concerne le traitement des non-conformités identifiées lors de l'audit précédent. Là encore, le principe d'escalade est appliqué, à savoir qu'une remarque non traitée conformément à ce qui avait été convenu est requalifiée en non-conformité mineure. De même, une non-conformité mineure est requalifiée en non-conformité majeure.

Outre la correction des non-conformités, d'autres points sont contrôlés lors des audits de surveillance.

- **Traitement des plaintes :** l'audité est tenu de mettre en place un dispositif de traitement des plaintes.

- **État d'avancement des activités planifiées :** l'auditeur vérifie que tout ce qui avait été planifié lors de l'audit précédent est en cours de traitement, conformément au calendrier.

- **Utilisation des marques :** l'auditeur vérifie que l'audité n'abuse pas, dans sa communication extérieure, du logo de l'organisme de certification.

- **Maîtrise opérationnelle :** si l'audit initial permettait de constater l'existence réelle des processus, l'audit de surveillance, pour sa part, a pour fonction de vérifier que le système de management est viable sur la durée.

- **Une sélection d'articles :** l'auditeur sélectionne un sous-ensemble d'articles de l'ISO 27001 afin de les auditer.

Attention ! L'auditeur peut à tout instant identifier une nouvelle non-conformité et la qualifier de majeure. De plus, en raison de l'application du principe d'escalade, il existe un risque qu'une non-conformité mineure soit requalifiée en non-conformité majeure. Cela aura pour conséquence la suspension immédiate du certificat. L'expérience montre que de nombreuses sociétés, obtenant brillamment le certificat lors de l'audit initial, le perdent dès le premier audit de surveillance pour cause de démobilisation.

Il faut rester conscient que, même si un certificat est valable trois ans, il peut être suspendu à tout instant. Le principe de la certification oblige donc l'entreprise à être constamment mobilisée pour maintenir son certificat. C'est cette constante mobilisation qui génère la confiance des parties prenantes.

Audit de renouvellement

L'audit de renouvellement a lieu à l'échéance du certificat, au bout de trois ans. Son but est de confirmer que le SMSI, dans son ensemble, est toujours conforme aux exigences de l'ISO 27001. Étant donné qu'il couvre l'ensemble du système de management, cet audit dure plus longtemps qu'un audit de surveillance. En revanche, il est moins long qu'un audit initial, car nous sommes alors en présence d'un SMSI parvenu à maturité, ayant fonctionné pendant déjà trois ans. Dans le cas où le système de management couvre plusieurs sites, l'audit portera sur un échantillon de sites plus large que d'habitude.

Outre la correction des non-conformités identifiées lors de l'audit de surveillance précédent, l'auditeur contrôlera :

- la revue des rapports des audits de surveillance précédents ;
- la revue des performances du SMSI sur la période.

Si aucune non-conformité majeure n'est constatée, le certificat sera renouvelé.

Les organismes de certification

Les organismes de certification jouent à l'évidence un rôle capital dans l'attribution des certificats. Il est donc utile que le responsable du SMSI connaisse bien leur fonctionnement.

Cadre réglementaire

Les organismes de certification sont nombreux. Il peut s'agir aussi bien de simples PME, aux équipes limitées à une quinzaine de personnes, que des grands noms de la certification, multinationales implantées dans tous les pays du monde.

Quel organisme choisir ? On pourrait penser que certains sont plus sévères que d'autres. L'entreprise souhaitant se faire certifier aurait alors intérêt à faire appel à un prestataire peu regardant sur les non-conformités. En revanche, quel crédit serait accordé par le public à un certificat obtenu grâce à un organisme notoirement laxiste ? Ainsi, la confiance globale envers le système de certification nécessite que tous les organismes soient de même valeur, quelles que soient leur taille et leur nationalité.

Comment y parvenir ? En leur imposant un cadre réglementaire très strict et en les contrôlant eux-mêmes en permanence.

Réglementation

Pour être habilités à certifier des systèmes de management, les organismes de certification doivent satisfaire aux exigences d'une autre norme, l'ISO 17021. Cette norme aborde plusieurs questions.

- **Principes** – L'ISO 17021 insiste sur le fait que les organismes de certification doivent assurer un niveau élevé d'impartialité dans la délivrance des certificats. Ils doivent aussi garantir un niveau de compétence, de transparence dans leur démarche et de confidentialité vis-à-vis des informations qu'ils sont amenés à gérer. Ils doivent par ailleurs être capables de traiter les plaintes.

- **Structure** – L'organisme de certification doit préciser formellement les rôles et responsabilités de chacun et prévoir toutes les procédures pour assurer le bon déroulement des opérations.

- **Ressources** – L'organisme est tenu d'employer du personnel compétent. Il doit également s'assurer que les auditeurs travaillant pour son compte ont les qualifications nécessaires pour conduire des audits de certification de systèmes de management.

- **Informations** – L'ISO 17021 impose à l'organisme de certification qu'il rende public un certain nombre d'informations relatives aux certificats. Par ailleurs, les procédures appliquées par l'organisme doivent être consultables par les personnes ayant besoin de les connaître. Enfin, l'organisme doit assurer la confidentialité des informations relatives à ses clients.

- **Processus** – Les étapes incontournables du processus de certification sont décrites dans l'ISO 17021. L'organisme de certification sera tenu de les appliquer vis-à-vis de ses clients.

Attention ! La norme ISO 17021 ne concerne que les organismes souhaitant certifier des systèmes de management.

Cette norme n'entre pas dans les détails. Elle est suffisamment générique pour couvrir tous les systèmes de management, quel que soit leur type (qualité, environnement, sécurité, etc.).

Une norme supplémentaire est donc nécessaire pour couvrir les spécificités des SMSI. C'est l'ISO 27006, qui reprend la même structure que l'ISO 17021, mais en détaillant les points spécifiques aux SMSI.

Le tandem ISO 17021 et ISO 27006 donne toutes les exigences pour que les organismes de certification soient habilités à délivrer des certificats ISO 27001. Les deux points les plus importants à retenir sont les suivants :

1. pour être autorisés à délivrer des certificats ISO 27001, les organismes de certification doivent obligatoirement satisfaire aux normes ISO 17021 et ISO 27006 ;

2. ces deux référentiels concernent uniquement les organismes de certification, et non les sociétés souhaitant être certifiées ISO 27001 (sociétés clientes de ces organismes).

L'application de ces deux normes impose aux organismes de certification l'indépendance et la rigueur nécessaires pour délivrer des certificats. De plus, elle unifie les pratiques de certification, ce qui rend homogène la qualité des prestations dans le monde entier, garantissant ainsi la confiance du public envers le processus.

Contrôle

L'indépendance et la rigueur sont sans valeur si personne ne les contrôle. Comment peut-on garantir que les organismes de certification appliquent bien les normes ISO 17021 et ISO 27006 ?

Dans la plupart des pays industrialisés, il existe des organismes appelés autorités d'accréditation. Comme leur nom l'indique, ils accréditent les organismes de certification pour délivrer des certificats, dans des domaines particuliers.

Il n'existe pas plus d'une autorité d'accréditation par pays. En France, c'est le COFRAC, en Espagne, l'ENAC, au Royaume-Uni, l'UKAS, etc. Ces autorités nationales coopèrent au sein d'un forum international qui leur est réservé : l'*International Accreditation Forum* (IAF).

Vocabulaire : organisme accrédité

Techniquement, on ne dit pas que les organismes de certification sont « autorisés » à délivrer des certificats, mais qu'ils sont « accrédités » à en délivrer.

Les autorités d'accréditation répondent, entre autres, à deux missions.

1. **Accréditer** – Lorsqu'un organisme de certification souhaite délivrer des certificats dans un domaine particulier, il s'adresse à une autorité d'accréditation, généralement celle de son pays. Celle-ci vérifie que l'organisme applique bien les référentiels en vigueur (par exemple, l'ISO 17021 et l'ISO 27006 pour la délivrance de certificats relatifs aux SMSI). L'organisme

est alors accrédité, c'est-à-dire qu'il est officiellement habilité à fournir un service de certification dans le domaine en question. Les accords passés au sein de l'IAF font en sorte qu'un organisme accrédité dans un pays pour un référentiel donné a le droit de délivrer des certificats pour ce référentiel dans les autres pays. Il existe donc une reconnaissance mutuelle des accréditations entre les pays. C'est ce qui explique pourquoi tous les grands noms de la certification à l'étranger proposent la certification ISO 27001 pour la France (ils sont chacun accrédités dans leur pays respectif).

2. **Contrôler** – Les autorités d'accréditation ne se contentent pas d'accorder aux organismes le droit de certifier leurs clients. Ils les contrôlent régulièrement en procédant à des audits pour vérifier qu'ils appliquent correctement les exigences qu'ils sont tenus de respecter.

En quelque sorte, de la même façon que les entreprises certifiées sont soumises à des audits réguliers de la part des organismes de certification, ces derniers sont, à leur tour, soumis à des audits réguliers de la part des autorités d'accréditation.

Ce système rappelle le panoptique de Jeremy Bentham. Dans cet ouvrage, le philosophe utilitariste britannique propose un modèle de prison exemplaire, dont le but est de créer la confiance envers le système carcéral (dans des domaines tels que la sécurité, l'hygiène ou le coût d'exploitation).

Dans cette prison, les cellules sont disposées dans un bâtiment circulaire, tandis que les gardiens se trouvent dans une tour centrale, ayant une vue complète et simultanée sur toutes les cellules. Au vu d'une telle architecture, les prisonniers se savent constamment surveillés. Ils se tiennent donc correctement. D'autre part, un surveillant contrôle le travail des gardiens et, une fois par semaine, le maire de la ville vient contrôler le travail du surveillant. Ainsi, chacun se sait surveillé par quelqu'un d'autre, ce qui incite chacun à travailler correctement, sans commettre d'abus. Ce système de surveillance imbriquée, conçu au XVIIIe siècle, fait encore couler beaucoup d'encre.

C'est ce même principe que l'on retrouve d'une certaine manière dans le monde de la certification.

- Pour obtenir le certificat, l'entreprise doit se faire auditer par un organisme de certification.
- Pour s'assurer que l'auditeur fait correctement son travail, l'organisme de certification audite périodiquement l'auditeur, pendant qu'il audite.
- Pour s'assurer que l'organisme de certification applique bien les exigences auxquelles il est soumis, l'autorité d'accréditation audite l'organisme.

Concrètement, cela engendre parfois des situations singulières, comme celle où, lors d'un audit, l'auditeur est contrôlé par un membre de l'organisme de certification, qui lui-même est contrôlé par un auditeur de l'autorité d'accréditation. En début d'audit, au moment du tour de table réunissant tous les représentants de l'audité, l'auditeur commence par se présenter : « Bonjour, je suis l'auditeur qui va vous auditer », puis l'auditeur chargé de contrôler l'auditeur se présente : « Bonjour, je suis l'auditeur qui va auditer votre auditeur ». Enfin, le troisième : « Bonjour, je suis l'auditeur qui va auditer l'auditeur qui audite votre auditeur ». Une telle situation ne manque pas de susciter quelques ricanements chez l'audité.

Au-delà du côté un peu cocasse de cette anecdote, ce mécanisme assure la confiance des clients envers le système global de la certification, puisque chaque acteur de la certification est contrôlé à un moment ou à un autre, et ce quel que soit son rôle.

Relations contractuelles avec l'audité

Les organismes de certification sont des sociétés privées, prestataires fournissant des services de certification. Aussi, lorsqu'une entreprise a besoin de se faire certifier, elle peut mettre en concurrence plusieurs de ces organismes pour retenir le plus approprié. Ainsi, avant toute certification, il y a appel d'offres, soutenances de propositions commerciales et négociations. La prestation de certification peut alors être formalisée par un contrat. C'est le contrat de certification. Outre les clauses que tout contrat de prestation doit contenir, il précise un certain nombre d'exigences complémentaires que le futur audité devra respecter s'il souhaite être certifié. En voici les principales.

- **Critères de qualification des non-conformités :** le nombre et le type des non-conformités décideront de la certification (ou non-certification) de l'audité. Aussi est-il important que les critères de qualification soient clairement communiqués au futur audité, et acceptés par lui.

- **Délai des corrections :** l'audité sera tenu d'entreprendre des actions correctives pour chaque non-conformité identifiée par l'auditeur. Ces actions devront être entreprises dans les délais convenus avec lui.

- **Usage de la marque :** l'un des avantages de la certification pour l'audité est de pouvoir apposer (sur le papier à en-tête, le site web ou sur les camionnettes de la flotte) la vignette « Certifié ISO 27001:2013 », avec le logo de l'organisme de certification. L'entreprise certifiée utilise donc, pour sa propre communication, la marque de l'organisme qui l'a certifiée. Tout abus dans l'usage de la marque portera donc préjudice à l'organisme de certification. Afin d'éviter cela, des règles très strictes interdisent à la société certifiée d'apposer la vignette « Certifié ISO 27001:2013 » sur des produits, car cela pourrait amener à croire que l'ISO 27001 est un référentiel de certification de produits. Par conséquent, les organismes de certification sont très stricts sur ce point. Tout manquement peut entraîner la suspension immédiate du certificat.

- **Traitement des plaintes :** l'ISO 27001 n'oblige pas à déployer de dispositif de prise en compte des plaintes des clients. Pourtant, une plainte pouvant dénoter un dysfonctionnement du système de management, les organismes de certification obligent souvent les futurs certifiés à mettre en place un dispositif de traitement des plaintes.

En fait, ces exigences complémentaires sont essentiellement issues de l'ISO 17021 et de l'ISO 27006. Concrètement, elles sont formalisées, soit dans le contrat de certification, soit dans un document joint à celui-ci et intitulé généralement « Règlement de certification ».

L'ISO formule des normes à destination des différentes parties prenantes de la certification. L'organisme demandant la certification applique les exigences de l'ISO 27001 et utilise ponctuellement le guide de bonnes pratiques ISO 27002.

De son côté, l'organisme certificateur est tenu de respecter les exigences de l'ISO 17021, puisqu'il délivre des certificats pour des systèmes de management. De plus, comme il s'agit de certifier des SMSI, l'organisme de certification doit appliquer les exigences de l'ISO 27006.

Pour satisfaire les exigences du tandem ISO 17021 et ISO 27006, l'organisme de certification est dans l'obligation de formuler des exigences complémentaires, que l'entreprise demandant la certification devra appliquer obligatoirement.

En conséquence, l'entreprise à auditer se retrouve partagée entre les exigences de l'ISO 27001 et les exigences complémentaires issues de l'organisme de certification. Elle a tout intérêt à appliquer ces obligations additionnelles avec le plus grand soin avant de commander l'audit de certification.

Chapitre 26

Les audits

Comprendre les principes de la certification est certes indispensable, mais cela n'explique pas comment se déroulent les audits. On a souvent tendance à penser que les résultats des audits dépendent beaucoup de la personnalité des auditeurs. Certains insistent plutôt sur les questions organisationnelles, alors que d'autres s'attardent davantage sur la technique. Côté tempérament, certains sont plus empathiques, d'autres plus distants. Comment faire en sorte que, malgré cette diversité, les audits soient cohérents ? En imposant aux auditeurs un cadre très strict, fixant les grandes étapes d'un audit de certification, en déterminant précisément ce qui relève de la non-conformité majeure ou de la non-conformité mineure, tout en formalisant tous les autres aspects relatifs à l'audit.

Principes de base

Deux façons de considérer les audits

Une pièce de Nicolas Gogol (auteur russe du XIXe siècle), *Le Revizor*, illustre bien la manière dont certains perçoivent les audits. Dans cette pièce, le tzar décide d'envoyer incognito un *revizor*, à savoir un inspecteur, dans une petite ville de province où vivent des notables notoirement corrompus. Sa mission consiste à inspecter les comptes de la ville afin de démasquer les cas de corruption et punir les coupables. Dans la première scène, le gouverneur de la ville convoque tous les notables pour les alerter de l'arrivée imminente du *revizor*. Voici un très court extrait de la première scène de l'acte 1 : « Je vous ai réunis, messieurs, afin de vous communiquer une nouvelle assez fâcheuse : il nous arrive un *revizor*. [...] Oui, un *revizor*, de Petersbourg, incognito et, qui plus est, avec des instructions secrètes. [...] Je vous conseille donc de prendre toutes vos précautions, car il peut arriver d'un moment à l'autre, s'il n'est déjà arrivé et installé quelque part incognito... » (N. Gogol, *Le Revizor*, GF, Flammarion, 1988).

Cet extrait est édifiant. Trop souvent, l'audité pense encore que l'auditeur peut arriver d'un instant à l'autre, sans prévenir, incognito et avec des instructions secrètes. On a ainsi l'impression que l'auditeur vient pour piéger l'audité. Si cette façon de faire existe peut-être encore, elle reste extrêmement marginale et s'apparente plus à un contrôle inopiné plutôt qu'à un audit.

Une meilleure façon de considérer les audits consiste à écrire noir sur blanc toutes les opérations qui seront réalisées, à prévenir toutes les personnes concernées et à régler en amont toute difficulté avant qu'elle ne devienne ingérable. C'est la démarche de l'ISO 19011. Cette norme décrit toutes les étapes d'un audit, depuis sa planification jusqu'à l'approbation du rapport final. Par ailleurs, elle donne les principes fondamentaux que doit respecter l'auditeur. Cette norme est devenue la référence en la matière. En principe, elle peut s'appliquer à tous les types d'audits, même si, dans les faits, ce sont principalement les auditeurs de certification qui en font usage.

C'est naturellement cette dernière approche que nous allons présenter ici. Initialement, l'ISO 19011 a été développée pour les audits de systèmes de management qualité (ISO 9001) et environnement (ISO 14001). Elle n'en est pas moins parfaitement valable pour de nombreux autres référentiels (ISO 27001, ISO 20000-1, ISAE 3402, etc.)

Principes de l'audit

Quelle que soit la personnalité des auditeurs et des audités, quel que soit le contexte du SMSI à certifier, les auditeurs sont tenus à tout instant de respecter cinq principes fondamentaux.

- **La déontologie** – Les auditeurs sont tenus par un devoir de discrétion. Ils ne doivent pas dévoiler à l'audité des informations relatives à une autre société qu'ils auraient auditée auparavant. C'est parce que l'auditeur est discret que l'audité lui fera confiance et qu'il n'hésitera pas à lui montrer des informations confidentielles.

- **L'impartialité** – Les auditeurs doivent présenter leurs constats de façon honnête, indépendamment de l'opinion personnelle qu'ils se font des audités. Il est capital que l'auditeur fasse la distinction entre ses états d'âme et les constats purement factuels de l'audit. Tout en restant courtois, l'auditeur évitera donc tout excès d'antipathie ou d'empathie avec l'audité.

- **La conscience professionnelle** – L'auditeur a une mission très précise qu'il doit accomplir en un délai défini. Il est tenu de tout mettre en œuvre pour y parvenir en respectant les principes de l'ISO 19011.

- **L'indépendance** – L'auditeur doit être indépendant par rapport à l'audité. En somme, il ne peut pas être juge et partie. Aussi sera-t-il tenu de refuser d'auditer un périmètre sur lequel il a déjà travaillé en tant que conseil. Dans le cas particulier des audits de certification, l'organisme qui emploie l'auditeur doit être indépendant par rapport à la société qu'il va auditer.

- **L'approche fondée sur la preuve** – En aucun cas l'auditeur ne peut baser ses conclusions sur des préjugés ou des suppositions. Il doit se fonder exclusivement sur des faits. C'est pour cette raison qu'il cherchera toutes les preuves avérant les faits.

Dans les audits de certification (que l'on appellera audits tierce partie), les activités d'audit et de conseil sont rigoureusement cloisonnées. Il est strictement interdit à l'auditeur de conseiller l'audité.

Différents types d'audits

Il existe de très nombreux types d'audits. Chacun répond à un besoin très particulier. Nous retenons ici ceux qui nous intéressent le plus dans le cadre des SMSI.

Audits de base

L'audit peut être vu comme une relation tripartite entre un auditeur, un audité et un commanditaire. La nature des relations entre ces trois entités détermine le type de l'audit. Il en existe trois.

- **L'audit interne :** en un mot, c'est un audit commandé par l'entreprise pour se contrôler elle-même. Dans les sociétés disposant d'une structure d'audit interne, il peut être réalisé par du personnel interne. Toutefois, rien n'interdit de commander un audit interne à un cabinet spécialisé. C'est ce qu'on appelle l'externalisation de l'audit interne. Cette solution est retenue dans les sociétés ne disposant pas d'une structure d'audit interne. Dans un audit interne, c'est la même entité qui est commanditaire (celui qui paye l'audit) et auditée (celui qui le subit). Quant à l'auditeur, il n'est pas tout à fait indépendant par rapport à l'audité puisque soit il s'agit d'un employé du commanditaire, soit il travaille pour une société externe, directement payée par le commanditaire. Rappelons que l'ISO 27001 oblige à conduire régulièrement des audits internes. Elle n'impose pas pour autant l'usage de la démarche ISO 19011.

- **L'audit seconde partie :** c'est un audit dans lequel le commanditaire est une partie prenante (un client, par exemple), et l'audité un fournisseur. Il est extrêmement courant. Les auditeurs sont soit des employés du commanditaire, soit ils travaillent dans un cabinet fournissant une prestation d'audit pour le compte du commanditaire. Là encore, l'auditeur n'est pas totalement indépendant, puisqu'il dépend du commanditaire, que ce soit en tant qu'employé ou en tant que prestataire de service. Il n'y a aucune obligation d'utiliser la norme ISO 19011 pour réaliser de tels audits.

Les hébergeurs

L'exemple le plus classique d'audit seconde partie est celui des hébergeurs. Les clients pour lesquels ils hébergent des plates-formes envoient régulièrement des auditeurs pour vérifier les bonnes pratiques du prestataire en matière de sécurité.

- **L'audit tierce partie :** c'est ce que l'on appelle couramment l'audit de certification. Le commanditaire et l'audité font partie de la même entité. En revanche, l'auditeur travaille obligatoirement pour un organisme de certification indépendant. C'est ce type d'audit qui sera commandé pour obtenir la certification ISO 27001, une fois le SMSI construit et suffisamment mature. L'audit initial et les audits de contrôle sont des audits tierce partie par excellence. Ils suivent obligatoirement la démarche ISO 19011.

Concrètement, le responsable du SMSI doit gérer deux types d'audits. D'une part, des audits internes imposés par la norme et, d'autre part, des audits tierce partie pour obtenir (audit initial), puis préserver (audits de contrôle) le certificat ISO 27001.

Audits particuliers

Dans certains cas, on a affaire à des audits un peu plus complexes que ceux présentés précédemment. Il s'agit des audits combinés et des audits conjoints.

- **L'audit combiné :** certaines entreprises mettant en place un SMSI disposent déjà d'un système de management de la qualité. Dans ce cas, nous sommes en présence d'un système de management intégré (SMI). Ces entreprises ont donc besoin de se faire certifier ISO 9001 et ISO 27001. Or, ces deux référentiels présentent quelques points communs : gestion de la documentation, audit interne, suivi des actions, revues, amélioration continue, etc. Les audits combinés consistent à procéder simultanément à un audit de certification ISO 9001 et à un audit de certification ISO 27001, en mutualisant les actions d'audit sur les processus communs aux deux référentiels. Nous avons cité ici les SMI impliquant la sécurité et la qualité, mais toute autre combinaison de référentiels est également possible (environnement et sécurité du travail ; qualité et environnement ; qualité, environnement et sécurité, etc.).

- **L'audit conjoint :** il est réalisé par plusieurs entités. Il se justifie lorsqu'un cabinet d'audit ne dispose pas de toutes les compétences nécessaires pour réaliser seul l'audit, ou lorsque l'audité impose un prestataire bien précis pour l'un des aspects de l'audit. En fait, il s'agit d'un audit en cotraitance.

Programme d'audits

Un audit pris isolément n'a aucune utilité. En effet, une fois que l'audit aura identifié des écarts qu'il faudra corriger, qu'est-ce qui obligera l'audité à entreprendre les actions correctives ? Seule la menace d'une sanction, si ces actions ne sont pas entreprises en temps et en heure, se révèle effectivement valable. Or, comment faire pour vérifier que les actions ont bien été effectuées ? Il faut pour cela procéder à un second audit. Le même problème se posera pour ce dernier, et ainsi de suite. Les audits n'ont donc de sens que s'ils s'inscrivent dans une série. De là naît un besoin de programmer ces audits dans le temps : c'est ce que l'on appelle un programme d'audits.

Vocabulaire : programme d'audits versus plan d'audit

Il ne faut pas confondre « programme d'audits » et « plan d'audit ». Le programme d'audits porte sur l'ensemble des audits qui doivent avoir lieu. Il précise toutes les modalités pratiques et fixe les dates prévisionnelles sur toute la période. Il y a un programme d'audits pour tous les audits d'une période donnée.

Pour sa part, le plan d'audit ne porte que sur un seul audit. C'est un rappel des objectifs, champ et critères, ainsi qu'une planification détaillée des actions de l'audit. Il y a un plan d'audit par audit.

La norme ISO 19011 décrit en détail tout ce que doit comporter un programme d'audits. Très orientée qualité, elle présente le programme d'audits selon le modèle *Plan*, *Do*, *Check*, *Act*.

Dans la phase *Plan*, le responsable du programme d'audits doit procéder à cinq opérations :

1. écrire la procédure que devront suivre tous les auditeurs ;
2. décrire la manière dont seront constituées les équipes d'audit ;
3. caractériser les compétences nécessaires à la réalisation des audits ;
4. définir les responsabilités des uns et des autres ;
5. préciser l'objectif du programme d'audits.

Exemple : objectifs de programmes d'audits

Voici plusieurs objectifs possibles pour un programme d'audits :

— procéder aux audits de contrôle pour maintenir une certification ISO 27001 ;
— obtenir une vision claire du niveau de sécurité des différents fournisseurs ;
— procéder aux audits internes conformément aux exigences de l'article 9.2 de l'ISO 27001 ;
— vérifier le niveau effectif de sécurité de la plate-forme d'accès à Internet.

La phase *Do* consiste à mettre en œuvre les audits, vérifier les compétences des auditeurs, constituer les équipes, piloter les audits et vérifier qu'ils se déroulent conformément aux prévisions.

Au cours de la phase *Check*, le responsable du programme d'audits passe en revue les différents rapports, essaye d'identifier les problèmes récurrents qui ne manqueront pas de se poser pendant les audits, et propose des améliorations. Ces actions sont ensuite effectuées dans la phase *Act*.

On peut se demander concrètement qui peut être désigné responsable du programme d'audits. La réponse diffère selon le type d'audit dont il est question.

- **Pour les audits internes :** le responsable du programme d'audits sera classiquement le responsable du service d'audit interne. Il est le mieux placé pour les programmer et contrôler que le processus se déroule correctement.

- **Pour les audits seconde partie :** dans ce cas, c'est la partie prenante (généralement le client) qui conduit le programme d'audits. En effet, c'est le client qui décide d'auditer ses prestataires, fixant les critères et les priorités.

Auditer des fournisseurs

Considérons un industriel qui désire passer un contrat avec un fournisseur de services. Cinq fournisseurs se portent candidats, venant du monde entier. Pour arrêter sa décision, l'industriel se donne six mois afin d'auditer chacun des fournisseurs, dans le but de connaître leur niveau de sécurité effectif. Celui qui aura le meilleur niveau gagnera le marché.

L'industriel désigne (en interne) un responsable qui se chargera de sélectionner un cabinet d'audit et de contacter chacun des fournisseurs pour planifier les audits dans le temps. C'est donc cette personne qui fera fonction de responsable du programme d'audits.

- **Pour les audits tierce partie :** c'est l'organisme de certification qui se charge de planifier l'audit initial, ainsi que les audits de contrôle. Aussi, c'est une personne de cet organisme qui aura la responsabilité du programme d'audits. Naturellement, cette dernière ne pourra pas travailler seule, devant se rapprocher autant de fois que nécessaire de l'audité, ne serait-ce que pour proposer et confirmer les dates des audits.

Concrètement, le responsable du SMSI a affaire simultanément à deux programmes d'audits : un programme d'audits internes, géré par le responsable des audits internes, et un programme d'audits de contrôle, géré par l'organisme de certification.

Déroulement d'un audit

La norme ISO 19011 décrit toutes les étapes d'un audit, depuis le premier contact avec l'audité jusqu'à l'approbation du rapport par le commanditaire. Si les audits internes et seconde partie laissent carte blanche sur le choix de la méthode, les audits tierce partie sont tenus de respecter la séquence présentée ci-après.

Premier contact

Le premier contact entre auditeur et audité se fait souvent par téléphone. Cet entretien informel permet de confirmer l'objectif de l'audit, son champ et les critères qui seront appliqués.

- **L'objectif :** il varie énormément d'un cas sur l'autre. Dans cet ouvrage, il est question d'obtenir la certification ISO 27001.
- **Le champ :** il détermine l'étendue et les limites de l'audit. Pour un premier audit de certification, le champ couvre l'ensemble des exigences de la norme, sur tous les processus du SMSI. L'audit se déroule au siège social de l'entreprise, ainsi que sur une sélection de sites (dans le cas des SMSI couvrant plusieurs sites).

Champ d'audit

Dans le langage courant, on parle de « périmètre de l'audit » plutôt que de « champ d'audit ». Mais le terme technique est bien « champ d'audit ».

- **Les critères :** ce sont les références auxquelles sont confrontées les observations de l'auditeur, ce qui lui permettra de formuler des conformités ou des non-conformités. Dans un audit de certification, il y a deux critères d'audit : les articles 4 à 10 de l'ISO 27001 et les articles du règlement de certification signé par l'audité.

Les interlocuteurs profitent de ce premier contact pour confirmer les dates et pour régler les questions d'intendance telles que les règles de sécurité en vigueur chez l'audité, les modes de communication des documents, etc. Cet entretien étant informel, il ne donne pas lieu à un compte rendu. Son but est d'éviter autant que possible tout malentendu sur les objectifs, l'organisation et le déroulement de l'audit. En somme, nous nous trouvons à l'opposé de la démarche du *revizor*.

Revue de documentation

Après le premier contact vient la revue de documentation , qui représente la toute première rencontre entre l'auditeur et le système de management qu'il s'apprête à auditer. Celle-ci s'effectue, au moins partiellement, chez l'audité.

Revue de documentation = audit étape 1

La norme ISO 19011 parle de « revue des documents ». La norme ISO 17021 et la plupart des organismes de certification préfèrent « audit étape 1 ». Ces deux termes désignent la même chose.

Le but de la revue est de vérifier la conformité de la documentation au regard des critères d'audit. À ce stade, l'auditeur n'a pas le temps d'étudier toute la documentation. Il se contente de prendre connaissance des documents clés du système de management pour vérifier qu'ils existent et qu'ils sont conformes.

Si la documentation semble correcte, rien n'empêche de poursuivre l'audit. L'auditeur donne alors son feu vert pour la suite de l'audit. Dans le cas contraire, il consulte les commanditaires, l'audité et l'organisme de certification, soit pour annuler l'audit, soit pour le reporter. Attention, si la documentation ne s'avère pas conforme, l'auditeur n'a aucun droit de formuler des conseils pour corriger la situation. Il se contentera de prévenir que la documentation est non conforme et que la poursuite de l'audit conduira certainement à un échec de la certification.

Plan d'audit

Une fois la revue terminée, l'auditeur en sait assez sur le SMSI pour élaborer le plan d'audit. N'oublions pas que nous sommes dans une logique anti-*revizor*. Le but n'est pas de piéger l'audité, en arrivant d'un instant à l'autre, avec des instructions secrètes. Le plan d'audit sert donc de récapitulatif officiel pour vérifier qu'auditeurs et audités se sont bien compris et qu'ils sont d'accord sur les points clés de l'audit.

Pour cela, le plan d'audit est composé de deux parties. La première récapitule les points convenus lors de la revue de documentation :

1. objectif, champ et critères ;

2. dates de début et de fin, sites concernés ;

3. rôles et responsabilités de chacun (notamment au sein de l'équipe d'audit) ;

4. questions logistiques ;

5. clauses de confidentialité ;

6. toute autre question jugée suffisamment importante pour être formalisée par écrit dans ce document officiel.

La seconde partie du plan d'audit détaille, à la demi-journée près, les actions que prévoit l'auditeur et, notamment, les personnes qu'il souhaite rencontrer et les thèmes qu'il va aborder. Une fois de plus, il ne s'agit pas de surprendre, mais de clarifier le plus possible la situation pour que les audités prennent toutes leurs dispositions. Cette transparence contribue à gagner la confiance de l'audité, ce qui facilite l'audit.

L'ISO 19011 ne donne aucune précision sur la forme que doit prendre un plan d'audit. L'expérience montre qu'il s'agit très souvent d'un tableau ressemblant à celui présenté ci-après.

Tableau 26-1

Exemple de plan d'audit

AUDITEUR	Claude Frollot
OBJECTIF	Auditer le SMSI de la société Turbogratte, en vue d'obtenir la certification ISO 27001:2013
CHAMP D'AUDIT	Tous les processus du SMSI sur tous les sites de l'entreprise
CRITÈRES D'AUDIT	– ISO 27001:2013, articles 4 à 10 – ISO 27001:2013, annexe A – Procédures internes de la société Turbogratte
DATES	Du lundi 12 novembre 2017 au vendredi 16 novembre 2017

LUNDI	**MATIN**	10h00 : réunion d'ouverture 10h30 : audit des articles 4 à 6 de l'ISO 27001
	APRÈS-MIDI	13h30 : suite et fin de l'audit des articles 4 à 6 18h00 : débriefing avec l'audité
MARDI	**MATIN**	8h30 : audit des articles 7 à 10 de l'ISO 27001
	APRÈS-MIDI	13h30 : audit des mesures A.5, A.6, A.7 et A.8 18h00 : débriefing avec l'audité
MERCREDI	**MATIN**	8h30 : audit des mesures A.9 et A.10
	APRÈS-MIDI	13h30 : audit des mesures de sécurité A.11 et A.12 18h00 : débriefing avec l'audité
JEUDI	**MATIN**	8h30 : audit des mesures de sécurité A.13 et A.14
	APRÈS-MIDI	13h30 : audit des mesures de sécurité A.15 et A.16 18h00 : débriefing avec l'audité
VENDREDI	**MATIN**	8h30 : audit des mesures A.17 et A.18
	APRÈS-MIDI	14h00 : fin des activités d'audit 15h00 : préparation des conclusions de l'audit 16h00 : réunion de clôture

L'auditeur commence par rédiger le plan d'audit puis l'envoie à l'audité pour validation. Nous voyons dans cet exemple que le mardi matin, dès 8h30, l'auditeur souhaite auditer les mesures de sécurité A.9 et A.10 sélectionnées dans la déclaration d'applicabilité. En conséquence, l'audité précisera le nom du (ou des) responsable(s) concerné(s) par ces mesures de sécurité. En somme, l'auditeur annonce ce qu'il veut faire et quand il veut le faire, tandis que l'audité désigne la personne la plus appropriée pour répondre aux questions.

Enfin, l'audité retourne le plan d'audit, rempli et validé. Naturellement, il a le droit de suggérer des changements si des questions pratiques le justifient.

Réunion d'ouverture

La réunion d'ouverture fait figure de véritable lancement de l'audit. Elle se tient généralement deux à trois semaines après la revue de documentation, une fois que le plan d'audit a été validé par toutes les parties concernées.

Réunion d'ouverture vs réunion de lancement

Il ne faut pas confondre « réunion d'ouverture » avec « réunion de lancement ». Cette dernière a pour fonction de régler les questions pratiques en vue de procéder à l'audit. Elle n'est pas imposée par l'ISO 19011. La réunion d'ouverture est une courte réunion, purement formelle, au cours de laquelle l'audit est ouvert officiellement. Cette réunion est imposée par l'ISO 19011.

Les membres de la direction, ainsi que les personnes clés du système de management, doivent assister à cette réunion. Le responsable de l'équipe d'audit s'emploie à confirmer une fois de plus l'objectif de l'audit, le champ ainsi que les critères qui seront appliqués. Certes, c'est la troisième fois que l'auditeur confirme ces points, mais ce n'est que lors de cette réunion d'ouverture qu'il se trouve devant les plus hauts représentants de la hiérarchie. C'est donc la dernière occasion d'éviter les malentendus.

L'auditeur présente ensuite la démarche qu'il utilisera (entretiens, observations, approche fondée sur la preuve, etc.). Il confirme les questions d'intendance. Si des difficultés imprévues sont survenues chez l'audité depuis la revue de documentation (appelée aussi « audit étape I »), il adaptera le plan d'audit en conséquence.

L'auditeur finit par répondre à toutes les questions que sont susceptibles de lui poser les audités. Il faut qu'à la fin de cette courte réunion, tout le monde soit d'accord sur le déroulement de l'audit.

Activités d'audit

L'auditeur aborde point par point tout ce qui est prévu dans le plan d'audit. Pour chaque thème abordé, il cherche d'abord à comprendre le fonctionnement des processus correspondants. Il étudie les documents (procédures, politiques, inventaires, etc.), s'entretient avec les responsables et les opérateurs, puis contrôle des échantillons d'enregistrements.

Il pourra alors recouper toutes ces informations pour vérifier leur cohérence, puis les confronter aux critères d'audit. Deux cas sont alors possibles. Soit les preuves sont parfaitement conformes aux critères, soit elles mettent en évidence un écart.

- **Il n'y a pas d'écart** – Dans ce cas, l'auditeur consigne dans le rapport les preuves qu'il a obtenues et les critères auxquels il les a confrontées. En conclusion, il dresse un constat de conformité.
- **Il y a un écart** – Dans ce cas, l'auditeur rédige une fiche d'écart (ou fiche de non-conformité), qui sera détaillée plus loin dans ce chapitre. Chaque non-conformité donne lieu à une fiche.

Réunion de clôture

La réunion de clôture marque la fin de l'audit. Les personnes concernées par cette réunion sont les mêmes que pour la réunion d'ouverture. L'ordre du jour est très simple : l'auditeur passe en revue, devant tout le monde, toutes les non-conformités constatées.

Cette réunion a pour but de vérifier que toutes les personnes présentes comprennent et admettent les non-conformités. Elle permet également de convenir de plans d'action, ainsi que des délais de réalisation.

Il arrive que les audités contestent les constats ou leur qualification. Si l'auditeur estime que leurs arguments sont bien fondés, il en tient compte en supprimant ou en requalifiant la non-conformité en question. Cette situation peut arriver lorsque l'auditeur formule un écart, alors qu'il n'a pas compris tous les éléments impliqués.

La réunion de clôture est importante pour l'audité, car elle représente sa dernière chance d'exprimer un désaccord sur les constats.

Les auditeurs expérimentés préparent cette réunion en organisant des petits débriefings réguliers avec les audités, qui ont lieu tous les soirs. Ils y abordent toutes les divergences. Ainsi, la réunion de clôture devient presque une formalité, puisque toutes les divergences ont déjà été résolues en amont.

À l'issue de cette réunion, l'auditeur communique ses conclusions. Si aucune non-conformité majeure n'a été constatée, il recommande le SMSI à la certification. Dans le cas contraire, il ne le recommande pas tant que les écarts n'auront pas été traités.

Rappelons que pour certains organismes de certification, plus sévères que les autres, au-delà d'un certain nombre de non-conformités mineures (généralement cinq), cela peut être considéré comme aussi grave qu'une non-conformité majeure et conduit donc à une non-recommandation à la certification.

Audit étape 2

Les étapes 4, 5 et 6 font partie de ce que les organismes de certification appellent l'audit étape 2.

Après l'audit

Le rapport d'audit

Aucune norme ne formalise officiellement les rapports d'audit de certification. Le plan et le format du rapport dépendent donc de chaque organisme de certification. Dans la pratique, ils se présentent sous la forme de grands formulaires, remplis au fur et à mesure par les auditeurs. Dans la plupart des cas, on y retrouve quatre sections distinctes.

- **Le rappel des objectifs** – Le rapport commence presque toujours par ce rappel, ainsi que les champs et critères de l'audit. On y trouve aussi les dates d'intervention, la constitution de l'équipe d'audit, la liste des interlocuteurs rencontrés, les lieux où se sont déroulés les entretiens (s'il y a plusieurs sites), etc.

- **Les constats de conformité** – En volume, cette section constitue l'essentiel du rapport. L'auditeur y consigne tous les constats de conformité. On peut se demander quelle est l'utilité de consigner tous ces éléments, puisque ce sont surtout les non-conformités qui conditionnent les conclusions de l'audit. En fait, le rapport a pour vocation d'être lu par les membres du comité de certification. Ce sont eux qui décident de l'attribution, ou pas, du certificat. Pour cela, ils ont besoin de connaître le contexte de l'audit. Les constats de conformité contribuent à leur faire comprendre ce contexte. Par ailleurs, ces constats prouvent que l'auditeur a effectivement fait son travail, conformément à la démarche ISO 19011. Le cas échéant, il sera possible de vérifier ces constats pour contrôler l'auditeur.

La gestion des incidents

Dans un rapport d'audit de certification, chaque clause du référentiel fait l'objet d'un constat. Par exemple, l'annexe A.16 de l'ISO 27001 traite des incidents de sécurité. Voici l'extrait d'un rapport d'audit présentant le constat de l'auditeur vis-à-vis de l'annexe A.16.

« Mesures de sécurité de l'annexe A.16, relatives à la gestion des incidents de sécurité :

- Vu la procédure intitulée « Procédure de gestion des incidents », de référence SMSI-PRO-124 V2.3.
- Vu l'outil KORNILL de gestion des incidents.
- Vu un échantillon des trois incidents survenus le 01/02/2018 et consignés dans la base KORNILL.
- Vu le PV du COPIL sécurité du 15/02/2018. Ces trois incidents sont évoqués et des actions correctives sont décidées.
- Vu le statut de ces incidents dans la base KORNILL : ils sont officiellement clôturés le 18/02/2018.

Conclusion : La procédure de gestion des incidents est conforme à l'objectif des mesures de sécurité de l'annexe A.16. »

Ces lignes montrent que l'auditeur a vérifié de nombreuses pièces avant de déclarer la gestion des incidents conforme à la norme. Cela montre au comité de certification qu'il a fait consciencieusement son travail.

- **Les fiches d'écart** – Elles récapitulent toutes les non-conformités identifiées lors de l'audit. Ces fiches doivent être rédigées avec le plus grand soin, car elles conditionnent les conclusions de l'audit. Ce point est détaillé plus avant dans ce chapitre.

- **La conclusion et les questions diverses** – Le rapport s'achève sur la conclusion de l'auditeur, qui se limite généralement à une simple phrase. Les organismes de certification ajoutent souvent, en fin de rapport, des zones de saisie libre à l'attention des auditeurs et des audités, afin qu'ils donnent leur avis sur le déroulement de la prestation. Le but, pour l'organisme de certification, est d'avoir un retour sur la manière dont se sont déroulées les actions d'audit. C'est l'occasion pour les deux parties de formuler leur satisfaction ou, inversement, leur insatisfaction. Enfin, l'auditeur précise les points qu'il conviendra de contrôler en priorité dès le prochain audit.

Exemple

Le libellé classique d'une conclusion d'audit de certification ISO 27001 est le suivant: «Compte tenu des constats présentés dans ce rapport, l'auditeur recommande (ou ne recommande pas) le SMSI de la société *TurboGratte* à la certification ISO 27001:2013.»

Validation

Le rapport peut être livré à l'audité juste après la réunion de clôture, ou quelques jours après. En général, le délai admis ne dépasse pas deux semaines.

Les destinataires du rapport sont le commanditaire (qui est aussi l'audité dans les audits tierce partie) et l'organisme de certification. Ce dernier procède à sa validation technique. En effet, l'organisme de certification est tenu de contrôler le travail de l'auditeur. Il vérifie surtout que les constats sont suffisamment argumentés et clairement formulés. Il vérifie également que les audités sont d'accord avec les conclusions. Une fois validé, le rapport est présenté au comité de certification. C'est ce dernier qui décide si la certification doit être attribuée ou non. Dans la très grande majorité des cas, le comité suit les recommandations de l'auditeur, mais il arrive parfois que le contraire arrive. C'est le cas pour les SMSI sans aucun écart majeur, mais dans lesquels l'auditeur a identifié un nombre important d'écarts mineurs. Malgré les conclusions, le comité de certification peut alors estimer que le nombre de ces écarts indique que le SMSI est non maîtrisé. Dans ce cas, la certification sera refusée tant que ces écarts ne seront pas corrigés. Toutefois, ce cas de figure se présente rarement.

La notion de non-conformité

Les non-conformités sont les points les plus délicats de l'audit. Leur nombre et leur type conditionnent les conclusions de l'auditeur. En toute logique, elles sont souvent source de divergences avec l'audité. Il est donc très important d'en connaître les différents types et les critères qui seront appliqués par les auditeurs.

Différents types de non-conformités

On peut définir la non-conformité comme la non-satisfaction à une ou plusieurs exigences. Autrement dit, il s'agit de l'écart entre, d'une part, les preuves et, d'autre part, les critères d'audit. Rappelons que, à propos des SMSI, les critères d'audit sont les articles 4 à 10 de l'ISO 27001, ainsi que les articles du règlement de certification.

Écart ou non-conformité ?

Le mot « écart » est souvent utilisé en lieu et place du terme « non-conformité ».

Il y a trois grandes familles de non-conformités.

- La première consiste en un écart entre les documents et les critères d'audit. Certains organismes appellent cela une non-conformité documentaire, car c'est la documentation qui est en cause.

Exemple de non-conformité documentaire

L'article 4.1 de l'ISO 27001 précise que l'organisation doit déterminer les enjeux internes et externes pertinents.

Si l'auditeur constate que la description des enjeux n'aborde pas les enjeux externes, il y a une non-conformité documentaire.

- D'autres non-conformités concernent des écarts entre ce qui est pratiqué et les critères d'audit. Certains organismes appellent ce cas non-conformité d'application, car c'est l'application de la norme qui n'est pas correcte.

Exemple de non-conformité d'application

Les mesures de sécurité de l'annexe A.16 de l'ISO 27001 précisent que des procédures de détection et de réaction aux incidents doivent être mises en place. Si ces mesures sont sélectionnées dans la déclaration d'applicabilité, et si l'auditeur constate qu'aucune procédure n'existe dans ce domaine, il s'agit d'une non-conformité d'application.

- Un dernier cas possible est l'écart entre une procédure interne du système de management et la pratique constatée par l'auditeur. C'est un autre cas d'écart d'application.

> **Autre non-conformité d'application**
>
> Considérons une procédure de contrôle d'accès stipulant que toute personne en zone verte doit porter un badge vert. Si l'auditeur surprend en zone verte une personne sans badge, il s'agit clairement d'un écart entre la procédure interne et la pratique de l'entreprise. C'est une non-conformité d'application.

Critères de qualification

On ne peut pas mettre au même niveau l'oubli ponctuel de porter un badge et l'absence totale de détection d'incidents. Il est clair que cette dernière non-conformité est bien plus grave pour le système de management que la première. Nous avons donc besoin d'une échelle de gravité et de critères pour classer les non-conformités. Malheureusement, chaque organisme de certification possède ses propres critères de qualification. Les échelles divergent, elles aussi, d'un organisme à l'autre. Par exemple, certains ne distinguent que trois niveaux : remarque, écart mineur et écart majeur. Alors que d'autres en considèrent davantage : observation, opportunité d'amélioration, écart mineur, écart majeur.

Compte tenu de ce qui vient d'être dit, il n'est pas possible de donner une règle absolue qui permettrait de qualifier les non-conformités. En revanche, la lecture des critères des différents organismes de certification montre qu'il se dégage un principe fondamental.

- **Non-conformité majeure :** c'est une non-conformité dénotant un dysfonctionnement du système de management. Cela signifie qu'au moins une des phases du modèle *Plan, Do, Check, Act* ne fonctionne pas du tout, à l'échelle du système de management.

> **Absence d'audits internes**
>
> Si un seul audit interne a été réalisé alors que le programme d'audits internes en prévoyait quatre, il s'agit clairement d'une non-conformité. De surcroît, cet écart montre que le SMSI ne tourne pas correctement, puisque le processus le plus important de la phase *Check* (l'audit interne) est quasiment inexistant dans les faits. C'est donc une non-conformité majeure.

- **Non-conformité mineure :** c'est une non-conformité ne mettant pas en péril le bon fonctionnement du système de management.

> **Insuffisance des audits internes**
>
> Si seulement trois audits internes ont été réalisés alors que le programme d'audits en prévoyait quatre, il s'agit clairement d'une non-conformité. En revanche, cet écart ne met pas en péril le fonctionnement du SMSI puisque trois audits ont tout de même été faits. L'auditeur ne peut pas raisonnablement dire que la phase *Check* ne fonctionne pas. C'est donc une non-conformité mineure.

Une fois de plus, il ne s'agit là que d'indications. Les critères des organismes de certification sont plus affinés et varient légèrement d'un organisme à l'autre.

Dans tous les cas, la définition des écarts et les critères de leur qualification sont formalisés par l'organisme de certification. Ces critères sont portés à la connaissance de tous les intéressés, c'est-à-dire de l'auditeur et de l'audité.

- **L'auditeur** – Avant de travailler pour la première fois avec un auditeur, certains organismes de certification lui envoient un document décrivant la méthodologie qu'il sera tenu de suivre lors des audits. On y trouve aussi les définitions des écarts ainsi que les critères de qualification. L'auditeur doit signer ce document pour reconnaître qu'il en a bien pris connaissance. D'autres organismes préfèrent utiliser un extranet pour informer leurs auditeurs. En tout état de cause, l'auditeur ne pourra pas dire qu'il ne connaît pas les critères.

- **L'audité** – Les critères de qualification des non-conformités figurent généralement dans le règlement de certification, qui est lui-même annexé au contrat passé entre l'organisme certificateur et le futur audité. Ainsi, l'audité ne pourra pas dire qu'il ne connaît pas les critères.

À ce stade, auditeur et audité sont bien informés. Mais pour plus de sécurité, il est courant que l'auditeur rappelle ces critères à l'occasion de la réunion d'ouverture, car l'expérience montre que les audités ont rarement lu le règlement de certification, même s'ils l'ont signé. Ils ne connaissent donc pas, au moment de l'audit, les critères selon lesquels ils s'apprêtent à être évalués. Or, à la fin de cette réunion, plus personne ne peut prétendre ne pas avoir été informé des critères en vigueur.

Séquence de gestion d'une non-conformité

Lorsque l'auditeur constate une non-conformité, il suit rigoureusement la séquence présentée ci-après.

1. **Constat** – L'auditeur commence par vérifier les preuves dont il dispose et identifie aussi clairement que possible la référence par rapport à laquelle il y a un écart.

Procédure d'embauche 1

Considérons une procédure d'embauche précisant dans le paragraphe 5.3 que le service du personnel doit archiver dans le dossier de chaque employé un extrait de casier judiciaire. L'auditeur constate que sur les trois dossiers qu'il a demandé à voir, il n'y a aucun extrait de casier judiciaire. L'auditeur commencera par relire attentivement la procédure, puis il réexaminera les dossiers pour vérifier qu'il n'a rien oublié.

---

2. **Vérification avec l'audité** – Il se tourne ensuite vers l'audité et reformule aussi clairement que possible sa compréhension des faits. Le but est de vérifier qu'il n'y a pas de malentendu, afin d'éviter toute contestation.

Procédure d'embauche 2

Dans la pratique, l'auditeur prendra d'un côté la procédure et, de l'autre, les dossiers sélectionnés. Il dira : « Nous sommes bien d'accord que la procédure que j'ai ici, validée par vous, précise dans le paragraphe 5.3 que le service du personnel doit disposer d'un extrait de casier judiciaire de chaque employé. » ; « Nous sommes bien d'accord que cette pièce ne figure dans aucun des dossiers que j'ai demandé à voir. » ; « Nous sommes bien d'accord qu'il y a un écart entre la procédure et son application. ».

Outre le fait qu'elle permette à l'auditeur de vérifier qu'il ne s'est pas trompé, une telle formulation rend la contestation quasi impossible.

3. **Qualification** – L'auditeur applique ensuite les critères de qualification, qui vont de la simple remarque ou observation à la non-conformité majeure.

Procédure d'embauche 3

Dans le cas présent, l'écart ne mettant pas en péril le fonctionnement du SMSI, la non-conformité sera probablement qualifiée de mineure.

4. **Commentaires de l'audité** – Dans la plupart des cas, l'audité n'a aucun commentaire à ajouter, car les auditeurs ne formulent des non-conformités que lorsqu'ils sont sûrs qu'elles sont recevables. Toutefois, certains organismes de certification obligent l'audité à se prononcer systématiquement sur tous les écarts, même pour ceux avec lesquels ils sont d'accord. Dans ce cas, ils se contentent d'écrire : « D'accord avec la non-conformité » ou « Rien à signaler ». Naturellement, l'audité a le droit d'argumenter s'il n'est pas d'accord avec l'auditeur. Ce commentaire sera lu, le moment venu, par le comité de certification, qui en tiendra compte si cela se justifie.

5. **Actions et délais** – L'audité doit systématiquement proposer des actions pour régler chaque non-conformité. L'auditeur n'est pas habilité à en proposer, car cela serait considéré comme du conseil. Le délai de mise en œuvre doit être alors suffisamment court pour que la correction se répercute sur le système de management dans les plus brefs délais. Mais il doit aussi être suffisamment long pour permettre à l'audité d'entreprendre ces actions dans de bonnes conditions. Pour certaines non-conformités, l'identification d'actions correctives peut prendre du temps. Dans ce cas, l'auditeur peut accorder un délai supplémentaire. En général, celui-ci est de deux semaines après la fin de l'audit. Toutefois, les organismes de certification font pression pour que les audités proposent, autant que possible, des solutions pendant la durée de l'audit.

Procédure d'embauche 4

L'action corrective consistera à demander à chaque employé de fournir un extrait de casier judiciaire. Un mois semble raisonnable pour réaliser cette action.

6. **Pertinence** – L'auditeur se prononce sur la pertinence des actions et du délai dès que l'audité en fait la proposition.

Toutes les étapes décrites précédemment se déroulent en temps réel, au cours de l'audit, en remplissant une fiche de non-conformité ou fiche d'écart. Ces fiches seront passées en revue lors de la réunion de clôture, où elles seront alors officiellement validées par l'auditeur et les audités. Une fois l'audit terminé, l'audité devra mettre en œuvre les actions convenues, dans les délais convenus. Dès l'audit suivant, les auditeurs vérifieront la bonne application des actions correctives et préventives. Ils pourront alors clôturer l'écart, si les actions ont été correctement réalisées.

Tableau 26-2

Exemple de fiche de non-conformité

FICHE NUMÉRO : 7		
AUDITEUR	**AUDITÉ**	**DATE**
Frollot Claude	Sorel Julien	25/10/2017
CONSTAT		

- La procédure interne de la société Turbogratte ISMS-ERT-34 V 1.2 « Contrôle d'accès physique » stipule dans le chapitre 4.3 que toute personne pénétrant en zone verte est tenue de porter un badge vert.
- L'auditeur a constaté que Monsieur Gringoire, présent en zone verte, ne portait pas de badge.

Statut : non-conformité mineure
Commentaire de l'audité : OK

ACTIONS CORRECTIVES

- Intégration du port du badge dans le programme de sensibilisation du SMSI.
- Mise en place d'un affichage à l'entrée de la zone verte en rappelant les consignes.
- Envoi d'une communication à tout le personnel pour lui rappeler les consignes en matière de contrôle d'accès.

Délai : l'action doit être finalisée le 25/11/17.

VÉRIFICATION

Vérification faite le 30/11/17 :
- Vu que le port du badge figure dans le programme de sensibilisation.
- Vu l'affichage en entrée de zone verte.
- Vu la circulaire rappelant les consignes en matière de contrôle d'accès.
- Vu que tout le personnel présent en zone verte portait le badge adéquat.

Conclusion : non-conformité clôturée

Il n'y a pas de convention particulière pour présenter les non-conformités. Certains organismes de certification proposent des fiches d'écart très détaillées, comportant des zones pour chaque étape. D'autres laissent plus de liberté à l'auditeur sur la formulation des écarts. Le tableau précédent présente une fiche d'écart simplifiée.

Procédure de contestation

Compte tenu des enjeux de la certification, il peut parfaitement arriver que l'audité conteste une non-conformité. Les organismes de certification sont tenus de prévoir une procédure d'appel. Voici la démarche la plus généralement constatée.

1. Lorsqu'un audité refuse une non-conformité, l'auditeur tente de clarifier la situation dans le but d'éviter toute escalade. Il commence par vérifier qu'il ne s'est pas trompé. Cela peut parfaitement arriver car, pendant l'audit, ce dernier doit assimiler un grand nombre de procédures en très peu de temps. Il explique donc à l'audité les raisons de l'écart ou de sa qualification, puis il présente les preuves qu'il confronte aux critères de l'audit.

2. Si l'audité lui démontre qu'il s'est trompé, l'auditeur reconnaît son erreur en retirant (ou requalifiant) l'écart. Dans le cas contraire, l'auditeur persiste.

3. Si, malgré les explications de l'auditeur, l'audité refuse toujours l'écart, ce dernier formule une remarque dans laquelle il motive les raisons de son désaccord.

4. Lorsque le rapport d'audit parvient au comité de certification, ce dernier étudie les arguments des deux parties. Dans l'écrasante majorité des cas, l'auditeur obtiendra gain de cause, pour peu qu'il ait suivi rigoureusement la démarche ISO 19011 (approche fondée sur la preuve, l'impartialité, etc.).

5. Si, à cette étape, l'audité persiste toujours dans son désaccord, il lui est possible de saisir la justice. Autant dire que cela n'arrive jamais, car personne ne gagne rien à atteindre ce niveau d'escalade : l'audité ne sera de toute manière pas certifié tant que la justice n'aura pas tranché, l'auditeur sera publiquement désavoué pour n'avoir pas su gérer l'escalade, et le procès aura une influence très négative sur l'image de marque de l'organisme de certification.

Chapitre 27

Se préparer à l'audit de certification

L'audit de certification est perçu comme un grand oral. En quelques jours, l'auditeur va évaluer le travail de plusieurs mois. Cette épreuve est souvent mal vécue par les audités, car ils découvrent la règle du jeu au moment même de l'audit. Alors qu'ils se croyaient parfaitement prêts, les représentants de l'entreprise se retrouvent déstabilisés par l'auditeur, lequel non seulement demande des pièces justificatives non prévues, mais s'étonne que tel ou tel processus n'existe pas. Dans de telles conditions, l'audit de certification se transforme rapidement en un véritable cauchemar.

Pourtant, la règle du jeu n'est pas un secret. Les auditeurs sont tenus de suivre au pied de la lettre la démarche de l'ISO 19011, et leurs critères d'audit sont tirés exclusivement de l'ISO 27001 et du règlement de certification. Comment se fait-il, alors, que l'audit soit si mal vécu ? La raison est sans doute qu'avoir un SMSI parfaitement prêt ne suffit pas. Il reste encore à préparer l'audit. Ce chapitre aborde les questions très concrètes qui permettront à l'audité de réussir cette épreuve.

Avant l'audit de certification

Si le SMSI est bien construit et si l'audité s'est bien préparé, il n'y a aucune raison de redouter l'audit. Dans tous les cas, voici les précautions à prendre avant l'arrivée des auditeurs.

Audit à blanc

L'audit « à blanc » est une sorte de répétition générale pour le responsable du SMSI ainsi que pour ses collaborateurs. Cela consiste à réaliser un audit dont le champ, les critères et la méthode sont exactement les mêmes que pour l'audit réel. Il est préférable que cet audit soit commandé à un cabinet indépendant, n'ayant pas participé à la construction du SMSI. Cela garantit un regard neuf sur le système. Par ailleurs, les auditeurs doivent être expérimentés en matière d'audit tierce partie. Il est intéressant de noter que les organismes de certification proposent souvent ce genre de prestation. Ils dépêchent chez le client une équipe d'auditeurs confirmés. Naturellement, l'organisme de certification sera tenu de dépêcher des auditeurs différents pour l'audit de certification. Ces organismes n'ont pas le monopole de ces prestations, puisque de nombreux cabinets d'audit et de conseil disposent de toutes les compétences pour proposer ce genre de service.

Les audits à blanc ont la réputation d'être plus stricts que les audits réels. Certes, les auditeurs utilisent la même démarche, le même champ et les mêmes critères, mais ils vont plus en profondeur dans l'échantillonnage et sont plus exigeants de manière générale. Le but clairement affiché est de faire en sorte que l'audit de certification soit moins difficile pour les audités.

Un audit à blanc identifiant des écarts majeurs dénote à coup sûr que le SMSI n'est pas encore prêt pour la certification. Il est alors très risqué de faire venir des auditeurs de certification tant que les écarts majeurs n'auront pas été corrigés. Attention, la réciproque n'est pas forcément vraie. Un audit à blanc ne relevant aucun écart majeur ne garantit pas le succès de l'audit réel. En effet, il est quasi certain que les auditeurs de certification demanderont des échantillons différents de ceux utilisés pour l'audit à blanc. Ils vérifieront plus en profondeur certains processus et attacheront plus d'importance à certains points qui n'avaient été que survolés lors de l'audit à blanc. Rien ne prouve qu'ils ne tomberont pas sur une non-conformité majeure.

Malgré ce risque, l'audit à blanc présente deux avantages indéniables : il offre à la fois une vue d'ensemble et un entraînement pour le jour J.

- **Vue d'ensemble :** même s'il ne garantit pas le succès final de l'audit de certification, l'audit à blanc donne une idée très claire du niveau de maturité du SMSI. Il permet donc de savoir si cela vaut la peine de commander l'audit réel.

- **Entraînement :** il permet de familiariser le responsable du SMSI et ses collaborateurs avec le déroulement concret de l'audit de certification. Au moment de l'audit réel, les personnes clés sauront déjà comment les choses vont se dérouler.

Dans tous les cas, les non-conformités (qu'elles soient majeures, mineures, ou qu'il s'agisse de simples remarques) doivent être corrigées avant de commencer l'audit de certification.

Informer

Les auditeurs de certification ne se contenteront pas de rencontrer le responsable du SMSI et ses proches collaborateurs. Ils demanderont à rencontrer des opérateurs, en fonction du processus qu'ils seront en train d'examiner. Par ailleurs, ils observeront l'activité du personnel pendant toute la durée de leur présence dans les locaux. Aussi est-il capital que tout le personnel « joue le jeu » de l'audit. Pour cela, le personnel doit comprendre les enjeux de cette épreuve. Il faut donc lui rappeler clairement ce que l'entreprise va gagner concrètement en cas de certification, et ce qu'elle risque de perdre en cas d'échec.

Jouer le jeu de l'audit signifie que les procédures doivent être appliquées comme spécifié dans la documentation. Cela implique aussi que les employés sachent que, pendant l'audit, le responsable du SMSI est susceptible de les solliciter à tout instant pour répondre à une question de l'auditeur. Enfin, l'auditeur est habilité à questionner toute personne impliquée dans le système de management, quel que soit le processus dans lequel elle est impliquée et son niveau hiérarchique.

En même temps qu'il mobilise le personnel, le responsable du SMSI doit dédramatiser l'audit. Il doit notamment rassurer le personnel, en rappelant à tous que l'auditeur de certification n'est pas là pour « coincer » qui que ce soit, mais qu'il cherche principalement à comprendre le processus en place et à s'assurer de sa conformité.

- **Comprendre** – Lorsqu'un auditeur de certification pose des questions, ce n'est pas pour mettre en difficulté la personne qu'il rencontre, c'est pour comprendre le processus dont il est question. C'est son objectif numéro un. Il est donc très important de répondre clairement à ses questions, sans chercher à cacher quoi que ce soit. Plus vite il aura compris, moins l'entretien durera longtemps.

- **Vérifier la conformité** – Le second objectif de l'auditeur de certification est de vérifier que la pratique qu'il constate correspond bien aux spécifications de la documentation. C'est pour cette raison qu'il demande souvent à observer les activités des opérateurs. Ce n'est pas pour évaluer l'opérateur, c'est pour vérifier que ce qu'il fait correspond bien à ce qui a été annoncé dans la documentation.

Il ne faut jamais oublier que l'auditeur tierce partie n'est pas là pour auditer des personnes, mais pour auditer des processus.

Un point systématiquement contrôlé est le processus de sensibilisation. Les auditeurs sélectionnent trois ou quatre personnes, soit d'après le registre du personnel, soit au hasard d'une rencontre dans les locaux de l'entreprise. Ils leur demandent si elles ont été sensibilisées à la sécurité et quels sont les points clés qu'elles ont retenus. Ils vérifient ensuite la cohérence des réponses par rapport au programme de sensibilisation. Le responsable de la sensibilisation se doit donc de rappeler à tout le personnel, avant l'audit, un certain nombre de points.

- **Les principes de base du SMSI :** il convient de rappeler les bases du SMSI, telles que le modèle *Plan, Do, Check, Act*, la notion d'amélioration continue, etc.

- **Les règles de base de la sécurité :** le processus de sensibilisation insiste certainement sur des points très concrets comme les mots de passe, le contrôle d'accès, la gestion des comptes, etc. Il est prudent de rappeler ces points au personnel.

- **Les priorités de l'entreprise :** la politique et les objectifs de sécurité rappellent les priorités de l'entreprise et traduisent ces dernières en termes de sécurité.

- **Le lieu où se trouve la politique de sécurité :** il est utile de rappeler au personnel (notamment les informaticiens) où se trouve la PSSI et de lui demander de les relire. En effet, les auditeurs posent souvent les questions suivantes : « Savez-vous où se trouve la politique de sécurité ? L'avez-vous lue ? Qu'en avez-vous retenu ? »

Ces rappels peuvent être faits par courriel, note de service ou tout autre moyen de communication interne. L'implication de la direction générale dans cette action montrera à tous qu'il ne s'agit pas d'un simple exercice de routine, mais d'un enjeu important.

Une dernière précaution à prendre consiste à informer l'ensemble du personnel des dates exactes de l'audit. Cela permettra d'éviter tout effet de surprise, même si l'auditeur demande à voir quelqu'un qui n'était pas initialement prévu dans le plan d'audit.

Préparer les documents

La documentation est un point central de l'audit. Il est donc indispensable d'être parfaitement prêt sur cette question.

Critères d'audit

Aussi étonnant que cela puisse paraître, certains audités subissent l'audit sans avoir de copie des critères à portée de main. Or, il est capital de disposer de ces documents pour vérifier le bien-fondé des constats de l'auditeur. Lorsque l'auditeur a tort, ce sont ces documents qui fournissent des arguments pour requalifier les non-conformités. Lorsqu'il a raison, la vérification des critères dissuade l'audité de se lancer dans d'inutiles escalades. Les documents à préparer sont les suivants :

- la norme ISO 27001:2013, c'est le critère d'audit par excellence dans un SMSI ;

- le règlement de certification, ou tout texte émanant de l'organisme de certification précisant les critères de qualification des non-conformités ;

- la norme ISO 27002, même si elle ne fait pas partie des critères, il peut toujours être utile de la consulter.

Documentation de base

Il faudra ensuite vérifier que les documents essentiels demandés par la norme sont prêts, à savoir :

- la description du contexte, des parties prenantes et de leurs attentes ;
- le périmètre du SMSI ;
- la description de la méthode d'appréciation des risques ;
- les objectifs de sécurité ;
- la politique de sécurité ;
- le plan de traitement des risques ;
- la déclaration d'applicabilité (DdA) ;
- la procédure décrivant la manière dont l'efficacité et la conformité des mesures sont évaluées.
- toutes les procédures en support du SMSI, c'est-à-dire toutes les procédures décrivant des activités satisfaisant les articles 4 à 10 de la norme.

Le responsable du SMSI vérifiera une dernière fois que ces documents existent, qu'ils sont accessibles et qu'ils sont numérotés, nommés et validés conformément à la procédure de gestion de la documentation.

Manuel sécurité

La norme ISO 9001 conduit généralement à créer un manuel qualité. C'est le premier document qu'un auditeur demande lors d'un audit de certification ISO 9001. Il contient toutes les informations de base du système de management de la qualité.

De la même façon, la plupart des responsables de SMSI ayant déjà été impliqués dans un système de management de la qualité préparent un document appelé « Manuel sécurité ». Il n'est spécifié nulle part ce qu'il doit contenir, mais l'expérience montre qu'il s'agit d'un document reprenant les éléments suivants :

- la description du contexte, des parties prenantes et de leurs attentes ;
- le périmètre du SMSI ;
- la politique de sécurité ;
- les objectifs de sécurité ;
- la description de la méthode d'appréciation des risques ;
- les critères d'acceptation des risques ;
- la déclaration d'applicabilité (DdA).

En fait, il s'agit d'une sorte de document « chapeau » reprenant les fondements du SMSI. Il permet à l'auditeur de se faire très rapidement une idée du système de management. Il peut donc être utile de construire un tel manuel pour le présenter au moment de la revue de documentation.

Précisons que l'absence de ce document n'aura aucune influence négative sur l'audit, puisqu'il ne fait pas partie des éléments exigés dans la norme.

Cahier de l'audité

Lors de l'audit de certification, l'auditeur balayera séquentiellement tous les articles de la norme, sans exception, depuis l'article 4 jusqu'à l'article 10. Par ailleurs, il inspectera toutes les mesures de sécurité sélectionnées dans la déclaration d'applicabilité. Pour chacun de ces points, il demandera la procédure correspondante et en vérifiera la bonne application en contrôlant les enregistrements.

Il n'y a quasi aucun suspense : l'audité connaît par avance toutes les questions qui lui seront posées. Il sait donc quels documents, politiques ou procédures il devra produire. Il sait aussi quels enregistrements prouveront ses propos. Le seul facteur de surprise réside dans l'échantillonnage que l'auditeur effectuera pour vérifier les enregistrements.

L'expérience montre qu'au moment de l'audit, et malgré l'absence d'effet de surprise, l'audité est souvent mal à l'aise pour trouver les documents et les enregistrements qui lui sont demandés. Ceci est dû au stress engendré par l'audit.

Exemple de procédure d'audit

Lorsque l'auditeur arrivera à l'article relatif au contrôle d'efficacité des mesures de sécurité, l'audité devra lui montrer la procédure décrivant comment est mesurée l'efficacité des mesures de sécurité. Ensuite, l'auditeur demandera qu'on lui montre un échantillon d'indicateurs prouvant que la procédure est bien appliquée.

Lorsque l'auditeur arrivera à l'article relatif à la gestion des documents, il demandera à voir la procédure de gestion des documents. L'audité devra la lui montrer. Ensuite, l'auditeur demandera à voir un échantillon de documents, pris au hasard, afin de vérifier que la procédure est bien suivie.

Tous les articles seront balayés de cette façon, depuis l'article 4.1 jusqu'à l'article 10.2, ainsi que toutes les mesures de sécurité sélectionnées dans la déclaration d'applicabilité.

Dans ces conditions, il peut être utile de créer un cahier de l'audité à destination du responsable du SMSI, rappelant, pour chaque point faisant l'objet de l'audit, le document à produire et identifiant les enregistrements qui prouvent la bonne application des procédures.

Concrètement, ce cahier peut prendre la forme d'un tableau composé de trois colonnes. La première reprend une à une toutes les clauses de la norme. La seconde donne la référence du document décrivant comment cette clause est appliquée. La troisième colonne identifie l'enregistrement à montrer pour prouver que les procédures relatives à cette clause se déroulent comme prévu. Ce document permet de répondre très rapidement et avec précision aux questions prévisibles de l'auditeur.

Le cahier de l'audité n'est pas demandé par la norme. Il est donc facultatif. Naturellement, ce document a vocation à n'être consulté que par le responsable du SMSI, afin de répondre aux questions de l'auditeur. À l'extrême limite, l'audité peut envisager de le montrer à l'auditeur pour faciliter son travail. Pourtant, cela n'est pas conseillé, car en règle générale, l'audité doit se contenter de répondre aux questions qui lui sont posées. Présenter un tel document peut encourager l'auditeur à poser des questions qu'il n'avait pas prévues initialement.

Prévoir les questions d'intendance

L'audit de certification dure très peu de temps et l'ordre du jour de chaque journée est toujours trop chargé. Cela est donc synonyme de journées intenses, durant lesquelles il s'agit de ne pas perdre de temps. Dans ces conditions, un rendez-vous manqué, un malentendu sur une réservation de salle de réunion ou tout autre problème d'organisation peuvent rendre l'audit très inconfortable. Il est donc important de ne pas négliger les questions d'intendance, aussi banales puissent-elles paraître.

- **Les badges :** certaines sociétés imposent des mesures de contrôle d'accès très strictes. Les visiteurs sont tenus d'annoncer leur visite plus d'une semaine à l'avance et doivent présenter une pièce d'identité avant de se voir attribuer un badge pour accéder aux locaux. Le responsable du SMSI doit donc faire le nécessaire pour que les badges des auditeurs soient prêts dès leur arrivée sur le site.

- **La réservation de salles :** pendant toute la durée de l'audit, l'auditeur aura besoin d'une salle de réunion pour s'entretenir avec le responsable du SMSI ou avec toute autre personne. La salle devra disposer d'une table spacieuse, afin que l'audité puisse bénéficier de toute la documentation du SMSI, de moyens de projection, de la connectivité réseau, etc. Pour sa part, l'auditeur aura besoin de poser, étudier, comparer de nombreux documents. Il lui faudra donc de la place. Enfin, il faudra par ailleurs penser à réserver une grande salle pour les réunions d'ouverture et de clôture.

- **La disponibilité de toutes les personnes concernées :** comme nous l'avons vu dans le chapitre précédent, à l'issue de la revue de documentation, l'auditeur prépare un plan d'audit dans lequel il indique les personnes qu'il souhaite rencontrer, à quelle date et à quelle heure. Le responsable du SMSI devra donc informer ces personnes, vérifier la disponibilité de chacun et, en cas d'empêchement, proposer des dates alternatives.

- **Les repas :** comme les journées seront à coup sûr très chargées, il n'y aura pas de temps pour de longs déjeuners. L'idéal sera de déjeuner rapidement au restaurant d'entreprise, en dehors des heures de pointe. Le responsable du SMSI se chargera de se procurer à l'avance tous les tickets ou badges nécessaires à l'accès au restaurant. À défaut de restaurant d'entreprise, un établissement proche, simple et rapide fera parfaitement l'affaire.

- **Les autres réservations :** la réservation des vols, les locations de voiture et la réservation des hôtels reviennent généralement à l'auditeur. Cependant, toutes ces dépenses étant refacturées à l'audité, ce dernier peut s'occuper directement de ces questions ou, tout au moins, lui faire profiter de tarifs préférentiels.

- **Les activités sociales :** dans certains pays (notamment dans les pays anglo-saxons), il est de tradition que l'audité organise, un soir, un événement social. On appelle ça un *social event*. Cela consiste généralement à inviter les auditeurs à une activité sportive, culinaire ou de divertissement, exceptionnellement culturelle. En France, l'activité sociale se limite généralement à un bon restaurant, en début d'audit. Attention, en vertu des principes d'indépendance et de déontologie, les auditeurs refuseront toute activité sociale dont le coût serait disproportionné par rapport aux usages locaux.

Pendant l'audit

Revue de documentation

La revue de documentation (on dit aussi « audit étape 1 ») se fait toujours, au moins en partie, chez l'audité. L'auditeur doit donc se déplacer sur site. En effet, comme il s'agit de consulter des documents sensibles, avec un degré de confidentialité potentiellement élevé, il est nécessaire que les auditeurs les consultent sur place.

Dans la pratique, la revue de documentation dure une demi-journée à une journée, en fonction de l'importance du SMSI. À l'ordre du jour, quatre grandes étapes.

1. **Un tour de table** – Il s'agit de la première rencontre entre auditeurs et audités. Le responsable du SMSI, qui sera l'interlocuteur principal de l'auditeur, assiste à cette réunion. Il peut inviter tout collaborateur dont la présence lui paraît pertinente, mais en général, cette réunion se fait en petit comité. De l'autre côté, on trouve le responsable de l'équipe d'audit, éventuellement accompagné des membres de son équipe.

2. **Une présentation commerciale** – C'est l'occasion pour le responsable du SMSI de présenter l'entreprise. Cela permet à l'auditeur de se faire une idée claire des principales activités, services et clients de l'entreprise qui le reçoit.

3. **Une visite du site** – Les auditeurs ont besoin de voir concrètement comment sont agencés les locaux de l'entreprise à auditer. Cela leur permet de préparer le plan d'audit. Cette visite est particulièrement importante dans les sociétés industrielles, composées de plusieurs ateliers répartis sur plusieurs bâtiments, avec des règles d'accès très strictes. Mais elle se justifie dans tous les cas, même pour une simple PME implantée dans un immeuble de bureaux ordinaire.

4. **Une revue de la documentation** – Le but de cette revue consiste à vérifier que la documentation existe et qu'elle est globalement conforme aux exigences de la norme. Les points contrôlés dans la revue ont déjà été détaillés dans le chapitre précédent.

Au vu de cet ordre du jour, nous voyons que la revue de la documentation est, en réalité, l'occasion de faire une réunion de lancement.

> **Vocabulaire : réunion de lancement vs réunion d'ouverture**
>
> Rappelons qu'il ne faut pas confondre « réunion de lancement » avec « réunion d'ouverture ». La première sert à régler les questions pratiques en vue de procéder à l'audit. Elle n'est pas imposée par l'ISO 19011. La seconde est une courte rencontre, purement formelle, au cours de laquelle l'audit est ouvert officiellement. Cette réunion est imposée par l'ISO 19011.

Si, en étudiant la documentation, l'auditeur perçoit que le SMSI n'est pas encore prêt, il est encore temps de repousser l'audit de quelques semaines. En fait, la revue de la documentation peut être considérée comme la dernière étape permettant de donner le feu vert à l'audit de certification.

Les éléments obtenus lors de cette revue permettent à l'auditeur d'élaborer dans les jours qui suivent un plan d'audit, qu'il enverra à son interlocuteur. Le responsable du SMSI le validera, en lui retournant un exemplaire dûment signé.

Réunion d'ouverture

La réunion d'ouverture est le véritable coup de départ de l'audit. Généralement, elle a lieu deux ou trois semaines après la revue de la documentation. C'est une formalité au sens strict du terme, c'est-à-dire qu'elle marque l'ouverture officielle de l'audit. Elle représente l'ultime occasion de confirmer l'objectif de l'audit, son champ et les critères qui seront appliqués. On y abordera les questions pratiques, tout en réglant les problèmes de dernière minute.

Les points traités lors de cette réunion ont déjà été abordés dans le chapitre précédent.

Il convient que tous les responsables impliqués dans le SMSI assistent à cette réunion, qui ne dure pas plus d'une demi-heure.

Activités d'audit

Les activités d'audit commencent immédiatement après la réunion d'ouverture.

Obtention de l'information

L'auditeur passe l'essentiel de son temps à étudier la documentation, à s'entretenir avec les personnes impliquées dans le SMSI et à observer les activités.

- **Les entretiens** – Pour chaque point à contrôler, l'auditeur s'entretient avec le responsable du processus en question. Il se fait expliquer les procédures et pose les questions qui lui semblent pertinentes. Pour compléter cet entretien, il peut demander à rencontrer un opérateur, afin d'obtenir des informations complémentaires et les recouper avec les précédentes.

Exemple : procédure d'admission des visiteurs

Au moment d'auditer la procédure d'admission des visiteurs, l'auditeur demandera à rencontrer le responsable des services généraux, chargé des questions de sûreté.

Ce dernier lui expliquera que tout visiteur est tenu d'annoncer sa visite une semaine à l'avance. Ceci permet de vérifier que la visite est bien attendue. Un badge personnalisé est préparé. Lorsque le visiteur se présente dans les locaux, l'agent de sécurité lui fournit un badge en échange d'une pièce d'identité, qui ne lui sera restituée qu'à sa sortie, contre restitution du badge.

- **L'étude de la documentation** – Une fois que le processus lui a été expliqué, l'auditeur étudie les procédures respectives. Il demande aussi à consulter des enregistrements, choisis au hasard. Ces derniers prouveront (ou non) que les procédures sont effectuées comme convenu.

Exemple : procédure d'admission des visiteurs

Une fois que l'auditeur aura rencontré le responsable des services généraux, il consultera la procédure d'admission des visiteurs et vérifiera que ce qui est écrit correspond à ce qui vient de lui être expliqué.

- **L'observation des activités** – Pour compléter sa connaissance, l'auditeur demande qu'on lui démontre la réalité des processus qu'il est en train d'auditer. Il peut également observer toute activité se déroulant autour de lui.

Exemple : procédure d'admission des visiteurs

L'auditeur pourra se rendre au PC sécurité pour consulter la liste des visiteurs du jour et vérifier que tous les visiteurs ont bien fourni une pièce d'identité. Il en profitera pour s'entretenir avec l'agent de sécurité qui lui expliquera sur place comment il procède.

Recoupements et mise en perspective

Une fois obtenues toutes ces informations, l'auditeur les recoupe pour constater la conformité, ou l'écart, par rapport aux critères d'audit. Ces constats seront mis en perspective les uns par rapport aux autres, ce qui permettra de les qualifier plus ou moins sévèrement, en fonction du contexte.

> **Exemple : procédure d'admission des visiteurs**
>
> Si, lors de sa visite au PC sécurité, l'auditeur constate que certains visiteurs ont eu un badge sans pour autant déposer de pièce d'identité, cela constitue une non-conformité par rapport à la procédure d'admission des visiteurs. La qualification de cette non-conformité (mineure, majeure ou autre) dépendra du contexte. Les locaux dans lesquels l'écart a été constaté sont-ils jugés sensibles dans l'appréciation des risques ? S'agit-il d'une non-conformité ponctuelle ne concernant qu'un seul visiteur ou d'un écart plus systématique concernant tous les visiteurs ? Cet écart met-il en question le bon fonctionnement du SMSI ? C'est la mise en perspective de cette non-conformité par rapport à ces questions qui permettra de la qualifier.

Débriefing du soir

À la fin de la journée, lorsque les points à l'ordre du jour ont tous été traités, auditeur et audité se réunissent de façon informelle pour faire le point. C'est un moment très important, au cours duquel l'auditeur présente les constats de la journée.

- **L'état d'avancement :** l'auditeur récapitule les actions de la journée et les compare à ce qui était prévu dans la planification. Cela permet de voir si l'audit se déroule dans les temps, s'il prend de l'avance ou du retard. En cas de besoin, il sera toujours possible d'ajuster l'emploi du temps pour le lendemain.

- **La restitution des constats :** l'auditeur s'attarde surtout sur les constats de non-conformité. Il les expose à l'audité pour vérifier qu'il a bien compris la situation. Cela évitera tout malentendu. En cas d'erreur de la part de l'auditeur, l'audité lui expliquera ce qu'il n'a pas compris. À la fin de ce débriefing, la situation doit être parfaitement claire et les deux parties d'accord sur les constats.

- **Une discussion sur la qualification :** les constats conduisent généralement à une qualification en non-conformités mineures ou majeures. Compte tenu des conséquences des écarts sur l'issue de l'audit (notamment pour les non-conformités majeures), il ne faut pas hésiter à discuter avec l'auditeur pour lui faire requalifier à la baisse ses constats. Naturellement, cela ne doit être fait que dans les cas où l'audité pense sincèrement que l'écart est surqualifié. Une contestation systématique de la qualification des écarts sera très mal perçue par l'auditeur.

- **Les contingences :** le plan d'audit élaboré à l'issue de la revue de documentation est une trame qui doit être suivie du mieux possible. Cependant, il survient presque toujours des événements imprévus (incident d'exploitation mobilisant le personnel, indisponibilité imprévue d'une personne à rencontrer, etc.), obligeant à modifier le déroulement de l'audit et à s'adapter à la situation.

En tout état de cause, il ne faut jamais attendre la fin de l'audit pour contester tel ou tel constat. Les débriefings systématiques de fin de journée sont prévus à cet effet.

Réunion de clôture

De même que la réunion d'ouverture représente l'ouverture officielle de l'audit, la réunion de clôture en est la fermeture officielle. C'est un moment très important. Il convient que tous les responsables impliqués dans le SMSI y assistent afin de valider les points qui seront abordés.

Comme précisé dans le chapitre précédent, cette réunion a pour fonction de récapituler toutes les remarques et non-conformités constatées par les auditeurs, de valider les qualifications de ces non-conformités (écarts majeurs, écarts mineurs, etc.) et de convenir de mesures correctives et préventives, ainsi que des délais de mise en œuvre.

Dans la pratique, cette réunion peut ne durer qu'une demi-heure, si tout le monde est d'accord avec les constats des auditeurs. C'est le cas lorsque les deux parties ont procédé régulièrement et sérieusement à la réunion de débriefing qui a eu lieu tous les soirs, sans esquiver les questions sensibles. Cependant, dans la plupart des cas, la réunion s'éternise à l'initiative de l'audité, qui discute des écarts avec lesquels il n'est pas d'accord. Effectivement, la réunion de clôture est la toute dernière occasion pour l'audité de faire requalifier des écarts.

Attention, lorsqu'un différend existe entre le point de vue de l'auditeur et celui des audités, il est très important d'éviter toute escalade verbale. Or, l'enjeu est tel pour l'audité que la pression peut monter très vite et créer des tensions qu'il vaut mieux pourtant proscrire.

À l'issue de cette réunion, l'auditeur annonce la conclusion de l'audit. Deux cas sont possibles :

- **s'il n'y a pas eu de non-conformité majeure,** l'auditeur recommande le SMSI à la certification ISO 27001 ;
- **en présence d'une (ou plusieurs) non-conformité(s) majeure(s),** il ne recommandera pas le SMSI à la certification ISO 27001 tant que des non-conformités majeures persisteront. Cela oblige l'audité à entreprendre rapidement des actions correctives et préventives, et à commander un audit complémentaire afin de faire constater que tout a été corrigé.

> **Rappel**
>
> Certains organismes de certification, plus sévères que les autres, considèrent que la présence d'au moins cinq non-conformités mineures est aussi grave qu'une non-conformité majeure.

Après l'audit

Considérons que l'audit initial s'est conclu par l'obtention du certificat ISO 27001. Faut-il pour autant se démobiliser ? Non, bien entendu. Comme nous l'avons vu dans un chapitre précédent, le certificat est valide trois ans, mais peut être suspendu à l'occasion de n'importe quel audit de surveillance. Il est donc capital de maintenir un niveau élevé de mobilisation dans l'entreprise. Les auditeurs devant revenir pour un audit de surveillance dans six mois ou un an (selon les organismes de certification), il faut :

- **mettre en œuvre les actions convenues :** il est impensable qu'un audit ne mette pas en évidence une seule non-conformité ou remarque. Des actions correctives et préventives seront donc systématiquement demandées par les auditeurs, et devront être effectuées dans les délais convenus ;

- **faire vivre le SMSI :** lors d'un audit de certification initial, le SMSI est encore très jeune. Certains processus sont donc partiellement matures. Ces processus n'ont donc pas encore eu le temps de produire un nombre important d'enregistrements. Lors de l'audit suivant, il est courant que les auditeurs se focalisent sur ces processus pour vérifier qu'ils ont bien été exploités depuis l'audit initial. Il est donc très important de faire vivre le SMSI afin qu'il produise tous les enregistrements prévus dans la documentation ;

- **contrôler le SMSI :** les processus de la phase *Check* (indicateurs, audits internes et revues) doivent être exploités rigoureusement, car ils garantissent la conformité du système ;

- **améliorer le SMSI :** enfin, n'oublions pas que l'un des objectifs majeurs d'un système de management est l'amélioration continue. Cette propriété ne peut être vérifiée pleinement dès le premier audit, mais elle le sera à partir du second. L'auditeur est alors en droit de demander : « Qu'avez-vous fait cette année pour améliorer le SMSI ? » Il convient que le processus de revue identifie clairement des actions d'amélioration et que ces dernières soient effectivement appliquées.

Cette mobilisation constante assure une conformité pérenne du SMSI par rapport à l'ISO 27001. Cette conformité garantit l'amélioration continue, qui entraîne à son tour une amélioration progressive et durable du niveau effectif de sécurité. En fin de compte, c'est grâce à ce mécanisme que les parties prenantes feront confiance à l'organisme certifié.

Quelques conseils

Cette section expose toutes les difficultés qui se présentent systématiquement au cours des audits tierce partie et qui, pourtant, pourraient facilement être évitées.

Facteurs anxiogènes pour l'audité

De par sa nature, l'audit de certification se révèle difficile à vivre pour l'audité. Pourtant, si on analyse chaque facteur anxiogène, on s'aperçoit qu'il n'y a aucune raison d'être particulièrement tendu.

- **La méfiance apparente de l'auditeur** – Au cours de la journée, l'auditeur est amené à poser plusieurs centaines de questions. À chaque réponse de l'audité, l'auditeur lui demande de fournir la preuve de ce qu'il avance. C'est en général par les enregistrements que l'audité prouvera que ce qu'il dit est correct. Cette demande systématique de preuve peut laisser entendre que l'auditeur ne fait aucune confiance à l'audité, entraînant généralement un certain malaise chez ce dernier. Il faut alors comprendre que l'auditeur ne fait qu'appliquer la norme ISO 19011, qui l'oblige à se baser exclusivement sur des preuves pour en tirer des constats. Une action de communication envers les personnes qui auront à rencontrer les auditeurs permettra d'éviter ce phénomène.

> **Exemple**
>
> Conscients de cette situation, les auditeurs expérimentés commencent généralement les entretiens en prévenant leur interlocuteur : « Humainement je vous fais confiance, mais la démarche d'audit que je suis tenu de suivre m'obligera à vous demander systématiquement une preuve de ce que vous avancez. Je vous prie par avance de ne pas vous formaliser et de m'excuser pour cette attitude. Il ne s'agit pas de méfiance, mais uniquement de l'application de la démarche d'audit. »

- **La peur de ne pas trouver un document demandé** – Lors de l'audit de certification, le responsable du SMSI doit produire en temps réel tous les documents qui lui sont demandés et rechercher tous les enregistrements nécessaires à prouver le bon fonctionnement des processus. Il arrive souvent que le stress l'empêche de trouver rapidement ces éléments, alors qu'à l'ordinaire, il les trouve sans aucune difficulté. La solution à ce problème consiste à élaborer un cahier de l'audité. Celui-ci contient 80 % des références qui seront demandées par l'auditeur.

- **La peur de l'écart** – Le responsable du SMSI a passé plusieurs mois à construire le système de management. Il est souvent bénéficiaire d'une prime si l'audit s'achève sur un succès. Dans tous les cas, il est soumis à une forte pression de la part de la direction générale, qui accepterait très mal un échec dans le processus de certification. Dans ces conditions, le responsable du SMSI a, pendant toute la durée de l'audit, une peur panique de se faire notifier une non-conformité. Pourtant, il faut être conscient qu'il est rarissime qu'un audit ne relève aucun écart. En soi, la non-conformité n'est pas un mal, mais l'un des éléments du SMSI contribuant à l'amélioration continue, puisque tout écart implique des actions correctives et préventives. Seule une non-conformité majeure ou un trop grand nombre de non-conformités mineures peuvent compromettre la certification. Et même dans ce cas, la certification n'est pas définitivement perdue, mais seulement retardée, le temps de corriger les écarts. La non-conformité majeure doit donc être considérée comme un contretemps, et non comme un échec.

Éléments susceptibles d'indisposer l'auditeur

Nous avons vu que les règles de l'audit sont très strictes. L'approche fondée sur la preuve imposée par l'ISO 19011 interdit tout traitement de faveur et, simultanément, elle protège l'audité contre tout abus de la part de l'auditeur. Il est donc inutile de chercher à être excessivement révérencieux à son endroit, car cela n'influencera aucunement les conclusions de l'audit. En revanche, il vaut mieux éviter d'indisposer l'auditeur. Il conviendra par conséquent de faire attention à quelques éléments importants.

- **Éviter les documents verbeux et manquant de clarté** – L'auditeur a très peu de temps pour comprendre un très grand nombre de procédures. Aussi est-il très vite agacé par les documents verbeux, composés de longs paragraphes préliminaires et comportant des déclarations longues et sans intérêt. Il faut préférer des procédures simples, avec des phrases concises et claires. Ce n'est pas le volume qui fait la qualité de la documentation, mais sa clarté et sa conformité avec les pratiques de l'entreprise.

- **Oublier les excès d'explications** – Certaines personnes ont tendance à digresser par rapport au sujet dont il est question. D'autres ont une propension à fournir une surabondance de détails, souvent inutiles. Ces deux défauts agacent les auditeurs, car cela leur fait perdre un temps précieux sans pour autant leur apporter les réponses qu'ils cherchent. Par ailleurs, l'auditeur peut être amené à penser que cette surabondance d'informations a pour but de masquer des non-conformités.

- **Abandonner l'esprit de chicane** – S'il est parfaitement légitime que l'audité discute des non-conformités lorsqu'il pense sincèrement que l'auditeur s'est trompé, ce dernier sera intraitable s'il perçoit chez l'audité une contestation systématique. Il peut alors parfaitement devenir très pointilleux dans ses observations et, surtout, dans l'échantillonnage. Normalement, pour vérifier la conformité des processus par rapport aux spécifications, les auditeurs se contentent d'échantillons composés de deux ou trois enregistrements. À l'inverse, s'ils sentent un climat de défiance à leur égard, ils peuvent très bien exiger davantage d'échantillons, augmentant ainsi les chances de trouver des écarts. Dans ces conditions, l'audit peut se transformer très vite en un véritable cauchemar pour l'audité.

- **S'abstenir de jouer à cache-cache** – L'auditeur ne doit pas avoir l'impression qu'on lui cache des choses. Aussi, lorsqu'il demande des informations, il est important de les lui fournir dans les meilleurs délais. Si une information n'est pas disponible, il est préférable de dire « je n'ai pas l'information », plutôt que de lui cacher la vérité.

Erreurs à éviter

Les points suivants font plus qu'indisposer l'auditeur. Ils sont susceptibles de compromettre sérieusement la certification.

- **Mentir** – La norme ISO 19011 impose à l'auditeur une démarche transparente et loyale. Ce dernier est en droit d'attendre la même loyauté à son égard. S'il constate qu'on lui ment sur certains points, cela ne l'empêchera pas d'identifier les écarts, et il n'en sera que plus méfiant. Il est toujours possible de mentir sur un point du SMSI. On peut toujours construire de faux enregistrements pour faire croire à l'auditeur qu'un processus fonctionne alors que ce n'est pas le cas. En revanche, il est impossible de mentir sur l'ensemble du SMSI. Les fausses preuves ne résisteront pas longtemps aux recoupements systématiques et rigoureux de l'auditeur.

- **En dire trop** – L'audité se doit d'être laconique, c'est-à-dire de ne fournir que les informations qui lui ont été demandées par l'auditeur. Les réponses doivent être claires et précises. Malheureusement, nombreux sont ceux qui, pour faire bonne impression, en disent beaucoup plus que ce qui leur est demandé. En règle générale, plus on en dit, plus on donne d'occasions à l'auditeur d'identifier des écarts.

Rangement des dossiers

Lors d'un entretien avec un agent de gestion des contentieux, l'auditeur demande : « Où rangez-vous les dossiers une fois que vous les avez traités ? » L'audité répond : « Je les range dans ce coffre-fort, mais avant, je les photocopie et je range les photocopies dans le tiroir de mon bureau. »

L'audité aurait pu se contenter de dire qu'il rangeait les dossiers dans le coffre-fort. Il aurait répondu à la question sans mentir pour autant. Le fait de dire qu'il photocopie les dossiers risque de susciter de nouvelles questions de la part de l'auditeur. Certes, le fait de les photocopier ne pose peut-être aucun problème de sécurité et est peut-être formalisé dans une procédure, mais si ce n'est pas le cas, c'est une source d'écart. Si l'audité n'en avait pas parlé, l'auditeur ne s'en serait pas rendu compte.

- **Refuser un écart alors qu'il est évident que l'auditeur à raison** – Il ne faut jamais discuter un écart lorsque celui-ci est incontestable. Cela ne changera rien aux conclusions et, en cas d'escalade, le comité de certification tranchera en faveur de l'auditeur.

- **Se laisser prendre par la fatigue et l'agacement** – Les journées d'audit sont longues, intenses et fastidieuses. Il arrive qu'en fin de journée, auditeur et audité se laissent surprendre par des gestes d'agacement. Cela est dû à la fatigue. Lorsque l'un des interlocuteurs montre des signes de fatigue, il ne faut surtout pas hésiter à faire des pauses.

- **Attendre le dernier moment pour régler les différends** – L'audit de certification est une prestation de courte durée. Aussi, lorsque l'audité estime que des écarts n'ont pas lieu d'être ou que leur qualification est excessive, il ne doit pas attendre la réunion de clôture pour en discuter. Il faut impérativement profiter des réunions de débriefing du soir pour régler les divergences. L'auditeur pourra ainsi procéder le lendemain à des vérifications complémentaires. Cela devient impossible si les discussions se font au tout dernier moment de l'audit.

Points sur lesquels il faut rester ferme

Nous avons insisté jusqu'ici sur les questions pour lesquelles l'audité doit s'adapter à l'auditeur, et sur les points où il convient d'être conciliant avec lui. Cela ne veut pas dire pour autant que l'auditeur a tous les droits. La fermeté s'imposera dans certains cas.

- Écart ou remarque hors du champ et des critères d'audit – L'auditeur est tenu de rester ciblé sur le champ et les critères de l'audit. Tout constat formulé en dehors de ce cadre peut être refusé de plein droit par l'audité. En cas d'escalade, il obtiendra automatiquement gain de cause.

> **Exemple : port de protections auditives**
>
> Lors d'un audit de certification ISO 27001, l'auditeur pénètre dans un atelier à l'entrée duquel le message suivant est affiché : «Au-delà de cette limite, le port d'une protection auditive est obligatoire». Il constate que personne ne lui en propose et que plusieurs employés travaillent sans la moindre protection auditive. Il estime qu'il y a un écart entre la procédure et la pratique.
>
> L'audité a parfaitement le droit de refuser cette non-conformité, car elle est en dehors du champ d'audit. Certes il y a bien un écart, mais il n'entre pas dans le cadre de la certification ISO 27001.
>
> L'auditeur pourra, tout au plus, signaler ce constat, tout en précisant que ce point sort du champ d'audit et qu'en conséquence, cela n'influence nullement les conclusions de l'audit.

- **Confusion des genres** – Il ne faut pas oublier qu'en dehors de l'audit de certification qu'il est en train de réaliser, l'auditeur est très certainement un consultant. Aussi, même s'ils sont très bien préparés par les organismes de certification, il arrive souvent que les auditeurs nouveaux dans l'exercice de la certification confondent un peu les genres. Cela se traduit concrètement par des écarts injustifiés, fondés non pas sur l'approche ISO 19011, mais sur leur expérience de consultant.

Amélioration des règles du pare-feu

Un auditeur tierce partie formulant une fiche d'écart parce qu'il constate que les règles du pare-feu peuvent être améliorées dépasse ses attributions. Il raisonne en consultant et non en auditeur tierce partie.

Dans le cadre d'une certification, l'auditeur doit se contenter de vérifier que :

— l'audité dit ce qu'il va faire (phase *Plan*), qu'il fait ce qu'il a dit (phase *Do*), qu'il contrôle régulièrement les règles du pare-feu (phase *Check*) et qu'il entreprend régulièrement des actions correctives, si nécessaire (phase *Act*) ;

— l'ensemble de la procédure répond aux exigences de la norme ISO 27001.

- **Constat de non-conformité non justifié** – S'il ne faut surtout pas contester un écart bien compris, bien formulé et argumenté par l'auditeur, il ne faut, en revanche, pas hésiter à refuser toute non-conformité au sujet de laquelle on n'est pas d'accord. Un effort d'explication sera certainement nécessaire pour faire comprendre à l'auditeur en quoi il n'y a pas d'écart. S'il est de bonne foi, il reconnaîtra son erreur sans aucun état d'âme et poursuivra l'audit.

Chapitre 28

La vraie valeur de la certification

Depuis le début de cet ouvrage et jusqu'à présent, nous nous sommes placés exclusivement du point de vue de la personne chargée de mettre en œuvre le SMSI. Nous avons abordé les aspects très concrets du projet de mise en place du SMSI, puis tous les détails théoriques et pratiques de l'audit de certification.

Changeons maintenant de côté et mettons-nous à la place du client (ou de toute autre partie prenante). N'oublions pas que nous avons vu dans le premier chapitre de cet ouvrage que les systèmes de management sont mis en place à cause des parties prenantes, pour les parties prenantes. C'est donc bien à l'attention du client que le SMSI a été construit. N'est-il pas légitime, alors, que ce client se demande quelle est la valeur réelle de la certification ISO 27001 et comment la vérifier concrètement ? Ce chapitre a pour but de répondre à ces deux questions.

Quelle est la valeur réelle de la certification ?

En principe, un certificat obtenu par une société, dans un pays, via un organisme de certification, a exactement la même valeur qu'un certificat obtenu par une autre société, dans un autre pays, via un autre organisme de certification. Tous deux garantissent que l'entreprise certifiée a mis en place un SMSI conforme à la norme ISO 27001.

La certification signifie que celui qui en bénéficie a de bonnes pratiques en matière de sécurité, et c'est cette assurance qui fournit de la confiance envers les parties prenantes. Car oui, la certification fournit de la confiance, c'est son but premier.

Toutefois, un client est-il tenu de faire aveuglément confiance à la certification ? N'est-il pas en droit de douter de la valeur du certificat qui lui est présenté par son fournisseur ?

Cette question est à la fois absurde et parfaitement pertinente.

Absurdité de la question

En principe, cette question est absurde, compte tenu de ce qui a été développé dans la troisième partie de cet ouvrage. En effet, les exigences de l'ISO 27001 sont les mêmes pour toutes les entreprises qui veulent mettre en œuvre un SMSI.

Par ailleurs, pour avoir le droit de délivrer des certificats, les organismes de certification sont tenus de respecter des règles très sévères, spécifiées notamment dans la norme ISO 27006, et sont régulièrement contrôlés par les organismes d'accréditation.

Enfin, les auditeurs travaillant pour les certificateurs sont tenus de respecter la norme ISO 19011 leur imposant une démarche rigoureuse, systématique et fondée sur la preuve. Ce système, contrôlant tout à toutes les étapes, garantit la valeur du certificat. De cette façon, le certificat aura toujours la même valeur, et ce quels que soient l'entreprise auditée, l'organisme certificateur et l'auditeur.

Pertinence de la question

Malgré ce qui vient d'être exposé, il est parfaitement légitime pour un client de s'interroger sur la véritable valeur du certificat de son fournisseur.

Après tout, chaque cas est particulier : les entreprises implémentant des SMSI sont très diverses, les organismes de certification sont nombreux et de tailles très variables, tandis que les auditeurs proviennent d'horizons multiples. L'implémenteur n'a-t-il pas une marge de manœuvre dans l'interprétation de la norme ? Les organismes de certification ont-ils une certaine latitude dans l'application de leurs procédures ? Le parcours individuel de chaque auditeur ne l'influence-t-il pas dans le déroulement de l'audit ? Toutes ces questions sont autant d'occasions de divergence d'un certificat à l'autre. Aussi, malgré cette structure de contrôle très contraignante, comment peut-on raisonnablement penser que deux certificats différents valent la même chose ?

Il est donc parfaitement justifié de se poser la question de la valeur réelle du certificat.

Les différents profils de certifications

En principe, tous les certificats fournissent la même confiance en matière de sécurité. Dans les faits, chaque SMSI est particulier, car si tous les certificats se ressemblent, ils cachent des SMSI de natures bien différentes. Le client averti d'un organisme certifié ISO 27001 se doit de savoir distinguer ces nuances.

Est-il possible de classifier les SMSI certifiés ? Théoriquement, on peut identifier trois cas de figure.

Cas n°1 : les sociétés cherchant la conformité avant tout

Il s'agit de sociétés dont la motivation première est la certification. Suite à une étude de marché ou à une contrainte réglementaire forte, elles décident de se faire certifier.

Ces sociétés mettent en place le SMSI, développent un ensemble de documentations et adaptent a minima leurs procédures relatives à la sécurité. Généralement, ces sociétés ne disposaient auparavant que d'un corpus réduit de mesures de sécurité (tant techniques qu'organisationnelles). Elles gèrent leur sécurité de façon réactive (et non projective), sans compétence particulière dans le domaine.

Leur motivation n'est clairement pas de mettre en place de bonnes pratiques ou d'améliorer le niveau réel de sécurité, mais bien de « décrocher » la certification en dépensant le moins d'énergie possible. Le SMSI n'est qu'un projet comme un autre, sans aucun objectif opérationnel, exclusivement destiné à obtenir puis à maintenir la certification.

Aussi étonnant que cela puisse paraître, il est possible de se faire certifier en ne pratiquant qu'un minimum de sécurité. Pour cela, il suffit de se tenir à une lecture strictement conformiste de la norme, sans avoir le but d'améliorer réellement le niveau de sécurité. Comme ces sociétés se tiennent stricto sensu aux termes de la norme, elles réussissent l'audit et obtiennent donc leur certificat.

Attention, il ne s'agit pas ici de dénoncer des certifications de complaisance. Les audits ont lieu dans les règles de l'art, en suivant les démarches ISO 19011, et les procédures appliquées sont bien conformes aux normes ISO 17021 et ISO 27006. Le SMSI est simplement minimaliste et basé sur une interprétation paresseuse de la norme. Autant dire qu'un tel SMSI n'apporte quasi aucune garantie en matière de sécurité.

Cas n°2 : les sociétés maîtrisant déjà la sécurité

L'expérience montre que les sociétés ayant depuis longtemps de bonnes pratiques en matière de sécurité implémentent les meilleurs SMSI. Au moment de la certification, les auditeurs découvrent des mesures de sécurité bien calibrées, correctement exploitées, maîtrisées et générant depuis longtemps les enregistrements appropriés.

Certes, la motivation de mettre en place un SMSI vise toujours à obtenir la certification, mais ce projet est considéré comme l'occasion idéale de coordonner et de rationaliser les bonnes pratiques déjà existantes.

Cas n°3 : les sociétés découvrant la sécurité avec l'ISO 27001

Comme la norme ISO 27001 oblige à structurer, coordonner et exploiter correctement les mesures de sécurité, on peut raisonnablement penser que l'implémentation d'un SMSI est une occasion idéale pour implanter la sécurité dans les organismes qui en étaient éloignés jusqu'alors. D'une certaine façon, la norme permettrait de faire découvrir la sécurité.

Les organismes se faisant certifier rien que pour intégrer la sécurité dans les mœurs sont rares. Pour être plus précis, ils sont nombreux, mais ils ont très peu de visibilité médiatique, car s'ils implémentent bien un SMSI, ils ne vont pas forcément jusqu'à la certification. Leur motivation n'est pas la récompense de la certification, ni sa publicité, mais bien l'installation durable et ordonnée de la sécurité.

Les SMSI de ce type sont souvent créés sous l'impulsion de RSSI (responsables de la sécurité des systèmes d'information) peu expérimentés dans la fonction, ne sachant comment s'y prendre pour structurer la sécurité. La norme leur donne le cadre dont ils ont besoin. En utilisant l'ISO 27001, ils ont peu de chances de se tromper.

Les questions à se poser

Quels sont les points que le client doit vérifier pour s'assurer que la certification qu'on lui montre à une réelle valeur pour lui ?

Le périmètre de la certification

Le périmètre est de loin le point le plus important à étudier. Son étude attentive est capitale.

Le périmètre peut être flou, inadéquat, trop ambitieux ou trop restreint.

Périmètre flou

La première chose à faire est de prendre connaissance du certificat. Très concrètement, le certificat ISO 27001 se présente sous la forme d'un diplôme, avec le logo de l'organisme certificateur. Ce dernier atteste que le bénéficiaire est certifié par rapport à la norme ISO 27001:2013 sur le périmètre défini. Suit une courte description du périmètre, sur deux ou trois lignes.

La description du périmètre se doit d'être claire. Quelques exemples de périmètres de certificats sont présentés ci-après.

Exemples de périmètres

La société IRCICAT est certifiée ISO 27001:2013 sur le périmètre suivant: «Toutes les activités de la société, sur tous ses sites de France».

La société SmartSpam est certifiée ISO 27001:2013 sur le périmètre suivant: «Les processus de gestion de la relation client».

La société C-UnPeuFlou est certifiée ISO 27001:2013 sur le périmètre suivant: «Les processus sécurité et la DdA».

Le dernier exemple est très flou. De quels processus s'agit-il? En quoi la DdA fait-elle partie du périmètre? Nous voyons bien que le SMSI de la société C-UnPeuFlou n'est pas très clair. Si on ne comprend pas clairement le périmètre, c'est peut-être parce que le SMSI en question est peu efficace.

Il est nécessaire, mais non suffisant, que le périmètre présenté dans le certificat soit très clair et conforme aux attentes du client.

Périmètre inadéquat

La clarté de l'énoncé du périmètre dans le certificat ne suffit pas. Il ne s'agit là que d'un résumé en une ou deux phrases. Le client doit impérativement prendre connaissance du document de périmètre tel qu'exigé dans l'article 4.3 de la norme.

Le périmètre doit correspondre aux attentes du client.

Exemple 1 : périmètre inadéquat

Un hébergeur disposant de deux salles machines, une en banlieue parisienne et une autre à Marseille, se fait certifier ISO 27001. Si le périmètre de son SMSI ne couvre que le site de Marseille, le client souhaitant se faire héberger sur Paris ne sera pas intéressé par le SMSI.

Exemple 2 : périmètre adéquat

Soit une société de gestion, impliquée dans des métiers aussi variés que la gestion de fonds immobiliers, la gestion de fonds à capital risque et la gestion de fonds alternatifs. Son SMSI ne couvre que les processus de gestion de fonds immobiliers et de fonds alternatifs, laissant à l'écart tout ce qui se rapporte aux fonds à capital risque. La lecture attentive du périmètre montrera à un client intéressé par les fonds alternatifs qu'il est concerné par le système de management.

Ici, la question n'est pas de savoir si l'implémentation est de bonne ou de mauvaise foi, ni de savoir si l'implémentation est bonne ou mauvaise. Il s'agit plutôt de vérifier que le SMSI est conforme aux attentes du client en matière de sécurité.

Une lecture attentive du document de périmètre aidera le client à savoir si le SMSI certifié répond bien à ses attentes.

Périmètre trop restreint

Un SMSI portant sur un petit périmètre implique logiquement peu de gens et peu de services. Les processus à déployer se trouvent grandement simplifiés. Mécaniquement, la portée et l'intérêt d'un tel SMSI sont bien moindres. On peut donc raisonnablement se demander si la société qui se fait certifier sur un petit périmètre n'a pas fait ce choix que pour obtenir facilement la certification et pour pouvoir s'en prévaloir publiquement dans ses actions de communication.

Remarque

En principe, cette situation est impossible, car l'organisme certifié est tenu de communiquer à bon escient, en précisant clairement le périmètre. Tout abus est passible de suspension du certificat.

Périmètre trop ambitieux

Un périmètre couvrant toutes les activités d'une société sur tous ses sites est, en théorie, très intéressant puisqu'il couvre toutes les attentes de toutes les parties prenantes. Mais précisément, s'il couvre toutes les attentes des parties prenantes en général, c'est qu'il ne vise pas les attentes de certaines parties prenantes en particulier.

Un autre inconvénient majeur des périmètres trop ambitieux est que rien ne garantit au client que toutes les entités de l'entreprise couvertes par le périmètre respectent bien le SMSI. En effet, dans ces très grandes entreprises, il est matériellement impossible d'auditer simultanément toutes les entités et tous les sites. Les auditeurs doivent donc sélectionner les sites qu'ils vont inspecter, en privilégiant ceux qui leur paraissent les plus significatifs. Lors de l'audit initial, les auditeurs examinent attentivement les procédures du siège social puis passent sur un ou plusieurs des sites choisis. L'année suivante, les auditeurs contrôlent deux ou trois autres sites, non encore audités précédemment. Ainsi, il est parfaitement possible de faire certifier un SMSI de taille très importante, alors que certains des sites n'appliquent même pas les procédures du système de management.

Il est même très probable qu'un tel SMSI soit suivi de façon très variable d'un site à l'autre. Certains seront très rigoureux, d'autres moins. On peut parfaitement être conforme globalement et non conforme localement.

Exemple : non-conformité d'une filiale

Un groupe industriel s'est fait certifier ISO 27001 sur toutes les activités d'un de ses services support. Le périmètre couvrait toutes les filiales du groupe et tous ses sites dans un pays donné. Lors de l'audit de certification, les auditeurs ont inspecté le siège, ainsi que cinq sites. L'audit a conduit à la certification de ce groupe.

Pourtant, une des filiales (qui n'avait pas été visitée lors de l'audit initial) a commandé une expertise à un cabinet de conseil afin de savoir si elle était prête à être audité l'année suivante, à l'occasion de l'audit de surveillance. Les consultants ont conclu que si les auditeurs passaient sur cette filiale, il y aurait plusieurs non-conformités majeures et que la certification du groupe serait donc suspendue.

Les critères d'acceptation des risques

Une fois que le périmètre est vérifié, il convient de prendre connaissance des critères d'acceptation des risques.

C'est souvent dans la politique de sécurité que ce sujet est abordé (bien que cela ne soit pas obligatoire). Généralement, ce document précise que les décisions dans le SMSI sont prises en fonction des risques et qu'il y a une démarche formelle pour les apprécier.

La question à vérifier est celle des critères d'acceptation des risques. Ils sont propres à chaque SMSI. Le niveau d'acceptation des risques peut être très permissif ou très strict.

Nous voyons ici que l'étude de l'adéquation du périmètre avec les attentes du client ne suffit pas. À quoi sert un SMSI (même avec un bon périmètre) si, au sein de celui-ci, on accepte la plupart des risques ? Autant dire qu'un tel SMSI n'inspirera pas confiance.

Exemple : un niveau d'acceptation des risques trop bas

Considérons une entreprise fournissant des expertises médicales aux assureurs, dans le cadre de contrats de prévoyance. Elle stocke tous les dossiers médicaux dans ses bases de données. Cette société travaille donc pour le compte des assureurs. Elle met en place un SMSI couvrant l'ensemble des activités pour leur montrer qu'elle protège bien les données de leurs clients. En revanche, comme elle n'a pas beaucoup de moyens ni de compétences pour protéger les actifs d'information, elle fixe un seuil d'acceptation des risques assez bas, ce qui limite au maximum le nombre de mesures de sécurité à mettre en place. Les données médicales sont donc très peu sécurisées.

— Un assureur non averti se contentera du certificat et du périmètre pour faire confiance à ce prestataire et lui confier des dossiers.

— Un assureur averti comprendra, en prenant connaissance des seuils d'acceptation des risques, que le SMSI est loin de protéger les données personnelles de ses clients.

Les signes positifs

Certains signes aident à repérer des SMSI efficaces. Ils ne suffisent pas à eux seuls à prouver que le SMSI est digne de confiance, mais ils constituent des indices prometteurs.

Un SMSI mature

Un SMSI ayant plus de trois ans d'existence est un point positif. Un tel système de management a subi au moins un audit de certification initial, plus deux audits de surveillance, ainsi qu'un audit de renouvellement. Les non-conformités dues à la jeunesse du système ont donc été corrigées depuis longtemps.

Il est quasi certain que les processus ont été optimisés et que la sécurité est réellement entrée dans les mœurs.

La présence d'autres systèmes de management dans l'entreprise

La présence de systèmes de management autres que l'ISO 27001 est en principe un point positif, pour peu que ces derniers soient opérationnels depuis longtemps (au moins trois ans).

En effet, une entreprise habituée aux systèmes de management saura tenir de façon efficace des revues de direction et des audits internes. La gestion de la documentation sera acceptée par tous ainsi que le suivi des actions correctives. Enfin, la logique d'amélioration continue sera entrée dans les mœurs. Il y a tout lieu de penser que le SMSI, même récent, bénéficiera de l'expérience des autres systèmes de management, les principaux processus étant mutualisés.

Attention, un SMSI mutualisé avec d'autres systèmes plus anciens n'est pas, en soi, une preuve d'efficacité, mais c'est sans aucun doute un point positif.

Comment distinguer les SMSI des cas n°1 et des cas n°2 ?

Nous avons vu plus haut qu'il y a trois principaux types de SMSI. Faisons un focus sur les cas n° 1, dont l'unique raison d'être est de demeurer conformes à la norme ; et les cas n° 2, qui servent à structurer réellement la sécurité. Quelques moyens simples permettent de les distinguer.

Reconnaître les cas n° 1

La documentation, la cohérence du système, le nombre et le type des non-conformités en disent long sur le SMSI.

La documentation

La documentation est le premier indice qui permet de reconnaître un SMSI développé uniquement pour la conformité. Ceux qui mettent en œuvre ce type de système privilégient la documentation. Les documents sont volumineux et contiennent bien plus d'informations qu'il n'en faut. De plus, la presque totalité des documents est rédigée ou validée quelques semaines avant l'audit de certification. C'est bien la preuve qu'ils ne servent qu'à être présentés à l'auditeur et non à être utilisés réellement.

La cohérence

Quelque chose saute aux yeux dans les SMSI tout juste conformes aux exigences : c'est la difficulté de faire le lien entre, d'une part, le couple politique/périmètre et, d'autre part, l'appréciation des risques et les mesures de sécurité appliquées. Normalement, ces points doivent être cohérents. Cette incohérence n'est pas en soi une preuve, mais c'est un indice très sérieux qu'il y a un problème dans le SMSI.

Les non-conformités

Un SMSI développé uniquement dans une optique de conformité se contente en général de rédiger de la documentation au lieu d'implémenter des procédures efficaces liées à la sécurité (telles que la détection d'incidents, l'appréciation des risques ou l'amélioration continue). Il est donc très courant que les auditeurs de certification formulent des non-conformités.

Le client souhaitant contrôler le SMSI de son fournisseur a donc intérêt à demander tous les rapports d'audit tierce partie (audit initial, audits de surveillance, voire audits complémentaires). Si, à chaque audit, des non-conformités sont formulées, c'est que l'implémenteur ne fait que le strict minimum pour rester conforme. Le client peut être quasi certain que le SMSI est un système a minima.

Les audits complémentaires

Il y a plus grave. Rappelons-nous que si, lors d'un audit de surveillance, l'auditeur détecte une non-conformité majeure, la certification est suspendue. L'audité a le devoir de la corriger dans un délai très rapide s'il veut retrouver son certificat. Or, la présence d'une non-conformité majeure est la preuve que le système de management ne fonctionne pas. Le client est donc obligé de consulter tous les rapports d'audit tierce partie (initial et surveillance) pour voir s'il y a eu récemment des non-conformités majeures. Quelle confiance peut faire un client à son fournisseur si ce dernier a un SMSI clairement défectueux ?

Distinguer les cas n° 2

Les cas n° 2 sont les compléments positifs des cas n° 1. Les indices ci-dessous aident à les repérer.

La documentation

Contrairement au cas précédent, les documents des SMSI correctement exploités sont générés et validés à leur rythme, indépendamment des audits de certification. Certes, il est commun de passer en revue la documentation quelques semaines avant les audits pour vérifier qu'elle est à jour, mais cela n'entraîne pas sa mise à jour massive.

L'absence de non-conformités

Un SMSI destiné à être utile (plus qu'à être conforme) est correctement implémenté. Aussi constate-t-on une absence quasi totale de non-conformités mineures et une absence totale de non-conformités majeures. Un SMSI tel que celui-ci aura plutôt tendance à rassurer. Mais attention ! Une absence totale de non-conformités mineures, prolongée sur plusieurs audits, est suspecte. On est rarement assez bon pour ne jamais avoir de non-conformité.

L'absence d'audits complémentaires

Naturellement, un tel SMSI n'ayant aucune non-conformité majeure, il ne fait jamais l'objet d'audits complémentaires.

La difficulté de vérifier

Les vérifications conseillées ci-dessus sous-entendent que le client se fait communiquer par l'implémenteur du SMSI tous les documents nécessaires, à savoir :

- le certificat ISO 27001 ;
- la description détaillée du périmètre ;
- la politique et les critères d'acceptation des risques ;
- tous les rapports d'audit tierce partie (audit initial, de surveillance, complémentaire, etc.) ;
- les principaux documents de procédure du SMSI.

Hormis le certificat, qui a vocation à être rendu public, les autres documents sont à usage interne. Rien n'oblige le fournisseur à les communiquer ; il sera même peu enclin à les transmettre. La vérification n'est donc pas forcément simple. Aussi, la possibilité pour le client de consulter ces éléments dépend essentiellement du rapport de force existant entre le client et le fournisseur certifié. Si le client a du poids, le fournisseur lui ouvrira ses portes. Dans le cas contraire, ce sera beaucoup plus difficile.

Conclusion

Ce chapitre montre que, malgré tous les moyens déployés pour assurer un haut niveau de confiance dans la certification (démarche ISO 19011 pour les auditeurs, audits d'accréditation ISO 17021 et ISO 27006 pour les organismes de certification, reconnaissance croisée entre organismes d'accréditation, etc.), il est des situations où les SMSI ne garantissent pas forcément de bonnes pratiques en matière de sécurité. Faut-il alors auditer à nouveau ces SMSI pour vérifier leur vraie valeur ?

Pourtant, l'un des intérêts principaux mis en avant pour promouvoir la certification ISO 27001 est la diminution du nombre d'audits. Parce qu'ils inspirent confiance en matière de sécurité, les organismes certifiés sont supposés subir moins d'audits de la part de leurs clients.

Or, voilà, nous disons maintenant que la valeur de la certification est relative et qu'il convient de la vérifier. On peut alors se demander quelle est l'utilité de se faire certifier s'il faut à présent auditer la valeur réelle des certifications obtenues. Il n'y a pas lieu de s'inquiéter. Les vérifications que nous avons abordées dans ce chapitre sont simples et rapides.

En conclusion, nous pouvons donc affirmer que, si la certification est un vrai plus, elle ne dispense pas les parties prenantes de faire preuve de discernement.

Index

Cet ouvrage a été mis en pages par IGS-CP (16)

Dépôt légal : août 2018
Imprimé en Allemagne par BoD

Merci d'avoir choisi ce livre Eyrolles. Nous espérons que sa lecture vous a été utile et vous aidera pour mener à bien vos projets.

Nous serions ravis de rester en contact avec vous et de pouvoir vous proposer d'autres idées de livres à découvrir, des nouveautés, des conseils ou des événements avec nos auteurs.

Intéressé(e) ? Inscrivez-vous à notre lettre d'information.

Pour cela, rendez-vous à l'adresse go.eyrolles.com/newsletter ou flashez ce QR code (votre adresse électronique sera à l'usage unique des éditions Eyrolles pour vous envoyer les informations demandées) :

Vous êtes présent(e) sur les réseaux sociaux ? Rejoignez-nous pour suivre d'encore plus près nos actualités :

 Eyrolles Web Dev et Web Design

Merci pour votre confiance.
L'équipe Eyrolles

www.ingramcontent.com/pod-product-compliance
Lightning Source LLC
LaVergne TN
LVHW060211060726
842527LV00011B/2974